(Fortsetzung Umschlag hinten)

Erläuterungen und Beispiele (Auswahl)

OPERATOREN	ERLÄUTERUNGEN	BEISPIELE
nennen	bestimmte Informationen zusammentragen, ohne sie zu erläutern	– Nenne die EU-Beitrittsländer von 2007 (Bulgarien, Rumänien).
beschreiben **schildern**	geschichtliche Aussagen und Probleme erkennen und zutreffend formulieren	– Beschreibe anhand von M ... Bau und Technik eines Großsteingrabes (Transport der Steinblöcke wie Trag- und Decksteine mit Roll- und Stemmhölzern, Seilen; Aufbau, Abdecken mit Erde). – Schildere deinen Eindruck von M ... (Pharao Tutanchamun, z. B. Reichtum, Macht, Ausdruck: Herrschaftszeichen ...).
zusammenfassen **wiedergeben**	das Erfragte aus geschichtlichen Aussagen in Quellen oder Darstellungen erkennen und nennen bzw. aufschreiben	– Fasse mithilfe des Darstellungstextes zusammen, wie die Griechen ihr „staatliches" Zusammenleben organisierten (kleine Stadtstaaten, poleis; König, reiche Familien an der Spitze; Burg, Tempel, Zusammenhalt durch Sprache und Kultur ...). – Gib M... mit deinen Worten wieder (z. B. Athen als Vorbild: Bürger sollten sich nicht nur um das eigene Hauswesen kümmern, sondern auch um das Wohl des Staates)
analysieren **untersuchen**	Materialien nach bestimmten Methoden oder Kriterien (Merkmalen) erschließen	– Analysiere mithilfe der Methode „Sachquellen untersuchen" M... (Vorgehen nach den Arbeitsschritten und auf die Gegenstände bezogen Antworten zu den Schritten formulieren). – Untersuche am Beispiel Lübecks den Zusammenhang zwischen dem Aufstieg zum Handelszentrum und der Zusammensetzung der Stadtgesellschaft (Begünstigung Lübecks durch die geografische Lage und die Möglichkeit des Handels mit wichtigen Produkten aus Osteuropa; Kaufleute mit doppelter Funktion: seefahrender und binnenländischer Kaufmann; mächtigste Schicht der Stadtgesellschaft; von Wanderkaufleuten zu sesshaften Händlern unterschiedlicher regionaler und gesellschaftlicher Herkunft; Bedeutung des Lübecker Marktes als „Zentrum"(siehe M2, S. 224). Mögliches zusammenfassendes Ergebnis: enger Zusammenhang zwischen Handelsstadt und Stadtgesellschaft.
erklären	geschichtliche Sachverhalte in einen Zusammenhang einordnen und ggf. begründen	– Erkläre, welche Bedeutung Schrift und Sprache für den Zusammenhalt der Griechen hatten (verstreute Lage der Dörfer, gemeinsame Sprache als Verbindungsglied der Menschen; Verständigung in der Politik, bei Handel und Verkehr möglich).
erläutern	wie erklären (s. o.), aber durch zusätzliche Informationen und Beispiele verdeutlichen	– Erläutere mithilfe von M... die Ursachen für den Untergang des Römischen Reiches (z. B. Teilung des Reiches 395 n. Chr.: Schwächung, Machtverlust; Völkerwanderung: Bedrohung von außen durch andere Völker, z. B. Germanen, Hunnen).

Europa heute

Abkürzungen in Europa:

- A. = Albanien
- B. = Bosnien-Herzegowina
- Bel. = Belgien
- Bul. = Bulgarien
- K. = Kosovo *(zzt. nur von 62 Staaten anerkannt)*
- Kro. = Kroatien
- Lux. = Luxemburg
- M. = Montenegro
- Ma. = Mazedonien
- Mol. = Moldawien
- Ndl. = Niederlande
- Öst. = Österreich
- Rum. = Rumänien
- S. = Schweiz
- Sk. = Slowakei
- Sl. = Slowenien
- Srb. = Serbien
- Tsch. = Tschechien
- Ung. = Ungarn
- Zyp. = Zypern

Abkürzungen in Afrika:

- Ä.Gu. = Äquatorial Guinea
- Be. = Benin
- Bu. = Burundi
- Ru. = Ruanda
- To. = Togo

Abkürzungen in Amerika:

- Dom. Rep. = Dominikanische Republik

Abkürzungen in Asien:

- Arm. = Armenien
- Aser. = Aserbaidschan
- Ba. = Bahrain
- Isr. = Israel
- Jord. = Jordanien
- K. = Katar
- Ku. = Kuwait
- Lib. = Libanon
- Syr. = Syrien
- V.A.E. = Vereinigte Arabische Emirate

Forum Geschichte 1

Schleswig-Holstein, Hamburg, Bremen

Von der Vorgeschichte
bis zum Ende des Mittelalters

Herausgegeben von
Hans-Otto Regenhardt

Cornelsen

Forum Geschichte

Band 1 wurde erarbeitet von:
Markus Bente, Franz Hofmeier, Dr. Christoph Kunz, Hans-Otto Regenhardt, Claudia Tatsch, Ursula Winberger

Redaktion: Birgit Hackfeld
Bildassistenz: Dagmar Schmidt
Grafik: Peter Herlitze, Berlin; Dr. Volkhard Binder, Berlin
Karten: Carlos Borrell, Berlin; Dr. Volkhard Binder, Berlin
Layout und technische Umsetzung: Arnold & Domnick, Verlagsproduktion, Leipzig
Umschlaggestaltung: Klein & Halm Grafikdesign, Berlin

Das Umschlagbild zeigt Überreste eines römischen Theaters auf dem Ruinenfeld der antiken Stadt Leptis Magna in Libyen.

www.cornelsen.de

1. Auflage, 1. Druck 2010

Alle Drucke dieser Auflage sind inhaltlich unverändert
und können im Unterricht nebeneinander verwendet werden.

Druck: CS-Druck CornelsenStürtz, Berlin

ISBN 978-3-06-064234-2

Inhalt gedruckt auf säurefreiem Papier aus nachhaltiger Forstwirtschaft.

1. Von Menschen, der Zeit und der Geschichte

2. Frühe Kulturen – Leben in der Steinzeit

3. Ägypten – eine frühe Hochkultur

4. Kapitel: Antike Wurzeln Europas

5. Lebens- und Herrschaftsformen im Mittelalter

Anhang

Liebe Schülerin, lieber Schüler!

Vor dir liegt Band 1 von **Forum Geschichte**, mit dem du in der nächsten Zeit arbeiten wirst. Die Verfasserinnen und Verfasser des Buches haben für dich viele Quellen und Informationen zusammengestellt. Diese geben Auskunft darüber, was Menschen vor langer Zeit bewegt hat und womit sie sich heute noch beschäftigen.

Auftaktseiten

Jedes Kapitel beginnt mit einer Auftaktdoppelseite. Bilder und Leitfragen geben dir eine erste Vorstellung von den Themen und Fragen, um die es in den folgenden Geschichtsstunden gehen wird.

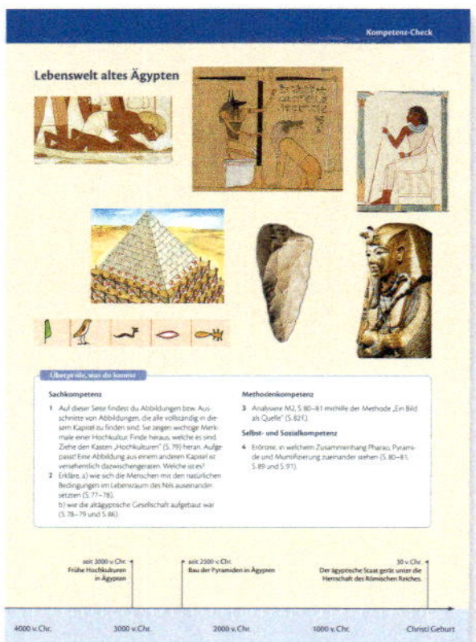

Kompetenz-Seiten

Jedes Kapitel teilt sich in Themenabschnitte, die mit einer **Orientierungsseite** beginnen. Du findest hier eine Übersicht über die Fähigkeiten („Kompetenzen"), die du in diesem Abschnitt erwerben und anwenden kannst.

Der Themenabschnitt endet mit einer **Kompetenz-Checkseite**, auf der du deine Fähigkeiten überprüfen kannst. Die **Lösungen** findest du im Anhang.

Themenseiten

Die Themenseiten bilden den Kern des Kapitels. Meistens kannst du auf einer Doppelseite eine Themeneinheit zu einem wichtigen Problem aus der Geschichte erarbeiten. Dazu findest du Materialien wie schriftliche Quellen, Bilder, Karten, Schaubilder und Tabellen, die du mithilfe von Arbeitsaufträgen befragst und auswertest. Der Darstellungstext am Beginn der Themeneinheit vermittelt dir einen Überblick über das Thema. Er gibt dir einen roten Faden in die Hand, der dich durch die Arbeit mit den Materialien leitet.

M1

Alle **Textmaterialien** sind hellblau unterlegt. Sie haben einen blauen Materialpunkt.

Methoden- und Werkstattseiten
In den Kapiteln findest du Werkstatt- und Methodenseiten. Auf den **Methodenseiten** kannst du lernen, mit welchem „Handwerkszeug“ du aus den Materialien Erkenntnisse und Urteile gewinnst. Du findest hier Arbeitsschritte, mit deren Hilfe du zum Beispiel ein Bild, eine Karte oder eine schriftliche Quelle auswertest. Auf den **Werkstattseiten** kannst du immer etwas selbst machen.

Zusammenfassung
Am Ende des Kapitels kannst du dir mithilfe eines längeren Textes und eines Schaubildes noch einmal die wichtigsten historischen Zusammenhänge verdeutlichen.

Anhang
- **Lexikon**
  Auf den Themenseiten sind manche Wörter mit einem * gekennzeichnet. Sie werden im Lexikon erklärt.
- **Historische Sachverhalte beschreiben und erörtern**
  Hier findest du Anregungen und Hilfen, wie du bei der Bearbeitung der Arbeitsaufträge historische Sachverhalte angemessen darstellen kannst.
- **Register**
  Das alphabetische Register am Ende des Buches hilft dir, Informationen über Personen, Ereignisse und wichtige Begriffe im Buch schnell zu finden.

Webcode
Zu vielen Themen in diesem Buch haben wir zusätzliche Informationen für dich zusammengestellt. Die Webcode-Angebote findest du im Internet unter www.cornelsen.de/forumgeschichte
Auf dieser Website ist ein Feld, in das du die Zahlenkombination von der Buchseite eingibst, zum Beispiel FG642342-012. Klicke dann auf „Los“ und schon findest du passend zum Thema Informationen, Bilder, Animationen und andere Medien.

Webcode: FG642342-012

Operatoren
Die Erläuterungen und Beispiele helfen dir bei der Bearbeitung von Arbeitsaufträgen. Du findest sie im vorderen und hinteren Umschlag.

Die **Kästen**, die mit einem blauen Balken gekennzeichnet sind, informieren dich über wichtige Personen, Begriffe oder Ereignisse. Sie geben dir aber auch Medientipps.

Die **Arbeitsaufträge** erkennst du an einer blauen Zahl. Einige Themen könnt ihr zu zweit oder in Gruppen erarbeiten. Darauf wirst du an entsprechender Stelle hingewiesen.

1
2
3

Vorschlag für eine Gruppenarbeit

1. Von Menschen, der Zeit und der Geschichte

Geschichte, dein neues Fach, hat etwas mit der Vergangenheit zu tun. In diesem Fach geht es um das Leben der Menschen in früheren Jahrhunderten und Jahrtausenden.
In Geschichte werden wir untersuchen, wie die Menschen gewohnt, gearbeitet und ihr Leben gestaltet haben, aber auch, worüber sie gestritten, gelacht und geweint haben. Dabei wird dir vieles anders und fremd vorkommen, weil du es nicht kennst oder nicht gewohnt bist.
Im Vergleich mit unserer Gegenwart kannst du etwas über uns und unsere Zeit herausfinden und daraus für die Zukunft lernen. Dazu müssen wir aber zunächst erarbeiten, wie wir etwas über die Vergangenheit erfahren und wie wir das, was früher war, zeitlich einordnen können.
Die Abbildungen auf dieser Doppelseite zeigen den Tempel zu Ehren der Göttin Athene auf der Akropolis in Athen, erbaut 448–438 v. Chr. (oben); das Brandenburger Tor in Berlin, erbaut 1789–1791 (Mitte); darunter das Landeshaus in Kiel, heute Sitz des Schleswig-Holsteinischen Landtages, erbaut 1888 als Marineakademie. Wenn du sie genau betrachtest, wirst du bemerken, dass sie etwas mit bestimmten geschichtlichen Räumen zu tun haben – ebenso wie das Foto der beiden Mädchen.

Folgende Fragen leiten dich durch das Kapitel:

- ***Wie haben Menschen in der Geschichte die Zeit wahrgenommen und dargestellt?***
- ***Woher wissen wir etwas aus der Geschichte?***
- ***Wie können wir uns in unseren geschichtlichen Raum einordnen?***

1 Beschreibt die abgebildeten Gebäude, vergleicht sie und stellt einen Bezug zum Foto ganz unten her.

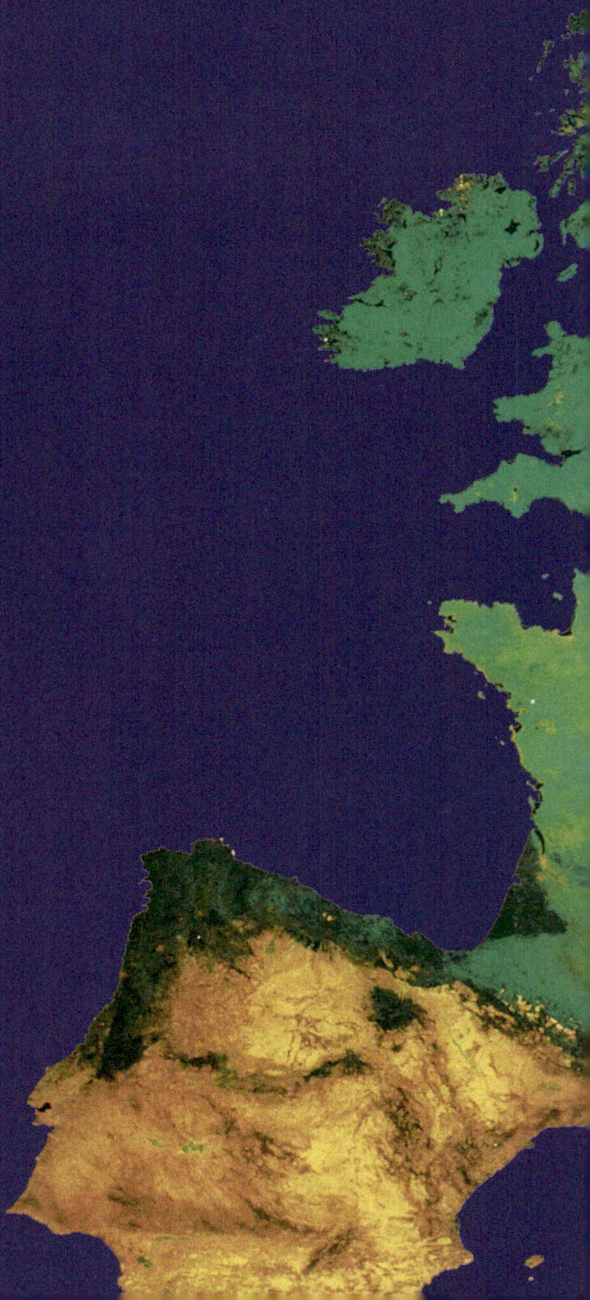

Leben in der Zeit und in geschichtlichen Räumen

Wissen • Methoden anwenden • Beurteilen und Handeln

Am Ende dieses Unterkapitels kannst du

- beschreiben, wie Menschen die Zeit wahrnehmen, messen und darstellen
- dich in dein geschichtliches Umfeld einordnen
- die Einteilung der Geschichte in Abschnitte (Epochen) erklären
- verschiedene historische Quellen benennen und erläutern
- **Methode** Informationen sammeln in einer Bibliothek
- **Methode** Eine Erkundung durchführen

Die Geschichte des Lebens auf der Erde

Die Zeit vergeht ...

Die Zeit wahrnehmen, messen und darstellen

„Ich habe keine Zeit.“ „Die Zeit kannst du dir sparen.“ Solche Aussagen zeigen uns: Wir wissen, dass wir „in der Zeit leben“. Wir gehen sparsam oder auch verschwenderisch mit der Zeit um und sind ihr doch unterworfen. Denn sie vergeht, ohne dass wir Einfluss auf sie nehmen können.

Die Zeit spielt aber nicht nur im Leben des Einzelnen eine wichtige Rolle, auch das Leben von Völkern und Staaten wird von der Zeit beeinflusst. Hier sind jedoch längere Zeiträume von Jahrzehnten oder Jahrhunderten von Bedeutung. Blicken wir auf die gesamte Erdgeschichte (siehe Abb. linke Seite), so wird die Zeitspanne eines Menschenlebens nahezu unbedeutend. Das Bewusstsein von der Zeit reicht bei einem einzelnen Menschen zunächst nur in die Jahre des eigenen Erlebens zurück und dann auch nur so weit, wie er sich selbst an etwas erinnern kann. Allerdings lernt er schon in seiner frühen Kindheit, dass „die Zeit vergeht“ – vom Hellwerden bis zur Dunkelheit, in der Regelmäßigkeit des Tages- und Jahresablaufs bis zu den „Zwängen“ der Zeit in der Schul- und Berufsausbildung. Er lernt, die Zeit einzuteilen, mit der Zeit zu planen und sie für sich zu nutzen.

Sich in der Zeit zu orientieren, haben die Menschen vermutlich schon sehr lange versucht. Die frühesten Versuche, die Zeit einzuteilen, sie zu messen, gingen von astronomischen Beobachtungen aus. Nach dem Lauf der Gestirne Sonne und Mond wurden Kalender aufgestellt, nach denen sich zum Beispiel sesshafte Völker bei der Aussaat richten konnten. Vieles über die Gründe und die Bedeutung solcher Anlagen wie der von Lanyon Quoit Stonehenge in England bleibt aber noch im Dunkeln.

M1 **Sanduhr**

M2 **Sonnenuhr an einer Hauswand im Bauernhofmuseum Illerbeuren,** Foto, 2002

Begriffe und Daten

Kalender

Der Kalender (lateinisch calendae: erster Tag des Monats, auch: Monat) ist eine Methode zur Zeiteinteilung. Wahrscheinlich gab es schon vor der Erfindung der ersten Schrift- und Ziffernsysteme (vor etwa 5000 Jahren) Versuche, die Zeit zu messen. Grundeinteilungen sind die Jahresgliederung, die Tagesgliederung und die Zählung der Jahre im Lauf der Geschichte.

1 Erarbeite anhand des Darstellungstextes die Bedeutung der Zeit a) für einzelne Menschen, b) für Völker und c) in der Erdgeschichte.

2 Wenn wir die Erdgeschichte auf einem Ziffernblatt mit 12 Stunden darstellen, taucht der Mensch etwa 8 Sekunden vor 12 Uhr auf. Zwölf Stunden sollen den Zeitraum der Erdgeschichte darstellen (Abb. linke Seite): Zeichne in dein Geschichtsheft das Ziffernblatt einer Uhr und trage darauf ein, seit wann es Menschen gibt.

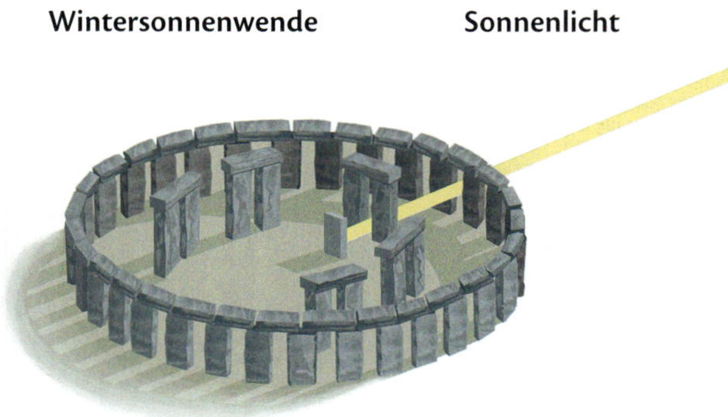

M3

Zeitmessung. Die Steinkreise von Stonehenge in Südengland (errichtet 3100 bis 1500 v. Chr.) waren vermutlich eine Art Kalender. In ihnen liegen fünf hufeisenförmig angeordnete, jeweils aus drei Steinen gebildete Bögen. Der mittlere ist so ausgerichtet, dass er zum Sommeranfang am 21. 6. auf den Punkt am Horizont zeigt, wo die Sonne aufgeht, und zum Winteranfang am 22. 12. in die Richtung weist, wo die Sonne untergeht. Ein kleinerer Stein, der „Heelstein", liegt nordöstlich außerhalb der Hauptkreise. Zur Sommersonnenwende geht die Sonne genau hinter ihm auf, wenn man ihn durch den mittleren Steinbogen betrachtet. Zur Wintersonnenwende (siehe Zeichnung) geht die Sonne an der gegenüberliegenden Stelle unter.

M4

Atomuhr in der Physikalisch-Technischen Bundesanstalt in Braunschweig, Foto, 1996. Absolut erschütterungsfrei steht der mehrere hundert Kilo schwere Koloss in einer Halle, die mit Kupferplatten gegen äußere elektromagnetische Felder abgeschirmt ist. Eine Atomuhr kann die Zeit bis auf die 14. Stelle hinter dem Komma der Sekundenanzeige bestimmen. Abweichungen betragen in 5 Millionen Jahren höchstens eine Sekunde.

1. **Die Zeit als Linie** ———
2. **Die Zeit als Strahl** ———→
3. **Die Zeit als Kreis** ○

M5

Darstellungen der Zeit

3 **Partnerarbeit:** a) Erläutert anhand von M1 bis M4, wie Menschen die Zeit gemessen haben bzw. messen.
b) Nennt weitere „Zeitmesser" aus Geschichte und Gegenwart. Zieht zur Erklärung der Funktion ggf. weitere Informationen heran und stellt eure Ergebnisse in der Klasse vor.

4 Vergleicht im Gespräch a) die Arten der Zeitmessung und b) Auswirkungen auf das tägliche Leben der Menschen.

5 Bewertet in einer Diskussionsrunde die Darstellung der Zeit in M5.

Webcode: FG642342-012

Bäuerliches Familienleben vor 200 Jahren

Familiengeschichte als Längsschnitt

Mit „Familie“ verbinden wir heute die Vorstellung von Vater, Mutter, Kind bzw. Kindern, die in einem gemeinsamen Haushalt leben, oder auch das Zusammenleben eines Elternteils mit den Kindern. Diese Familienform war in der alten bäuerlichen Gesellschaft eher die Ausnahme. Hier lebten Eltern, Kinder, Großeltern und manchmal auch noch die Urgroßeltern auf dem Bauernhof zusammen. Dazu kam das sogenannte Gesinde, also Mägde und Knechte, die – oft ihr Leben lang – auf dem Hof arbeiteten. Auch Kinder mussten mitarbeiten, häufig vom 7. Lebensjahr an. Ein Zusammenleben gab es auch bei den Handwerksmeistern, zu deren Haushalt auch die Gesellen und Lehrlinge gehörten, und bei den Kaufleuten, deren Dienstpersonal nahe dem Kontor, den Büroräumen, wohnte. Geschichtsforscher verwenden deshalb den Begriff „das ganze Haus“ anstelle der Bezeichnung „Familie“. Die Lebensform des „ganzen Hauses“ wurde vor etwa 200 Jahren allmählich durch die „moderne“ Familie, die „Eltern-Kind-Gemeinschaft“, abgelöst. Die Gründe dafür liegen in einer Veränderung der Wirtschaftsweise: Neben die bäuerliche Produktionsgemeinschaft trat die handwerkliche und industrielle Produktion in Betriebsstätten wie z. B. den Fabriken. Dazu kam die Ausweitung der staatlichen Verwaltungen, die ebenso Arbeitskräfte anzogen wie die Industrie in den Städten. Der Wandel der Familien und ähnlicher Lebensformen in einem bestimmten Zeitraum kann in einem „Längsschnitt“ untersucht werden. Dabei spielt der Vergleich eine wichtige Rolle.

M1 **Ein Bauernhof,** Gemälde von Johann Ludwig Morgenstern (1738–1819)

M2 **Stube einer wohlhabenden Bauernfamilie,** wiederaufgebaut im Dithmarscher Landesmuseum, Meldorf, Foto, 2006

1 Beantworte mithilfe der Materialien auf dieser Seite die folgenden Fragen:
a) Was verstehen wir heute unter „Familie“?
b) Was bedeutet: „das ganze Haus“?
c) Wie kam es zum Wandel vom „ganzen Haus“ zur modernen Familie?
d) Wie stellst du dir das Leben auf einem alten Bauernhof vor?
e) Welchen Eindruck hast du von M2 im Vergleich zu M1?
f) Was ist ein Längsschnitt?

Webcode: FG642342-013

Eine Industriearbeiterfamilie vor 100 Jahren

Eine neue Familienform in der Industriegesellschaft

Mit den aufkommenden Fabriken entstand im 19. Jahrhundert eine neue Familienform – die Industriearbeiterfamilie. Anders als in der Landwirtschaft lagen nun Wohnung und Arbeitsplatz meist weit voneinander getrennt. Da die Städte durch den schnellen Zuzug vieler Arbeitskräfte – häufig waren es ehemalige Landarbeiter – mit dem Wohnungsbau kaum nachkamen, mussten anfangs zahlreiche Menschen beengt in kleinen Wohnungen leben. Belastet wurde das Familienleben auch durch die langen Arbeitszeiten, die z. B. um 1880 in Neumünster – wie in anderen Industrieorten auch – noch zwölf Stunden täglich betrugen, oft bis in die späten Abendstunden hinein. Auch samstags wurde voll gearbeitet. Für ein gemeinsames Familienleben blieb nur der Sonntag.

Die Industriearbeiterfamilie war meistens eine „Kleinfamilie" oder „Kernfamilie" mit Vater, Mutter und den Kindern. Da der Lohn der Familie zu Beginn der Industrialisierung so niedrig war, dass ein Verdiener allein seine Familie davon kaum ernähren konnte, arbeiteten häufig die Frau, aber auch die Kinder mit. War ein kleiner Garten angepachtet worden, konnten zusätzliche Nahrungsmittel günstig erwirtschaftet werden.

M1 **Arbeiterfamilie in ihrem Wohn-Schlafraum,** Foto, 1905

M2 Regelungen der Fabrik-Kinderarbeit

Zeit / Ort	Mindestalter	Arbeitszeiten[1]	Schulpflicht
nach 1813 / Neumünster	8 Jahre	8–11 Jahre: 7 Std. / Tag 12–15 Jahre: 10 Std. / Tag	Fabrikschule
1843 / Hohn	11 Jahre (nur Jungen)	3 Tage pro Woche	Besuch der Schule 3 Tage pro Woche
1857 / Rendsburg	10 Jahre	keine Angaben	Besuch der Fabrikschule

[1] 1878 wurde im deutschen Kaiserreich die Kinderarbeit unter 12 Jahren, ab 1891 für alle schulpflichtigen Kinder verboten.

Zusammengestellt nach Nils Hansen, Fabrikkinder, Neumünster (Wachholtz) 1987, S. 24 ff.

M3 Ausgaben eines Arbeiters (in der Carlshütte bei Rendsburg)

Jahr	**1881–1885**	**1910**
Einnahmen	ca. 876 M	ca. 1665 M
Ausgaben für:		
Nahrungsmittel	554 M	815 M
Miete	100 M	150 M
Heizung/Licht	38 M	69 M
Kleidung	98 M	179 M
Sonstiges	86 M	377 M
gesamt	876 M	1590 M

Zusammengestellt nach Kai Detlev Sievers, Sozialgeschichte Schleswig-Holsteins in der Kaiserzeit 1867–1914, 8. Bd., Teil 2, Lieferung 1, Neumünster (Wachholtz) 1991, S. 65.

1 Beantworte mithilfe der Materialien auf dieser Seite die folgenden Fragen:
a) Wie wohnten die Industriearbeiterfamilien?
b) Was belastete das Leben der Industriearbeiter?
c) Auf welche Weise sicherten sie ihr Überleben?
d) Welche Meinung hast du zu den Regelungen der Fabrikarbeit für Kinder (M2)?
e) Wie haben sich Einnahmen und Ausgaben der Hüttenarbeiterfamilie zwischen 1883 und 1910 verändert (M3)?

Familienleben vor 50 Jahren

Wohlstand in den Fünfzigern?

Nach dem 1939 von Deutschland unter der Herrschaft der Nationalsozialisten mit ihrem „Führer" Adolf Hitler begonnenen und 1945 verlorenen Zweiten Weltkrieg wurde ganz Deutschland von den Siegermächten besetzt und aufgeteilt. Im Jahre 1949 entstanden die Bundesrepublik Deutschland im Westen und die Deutsche Demokratische Republik (DDR) im Osten Deutschlands. Unter dem furchtbaren Krieg mit vielen Millionen Toten, Verwüstungen in den Städten, zerstörten Fabriken und Verkehrsmitteln hatten die Familien besonders gelitten. Sie mussten sich erst wieder zusammenfinden. Die wirtschaftliche Entwicklung verlief im westdeutschen Staat vor allem wegen der sozialen Marktwirtschaft* besser als in der DDR mit ihrer Planwirtschaft*. Das spürten auch die Familien, die sich immer öfter mehr leisten konnten, als nur das einfache Überleben zu sichern, wie es noch in der Zeit um 1900 war.

1 Beantworte mithilfe der Materialien auf dieser Seite die folgenden Fragen:
a) Unter welchen Bedingungen mussten Familien in den 1950er Jahren in Deutschland leben?
b) Welche Veränderungen gegenüber der Zeit um 1900 (S. 14) kannst du feststellen?
c) Was hat sich nach deiner Meinung im heutigen Familienleben geändert?

2 **Partnerarbeit:** Vergleicht das Leben von Familien auf den Seiten 13, 14 und 15.

M1
Familie in den 1950er Jahren, Foto

M2
Westdeutsche Familie auf einer Urlaubsreise am Gardasee in Italien, Foto, 1955

M3
Die Fünfzigerjahre, Collage, 1996

M4
„Samstags gehört Vati mir", Plakat des Deutschen Gewerkschaftsbundes zur Forderung der Fünf-Tage-Woche, 1956

Familien in der Gegenwart

M1

Berufstätige Mutter mit Kind, Foto, 2008

M2

Familie, Foto, 2002

Die Familie als Folge von Generationen

Geschichte beginnt eigentlich mit uns selbst. Dein Leben ist bereits ein kurzer Abschnitt aus der Geschichte. Das Leben deiner Eltern ist schon länger und das deiner Großeltern reicht hinter den Lebenszeitraum deiner Eltern zurück. Vielleicht hast du noch Urgroßeltern oder einen Urgroßelternteil. Sie könnten aus ihrem langen Leben und von der Kindheit deiner Großeltern erzählen. Sie alle gehören zur Familie, der kleinsten Einheit in unserer Gesellschaft.

Schon früher gab es alleinerziehende Mütter und Väter, häufig vor allem dann, wenn ein Elternteil früh verstorben war. Die Lebenserwartung, das durchschnittlich erreichbare Alter der Menschen, lag nämlich viel niedriger als heute.

Auch Lebensgemeinschaften, in denen Frauen und Männer unverheiratet mit Kindern leben, sind Familien. Sogenannte Großfamilien (das „ganze Haus“) mit Großeltern, Eltern, Kindern und vielleicht Arbeits- oder Dienstpersonal unter einem Dach, wie sie meist auf den Bauernhöfen lebten, sind heute nur selten anzutreffen.

Alle Menschen, die in einem bestimmten Zeitabschnitt leben, werden als Generation bezeichnet. Bekommen sie Kinder, entsteht eine neue Generation. Diese Zeitspanne umfasst etwa 25 bis 30 Jahre. Generationenfolgen, wie zum Beispiel die Geschichte einer Familie, lassen sich auf einer Zeitleiste (einem Zeitstrahl) darstellen (siehe M3).

Die Familiengeschichte wird mithilfe der Genealogie, der Lehre von den Abstammungsverhältnissen einer Familie, erforscht. Ihre Ergebnisse werden in Ahnen-(Vorfahren-)Tafeln dargestellt. Die Lebensbeschreibung eines einzelnen Menschen wird Biografie genannt.

Beispiel einer Familien-Zeitleiste zum 20. Jahrhundert

M3

1910 · 1920 · 1930 · 1940 · 1950

M4

Drei-Generationen-Familie, Foto, 2008

M5

Vater mit Kind, Foto, 2009

Arbeitsanleitung

Familiengeschichte erforschen

a) Frage zu Hause nach alten Fotos, Urkunden, Familienstammbüchern und alten Gegenständen. Notiere wichtige Ereignisse und Jahreszahlen.

b) Bitte deine Eltern, Großeltern oder Freunde der Eltern, dass sie dir etwas aus der Zeit erzählen, als sie in deinem Alter waren.

c) Ordne das Material und gestalte daraus eine Familiengeschichte: Schreibe Texte, male Bilder oder fertige Kopien von Fotos an.

d) Fragt nach alten Filmen über eure Familie und berichtet darüber.

1 Beschreibe M1, M2, M4 und M5 und vergleiche.

2 Kläre den Begriff „Generation".

3 **Partnerarbeit:** Erläutert die Zeitleiste (M3).
a) Versucht herauszufinden, welche allgemeinen Ereignisse dargestellt sein könnten und b) wie die Menschen damals davon betroffen waren.

4 Trage die Jahreszahlen der Zeitleiste (M3) in deine Geschichtsmappe ein. Notiere dein Geburtsdatum, das deiner Eltern, Großeltern, evtl. Urgroßeltern.

5 Frage zu Hause nach Fotos und anderen Erinnerungsstücken und ordne sie auf deiner Zeitleiste ein. Berichte in der Klasse darüber.

6 Auf der Feier zum 85. Geburtstag des Großvaters Fritz Hansen im Jahre 2009 gratulieren die Kinder Hermann, 59, Gertrud, 52, und Gisela, 49, ebenso die Enkel Anja, 35, Karsten, 25, und Peter, 18. Wann sind die Mitglieder der Familie geboren? Wer hat den Bau der Mauer in Berlin (1961) schon erlebt, wer den Fall (1989)?

1960 | 1970 | 1980 | 1990 | 2000

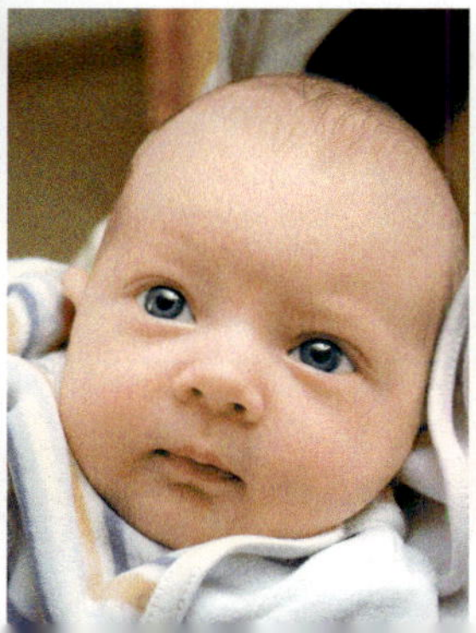

M1

Freilegung eines Grabes aus der Vorgeschichte, Foto, 1997

M2

Funde antiker Gefäße, Foto, 1998

„Früher" – wann war das?

Von Jahreszahlen und Epochen

Wer sich mit der Geschichte beschäftigt, muss das, was „früher" war, genau ordnen. Die wichtigsten Ordnungshilfen sind Jahreszahlen und Epochen (= Zeitabschnitte).

Im christlichen Europa stellt die Geburt von Jesus Christus den Festpunkt dar, von dem aus gezählt wird: Wir rechnen in Jahren „vor Christi Geburt" (v. Chr.) und „nach Christi Geburt" (n. Chr.). Andere Kulturen* haben andere Festpunkte. Der jüdische Kalender beginnt mit der Weltschöpfung, die nach unserer Zeitrechnung in das Jahr 3761 v. Chr. gelegt wird. Im Islam beginnt die Zeitrechnung mit der Flucht Mohammeds aus Mekka 622 n. Chr.

Auf der Grundlage des christlichen Zählsystems haben die Geschichtsforscher die Geschichte in vier große Epochen eingeteilt: Vorgeschichte, Antike, Mittelalter, Neuzeit. Die Millionen Jahre bis zum Auftauchen erster schriftlicher Zeugnisse – in Ägypten zum Beispiel um 3000 v. Chr. – nennen wir „Vor"-Geschichte. Die Vorgeschichtsforschung stützt sich vor allem auf Bodenfunde wie Grabanlagen, Siedlungen und Höhlen.

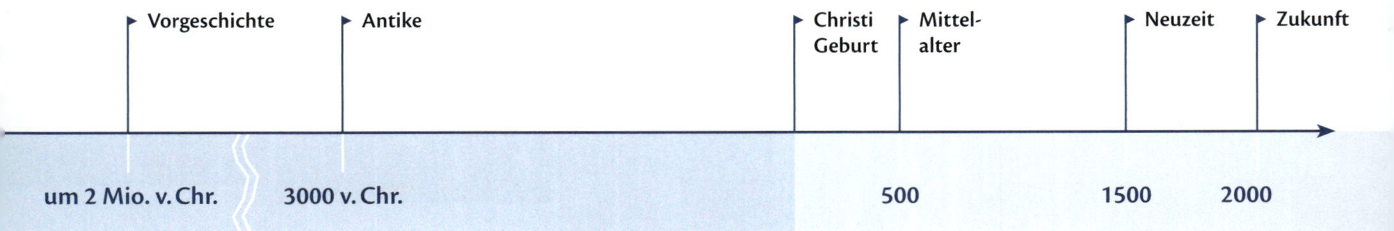

M3

Blick in eine mittelalterliche Küche, Miniaturmalerei, um 1500

M4

Arbeit in einer Maschinenbaufabrik, Stahlstich, 1849

M5

Die Stadt Plön, Luftbild, 2007

M6

Mit dem Elektronenmikroskop das Unsichtbare sichtbar machen, Foto, 2003. Am Max-Planck-Institut für biophysikalische Chemie in Göttingen werden Moleküle in ihrem Aufbau, ihrer Funktion und ihrer Wechselwirkung untersucht.

1 Beschreibe M1 bis M6 und ordne die Abbildungen den verschiedenen Zeitaltern im Zeitstrahl S. 18 zu. Zeichne den Zeitstrahl in dein Geschichtsheft und notiere die Nummern der Materialien zeitlich an der richtigen Stelle.

2 Stelle in einer Tabelle zusammen, welche Erkenntnisse sich aus den historischen Quellen (siehe Kasten S. 21) M1 bis M4 gewinnen lassen.

3 Suche in deinem Wohnort nach Überresten (z. B. Gebäude, Stadtmauer, Denkmäler). Stelle deren Alter fest und ordne sie den Zeitaltern zu (siehe Zeitstrahl). Hilfe kannst du im Museum finden.

Geschichte und ihre Quellen

Geschichte – ein Streitgespräch

„Hey, Klara, schau mal, das alte Bild da vorne mit der Schulklasse!“, sagt der zwölfjährige Selim zu seiner Mitschülerin und macht schnell ein Foto. „Scheint ja damals ein strenger Unterricht gewesen zu sein.“
Klara interessiert das Schulmuseum, das sie heute mit der Klasse besuchen, überhaupt nicht. Auch geht ihr Selim mit seinem Fotografieren auf die Nerven. „Mein Großvater hat mir etwas ganz anderes erzählt“, erwidert sie. „Er und sein Freund hätten den Lehrern immer Streiche gespielt, und viele Hausaufgaben hätte es auch nicht gegeben. Außerdem, sagt mein Großvater, wäre er meist von jungen Lehrerinnen unterrichtet worden.“
Klara und Selim können sich über ihre Ansichten zum Unterricht in früheren Zeiten nicht einigen. Wieder zurück in der Schule, diskutieren sie ihre Fragen in der Klasse. Sie kommen überein, dass sie sich nach dem Museumsbesuch ein Buch besorgen werden, in dem Forscherinnen und Forscher Genaueres über die Geschichte der Schule geschrieben haben. Forscher, so erklärt die Geschichtslehrerin, suchen, sammeln und werten viele Quellen aus, bevor sie ihre Ergebnisse niederschreiben.

Geschichte und ihre Quellen

Die Überlieferungen, aus denen wir historische Erkenntnisse gewinnen, werden „historische Quellen“ oder kurz „Quellen“ genannt, wie zum Beispiel Gemälde, Fotos oder Urkunden, aber auch mündliche Überlieferungen wie die Erinnerungen von Klaras Großvater.
Wir sind überall von Quellen umgeben, nicht nur im Gespräch mit älteren Menschen oder im Museum. Rathäuser, Denkmäler, Familienfotos – alle diese Quellen sind Spuren aus der Vergangenheit.
Allerdings „verraten“ uns Quellen nur dann etwas, wenn wir Fragen an sie stellen: Was „sagen“ uns zum Beispiel die Materialien M1 bis M4 über Kinder in den vergangenen 150 Jahren?
Ohne Quellen gibt es kein sicheres Wissen über die Geschichte. Doch auch bei der Arbeit mit Quellen müssen wir wie ein Detektiv ständig auf der Hut sein. Zum einen, weil jede Quelle nur einen Ausschnitt aus der Vergangenheit vermittelt; das Foto M4 sagt uns nicht, wie der Junge und der Mann wohnten. Zum anderen, weil Quellen unterschiedliche Zeitpunkte beleuchten: Das Gemälde M1 sagt etwas über Schule vor über hundertfünfzig Jahren, während die Erlebnisse von Klaras Großvater nur etwa fünfzig Jahre zurückliegen.

M1 **Unterricht in einer Dorfschule 1848,** Gemälde von Albert Anker, 1896

M2 **Puppenküche,** erbaut um 1890

M3

Lebenserinnerungen

Die Bäuerin Anna Wimschneider aus dem Landkreis Rottal-Inn musste nach dem Tod ihrer Mutter als Achtjährige Haus und Hof versorgen. Sie erzählte im Jahr 1984 über ihre Kindheit um 1927:

Ich habe Feuer gemacht und die Milch gekocht, in die Schüssel gegeben, ein wenig Salz dazu und dann Brot eingebrockt ... Ich ... musste ... die Kleinsten aus dem Bett holen ... sie anziehen und füttern ... Ich konnte mich erst dann zur Schule fertig machen, wenn der Vater von der Stallarbeit hereinkam. Nun lief ich so schnell ich konnte die vier Kilometer zur Schule ..., und oft kam ich erst an, wenn die erste Pause war. Da lachten mich die anderen Kinder aus.

Anna Wimschneider, Herbstmilch, München (R. Piper) 1984, S. 10.

M4

Ein Junge hilft beim Pflügen, Foto, um 1900

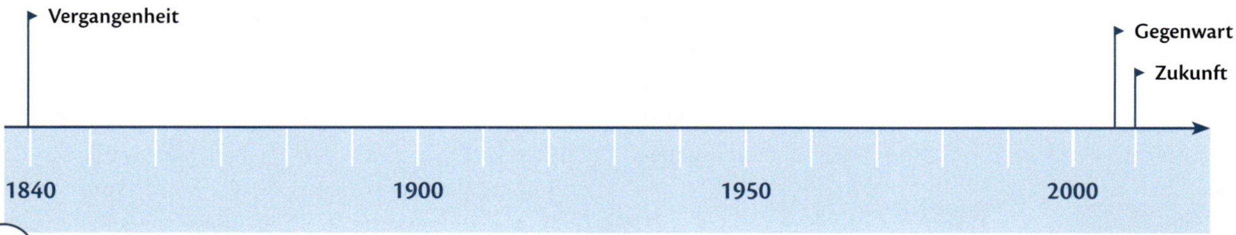

M5 **Zeitstrahl**

Begriffe und Daten

Quelle

Geschichtliche (historische) Quellen sind Überlieferungen, aus denen wir Kenntnisse über das Vergangene gewinnen können. Es werden verschiedene Arten von Quellen unterschieden:

- Überreste, z. B. Gebäude, Schmuck, Werkzeuge
- schriftliche Quellen, z. B. Urkunden, Akten, Rechtssammlungen, private Briefe, Großmutters Kochbuch
- mündliche Quellen, z. B. erzählte Lebenserinnerungen, Sagen, Volkslieder
- Bildquellen, z. B. Gemälde, Zeichnungen, Drucke, Fotos, Filme, Videos, CD-ROM
- Traditionen, z. B. religiöse Feste, Volksfeste, Bräuche

1 Kläre mithilfe der Darstellungstexte und des Kastens, wie du Erkenntnisse über die Vergangenheit gewinnen kannst.

2 Ordne M1 bis M4 den im Kasten genannten Quellenarten zu. Begründe deine Entscheidung.

3 Zeichne einen Zeitstrahl nach dem Muster M5 in dein Geschichtsheft und trage die Quellen zeitlich richtig ein. Notiere zu jeder Quelle in Stichworten, was du über die Menschen und ihre Zeit erfahren kannst.

4 Ergänze deinen Zeitstrahl durch weitere Quellenarten, die du zu Hause findest.

5 Sammle Quellen zu einem Thema, das dich interessiert, z. B. die Geschichte der Verkehrsmittel (Eisenbahn, Auto, Flugzeug) oder der Mode (Kleidung, Möbel). Schreibe auf, welche Erkenntnisse dir deine Materialien liefern. Nimm für deine Materialsuche die Methodenseite 22 zu Hilfe.

Informationen sammeln in einer Bibliothek

Mehr Wissen …

Wenn du mehr über bestimmte Themen wissen möchtest, musst du dir weitere Informationen selbst beschaffen. Die findest du am besten in Büchern. Du kannst sie in Büchereien einsehen oder ausleihen. In allen Schulen gibt es eine Schülerbibliothek und in den meisten Städten eine Stadtbibliothek.

1 Suche nach Büchern zu deinem Stichwort, z. B. Geschichte der Eisenbahn, und notiere die Titel. Entscheide, welche Bücher du ausleihen möchtest.

2 Veranstaltet in eurer Klasse eine Informations- und Lesestunde zu euren ausgewählten Themen aus Aufgabe 5, S. 21.

Arbeitsschritte

1. Schritt: Besuch vereinbaren

Am besten sprecht ihr eine Führung ab. Dabei werden häufig auch Übungen zur Benutzung der Kataloge und Ausleihe der Bücher angeboten.

2. Schritt: Katalog suchen

Der „Katalog" ist ein Verzeichnis, in dem alle Bücher der Bibliothek aufgezeichnet sind. Manchmal sind es noch Schränke, in denen in vielen Schubladen Tausende von Karteikarten stecken. Sie enthalten alle Angaben zu den Büchern, die auch zur Ausleihe nötig sind. Inzwischen ist die Suche nach Buchtiteln in den meisten Bibliotheken auch mit dem Computer möglich.

3. Schritt: Katalog benutzen

Es gibt immer einen Autoren- und einen Schlagwortkatalog. Der Autorenkatalog hilft, wenn euch der Autor des Buches bekannt ist. Der Schlagwortkatalog erleichtert den Einstieg in ein Thema – zum Beispiel Geschichte der Eisenbahn, Familie, Alltagsleben.

4. Schritt: Informationen festhalten

Bücher müsst ihr nach einer bestimmten Zeit zurückgeben. Notizen aus den Büchern, Fotokopien, Skizzen usw. solltet ihr deshalb nach Stichwörtern ordnen und zum Beispiel in einem Hefter sammeln.

M1 Buchtitel zum Schlagwort Geschichte der Eisenbahn

Mein Ort hat Geschichte – das Beispiel Kiel

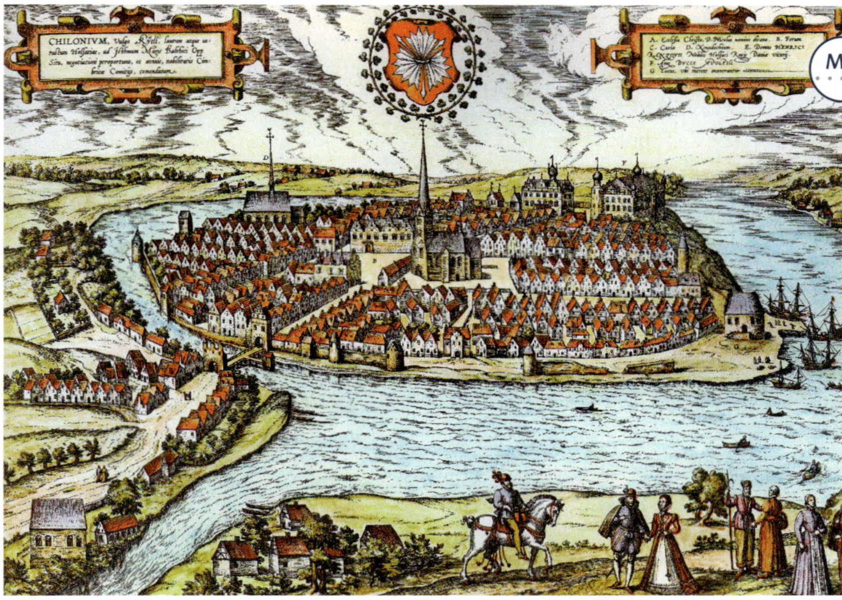

M1 **Stadtansicht von Kiel,** um 1600

Orte wandeln sich

Von deinen Eltern oder Großeltern hast du sicherlich manchmal Äußerungen gehört wie: „Früher konnte man noch Reste der Stadtmauer sehen." – „Auch der Bahnhof war noch in Betrieb." – „Die alte Maschinenfabrik wurde schon vor 30 Jahren abgerissen." – „Richtig einkaufen kann man ja nur noch auf der grünen Wiese." Was kannst du an solchen Aussagen erkennen? Die Dörfer und Städte haben sich immer wieder verändert und wandeln sich auch heute noch – und mit ihnen ändert sich auch das Leben der Menschen.

1 Vergleiche M1 mit einer heutigen Stadtansicht Kiels (Erdkunde-Atlas, Stadtplan).

2 Fertige mithilfe des Kastens eine Zeitleiste zur Geschichte Kiels an. Ergänze sie um weitere Daten und Ereignisse zur Stadtgeschichte (Lexikon, Internet).

3 **Gruppenarbeit:** Erforscht die Geschichte eures Wohnortes. Beschafft euch Bücher, Karten, Fotos usw. Fragt zu Hause, im Museum, im Stadtarchiv nach. Stellt Fragen wie z. B.: Wann wurde der Ort gegründet und warum? Wo fanden die Menschen Arbeit? Wie wohnten die Einwohner? Welche Fabriken, Handwerke gab es? Gab es Unglücke und Katastrophen?

Begriffe und Daten

Aus der Geschichte der Stadt Kiel

1233 Gründung der „Holstenstadt tom Kyle" durch Graf Adolf IV. (Kyle = Keil, die spitz ins Land ragende Kieler Förde)

1242 Kiel erhält Stadtrecht

1284 Eintritt in den Städtebund Hanse

1665 Gründung der Universität durch Herzog Christian Albrecht

1844 erste Eisenbahnfahrt von Altona nach Kiel

1895 Einweihung des Kaiser-Wilhelm-Kanals

1918 Matrosen und Arbeiter geben das Signal zur deutschen Revolution 1918 mit dem Sturz des Kaiserreichs und der Gründung der Weimarer Republik.

1940 Bombardierung Kiels als Reichskriegshafen und Rüstungszentrum; 2600 Tote; große Zerstörungen an Werften, Fabriken, Wohnhäusern (siehe M3, S. 27)

1946 Kiel wird Landeshauptstadt von Schleswig-Holstein.

1959 erste Fußgängerzone Deutschlands in der Holstenstraße

Webcode: FG642342-023

Mein Ort gehört zu einer Region

M1 Kreise und kreisfreie Städte in Schleswig-Holstein 2009

M2 Die politische Gliederung von Schleswig-Holstein 1544

Ein Land und seine Regionen

„Schleswig-Holstein" – damit ist heute ein Land der Bundesrepublik Deutschland gemeint. In früheren Zeiten waren das getrennte, zeitweise auch vereinte Herzogtümer* bzw. Grafschaften* unter dänischer und deutscher Herrschaft. Im Laufe der Jahrhunderte entwickelte sich zwischen den Teilen ein Einheitsgefühl, aus dem schließlich das Land Schleswig-Holstein hervorging.

Ein Bundesland Schleswig-Holstein gibt es seit 1946. M1 zeigt die Gliederung nach Kreisen im heutigen Schleswig-Holstein, M2 gibt die politische Gliederung des Landes im Jahre 1544 wieder. Die Sprache und die Mundarten (Dialekte), die Feste und Bräuche der Menschen waren aber nicht allein durch die Grenzen der einzelnen Territorien* bestimmt, sondern umfassten meistens größere oder auch kleinere Räume. Sie werden auch Regionen genannt.

1 Stelle anhand von M2 fest, in welchem Territorium dein Wohnort 1544 lag.

2 a) Frage zu Hause nach der Verwendung und Bedeutung von Begriffen wie Dithmarscher, Schleswiger, Holsteiner, Nordfriesen. Notiere die Antworten.
b) Vergleicht eure Ergebnisse in der Klasse.

3 Versucht, mithilfe der Methodenseite 25 mehr über Bräuche, Feste, Trachten, Mundarten und typische Speisen und Getränke in eurer Region herauszufinden. Arbeitet am besten in Gruppen.

Eine Erkundung durchführen

Hinweise zur Erkundung

Ob ihr im Raum der „Dithmarscher“, im Gebiet des früheren Herzogtums Schleswig oder des damaligen Herzogtums Holsteins wohnt, könnt ihr leicht mithilfe einer Geschichtskarte feststellen. Schwieriger wird es, wenn ihr erfahren wollt, welche Kleidung die Menschen früher trugen, welche Sprache (Mundarten) sie gesprochen haben und welche Bräuche verbreitet waren. Hier könnt ihr mit einer Erkundung weiterkommen. Sie ist kein allgemeiner Museumsbesuch (siehe S. 68–69), sondern wird gezielt und mit vorbereiteten Fragen durchgeführt. Hilfe für die Vorbereitung einer Erkundung findet ihr auf dieser Seite.

Um Genaueres über eure Region zu erfahren, bieten sich Erkundungen im Museum oder im Archiv an. In vielen Orten gibt es einen Ortsheimatpfleger oder eine Ortsheimatpflegerin. Fragt bei der Gemeinde- oder Stadtverwaltung nach.

Anregungen für die Erkundung eurer Region

1. Zu welcher Region (z. B. Dithmarschen) gehört mein Wohnort?
2. In welchem „alten“ Staat (Territorium) liegt der Ort?
3. Welcher Dialekt (welche Mundart) wurde früher hier gesprochen? Gibt es heute noch Menschen, die eine Mundart sprechen können?
4. Welche Trachten (für Frauen, Männer, Kinder) wurden (werden) in deiner Region getragen?
5. Welche Bräuche und Feste werden gefeiert, zum Beispiel kirchliche Feste, Osterfeuer, Schützenfeste?
6. Gibt es spezielle Speisen und Getränke in deiner Region?

M1

Sonntagstracht eines Mädchens von Ostenfeld bei Husum, Kleidertracht eines Landmanns bei Glückstadt, um 1800

Arbeitsschritte

1. Schritt: Erkundung vorbereiten

- Anschriften ermitteln und telefonisch oder persönlich Kontakt aufnehmen.
- Termin für den Besuch vereinbaren.
- Arbeitsmittel zusammenstellen (z. B. Fotoapparat, Kassettenrekorder, Notizblock).
- Fragen sammeln, ordnen und einen Fragebogen erstellen.
- Aufgaben verteilen.

2. Schritt: Erkundung durchführen

- Begrüßung und Vorstellen eurer Erkundungsziele.
- Alle notierten Fragen stellen.
- Antworten und weitere Beobachtungen notieren.
- Skizzen oder Fotos machen; eventuell Fotokopien erbitten.

3. Schritt: Antworten auswerten und Ergebnisse präsentieren

- Fragebogen (Antworten) in Gruppen auswerten.
- Ergebnisse dokumentieren, z. B. Antworten ordnen und – mit Fotos ergänzt – als Wandzeitung gestalten.
- Die Ergebnisse mit weiteren Bildern, Grafiken und Texten ergänzen und zu einem Beitrag für die Schülerzeitung oder die Lokalzeitung eures Wohnortes ausarbeiten.
- Tipp: Ein Exemplar an eure „Informationsquelle“ (Museum, Archiv, „Heimatexperte“) schicken!

Wir leben im Land Schleswig-Holstein

M1

Der Ripener Freiheitsbrief von 1460

Schleswig-Holstein – „Dat se bliven ewich tosamende ungedeelt“

Mit dem Ripener Freiheitsbrief (Vertrag von Ripen) sicherte König Christian I. von Dänemark die unter den Schaumburgern entstandene Einheit von Schleswig und Holstein weiterhin zu. Schleswig und Holstein blieben vier Jahrhunderte lang mit Dänemark verknüpft. Gleichzeitig war jedoch Schleswig dänisches und Holstein deutsches Lehen*, sodass von deutscher und von dänischer Seite immer wieder Einfluss genommen werden konnte. Konflikte und kriegerische Auseinandersetzungen blieben deshalb nicht aus. Nordfriesland und der Bauernfreistaat Dithmarschen verwalteten sich unter eigenem Landesrecht selbst, bis sie im 16. Jahrhundert unterworfen und in die Herzogtümer Schleswig und Holstein eingegliedert wurden. Schleswig-Holstein war in seiner Geschichte sowohl Brücken- und Bindeglied als auch Streitobjekt und Kampfplatz zwischen Deutschland und Dänemark bzw. Skandinavien. Durch die Gebietsverluste von 1920 an Dänemark nach dem verlorenen Ersten Weltkrieg (1914–1918) musste Schleswig-Holstein auf ein Fünftel seines Staatsgebietes verzichten. Erst die „Bonn-Kopenhagener-Erklärung“ von 1955 sicherte die Minderheitenrechte diesseits und jenseits der deutsch-dänischen Grenze und bereitete den Weg für ein friedliches Zusammenleben in unserer Zeit.

M2 Das Landeswappen Schleswig-Holsteins

M3 Das zerstörte Kiel nach dem Ende des Zweiten Weltkrieges, Foto, 1940

Begriffe und Daten

Aus der Geschichte Schleswig-Holsteins

500–800 Einwanderung der Dänen, Jüten und Friesen nach Schleswig, der Sachsen nach Westholstein und der Abodriten nach Ostholstein (heutige Ortsbezeichungen)

811 Festlegung der Eider als Grenze zwischen den Reichen Karls des Großen und des Dänenkönigs Göttrik

1460 Vertrag von Ripen (Ribe). König Christian I. von Dänemark wird Landesherr in Schleswig und Holstein. Dem Adel (Ritterschaft) wird die Unteilbarkeit des Standes und seiner Rechte zugesichert.

1544 Einführung der evangelisch-lutherischen Lehre in den Herzogtümern

1805 Aufhebung der Leibeigenschaft* in den Herzogtümern

1864 Deutsch-dänischer Krieg um Schleswig-Holstein

1867 Schleswig-Holstein wird Provinz des Staates Preußen

1895 Eröffnung des Nord-Ostsee-Kanals

1920 Volksabstimmung im Landesteil Schleswig: Nordschleswig kommt zu Dänemark

1933–1945 Nationalsozialistische Herrschaft in Deutschland; Niederlage Deutschlands 1945

1941 Malverbot für Emil Nolde (1867–1956)

1945 Besetzung Deutschlands durch die Siegermächte; Schleswig-Holstein wird britische Besatzungszone

1946 Schleswig-Holstein wird „selbstständiges Land"

ab 1949 Bundesland der Bundesrepublik Deutschland

M4 Informationen zum Land Schleswig-Holstein (2009)

Gesamtfläche:	15 799 Quadratkilometer
Anteil an der Gesamtfläche Deutschlands:	4,4 %
Einwohner:	2,8 Millionen
Einwohner je Quadratkilometer:	177
Dänische Minderheit (mit deutscher Staatsangehörigkeit):	50 000
Ausländische Bewohner:	134 277

1 Stelle anhand der Karte (M1, S. 24) fest, in welchem Kreis du wohnst.

2 Vergleiche die Ausdehnung des heutigen Schleswig-Holsteins mit der von 1544 (M2, S. 24).

3 a) Beschreibe M1. b) Ordne die Abbildung einer Quellenart zu (siehe Kasten, S. 21).

4 Erkläre, a) was durch den Ripener Freiheitsbrief (M1) geregelt wurde und b) welche Folgen der Vertrag für Schleswig-Holstein hatte (Darstellungstext).

5 Recherche: a) Kläre die Herkunft und Bedeutung des Landeswappens (M2). b) Vergleiche die Daten zum Land Schleswig-Holstein (M4) mit anderen Bundesländern. Wähle einige Länder aus und lege eine Tabelle an.

6 Übersetze die Überschrift des Darstellungstextes und erkläre ihre Bedeutung.

7 a) Ordne M3 in die Geschichte Schleswig-Holsteins ein (Kasten). b) Notiere mit eigenen Worten, wie sich für dich die Geschichte Schleswig-Holsteins darstellt.

Webcode: FG642342-027

Deutschland – mehr als ein Bund von Ländern?

M1 Die Bundesrepublik Deutschland seit 1990

„Deutschland" – ein Staat in Europa

„Deutschland" – das ist geschichtlich gesehen viele Jahrhunderte lang kein einheitlicher Staat gewesen, sondern es war der Begriff für das Siedlungs- und Sprachgebiet der Deutschen in Mitteleuropa. Erst mit der Gründung des Deutschen Reiches 1871 unter der Führung Preußens wurde Deutschland ein Staat, der mit der Kriegsniederlage 1945 endete. Deutschland wurde durch die Siegermächte aufgeteilt: Es entstanden die Bundesrepublik Deutschland und die Deutsche Demokratische Republik (DDR). Nach dem Zusammenbruch des sogenannten Ostblocks* wurde 1990 die deutsche Einheit mit Zustimmung der Siegermächte wieder hergestellt, indem die ehemaligen Länder auf dem Gebiet der DDR (siehe M1) der Bundesrepublik Deutschland beitraten. Berlin wurde wieder die Hauptstadt des geeinten Deutschlands.

M2

Deutschland: Einigkeit, Recht, Freiheit

Aus dem „Lied der Deutschen" des Dichters August Heinrich Hoffmann von Fallersleben (1841). Diese dritte Strophe ist die Nationalhymne Deutschlands:

Einigkeit und Recht und Freiheit
Für das deutsche Vaterland,
Danach lasst uns alle streben
Brüderlich mit Herz und Hand!
Einigkeit und Recht und Freiheit
Sind des Glückes Unterpfand:
Blüh im Glanze dieses Glückes,
Blühe, deutsches Vaterland!

Zit. nach Peter Longerich (Hg.), „Was ist des Deutschen Vaterland?", München (R. Piper) 1990, S. 68.

1 Beschreibe die politische Gliederung der Bundesrepublik Deutschland nach M1. Nenne die Nachbarländer.

2 Erarbeite anhand des Darstellungstextes, was „Deutschland" in der Geschichte und in der Gegenwart bedeutet.

3 Untersuche an M3, M4 und M5, worin sich ein Gemeinschaftsgefühl der Deutschen zeigt.

4 Versuche zu erklären, warum der Dichter des Textes von M2 von Einigkeit, Recht und Freiheit spricht.

5 In M2 wird von „Vaterland" gesprochen. Überlege, was „Muttersprache" bedeuten könnte, und schreibe zu beiden Begriffen deine Meinung auf.

Webcode: FG642342-029

M3

Olympische Sommerspiele in Peking, Foto, 2008. Alexander Grimm gewinnt im Kajak Wildwasser die erste Goldmedaille für das deutsche Team.

M4

Fußballweltmeister Deutschland 1954, Foto. Der 3:2-Sieg über die ungarische Nationalmannschaft wird vor allem als Auslöser für ein „neues" Nationalgefühl der Deutschen gesehen – nach der Zeit der Verbrechen unter dem Nationalsozialismus und der vernichtenden Kriegsniederlage Deutschlands 1945.

M5

DDR-Bürger werden nach dem Fall der Mauer im Westen begrüßt, Berlin, Foto, 10. November 1989

Wir leben in Europa

Warum ist Europa auf dem Weg zur Einheit?

Europa war über viele Jahrhunderte ein Kontinent mit vielen Kriegen. Auch mühsam erarbeiteter Besitz und etwas Wohlstand wurden immer wieder vernichtet. Die beiden Weltkriege im vorigen Jahrhundert haben bei den Menschen den Wunsch verstärkt, ein vereintes, friedliches Europa zu schaffen. Das gelang erst nach dem Zweiten Weltkrieg. Den Anfang bildeten 1951 sechs westeuropäische Staaten mit einer Wirtschaftsgemeinschaft. Im Laufe der nächsten Jahrzehnte traten immer mehr westeuropäische Staaten der Europäischen Gemeinschaft (EG) bei. Nach dem Umbruch in Osteuropa 1989/90 kamen auch osteuropäische Länder dazu. Die Mitgliedsstaaten der Europäischen Union (EU) – so nennt sie sich seit 1993 – versprechen sich von dem Zusammenschluss vor allem ein friedliches Europa und bessere Lebensbedingungen. Die EU-Bürger und -Bürgerinnen wählen alle fünf Jahre das Europäische Parlament, das die Europapolitik neben der EU-Kommission (der „Regierung" der EU) und den Einzelstaaten mitbestimmt. In unserer Zeit richtet sich der Blick auch auf die gemeinsame europäische Kultur und Tradition. Einige dieser „europäischen Wurzeln" wirst du in den Kapiteln über die Griechen, die Römer und das Mittelalter in diesem Buch finden.

M2

„Es hängt immer von beiden Seiten ab"

Meinungen von polnischen und deutschen Schülern der Europaschule in Guben (2002):

Katarzyna: Am Anfang des Schuljahres kannten wir die deutschen Schüler nicht und hatten alle etwas Angst. In den Kursen haben wir uns daher mit deutschen Mitschülern zusammengesetzt.

Andy: Ich habe nicht den Eindruck, dass hier jetzt plötzlich die große Völkerfreundschaft entsteht. Es gibt Schüler, die sagen, dass sie nichts mit Polen zu tun haben wollen.

Daniela: Ich denke schon, dass sich bis zur Stufe 13 ein engerer Kontakt zu einigen polnischen Mitschülern entwickeln wird. Auch wenn ich die polnischen Mitschüler noch nicht näher kenne, heißt das nicht, dass ich etwas gegen sie habe.

Alexander: Es gibt hier und da Gruppen mit deutschen und polnischen Schülern. Wenn man will, kann man viele Projekte zusammen machen, zum Beispiel in Sport und Bio.

Katarzyna: Im Chor sind viele polnische Schüler. Dort haben sich Freundschaften entwickelt. Oft passiert das halt erst in der Freizeit.

Andy: Es gibt deutsche und polnische Schüler, die sich abschotten. Es hängt immer von beiden Seiten ab.

Malgorzata: Manchmal werden wir ausgelacht, wenn wir beim Sprechen Fehler machen.

fluter, hg. von der Bundeszentrale für politische Bildung, Nr. 4, Sept. 2002, S. 8 f., gekürzt.

M1

Die Europäische Union 2010

1 Erarbeite, welche Meinungen die Schülerinnen und Schüler äußern, und nimm dazu Stellung (M2).
2 Frage nach, ob deine Schule eine Schulpartnerschaft mit einer anderen Schule in Europa hat. Berichte über die Aktivitäten.
3 Erkunde, welche Städtepartnerschaften in deinem Wohnort bestehen.
4 Finde heraus, welche sechs Staaten die Europäische Wirtschaftsgemeinschaft (EWG) gegründet haben.
5 Nenne mithilfe von M1 a) die ersten EU-Länder, b) die neuen Beitrittsländer von 2004 und 2007.
6 Beantworte die Frage in der Überschrift des Darstellungstextes.

Webcode: FG642342-030

Leben in der Zeit und in geschichtlichen Räumen

Überprüfe, was du kannst

Sachkompetenz

1 Beschreibe die Abbildungen und ordne sie den Bildunterschriften a bis i zu (M1).

2 Übertrage die Tabelle (M2) in dein Heft. Ordne die Abbildungen (M1) Schleswig-Holstein, Deutschland und Europa zu und trage sie in die richtige Epoche ein. Nimm ein Lexikon zu Hilfe.

3 Zwei Begriffe aus den beiden Wortreihen gehören jeweils zusammen. Schreibe sie paarweise auf und erläutere sie kurz (M3).

Selbst- und Sozialkompetenz

4 Diskutiert die folgende Frage: Kann ich Schleswig-Holsteiner, Deutscher und Europäer zugleich sein?

1

2

3

4

5

6

7

8

9

M1

Schleswig-Holstein:
a. Kiel nach Kriegsende
b. Kloster Cismar
c. Fund aus der Antike

Deutschland:
d. Kölner Dom
e. Porta Nigra in Trier
f. Olympiastadion München

Europa:
g. Europaparlament in Straßburg
h. Prager Burg (Hradschin)
i. Kolosseum in Rom

M2

Schleswig-Holstein			
Deutschland			
Europa			
	Antike 3000 v. Chr.	Mittelalter 500 n. Chr.	Neuzeit 1500 n. Chr.

M3

Was gehört zusammen?

mündliche Quelle	Zeitmessung	Festpunkt der Zeitmessung	Friesen	Schleswig-Holstein	Polen	Währung	Steinkreise
Atomuhr	Euro	Stonehenge	Christi Geburt	Volksstamm	Bundesland	EU-Staat	Volkslied

Von Menschen, der Zeit und der Geschichte

Die Menschen leben in der Zeit

Die Zeit spielt im Leben des einzelnen Menschen und von Völkern eine wichtige Rolle. Geht es beim Einzelnen um Jahre oder Jahrzehnte, so umfasst das „Gedächtnis“ von Völkern meist Jahrhunderte oder gar Jahrtausende. Die Erinnerungen an frühere Ereignisse, wie Kriege, Königreiche und Naturkatastrophen, bleiben oft über lange Zeiträume lebendig.

In der Erdgeschichte nimmt die Geschichte der Menschheit eine sehr kurze Zeitspanne ein.

Sehr lange schon haben Menschen versucht, die Zeit einzuteilen, zu messen und darzustellen. Über die Beobachtung der Sonne, des Mondes und der Sterne entwickelten sie Kalender. Die Zeitmessungen mit Uhren, anfänglich mit Sonnen- und Sanduhren, wurden immer mehr verfeinert – bis zur sehr exakten Zeitmessung mit der Atomuhr in unserer Zeit.

Geschichte wird zeitlich gegliedert

Die unendliche Menge von überlieferten Quellen wird von Historikerinnen und Historikern mithilfe von Zeitrechnungen geordnet. Die wichtigsten Ordnungshilfen sind Jahreszahlen und Epochen (= Zeitabschnitte).

Die Geschichte der Menschen teilen sie ein in die Vorgeschichte von den Anfängen der Menschheit bis zu den ersten Funden schriftlicher Überlieferungen (um ca. 3000 v. Chr.). Dann folgt die Antike (bis etwa 500 n.Chr.). Sie umfasst vor allem die griechische und die römische Geschichte. Das Mittelalter steht zwischen Antike und Neuzeit (ca. 500 bis 1500 n. Chr.). Die Neuzeit beginnt um 1500 und reicht bis in die Gegenwart.

Ohne die Quellen, die Spuren aus der Vergangenheit, gibt es kein gesichertes geschichtliches Wissen. Quellen erklären aber nicht von sich aus die Geschichte. Vielmehr müssen sie „befragt“ werden, um zusammen mit anderen Quellen Antworten zu geben. Auch zeigen Quellen nur einen Ausschnitt aus der Geschichte.

Wir leben in geschichtlichen Räumen

Der Anfang des Wissens von Geschichte kann bei uns selbst, aber auch bei der Familie beginnen. Das eigene Geburtsjahr, die Geburtsjahre der Eltern und Großeltern reichen Jahre oder Jahrzehnte zurück. In der vergangenen Zeit hat sich vieles ereignet, was erzählt werden kann.

Ebenso hat der eigene Wohn- oder Schulort „seine“ Geschichte und auch die Region, zu der der Ort gehört.

Schließlich hat auch ein Bundesland, wie zum Beispiel Schleswig-Holstein, seine Geschichte. Aus dieser Zugehörigkeit entwickelt sich häufig eine Bindung der Menschen an die Geschichte eines Raumes. Sie sagen vielleicht: Ich lebe gern hier und fühle mich hier verwurzelt.

So entstehen im Laufe eines Lebens unterschiedliche Zugehörigkeiten: zur Familie, zu einem Wohn- oder Arbeitsort, zu Region und Land, aber auch zu dem Staat, in dem jemand lebt – vielleicht bis hin zu dem Gefühl, „Europäer“ oder „Europäerin“ zu sein.

M1 **Der Mensch der Vorzeit beobachtete vermutlich an einem Stamm das Wandern des Sonnenschattens. Vielleicht steckte er auch schon einen Stock in die Erde?**

Von Menschen, der Zeit und der Geschichte

2. Frühe Kulturen – Leben in der Steinzeit

Die Wissenschaftlerin beugt sich vorsichtig über die Fußspuren. Wieder und wieder sieht sie sich an, was sie mit ihren Kolleginnen und Kollegen in Laetoli in Ostafrika ausgegraben hat: Fußabdrücke in erkalteter Vulkanasche von Vorfahren des Menschen, die vor fast 4 Millionen Jahren gelebt haben. Wer war hier entlanggegangen?
Der Faustkeil, wie du ihn auf dem kleinen Bild siehst, war das erste Werkzeug der Menschen in der Altsteinzeit, die vor etwa 2 Millionen Jahren im Vorderen Orient begann.
Die Begegnung mit Spuren und Überresten von Leben, das vor uns stattgefunden hat, macht uns neugierig, und wir wollen möglichst viel darüber erfahren.

Folgende Fragen leiten dich durch das Kapitel:

- ***Woher kamen die ersten Menschen?***
- ***Wie haben sie in früheren Zeiten gelebt?***
- ***Welche Werkzeuge und Techniken hatten sie?***
- ***Wie sind sie mit der Natur und ihrer Umwelt umgegangen?***

1 Beschreibt die Abbildungen dieser Doppelseite und tragt eure Kenntnisse über die Geschichte der ersten Menschen zusammen.

Leben in der Altsteinzeit

Wissen • Methoden anwenden • Beurteilen und Handeln

Am Ende dieses Unterkapitels kannst du

- darstellen, woher die ersten Menschen kamen und wie sie sich auf der Erde verbreiteten
- Stationen in der Entwicklung des Menschen unterscheiden
- beschreiben, wie die Menschen in der Altsteinzeit lebten
- die kulturellen und technischen Leistungen der Menschen in der Altsteinzeit beurteilen
- begründen, dass sich die Menschen als Teil der übermächtigen Natur sahen
- **Methode** Ausgrabung – Geschichtsforschung mit Maurerkelle und Computer
- **Methode** Einen Sachbuchtext erschließen

Klima- und lebensraumabhängige Wanderungen der Hominiden in Afrika und nach Asien und Europa

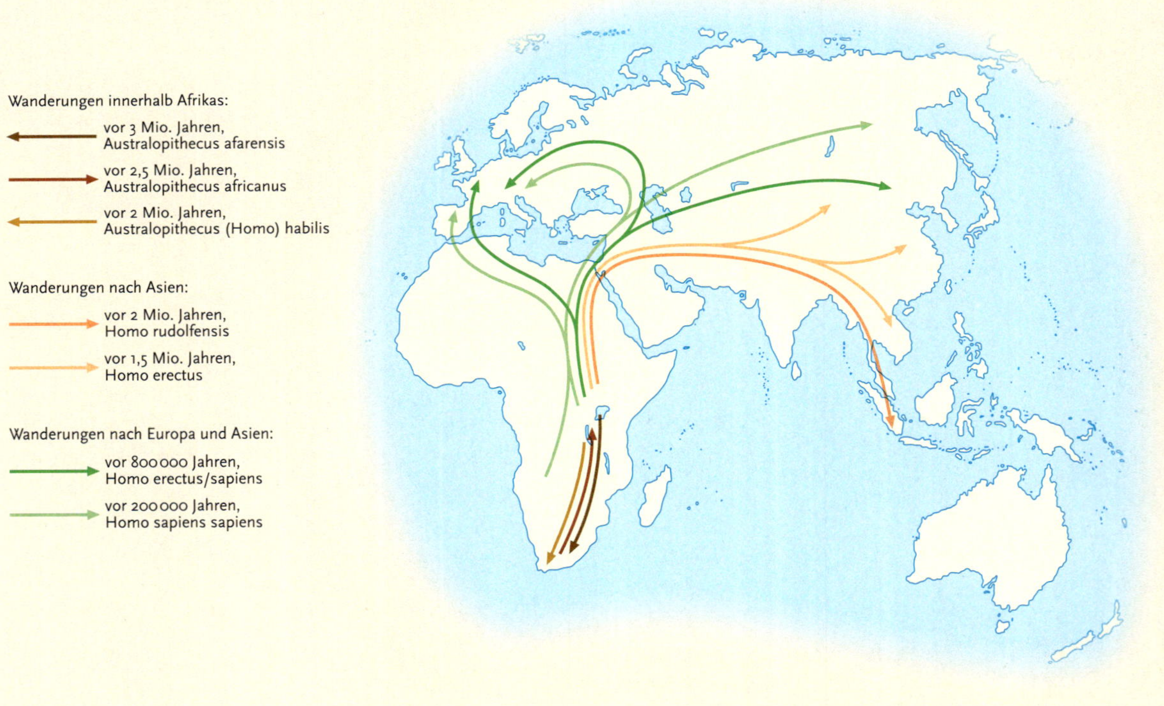

2 Mio. bis 9000 v. Chr.
Altsteinzeit

2 Mio. v. Chr. | **1 Mio. v. Chr.** | **1000 v. Chr.**

Die Suche nach Adam und Eva

Woher kommen die Menschen? – Unterschiedliche Erklärungen

Irina, Cemal, Julian und Hannah diskutieren über die Frage der Entstehung der Menschen:

Irina: Die Menschen wurden von Gott erschaffen, zuerst Adam und dann Eva. Die Schöpfung der Erde hat sieben Tage gedauert. Das steht so in der Bibel.

Cemal: Also, die alten Griechen erklärten sich die Sache anders: Der Gott Prometheus schuf gegen den Willen des obersten Gottes Zeus die Menschen aus Lehm. Später brachte er ihnen das Feuer.

Julian: Das sind doch nur Erzählungen! Die Menschen stammen vom Affen ab. Das sieht man doch: Wenn Affen wollen, können sie aufrecht gehen – wie wir.

Hannah: Nein, gestern gab es eine Fernsehsendung darüber. Unsere Vorfahren waren menschenaffenartige Tiere, von denen sich ein Teil zu Menschen entwickelte und ein anderer Teil zu modernen Menschenaffen, also zu Gorillas, Orang-Utans und Schimpansen. Das war vor vielen Millionen Jahren.

Mythos und Wissenschaft

Menschen haben immer wieder über die Entstehung der Welt und ihre eigene Herkunft nachgedacht. Darüber sind aus verschiedenen Kulturen und Religionen viele Geschichten überliefert, die „Mythen*“ genannt werden. Mythen werden von Generation zu Generation weitergegeben. Sie erzählen zum Beispiel von der Entstehung der Welt, von Göttern und ihrer Macht, ihren Taten und Schöpfungen. In vielen Religionen (Christentum, Judentum, Islam, Naturreligionen) gibt es Schöpfungsgeschichten, die versuchen, die Entstehung der Erde und des Menschen zu erklären. Meistens wird die Schöpfung als das Werk eines Gottes gesehen, der die Erde und die Lebewesen formt oder die Entstehung der Erde durch seine Worte bewirkt („Es werde Licht“). Aus der Sicht der Wissenschaft werden Mythen als „Geschichten“ betrachtet, die nicht beweisbar sind. Für die Menschen in der Geschichte hatten sie aber durchaus große Bedeutung. Mit ihrer Hilfe konnten sie sich die Welt besser erklären und waren sich sicher, von bestimmten Göttern beschützt zu werden.

M1

„Das Paradies“, Gemälde von Lucas Cranach dem Älteren, um 1530

M2

Erschaffung des Menschen in der Bibel

In der Schöpfungsgeschichte der Bibel (1. Buch Mose, Kap. 1 u. 2) heißt es:

Am Anfang schuf Gott Himmel und Erde. Und die Erde war wüst und leer und es war finster auf der Tiefe; und der Geist Gottes schwebte auf dem Wasser …
Und alle die Sträucher auf dem Felde waren noch nicht auf Erden und all das Kraut auf dem Felde war noch nicht gewachsen; denn Gott der Herr hatte noch nicht regnen lassen auf Erden und kein Mensch war da, der das Land bebaute; aber ein Nebel stieg auf von der Erde und feuchtete alles Land. Da machte Gott der Herr den Menschen aus Erde vom Acker und blies ihm den Odem [Hauch] des Lebens in seine Nase. Und so ward der Mensch ein lebendiges Wesen.

Württembergische Bibelanstalt (Hg.), Die Bibel, Stuttgart, 1965.

1 Stellt fest, wie Irina, Cemal, Julian und Hannah den Ursprung der Menschen erklären. Vergleicht.

2 **Partnerarbeit:** Klärt: Mythos, Schöpfung, wissenschaftliche Erklärung (Darstellungstext, M1, M2).

Der Junge vom Turkanasee – ein Urmensch

Millionen Jahre alten Menschen auf der Spur

Einmal das vollständige Skelett eines Millionen Jahre alten Menschen zu finden, davon träumen zum Beispiel die Archäologen Richard und Meave Leakey. Was wie ein spannendes Abenteuer aussieht, ist aber auch ein Stück harte Arbeit. Denn bei manchen Grabungsexpeditionen wie etwa in Afrika müssen die Wissenschaftlerinnen und Wissenschaftler auf die Annehmlichkeiten eines bequemen Lebens verzichten. Weit entfernt von ihrem eigentlichen Arbeitsplatz mit einem gut ausgestatteten Labor, suchen sie nach Überresten – immer bestrebt, eine Antwort auf die Frage zu finden: Auf welche Weise sind die Menschen zu dem geworden, was sie heute sind? Die Archäologen Richard und Meave Leakey hatten Glück – 1984 machten sie in Kenia einen aufsehenerregenden Fund: die Überreste eines männlichen Urmenschen, der als „Junge vom Turkanasee" bekannt geworden ist.

Urmenschen: Leben mit Feuer und Faustkeil

Der Urmensch (= Homo erectus), zu dessen ältesten Vertretern der Junge vom Turkanasee zählt, nutzte bereits das Feuer. Das bezeugen Funde von Ascheresten. Mit dem Feuer konnte er heizen und Speisen kochen. In der Dunkelheit spendete das Feuer Licht und hielt wilde Tiere ab. Aus der Notwendigkeit, das Feuer zu erhalten und zu kontrollieren, schließen Forscher, dass die Urmenschen in Gruppen lebten.

Aus Funden von Steinwerkzeugen, Schnittspuren und Abfällen ziehen sie weitere Schlüsse: Die Menschen gingen zur Jagd und erbeuteten auch Großwild. Mit Steinwerkzeugen zerlegten sie die Beute und teilten sie an festen Rastplätzen auf. Der fein bearbeitete Faustkeil, der durch Abschlagen von Splittern scharfe Kanten erhielt, war ihr wichtigstes Werkzeug (siehe S. 35). Trotz aller Fortschritte waren sie jedoch der für sie übermächtigen Natur ausgeliefert. Sie mussten jeden Tag für ihr Überleben sorgen und empfanden sich als Teil der macht- und geheimnisvollen Natur.

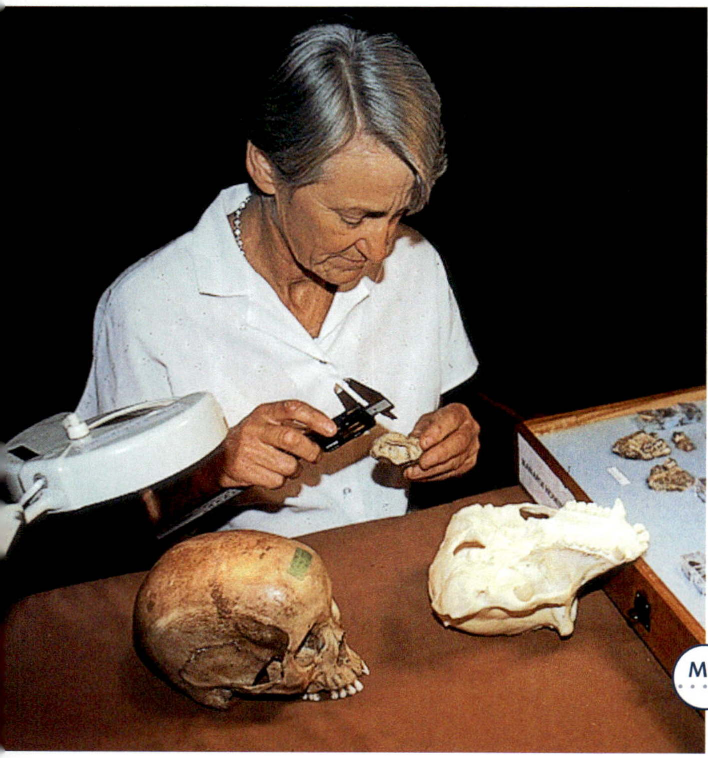

M1 **Sortieren von Knochenfunden,** Foto, 1984.
Meave Leakey mit Schädeln vom Homo sapiens und vom Schimpansen.

Begriffe und Daten

Archäologie

Die Archäologie (griech. Altertumskunde) ist eine Wissenschaft, die sich mit Überresten aus Ausgrabungen beschäftigt. Da wir erst seit etwa 5000 Jahren schriftliche Quellen haben, umfasst der Forschungszeitraum für die Archäologie den größten Teil der menschlichen Geschichte. In der Archäologie werden die Forschungserkenntnisse auch mithilfe naturwissenschaftlicher Methoden und moderner Technik gewonnen.

M2

Der Fund am Turkanasee

Richard Leakey schrieb 1997 in seinem Buch „Die ersten Spuren“:

Im Spätsommer 1984 … erlebten meine Kollegen und ich, wie jener Traum [von der Entdeckung eines vollständigen Skeletts] allmählich Gestalt annahm … Am 23. August erspähte Kamoya Kimeu, mein ältester Freund und Kollege, ein kleines Fragment[1] eines alten Schädels zwischen Kieseln auf einem Abhang in der Nähe der schmalen Rinne, die in der Regenzeit Wasser führte. Sorgfältig begannen wir mit der Suche nach weiteren Bruchstücken des Schädels und fanden bald mehr, als wir zu hoffen gewagt hatten … Wir entdeckten, was sich schließlich als das praktisch vollständige Skelett eines Individuums[2] herausstellte, das am Ufer des alten Sees vor über 1,5 Millionen Jahren gestorben war. Von uns auf den Namen Turkanaknabe getauft, war es zum Zeitpunkt des Todes knapp neun Jahre alt; die Ursache des Todes bleibt im Dunkeln … Noch nie war aus der Vorzeit des Neandertalers [s. S. 40] … etwas so Vollständiges wie dieses fossilierte[3] Skelett gefunden worden.

Richard Leakey, Die ersten Spuren, München (Bertelsmann) 1997, S. 12.

[1] Bruchstück
[2] Individuum: Einzelner
[3] Fossil: versteinerter Überrest aus der Frühgeschichte der Pflanzen, Tiere und Menschen

M3

Feuer entzünden wie die Urmenschen, Foto, 1989. Noch heute beherrschen einige Ureinwohner Australiens die Technik des Feuermachens mit einfachen Mitteln.

M4

Ein Vorgänger des modernen Menschen

Richard Leakey schrieb 1997 über die Einordnung des Turkanasee-Jungen in die Menschheitsgeschichte:

Der Turkanaknabe gehörte zur Art Homo erectus[1] – einer Art, die in der Geschichte der menschlichen Evolution[2] eine entscheidende Rolle gespielt hat. Aufgrund von Belegen … wissen wir, dass sich die erste menschliche Art vor etwa sieben Millionen Jahren entwickelt hat. Als Homo erectus vor fast zwei Millionen Jahren die Bühne betrat, war die Vorgeschichte der Menschheit schon ziemlich weit gediehen. Die menschliche Vorgeschichte nahm vor zwei Millionen Jahren offenbar eine entscheidende Wendung. Homo erectus war die erste menschliche Spezies[3], die Feuer benutzte; die erste, welche die Nahrungsbeschaffung zu einem wesentlichen Teil durch die Jagd bestritt; die erste, deren Vertreter wie heutige Menschen laufen konnten und nach einem bestimmten gedanklichen Modell Steinwerkzeuge herstellten … Wir können erkennen, dass der frühe Homo erectus hoch gewachsen war … knapp 1,80 Meter groß …, athletisch und sehr muskulös. Selbst der stärkste Berufsringer von heute hätte gegen einen durchschnittlichen männlichen Homo erectus wenig ausrichten können.

Richard Leakey, Die ersten Spuren, München (Bertelsmann) 1997, S. 14 f. und 114 f.

[1] „der aufrecht gehende Mensch“
[2] Entwicklung, kontinuierliche Veränderung
[3] Begriff aus der Biologie: Art, Gruppe gleicher Lebewesen

1 Berichte anhand von M2 über die Bedingungen, unter denen der Fund vom Turkanasee gemacht wurde.

2 Schlage in einem Atlas nach, wo der Turkanasee liegt, und beschreibe seine Lage. Beachte, dass er früher Rudolfsee genannt wurde.

3 Stelle fest, worin Leakey die „entscheidende Wendung“ in der menschlichen Entwicklung sieht (M4).

4 Richard und Meave Leakey wollen ihren Freunden von dem Fund berichten. Schreibe einen Brief. Ziehe M1 mit heran.

5 Feuer und Faustkeil: Fasse ihre Bedeutung für die Urmenschen zusammen (M3, M4 und Darstellungstext).

6 Beschreibe, welches Verhältnis die Urmenschen zur Natur hatten.

Webcode: FG642342-039

Stationen in der Entwicklung des Menschen

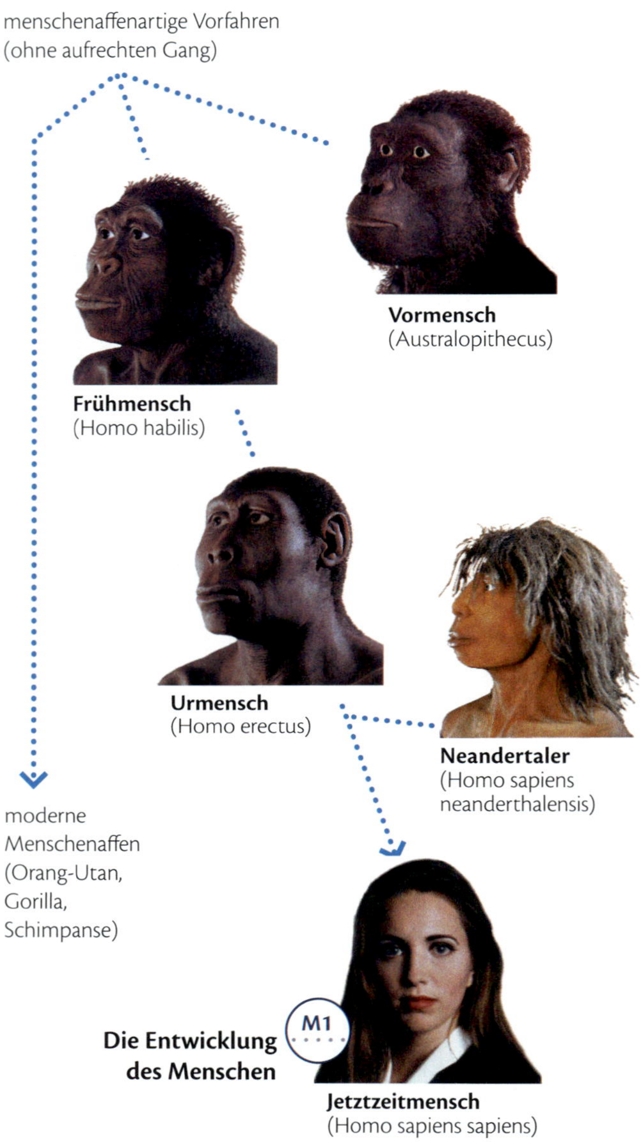

M1 **Die Entwicklung des Menschen**

Vormensch = Australopithecus
Lebte vor 4,5 bis 1 Million Jahren in Afrika; aufrechter Gang (siehe Fußspuren S. 34–35), aber die Einordnung als Mensch ist wegen seines kleinen Gehirns umstritten; Größe 120–150 cm; stellte keine Werkzeuge her; ernährte sich vor allem von Pflanzen; „Australopithecus“ heißt „Südaffe“.

Frühmensch = Homo habilis
Lebte vor 2,5 bis 1,5 Millionen Jahren in Afrika; Größe 120–150 cm; stellte einfache Werkzeuge her, daher der Artname „habilis“ (= geschickt); ernährte sich von Pflanzen und Tieren.

Urmensch = Homo erectus
Lebte vor 2 Millionen bis 40 000 Jahren, erst in Afrika, später in Asien und Europa; Größe 160–180 cm; stellte fein bearbeitete Faustkeile her, nutzte das Feuer und jagte; ernährte sich von Pflanzen und Tieren; der Beiname „erectus“ (= aufrecht) stammt aus der älteren Forschung, die die aufrecht gehenden Vor- und Frühmenschen noch nicht kannte.

Neandertaler = Homo sapiens neanderthalensis
Lebte vor 130 000 bis 30 000 Jahren in Europa; seitdem ausgestorben; Größe etwa 160 cm; stellte zahlreiche Steinwerkzeuge her; verwendete Farbstoffe; die Annahme einer regelmäßigen Bestattung der Toten und der Beilage von Grabbeigaben ist in der Forschung umstritten; lateinisch „sapiens“ = wissend.

Jetztzeitmensch = Homo sapiens sapiens
Entwickelte sich vor 150 000 bis 100 000 Jahren in Ostafrika; von dort aus weltweite Besiedlung; Größe etwa 180 cm; stellte Werkzeuge und Waffen aus Stein, Holz und Knochen her; glaubte an göttliche Mächte; weitere Funde: Schmuck, Höhlenmalereien, kleine Figuren, Nähnadeln. Europa mit seinem kühlen Klima erreichte der Jetztzeitmensch vor ca. 40 000 Jahren.

1 Lege eine Tabelle an: Trage in die obere Zeile die verschiedenen Menschenarten ein, die auf dieser Seite genannt werden. Schreibe zu jeder Art, was du über Lebenszeiten, Verbreitung, Größe, Fähigkeiten und Ernährung jeweils auf dieser Seite findest.

Webcode: FG642342-040

Afrika – Wiege des heutigen Menschen?

„Eva war Afrikanerin", hieß es 1987 in den Medien. Archäologen hatten in Ostafrika weibliche Knochenreste entdeckt und herausgefunden: Nicht nur der Ur-, auch der Jetztzeitmensch (= Homo sapiens sapiens) stammt aus dem warmen Klima Afrikas. Er hatte sich dort vor 150 000 Jahren entwickelt und in der Welt ausgebreitet. Diese Vermutung (= Hypothese) wird „Out-of-Africa"-Hypothese genannt.

Zwar stimmt gegenwärtig die Mehrheit der Forscher der Annahme zu, dass der Jetztzeitmensch ebenso wie die verschiedenen Formen der Vor-, Früh- und Urmenschen in Afrika entstanden seien. Unbestritten ist diese Behauptung aber nicht, denn andere Forscher sind vom „multiregionalen (multi = vielfach) Modell" überzeugt. Danach hätten sich die einzelnen Völker der verschiedenen Erdteile jeweils in ihren Regionen aus viel älteren, dort bereits lebenden Menschenformen entwickelt – die aber in ganz früher Zeit alle aus Afrika gekommen sein müssen.

Trotz aller Wissenslücken zweifeln jedoch die meisten Forscher nicht ernsthaft daran, dass die Entstehung des Menschen aus einem Evolutionsprozess (= Entwicklungsprozess von niederen zu höheren Lebewesen) hervorgegangen ist.

Allerdings verlief dieser Weg nicht in kurzer Zeit, sondern über einen für uns schwer vorstellbaren Zeitraum von Jahrmillionen.

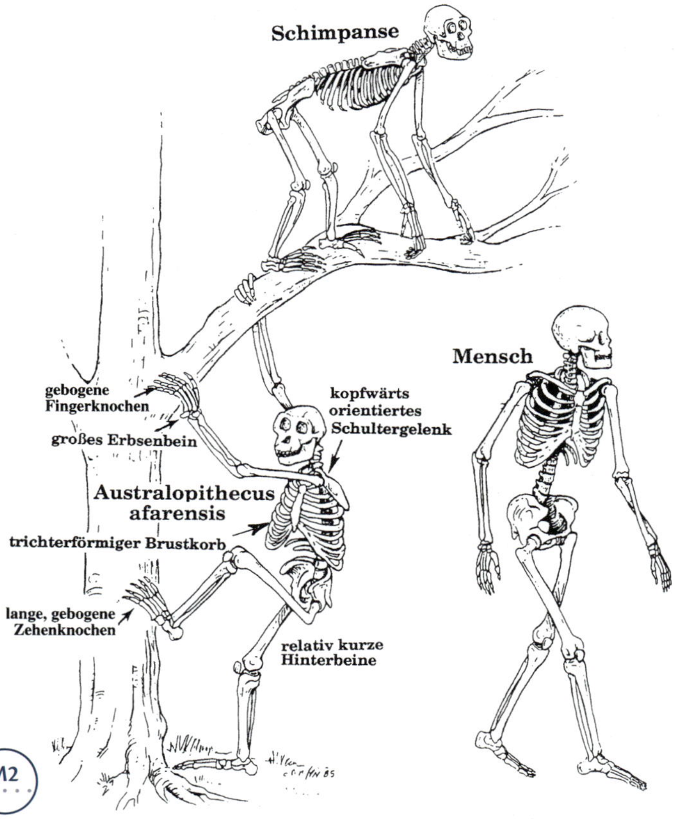

M2

Konstruktionsmerkmale des Skeletts des Vormenschen (Australopithecus afarensis) als Bindeglied zwischen Menschenaffen und dem Jetztzeitmenschen.

2 Du hast den Jungen vom Turkanasee kennen gelernt (S. 38–39). Zu welchem Menschentyp gehört er? Begründe deine Zuordnung.

3 Erarbeite, was sich der Abb. M2 über die Entstehung des Menschen entnehmen lässt.

4 Die Vermutung über die Herkunft des Jetztzeitmenschen wird „Out-of-Africa"-Hypothese genannt. Erkläre den Begriff.

5 Schau dir M3 an. Was wollte Searcy mit ihrer Verwandlung wohl zeigen?

M3 **Der moderne Mensch,** Fotos, 1993. Die Afroindianerin Andrea Searcy verwandelte sich mithilfe von Perücke, Make-up und Kontaktlinsen in Angehörige verschiedener moderner Völker.

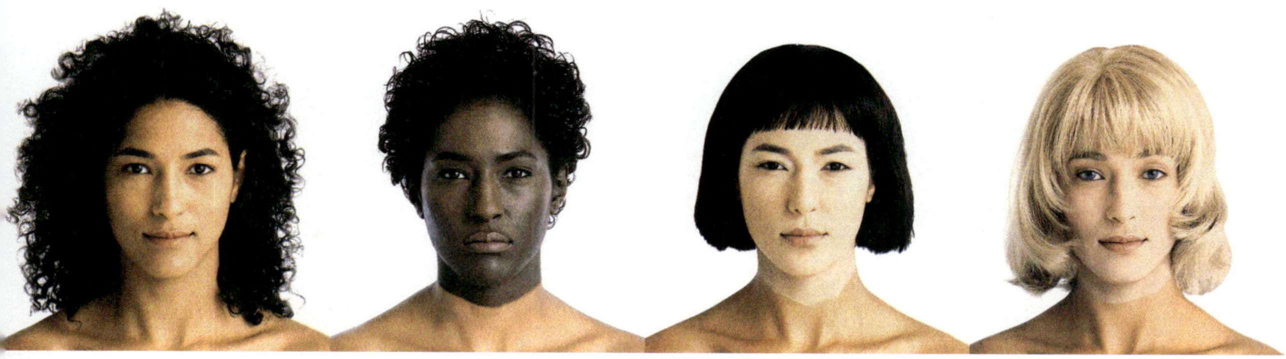

Ausgrabung – Geschichtsforschung mit Maurerkelle und Computer

Archäologen bei der Arbeit

„Bau der Straßenbahntrasse zunächst gestoppt! Ausgrabungen haben Vorrang!“ So oder ähnlich lauten oftmals Schlagzeilen in den Tageszeitungen. Manchmal heißt es aber auch: „Archäologen kamen zu spät! Bagger war schneller!“

Immer geht es dabei um die Arbeit der Archäologie. Ursprünglich stand in dieser Wissenschaft die Erforschung der Antike im Vordergrund. Heute suchen Archäologinnen und Archäologen auch nach Überresten aus der Vorgeschichte. An ihre Untersuchungsgegenstände gelangen sie vor allem durch Ausgrabungen. Aber: Woher sollen sie wissen, an welchen Stellen Überreste verborgen sind? Häufig ergänzen sich zufällige Entdeckungen und systematisches, detektivisches Suchen.

1 Beschreibe anhand von M1 bis M4 die unterschiedlichen Möglichkeiten der Archäologie. Bei welcher archäologischen „Aktion“ würdest du gerne mitmachen?
2 Erläutere die Möglichkeiten der Luftbildarchäologie (M1).
3 Erkundigt euch bei der Gemeindeverwaltung und im Museum nach Ausgrabungen und Funden in der Umgebung. Berichtet darüber.

M1 **Luftbildarchäologie.** Der unterschiedliche Bewuchs des Feldes verrät Mauerreste einer Gebäudeanlage im Boden, Möckenlohe, Foto, 1993.

Webcode: FG642342-042

M2 Wie bestimmen Archäologen das Alter von Fundstücken?

Archäologen bestimmen das Alter von Fundstücken unter anderem mit naturwissenschaftlichen Methoden. Zu den wichtigsten Verfahren zählen:

Thermolumineszenz-Methode

Einige Minerale [Baustoff aller Gesteine] speichern die von radioaktiven Elementen und der kosmischen Strahlung ausgehende Energie. Je älter das Mineral ist, desto mehr Energie wird ... eingelagert ... Bei der Untersuchung einer Probe wird diese ... einer Temperatur von über 500 °C ausgesetzt. Die gespeicherte Energie wird dabei in Form eines Wärmeleuchtens (= Thermolumineszenz) abgegeben und gemessen, woraus sich das Alter der Probe bestimmen lässt.

14C – Die Radiocarbonmethode

Das in der Atmosphäre [gasförmige Hülle der Erde] vorkommende Kohlenstoffisotop 14C wird von allen lebenden Organismen aufgenommen. Sterben sie, endet dieser Prozess der Aufnahme, und das radioaktive 14C beginnt zu zerfallen. Bei organischen Resten kann man daher über die Messung des noch vorhandenen 14C ... das Alter feststellen. Je geringer die Konzentration von 14C ist, umso älter ist die Probe. Die Radiocarbonmethode ist anwendbar bei Proben mit einem Alter zwischen 3000 und 50 000 Jahren.

Dendrochronologie – Kalender aus Holz

Der jährliche Wandel der Witterung schlägt sich beim Wachstum der Bäume in unterschiedlich breiten Jahrringen nieder ... Die so entstehenden Jahrringmuster verschieden alter Holzproben werden verglichen ... und in eine kalendarische Folge gebracht. Für die absolute [genaue] Datierung ist eine ununterbrochene Abfolge von Jahresringen bis in die Gegenwart nötig. Eine entsprechende Sequenz wurde für Mittel- und Westeuropa an Eichen erstellt, deren Jahresringe besonders deutlich ausgeprägt sind und die bis in das 18. Jahrhundert bevorzugt als Baumaterial verwendet wurden.

Zit. nach Menschen–Zeiten–Räume. Eine Ausstellung in der Kunst- und Ausstellungshalle Bonn, 2003. Texte der Wandtafeln 4 und 8. Im Internet unter http://www.kah-bonn.de/ausstellungen/archaeologie/wandtexte.pdf. Stand: Februar 2008.

Maurerkelle – ein Allzweckwerkzeug

Pinsel zum Säubern der Objekte

Digitalkamera

Maßstab für das Fotografieren kleiner Objekte

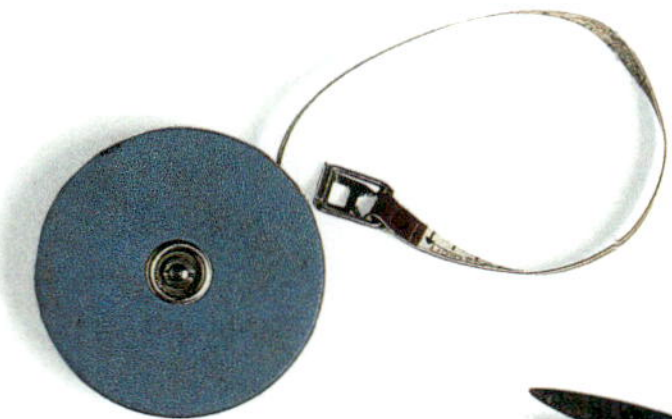
Bandmaß zum Vermessen von Grabungsstätten

M3 **Archäologinnen und Archäologen bei einer Ausgrabung,** Foto, 1989

Notebook

Spitzhacke – ein wichtiges Grabwerkzeug

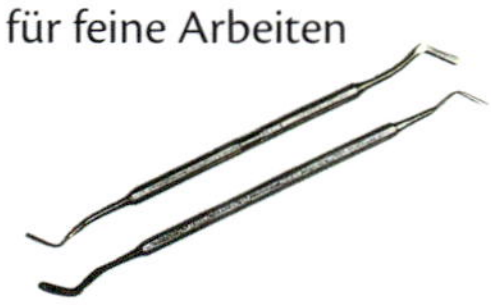
Zahnarztinstrumente für feine Arbeiten

Senkblei

M4 **Werkzeuge in der Archäologie**

Arbeitsschritte

1. Schritt: Suchen und finden

- Zunächst muss die Fundstelle festgestellt und beschrieben werden. Häufig geben Zufallsfunde beim Haus- oder Straßenbau erste Hinweise. Eine Ausgrabung wird dann systematisch vorbereitet (Personal, Werkzeuge usw.).

2. Schritt: Graben

- Die Ausgrabung muss sehr vorsichtig durchgeführt werden: Grabungsgelände vermessen, Schicht für Schicht den Boden abtragen, vermessen, fotografieren, genaue Lage von Gegenständen eintragen (Grabungstagebuch, Fundprotokoll führen).

3. Schritt: Auswerten

- Beschreiben, datieren, Funktion der Funde klären; eventuell Biologen, Geologen, Kunsthistoriker heranziehen.

4. Schritt: Bewahren und ausstellen

- Funde reinigen, restaurieren, ergänzen; für Besichtigung (Ausstellung) vorbereiten.

Von Afrika ins kühle Europa

Die ersten Menschen in Europa

Der Urmensch (= Homo erectus), den wir in Form des afrikanischen „Turkanasee-Jungen“ kennen gelernt haben, ist der erste Menschentyp, der Afrika in Richtung Norden verlassen hat. Aber erst vor 1,2 Millionen Jahren ist er in Südeuropa (Spanien) aufgetaucht, im östlichen Europa (Tschechien) vor 650 000 Jahren. Das war in der Epoche der Altsteinzeit, die von rund 2 Millionen Jahren bis um 9000 v. Chr. dauerte.

M1 **Europa im Eiszeitalter**

Umwelt im Europa der Altsteinzeit: Kaltzeiten und Warmzeiten

Woran lag es, dass Europa erst so spät von den Urmenschen besiedelt wurde? Vereinfacht kann man antworten: In Europa war es kühler als in Afrika.

Genauer gesagt: Vor rund 2,5 Millionen Jahren hatte in den nördlichen Regionen der Erdkugel das „Eiszeitalter“ begonnen. Im „Eiszeitalter“ wechselten sich Kalt- und Warmzeiten immer wieder ab. Mindestens sieben Warm- und sieben Kaltzeiten gab es allein während der letzten 700 000 Jahre. Eine Warm- bzw. eine Kaltzeit konnte zwischen zehn- und hunderttausend Jahre dauern. Während einer Kaltzeit war es in Europa viel kälter und trockener als heute. Zwar lagen die Temperaturen im Hochsommer nur wenig unter den heutigen Werten, doch waren die Sommer wesentlich kürzer. Die Winter dauerten dagegen erheblich länger, und die Temperaturen der kältesten Monate waren um bis zu 17 Grad unter die heutigen Monatsmittelwerte abgesenkt. Es bildeten sich bis zu 3000 Meter dicke Eisschichten, die ganz Nordeuropa bedeckten und zeitweilig bis weit über die Elbe reichten. Auch die Alpen und die Pyrenäen waren vereist.

Wurde es gegen Ende einer Kaltzeit wärmer, schmolz das Eis und die Gletscher zogen sich zurück. Es entstanden wieder Wälder, und Tiere und Menschen rückten wieder in die verlassenen Gebiete vor. Eine Warmzeit herrschte zum Beispiel vor 125 000 bis 115 000 Jahren. Die letzte Warmzeit begann um 9000 v. Chr. In ihr befinden wir uns heute noch.

Leben in der Eiszeit – Anpassung an Klima und Natur

Die Menschen des Eiszeitalters in Europa mussten sich an die klimatischen und natürlichen Bedingungen anpassen, die ihr Lebensraum vorgab. Funde an verschiedenen Orten ergaben, dass sie ihre Lagerplätze in Wassernähe hatten. Häufig waren es Uferterrassen oder Sandkegel, die einen Aufenthalt auf trockenem Boden ermöglichten. Hier fand sich auch das Wild ein – ihre Jagdbeute. Auch die Wohnbauten wie z. B. Zelte waren abhängig von den vorhandenen Materialien und den klimatischen Bedingungen.

M2

Rekonstruktion eines Kleidungsstücks aus der Altsteinzeit (nach einem Grabfund von Sungir bei Moskau)

M3

Rekonstruktion eines Zeltes, Foto aus dem Steinzeitdorf Kussow (Mecklenburg-Vorpommern)

Begriffe und Daten

Altsteinzeit

Die Altsteinzeit (= Paläolithikum) ist die älteste und längste Epoche in der Geschichte der Menschen. Sie begann vor etwa 2 Millionen Jahren in Afrika und dauerte bis zum Ende der letzten Eiszeit um 9000 v. Chr. Benannt wurde diese Epoche nach dem bevorzugten Werkstoff Stein.

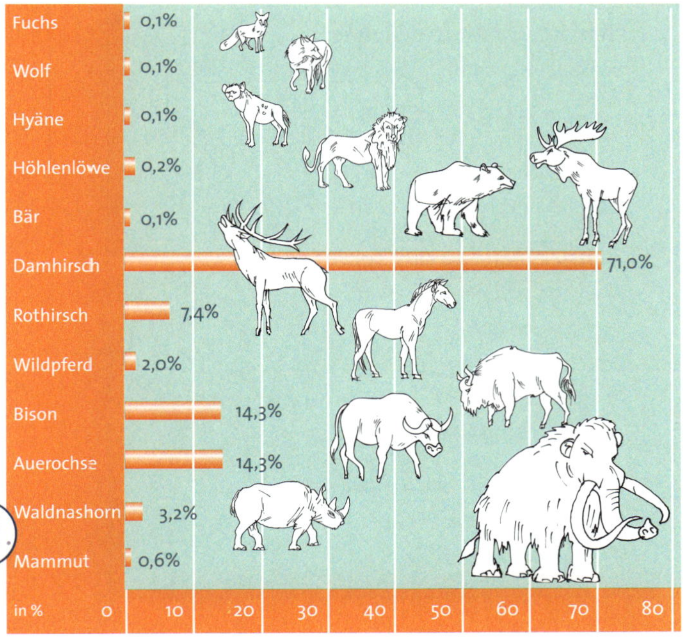

M4

Die Jagdbeute der mittelsteinzeitlichen Menschen von Neumark-Nord (Sachsen-Anhalt), in Prozent

1 Kläre mithilfe des Darstellungstextes,
a) wann und von welchen Menschen Europa zuerst besiedelt wurde,
b) warum Europa erst später besiedelt wurde.

2 a) Beschreibe anhand von M1 die Naturräume Europas im Eiszeitalter.
b) Nenne Gebiete, wo Menschen leben konnten. Begründe deine Aussagen. Kläre dazu die Begriffe Tundra und Steppe.

3 Zeige an M2 und M3, wie sich die Menschen an Natur- und Klimabedingungen anpassten.

4 Formuliere, welche Schlüsse sich über die Ernährung der Menschen aus M4 ziehen lassen.

5 **Recherche:** Suche nach Abbildungen eiszeitlich geprägter Landschaften.

Webcode: FG642342-045

Einen Sachbuchtext erschließen

Texte in Sachbüchern

In diesem Buch findest du immer wieder Texte, die nicht zu den Quellentexten (siehe S. 21) gehören, sondern von den Autoren dieses Buches geschrieben wurden. Solche „Darstellungstexte“ oder auch „Sachbuchtexte“ sollen in ein Thema einführen oder einen bestimmten Sachverhalt zu einem Thema darstellen. Auf dieser Methodenseite kannst du erarbeiten, wie ein Sachbuchtext erschlossen wird. Möglicherweise lassen sich nicht immer alle Arbeitsschritte beantworten.

Arbeitsschritte

1. Schritt: Thema des Textes
- Worüber berichtet der Text? (a)
- Wie lässt sich das Thema kurz formulieren (Überschrift)? (b)

2. Schritt: Inhalt des Textes
- Welche unbekannten Wörter muss ich klären? (c)
- Welche Textstellen verstehe ich nicht? (d)
- Welche Schlüsselwörter enthält der Text? (e)
- Wie lautet die Kernaussage? (f)
- Welche Einzelinformationen liefert der Text? (g)

3. Schritt: Aufbau des Textes
- Wie lässt sich der Text gliedern? (h)
- Welche Überschriften lassen sich für die Abschnitte finden? (i)
- Wie können die Abschnitte in Stichworten zusammengefasst werden? (j)

4. Schritt: Inhalt zusammenfassen
- Wie kann der Inhalt knapp und treffend zusammengefasst werden? (k)

Begriffe und Daten

Mindmap

Die Mindmap ist eine „Gedankenkarte“, mit der Fragen, Ideen und Informationen geordnet werden. Die grafische Darstellung geht vom Themenstichwort oder von Schlüsselbegriffen aus, die in Haupt- und Nebenzweige gegliedert werden.

M1

Beispiel eines Sachbuchtextes

Sowohl die Fähigkeit, das Feuer zu nutzen, als auch immer mehr verfeinerte Jagdtechniken werden dem Homo erectus zugeschrieben. In Südafrika konnten Verbrennungsspuren an Knochen nachgewiesen werden, die etwa eine Million Jahre alt sind. Aufgrund der rekonstruierten Temperaturen konnten sie nicht von einem Buschfeuer stammen. Der Homo erectus hat das Feuer für sich genutzt, vielleicht zuerst nach einem Blitzschlag. Später gelang es, Feuer zu entzünden, zu erhalten und zu kontrollieren. Bei der Besiedlung kühlerer Kontinente war die Wärme des Feuers wichtig, aber auch als Schutz vor wilden Tieren. Dazu wurde es genutzt, um Nahrung zu erhitzen und sie dadurch zu garen und lagerfähig zu machen. Aus Funden von Werkzeugen aus Stein und Tierknochen mit Schnittspuren ist zu schließen, dass Homo erectus eine Zerlegungstechnik beherrschte. Das typische Werkzeug war der Faustkeil. Jagdbeute konnte so in größerer Menge systematisch und intensiv verarbeitet werden. An festen Rastplätzen wurde die Beute geteilt.

zu Schritt 1:

a) Der Text berichtet darüber, wie der Homo erectus das Feuer genutzt hat und welche Bedeutung die Jagd hatte.

b) Feuer und Jagd beim Homo erectus

zu Schritt 2:

e) Schlüsselwörter: Feuer, Jagdtechniken, Homo erectus, Verbrennungsspuren ... etwa eine Million Jahre alt, Zerlegungstechnik, Faustkeil

f) Der Homo erectus beherrschte vor etwa einer Million Jahren den Umgang mit dem Feuer und bestimmte Jagdtechniken.

g) Einzelinformationen:
Zum Beispiel zur Bedeutung des Feuers: Wärme, Schutz vor wilden Tieren, Nahrungszubereitung, Nahrungskonservierung

M2

Hilfen zur Erschließung von M1

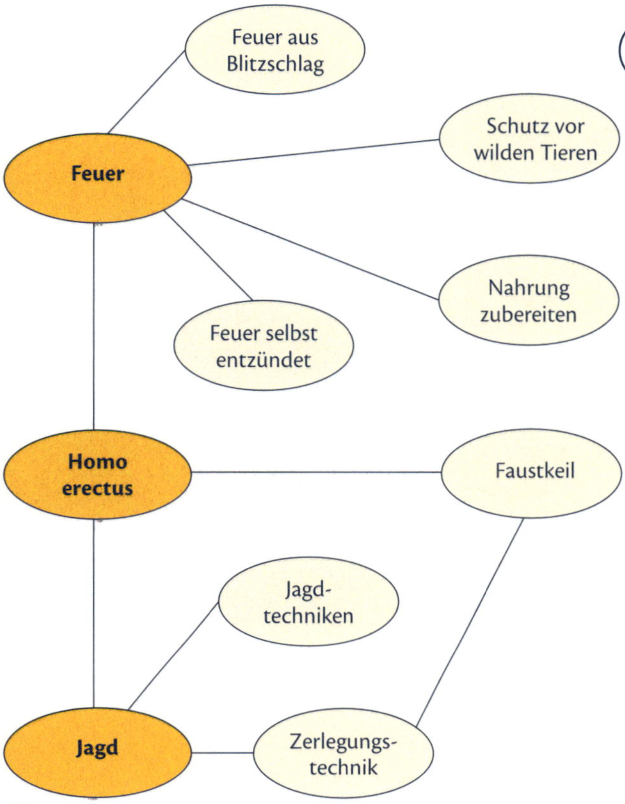

M3 **Einen Sachbuchtext mit einer Mindmap (siehe Kasten) erschließen**

M5

Klima und Menschheitsentwicklung

Schon seit Anbeginn der Menschheitsgeschichte war das Klima Wegbegleiter der Vor- und Urmenschen. Denn die Entstehung der Hominiden fällt zusammen mit starken globalen Abkühlungen, mit ausgeprägten Eiszeiten, mit zunehmender Gebirgsbildung und tektonischer Aktivität sowie mit dem Rückgang der tropischen Regenwälder Afrikas und der Ausbreitung von Busch- und Graslandschaften.

Für manche Forscher ist das Klima die Voraussetzung für die Entwicklung des Menschen, für andere dagegen spielt es nur eine Nebenrolle. Für die Vor- und Urmenschen haben Klimawechsel mindestens zwei Auswirkungen: die Verschiebung der Siedlungsräume und die Veränderung der Vegetation mit Auswirkungen auf das Nahrungsangebot. Vor 50 Millionen Jahren wuchsen noch Wälder in der Arktis und Regenwälder in der Antarktis, es gab kaum Wüsten und Grasländer, jahreszeitliche Wechsel waren wenig ausgeprägt. Die Tiefwassertemperaturen der Ozeane waren im Durchschnitt 10 Grad wärmer als heute. Seither wurde das Klima weltweit schrittweise kühler. Die Wassertemperaturen in den Tiefen der Ozeane sanken ab, auf den Kontinenten bildeten sich Eismassen.

Die weltweite Abkühlung um durchschnittlich circa 15 Grad seit dem Ende der Kreidezeit wird auf verschiedene Faktoren zurückgeführt, beispielsweise auf Umlenkungen warmer Meeresströme und auf Hebungen der Erdkruste von großen Kontinentgebieten.

Friedemann Schrenk, Klima und Menschheitsentwicklung, in: EisZeit, hg. v. Manfred Boetzkes u.a., Hildesheim und Stuttgart (Roemer- und Pelizaeus-Museum/Thorbecke) 1999, S. 28 ff. Gekürzt u. leicht überarbeitet.

M4 **Tabelle: Einen Sachbuchtext inhaltlich erschließen**

Was ich beim ersten Lesen nicht genau verstanden habe, z. B. Fachwörter, Fremdwörter, Textstellen	Meine Vermutung: Bedeutung aus dem Satz- oder Textzusammenhang, Ableitung oder Verwandtschaft mit anderen Wörtern	Erklärung, z. B. aus Wörterbuch/CD-ROM, Lexikon, Internet

1 a) Erschließe M1 anhand der Arbeitsschritte. Lege dir zu Schritt 2 eine Tabelle nach M4 an. Nimm M2 zu Hilfe.
b) Beschreibe M3. Prüfe, ob die „Gedankenkarte" dir beim Verständnis von M1 helfen kann.

2 a) Erschließe den Sachbuchtext M5. Gehe wie bei M1 vor.
b) Entwirf eine Mindmap.

Die Urmenschen von Bilzingsleben

M1

Schematischer Plan des Lagerplatzes von Bilzingsleben

Lagerplatz am See

In dem thüringischen Ort Bilzingsleben haben Archäologen 1969 einen Lagerplatz ausgegraben, der vor ca. 350 000 bis 400 000 Jahren von Urmenschen (= Homo erectus) besiedelt war. Er ist typisch für das Leben im Europa der Altsteinzeit, als die Menschen als Jäger und Sammler lebten.

Der Platz lag auf der Uferterrasse eines kleinen Quellsees. Bislang wurden etwa 500 000 Objekte aus Stein, Geweih und Holz ausgegraben, ferner Menschenknochen sowie Tierskelette aus der Jagdbeute.

Leben in der Gruppe – wer sorgt für die Nahrung?

Die Funde von Bilzingsleben deuten darauf hin, dass die Nahrungsgrundlage der Menschen in der Altsteinzeit durch die Jagd und das Sammeln von Wildfrüchten, Wurzeln, Eiern, Bienenhonig und Ähnlichem gedeckt wurde. Die Menschen lebten in Gruppen von etwa 25 bis 30 Personen.

Wie war die Arbeit zwischen ihnen aufgeteilt? Diese Frage ist schwer zu beantworten. Früher wurde angenommen, dass es eine Arbeitsteilung gab, bei der die Jagd Aufgabe der Männer und das Sammeln, Feuerhüten, Kinderbetreuen und Kochen Aufgabe der Frauen war. Heute meinen zahlreiche Wissenschaftlerinnen und Wissenschaftler, dass sich Frauen und Kinder besonders an Gruppenjagden, zum Beispiel auf Rentiere, beteiligt haben könnten und dass sie bei Sammelzügen auch Kleintiere erlegten. Neuere Funde aus der Zeit um 9000 v. Chr., in der Forschung „Mittelsteinzeit“ genannt, zeigen Abdrücke von Textilresten, die Netze darstellen. Sie könnten zum Jagen von Fischen und Wildtieren gedient haben. Eine solche Netzjagd war eine Gemeinschaftsaktion, an der viele Mitglieder der Gruppe teilnahmen: Frauen, Männer und Kinder.

Begriffe und Daten

Altsteinzeitliche Lebensweise

Die Menschen der Altsteinzeit entwickelten eine wildbeuterische, nicht dauerhaft sesshafte (nomadisierende) Lebensweise, die durch Jagd und Sammeltätigkeit gekennzeichnet war. Sie stellten einfache Werkzeuge her – vorwiegend aus Stein (Feuerstein, Quarz, Quarzit). Der Faustkeil gilt als das am weitesten verbreitete Steinwerkzeug.

1. Erarbeite aus M1 und M2, warum die Menschen vermutlich an diesem Platz lagerten.
2. Überprüfe deine Vermutungen an M3.
3. Notiere, was M1, M2 und M4 über das Leben und die Arbeit an diesem Siedlungsplatz aussagen.
4. Kläre mithilfe des Darstellungstextes die aktuelle Forschungsmeinung zur Arbeitsteilung.
5. Diskutiert die Aussage Z. 15–19 in M4.

M2

Lebensbild des altsteinzeitlichen Siedlungsplatzes von Bilzingsleben, Rekonstruktionszeichnung, 1999

M3

Die Menschen von Bilzingsleben und ihre Umwelt

Der Leiter der Grabungen von Bilzingsleben, Dietrich Mania, berichtete 1998:

[Die Fundstellen] lagen … in der Regel am Wasser. Uferrandsiedlungen oder der Aufenthalt auf Schwemmkegeln an der Mündung von Fließgewässern in größere Altwässer oder Seen sind die typischen Standorte. Wasser war für den Menschen lebensnotwendig wie auch für das Wild. Dieses stellte sich in den Niederungen zur Tränke ein … Ihm folgten die Beutegreifer und Aasfresser, aber auch der Mensch … Wenn wir die Jagdbeute der … Fundstellen untersuchen, lässt sich feststellen, dass zwar vorwiegend Herdentiere gejagt wurden, aber unter diesen kaum eine Art besonders bevorzugt wurde … Beobachtungen am Befund haben ergeben, dass der Lagerplatz von Bilzingsleben längere Zeit ohne Unterbrechung genutzt wurde …

[Er lag] in einem größeren Gebiet, dessen äußere Grenzen mindestens in der Entfernung lagen, die an einem Tage hin und zurück bewältigt werden konnte. Das sind etwa 10 bis 15 km. Somit hatte dieses sogenannte Schweifgebiet einen Durchmesser von etwa 20 bis 30 km.

Dietrich Mania, Die ersten Menschen, Stuttgart (Theiß) 1998, S. 36 f.

M4

„Waldelefant zum Frühstück“ – über die Funde in Bilzingsleben

Der Journalist Michael Best berichtete 1998 über die zahlreichen Funde von der Lagerstätte Bilzingsleben:

Bilzingsleben erlaubt heute einen Blick in den Alltag des Urmenschen … Im Boden ruhen Hölzer, Bohrer, Kratzer oder kleine Messer aus Feuerstein. Man kann Kleidungsstücke und Reste zeltartiger Behausungen finden. Davor Feuerstellen, an denen sich noch heute Holzkohlenreste und in der Hitze gerissene „Kochsteine“ finden. Bei den Hütten dann Schaber und Ambosse, auf denen Knochen zertrümmert wurden. In Ufernähe deuten Tierknochen darauf hin, dass hier die Jagdbeute zerlegt wurde: Waldelefanten, Nashörner, Hirsche, Pferde, Bären und Wildrinder. Auffällig die kreisförmige Fläche von neun Meter Durchmesser. Sie ist regelrecht gepflastert … Vielleicht ein Ort für Riten[1] oder Religion. Und man findet Knochen, in die mit dem Feuersteinmesser regelmäßige Linien eingeritzt wurden. „Für mich“ [sagt der Grabungsleiter Mania] „die ältesten Beweise für die Übermittlung eines menschlichen Gedankens.“

Michael Best, Waldelefant zum Frühstück, in: Rheinischer Merkur vom 18. 09. 1998, S. 34.

[1] regelmäßige Handlungen und Formeln religiösen Ursprungs, zum Beispiel zur Anrufung von Göttern

Kultur in der Altsteinzeit?

Leben in der Altsteinzeit – mehr als Arbeit?

Vier Jungen entdeckten 1940 auf dem Gutshof Lascaux in Südfrankreich durch Zufall eine Höhle, die tief im Innern mit Felszeichnungen bedeckt war. Sofort eilten Archäologen an die Fundstelle. Ihr Ergebnis: Die Bilder stammten aus der Zeit um 15 000 v. Chr. Damit hatten die Jungen Spuren der ersten europäischen Jetztzeitmenschen entdeckt, die gegen Ende der Altsteinzeit von Afrika aus eingewandert waren.

Gemalt hatten die Künstler der Altsteinzeit vor allem Großwildtiere, Vögel und Fische, Menschen eher selten. Warum sie diese Werke anfertigten, ist unter Forschern umstritten. Manche meinen, dass sie Glück bei der Jagd bringen sollten. Andere sagen, dass Schutzgeister angerufen werden sollten. Unbestritten ist, dass sie eine Zeichensprache darstellen, die die Menschen damals verstanden.

Die Felsbilder zeigen, dass sich das Denken und die Lebensweise der Höhlenmenschen von Lascaux im Vergleich mit den Urmenschen Afrikas weiterentwickelt hatten. Sie dachten über Tiere und Natur nach, über Götter und Tod. Vorangetrieben hat diese Entwicklung wahrscheinlich auch das kühle Klima Europas, das die Menschen immer wieder vor neue Herausforderungen stellte: Wo hause ich, wenn es kalt ist? Wie ernähre ich mich, wenn ich im Winter keine Pflanzen sammeln kann? Und wie verständige ich mich über diese Fragen mit meinen Mitmenschen?

Eine bedeutende Neuerung wird mit dem Neandertaler verbunden: die Bestattung der Toten. Allerdings ist umstritten, ob sie regelmäßig stattfand. Belegt sind jedoch Funde mit Speise- oder Blumenbeigaben (aus Pollenfunden erschlossen). Die Befunde deuten auf einen Glauben an das Jenseits hin und zeigen, wie irreführend die Annahme ist, der Neandertaler sei ein roher, halb tierischer, stumpfsinniger Menschentyp gewesen. In der Forschung wird er deshalb inzwischen auch als eine Unterart des Homo sapiens und nicht als gänzlich eigene Art angesehen. Technischer und kultureller Fortschritt beeinflussten sich wahrscheinlich gegenseitig, waren doch Felsmalereien oder Ritzzeichnungen nur möglich, wenn die technischen Möglichkeiten vorhanden waren.

M1

Felsmalerei in der Höhle von Lascaux, Frankreich, um 15 000 v. Chr. Die Künstler benutzten Holzkohle und Tonerde in braunen, gelben und rötlichen Farben, die sie pulverförmig gegen den Fels bliesen oder mit Öl anrührten.

M2

Porträtkopf, aus Mammutelfenbein geschnitzt. Gefunden wurde er 1891 bei Dolni Vestonice im heutigen Tschechien. Alter: ca. 26 000 Jahre

M5

Statuette eines Löwenmenschen aus dem Hohlenstein-Stadel im Lonetal bei Asselfingen, Baden-Württemberg, Elfenbein, Höhe: 28 cm, ca. 30 000 v. Chr.

M3

„Venus vom Hohlen Fels“, Frauenfigur, Elfenbein, Höhe: 6 cm , Alter: ca. 35 000 Jahre. Die Figur wurde 2008 auf der Schwäbischen Alb gefunden. Anstelle des Kopfes besitzt die Kleinplastik eine Öse.

M4

Kunst aus der Steinzeit – nur in Europa?

Der Wissenschaftsjournalist P. J. Blumenthal schrieb 2004 über die Eiszeitkunst:

Die Experten rätseln nach wie vor über die Bedeutung von Abertausenden von Bildern und Kunstgegenständen, die man über die Jahrzehnte in zahlreichen Höhlen gefunden hat ... Inzwischen hat der französische Altertumsforscher Michel Lorblanchet ... diese Felszeichnungen in vier Kategorien[1] eingeteilt: erstens Tiere, zweitens Menschen ..., drittens rein abstrakte Muster und viertens unbestimmte Linien und Kritzeleien ... Bisher war nur von europäischer Eiszeitkunst die Rede ... Doch im Lauf der letzten fünfzig Jahre haben Archäologen Eiszeitkunst in aller Welt entdeckt: in Afrika, Asien, Amerika und Ozeanien ... Heute kennt man weltweit über zwanzig Millionen Malereien und Kunstgegenstände, und die Zahl nimmt stetig zu.

P. J. Blumenthal, Willkommen in der Sixtinischen Kapelle der Steinzeit, in: P. M. History, Februar 2004, S. 50 f.

[1] Gruppen

1 Eine Ausstellung gestalten:
Eure Hilfe wird bei der Vorbereitung einer Ausstellung von Funden aus der Altsteinzeit benötigt:
a) Beschreibt M1, M2, M3 und M5. Formuliert zu jedem Ausstellungsstück einen Erklärungstext für die Ausstellung.
b) Wählt ein Fundstück aus, über das ihr in einem Zeitungsartikel berichtet, um für die Ausstellung zu werben.

2 Untersucht mithilfe von M4, wie technische und kulturelle Entwicklung in der Altsteinzeit zusammenhängen. Lest auf den Seiten 48 bis 51 nach.

3 Beantwortet die Frage in der Überschrift des Darstellungstextes.

Webcode: FG642342-051

Die Ahrensburger Rentierjäger – Leben im lebensfeindlichen Raum?

Die Ahrensburger Kultur

Bei einer Ausgrabung im Stellmoor bei Ahrensburg nördlich von Hamburg fand der Archäologe Alfred Rust Stielspitzen, Kratzer, Stichel und Klingen sowie bearbeitete Stein-, Knochen- und Geweihteile. Offensichtlich handelte es sich um eine Jägerkultur, die nach ihrem Fundort Ahrensburger Kultur genannt wird. Von den Angehörigen der Ahrensburger Kultur wurden bisher keine Skelettreste gefunden, sodass über ihr Aussehen und ihre Größe nichts Konkretes gesagt werden kann.

Vorschlag für eine Gruppenarbeit

Beschafft euch Informationen über die Ahrensburger Rentierjäger und bearbeitet die folgenden Themenvorschläge. Geht von dieser Seite aus.

1. Wo und wann haben Menschen der Ahrensburger Kultur gelebt?
2. Welches Klima und welche Landschaft herrschten vor?
3. Wie haben sich die Menschen auf das Klima eingestellt (Kleidung, Ernährung, Wohnung)?
4. Welche Werkzeuge und Geräte haben sie hergestellt und verwendet?
5. Wo sind die Rentierjäger verblieben?
6. Wie kann ihr Verhältnis zur Natur beschrieben werden?

M2
Verwertung eines Rentiers

M1
Eiszeitjäger, Rekonstruktionszeichnung

M3
Eiszeitliche Tundra in Sibirien. So ähnlich könnte es im Ahrensburger Tunneltal ausgesehen haben.

Leben in der Altsteinzeit

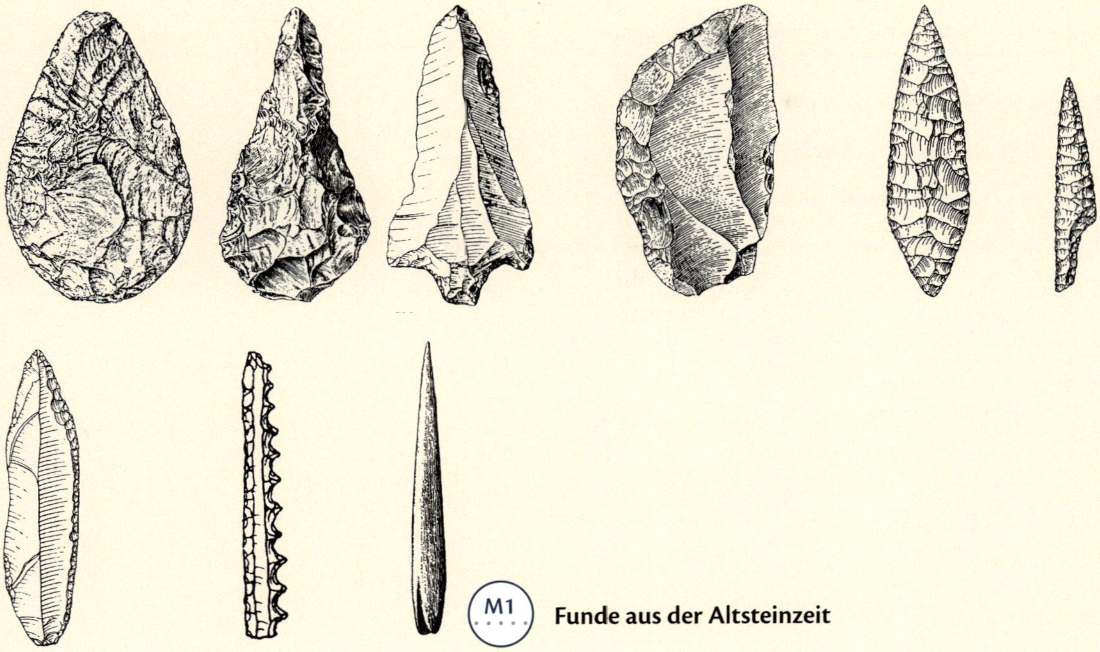

M1 **Funde aus der Altsteinzeit**

Überprüfe, was du kannst

Sachkompetenz

1 Beschreibe die Funde (M1) und notiere, zu welchem Zweck sie jeweils verwendet wurden.

2 Kläre, zu welchem Menschentyp der Junge vom Turkanasee gehört (S. 38–39). Begründe.

3 Zwei Begriffe aus der Wortreihe gehören jeweils zusammen. Schreibe sie paarweise auf:
mündliche Quelle – Zeitmessung – Homo sapiens – Australopithecus – Homo erectus – Eiszeit – Sonnenuhr – Vormensch – Jetztzeitmensch – Sage – Feuernutzung – Ahrensburger Kultur

Selbst- und Sozialkompetenz

4 Überprüfe die folgenden Aussagen:
a) Die ersten Menschen entwickelten sich zeitgleich in verschiedenen Erdteilen.
b) Die Menschen der Altsteinzeit zeigten kein Interesse an kulturellen Leistungen.
c) Erkläre die folgende Aussage: Die Archäologie ist ein Fenster in die Vergangenheit. Gib Beispiele.

Methodenkompetenz

5 Erschließe den Darstellungstext S. 38 mithilfe der Arbeitsschritte S. 46–47.

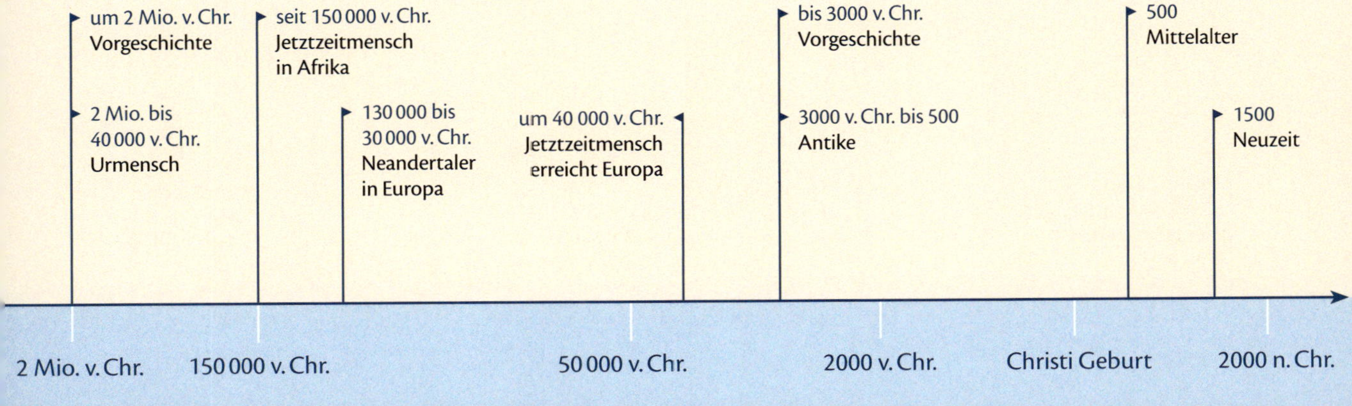

Leben in der Jungsteinzeit

Wissen • Methoden anwenden • Beurteilen und Handeln

Am Ende dieses Unterkapitels kannst du

- beschreiben, wie die Menschen in der Jungsteinzeit lebten
- Merkmale der bäuerlichen Gesellschaft nennen
- die kulturellen, wissenschaftlichen und technischen Leistungen beurteilen
- die Bedeutung der Metallerzeugung für das Leben der Menschen erklären
- das Verhältnis Mensch – Natur beschreiben
- **Methode** Ein Museum besuchen

Kulturen bis etwa 1500 v. Chr.

9000 v. Chr.
Neolithische Revolution und Jungsteinzeit

5500 v. Chr.
Jungsteinzeit in Mitteleuropa
Metallzeit im Vorderen Orient

2200 v. Chr.
Metallzeit in Mitteleuropa

Die „Revolution“ auf dem Acker – Zähmung der Natur?

M1

Lebensbild der jungsteinzeitlichen Siedlung von Erkelenz-Kückhoven um 5000 v. Chr., Rekonstruktionszeichnung, 1999

Eine neue Lebensweise in der Jungsteinzeit

Mit dem Rückzug der Gletscher Ende der letzten Kaltzeit um 10 000 v. Chr. erwärmte sich die Erde, und Mitteleuropa wurde alsbald von dichten Wäldern bedeckt. Waren die Menschen in der Altsteinzeit jagend und sammelnd umhergezogen, entwickelten sie jetzt, in der Jungsteinzeit, eine neue Lebensweise. Aus dem Vorderen Orient kam sie zu uns ...

Der Fund von Erkelenz-Kückhoven

Die Menschen der Altsteinzeit haben mit ihrer wildbeuterischen Lebensweise das genutzt, was sie in der Natur vorfanden. Wenn an einem Ort die Nahrungsgrundlage knapp wurde, zogen sie in andere Gegenden. Für ihre zeitlich begrenzten Aufenthalte bevorzugten sie Plätze mit Wasservorrat wie Seen und Flüsse. Steinzeitforscher waren daher überrascht, als 1964 bei Erkelenz-Kückhoven im Rheinland ein Siedlungsplatz ausgegraben wurde, bei dem weit und breit kein Gewässer lag. Warum hatten die Menschen trotzdem hier gesiedelt? Ein besonderer Fund, den Forscher erst 1991 bis 1994 ausgruben, löste das Rätsel: ein Brunnen! Er war die „Wasserquelle“ – gefertigt aus Eichenholz und sehr gut erhalten. Sein Querschnitt ist quadratisch, seine Seitenlänge beträgt 3 Meter.

Bei den weiteren Ausgrabungen wurden mehr als 70 Hausgrundrisse freigelegt. In den Abfallgruben fanden sich Geräte aus Stein, Holz und Keramik, zum Beispiel Hacken und Gefäße, auch Spaten aus Ahornholz und zwei Taschen aus Eichenrindenbast. Der Brunnenfund wurde mithilfe der Dendrochronologie (siehe S. 42) im Labor der Universität Köln untersucht. Das Fälldatum der Eichen des größten Brunnenkastens wurde auf 5090 v. Chr. datiert, das der beiden kleineren ist etwa 25 bzw. 40 Jahre jünger. Neu datiert werden konnte auch die Bauweise. War die Entstehung der sogenannten Blockbauweise bisher für die Zeit um 1000 v. Chr. angenommen worden, so ist nun sicher, dass sie bereits vor 7000 Jahren verwendet wurde. Der Brunnen ist im Rheinischen Landesmuseum Bonn ausgestellt.

1 Beschreibe anhand von M1 die Lebensweise der Menschen.

2 Aus welchen Gründen könnte sich deiner Meinung nach die Lebensweise der Menschen in M1 verändert haben? Halte deine Vermutungen fest.

3 Erläutere mithilfe des Darstellungstextes die Bedeutung des Brunnens für das Leben der Menschen in der Jungsteinzeit.

4 Überprüfe mithilfe des Darstellungstextes, welche Details der Rekonstruktionszeichnung M1 auf Funden basieren.

M2

Bau eines Hauses in der Jungsteinzeit, Rekonstruktion aufgrund von Fundergebnissen. Die verschiedenen Arbeitsgänge werden hier zu gleicher Zeit gezeigt; tatsächlich wurden sie nacheinander ausgeführt (Errichten der Tragpfosten in Gruben, Verlegen der Dachkonstruktionen, Herstellen der Flechtwände, Decken des Daches mit Schilf und Verputzen der Wände mit Lehm).

M3

Ein Getreidefund aus der Jungsteinzeit

Der Historiker Wolf Dieter Becker schrieb 1995 über Ausgrabungen aus der Jungsteinzeit:

Die ersten Ackerbauern ... [im nordwestdeutschen Raum] waren die Träger der bandkeramischen Kultur[1]. Im 6. Jahrtausend v. Chr. rodeten sie Lichtungen in die damaligen dichten Lindenwälder und legten dort ihre Siedlungen und Felder an. Eine dieser jungsteinzeitlichen Siedlungen wurde 1993 von der Trasse der MIDAL-Hauptgasleitung durchschnitten, deren Bau von Archäologen ... des Westfälischen Museums für Archäologie ... begleitet wurde. Am Grunde einer bandkeramischen Eintiefung, die zuerst zur Entnahme von Lehm und später als Abfallgrunde diente, wurde eine schwarze Schicht entdeckt. Sie bestand hauptsächlich aus verkohltem Getreide. Der außergewöhnlich umfangreiche Fund wiegt – gewaschen und getrocknet – über 12 kg. Die ca. 950 000 Getreidekörner entsprechen einem Erntegewicht von über 30 kg frischem Getreide ... Hier war vor über 7000 Jahren ein Kornvorrat beim Brand eines Hauses unbrauchbar und in die Abfallgrube geworfen worden. Bei dem verkohlten Getreide handelt es sich um Einkorn[2] und Emmer[3], die beiden Arten gehörten zu den am frühesten im Vorderen Orient kultivierten Pflanzen. ... Im Getreide gab es jedoch Verunreinigungen durch Früchte und Samen von Ackerwildkräutern. Die Ansprüche und Eigenschaften dieser ... „Unkräuter" informieren uns über die Wuchs- und Erntebedingungen des Getreides: Die Felder waren kleine, im Wald gerodete Flächen und durch Waldränder oder Hecken begrenzt. Die Äcker wurden nicht wie heute jedes Jahr vollständig umgepflügt, daher gab es Stellen, auf denen auch mehrjährige Pflanzen wachsen konnten. Die Nährstoffversorgung der Äcker war gut, da die Halme nicht geschnitten, sondern nur die Ähren abgeerntet wurden; so verblieben viele Nährstoffe auf den Äckern.

Wolf Dieter Becker, Von verkohlten Nahrungsvorräten, geheimnisvollen Wällen und bitteren Mahlzeiten, in: Heinz Günter Horn u. a. (Hg.), Ein Land macht Geschichte. Begleitbuch zur Landesausstellung „Ein Land macht Geschichte" 1995. Archäologie in Nordrhein-Westfalen, Köln (Stadt Köln, Römisch-Germanisches Museum) 1995, S. 191.

[1] Älteste frühjungsteinzeitliche Kultur in Mitteleuropa (6. bis 5. Jahrhundert v. Chr.), benannt nach der bandartigen Verzierung ihrer Tongefäße.

[2, 3] Dinkelarten

M4

Neue Techniken und Geräte in der Jungsteinzeit, Rekonstruktionszeichnung, 1999

Begriffe und Daten

Neolithische Revolution

Die Epoche der Jungsteinzeit (= Neolithikum) begann nach dem Ende der letzten Kaltzeit um 9000 v. Chr. In der Jungsteinzeit änderte sich das Leben der Menschen grundsätzlich. Sie lebten nicht nur vom Sammeln und Jagen, sondern ernährten sich von Ackerbau und Viehzucht. Sie wurden zunehmend sesshaft und wohnten in festen Siedlungen. Diese radikale Änderung der Lebensweise wird Neolithische Revolution genannt.

5 Erläutere anhand von M2 die Technik des Hausbaus. Vergleiche mit der Bauweise in unserer Zeit.

6 Beschreibe M4 und notiere, welche Produkte mit den Techniken und Geräten jeweils hergestellt werden konnten.

7 Beantworte anhand von M3 die folgenden Fragen:
a) Welche Informationen konnten aus dem Getreidefund gewonnen werden.
b) Was konnte über den Getreideanbau und die Anlage der Felder herausgefunden werden?
c) Warum kann der alte Getreideanbau als „umweltverträglich" angesehen werden?

8 Vergleicht in Partnerarbeit die Lebensweise der Menschen in der Jungsteinzeit (S. 55–57) mit der der „Bilzingslebener" (S. 48–49). Notiert, worin sich beide unterscheiden.

Webcode: FG642342-057

Die frühbäuerliche Gesellschaft

Eine bäuerliche Gesellschaft entsteht

Der Übergang vom Nomadentum zur sesshaften, bäuerlichen Lebensweise dauerte „nur“ wenige Jahrtausende. Weil aber der Umbruch im Vergleich zur Altsteinzeit, die zwei Millionen Jahre umfasste, sehr rasch erfolgte, bezeichnen Geschichtswissenschaftler sie als eine Revolution: die „Neolithische Revolution“.

Die Menschen lebten jetzt nicht mehr „mit“ der Natur, sondern begannen, die Natur für ihre Zwecke und Ziele zu nutzen: Sie trieben Ackerbau und züchteten Pflanzen und Tiere aus Wildformen. Grundrisse von festen Gebäuden und große Gräberfelder zeigen, dass die Menschen in dörflichen Siedlungen lebten und allmählich Eigentum bildeten.

Werkzeuge, Arbeitstechniken, Arbeitsteilung

In der Jungsteinzeit veränderte sich das Arbeitsleben der Menschen nachhaltig. Der hölzerne Hakenpflug, den die Menschen erfanden, verbesserte den Feldanbau. Zu den Errungenschaften in der Vorratshaltung zählten Gefäße aus Ton. Andere Erfindungen waren das Spinnen, das Weben und die Steinbohrung.

Die Arbeit mit den neuen Werkzeugen erforderte viel Geschick, sodass sich die Menschen auf bestimmte Tätigkeiten des Ackerbaus und der Viehzucht spezialisierten. Auch musste das Leben in der Familie, in der Sippe und im Dorf geregelt werden. Wie es organisiert war, darüber wissen die Forscher aber nur wenig: Gab es zum Beispiel einen Dorfvorsteher oder eine Dorfvorsteherin? Wie wurden Entscheidungen gefällt?

M1 Zentren der Neolithischen Revolution zwischen 9000 und 3000 v. Chr.

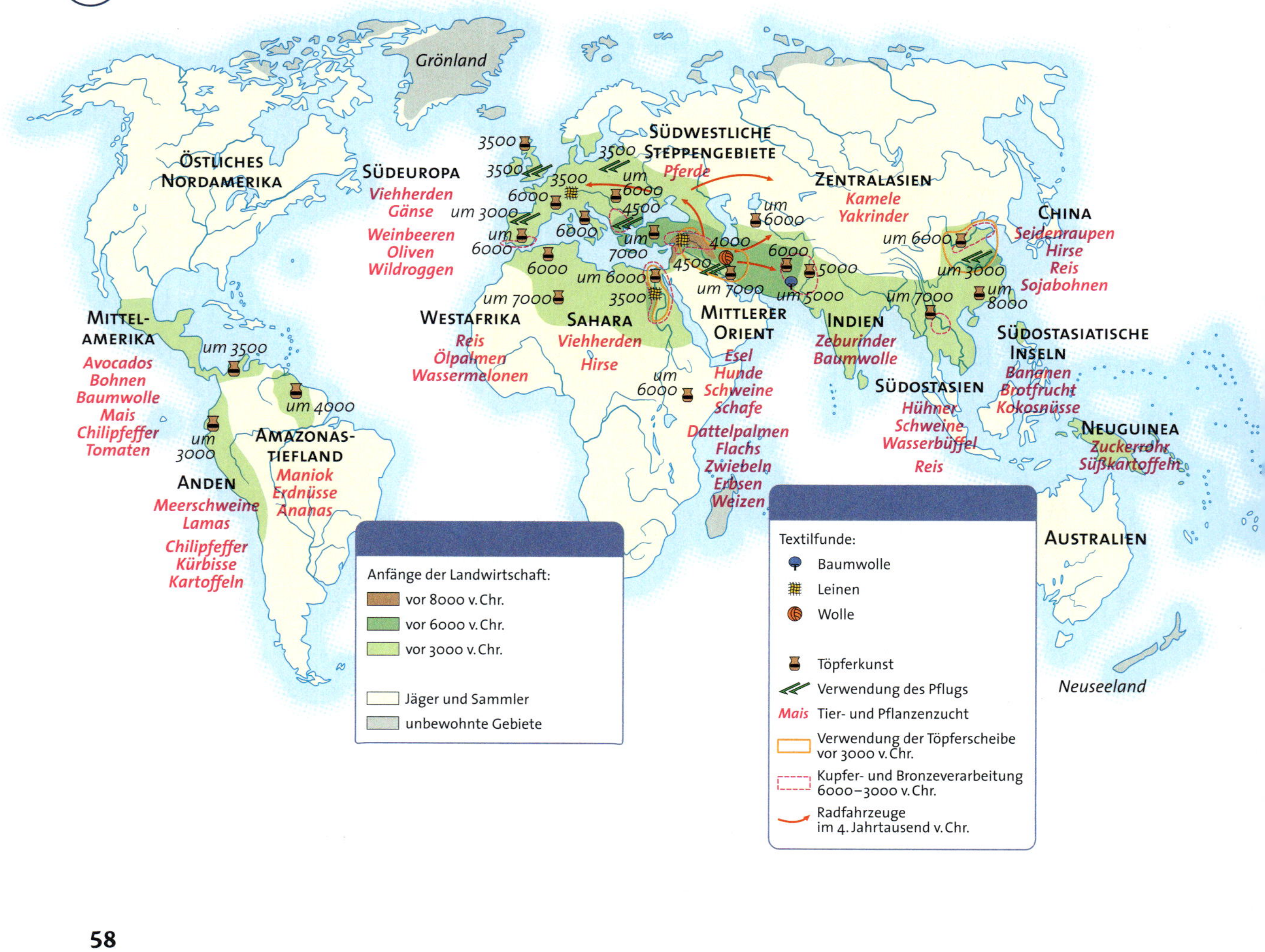

M2

Frauen- und Männerarbeit in der frühbäuerlichen Gesellschaft – Fortschritt?

Die Prähistorikerin[1] Brigitte Röder schrieb 1998 in einem Aufsatz „Jungsteinzeit – Frauenzeit?“:

2A Das tägliche Arbeitspensum war um ein Vielfaches gestiegen, weil Ackerbau und Viehzucht wesentlich zeitaufwändiger sind als eine Nahrungssicherung durch Sammeln, Jagen und Fischen ... Zur Arbeit in der Landwirtschaft kam eine Vielzahl neuer Tätigkeiten hinzu ... Zu nennen ist beispielsweise die Herstellung zahlreicher neu entwickelter Werkzeuge und Geräte sowie das Weben von Textilien aus Pflanzenfasern. Nicht zu unterschätzen ist auch der Zeitaufwand für den Bau und die Instandhaltung der Häuser. Ein völlig neuer, ebenfalls arbeitsintensiver Bereich war die Vorratshaltung ...
Der Anstieg von Arbeitsbelastung und Arbeitsteilung wirkte sich auch auf das Geschlechterverhältnis aus, da offenbar neu ausgehandelt werden musste, welche Arbeiten Frauen und Männer jeweils zu übernehmen hatten ... Untersuchungen ... an den Knochen ... zeigen, dass [jungsteinzeitliche] Frauen ausgesprochen hart und schwer arbeiteten.

Brigitte Röder, Jungsteinzeit – Frauenzeit?, in: Bärbel Auffermann/Gerd-Christian Weniger (Hg.), Frauen–Zeiten–Spuren, Mettmann (Neanderthal-Museum) 1998, S. 244 f. und 261.

Der Prähistoriker[1] Hansjürgen Müller-Beck schrieb ebenfalls 1998 in seinem Buch „Die Steinzeit“:

2B Der ... Feldbau und die ... Tierhaltung verursachen zwar Arbeit. Aber diese neue Art von Arbeit ist ... besser zu planen und bietet bei konsequenter Anstrengung vor allem größere Sicherheit ... Damit werden die Frauen von ihrer mit zunehmender Entfernung vom Lager immer gefährlicher werdenden und auch enorme Trageleistungen erzwingenden Sammeltätigkeit entlastet. Dabei ist zu beachten, dass die Mütter ihre kleineren Kinder wegen des Stillens mit sich tragen müssen ... Die Neolithisierung machte vor allem zunächst den Frauen das Leben leichter ... Sie können sich jetzt stärker den Kindern widmen. In den stabileren Häusern und bei regelmäßigerem Leben in langfristiger belegten Bauten sinkt die Kindersterblichkeit auffallend.

Hansjürgen Müller-Beck, Die Steinzeit, München (Beck) 1998, S. 102.

[1] Archäologin/Archäologe mit der Fachrichtung Vorgeschichte

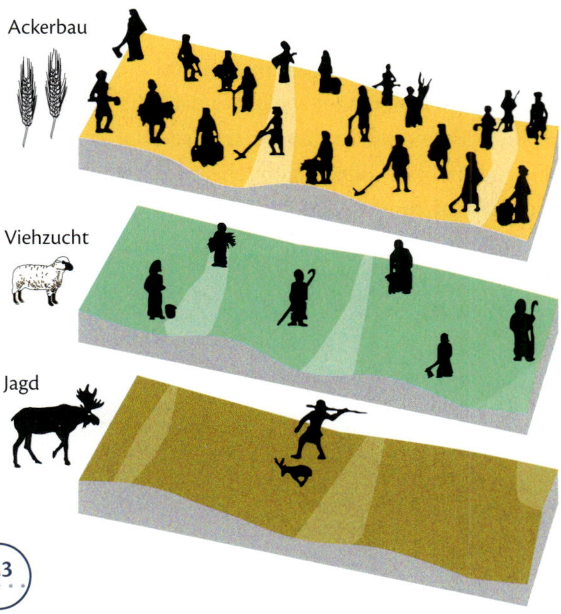

M3

Wirtschaftsweisen beeinflussen das Leben der Menschen in der Steinzeit. Dargestellt ist die Zahl der ernährten Menschen pro Quadratkilometer.

1 Stelle fest, in welchen Erdteilen bzw. heutigen Staaten während der Jungsteinzeit bäuerliche Lebensformen entstanden (M1).

2 Erkläre mithilfe von M1, was mit dem Begriff „Neolithisierung der Erde“ gemeint ist. Ziehe den Kasten S. 57 heran.

3 a) Erarbeite die in M2A und B vertretenen Meinungen zur Rollenverteilung zwischen Männern und Frauen.
b) Vergleiche beide Auffassungen.
c) Nimm dazu Stellung.

4 Schau dir M3 an. Überprüfe dann die folgenden Aussagen und schreibe sie richtig auf:
a) Die Wildbeuterei konnte sechs Menschen je Quadratkilometer ernähren.
b) Die Viehzucht konnte mehr Menschen je Quadratkilometer ernähren als der Ackerbau.

5 Schreibe deiner Freundin/deinem Freund einen Brief, in dem du über das Leben in der Jungsteinzeit berichtest. Was interessiert dich am meisten? Nimm die Seiten 55 bis 59 zu Hilfe.

Kultur und Wissenschaft in der Jungsteinzeit?

M1

Die „Visbeker Braut“, Foto, 2003. Sie gehört mit 88 m Länge und 7 m Breite zu den längsten Großsteingräbern in Deutschland. Die Kammer misst 5,5 x 1,5 m. Bis auf einen fehlen sämtliche Decksteine.

M2

Dolmen von Lehmsiek bei Eckernförde, Foto, 2007 (Dolmen = keltisch: Steintisch)

M3

Erweiterung eines Großsteingrabes, Rekonstruktionszeichnung, 2004

Wer ist die „Visbeker Braut“?

Wer auf der Fahrt von Wildeshausen in Richtung Cloppenburg auf der Bundesstraße 213 fährt, wird zu einer Sehenswürdigkeit mit dem Namen „Visbeker Braut“ geführt. Ortskundige könnten eine Sage erzählen, nach der sich Folgendes zugetragen haben soll: Ein Mädchen wurde von seinem Vater einem ungeliebten Mann versprochen. Beim Anblick der Visbeker Kirche wünschte sie sich, lieber in einen Stein verwandelt als getraut zu werden. Und so soll es geschehen sein, dass die ganze Hochzeitsgesellschaft zu Stein wurde.

Am Anfang dieses Kapitels hast du erfahren, dass Sagen in den Bereich der Mythen gehören und ihr Wahrheitsgehalt meistens sehr gering ist (siehe S. 37). So ist es auch mit der „Visbeker Braut“. In der Archäologie gilt diese Anlage nämlich als Megalithgrab (Großsteingrab, von griechisch mega = groß und lithos = Stein). Da man sich früher den Bau solcher Gräber nur als das Werk von Riesen vorstellen konnte, werden sie auch als „Hünengräber“ oder „Riesenbett“ bezeichnet. In Norddeutschland errichteten Menschen in der Zeit zwischen 4300 und 3000 v. Chr. zahlreiche Großsteingräber.

Warum wurden solche „Großbauten“ errichtet? In der Forschung gibt es bisher vor allem drei Erklärungen:

1. Die Megalithen waren Großgräber für viele Bestattungen. Sie wurden immer wieder erweitert.
2. Sie dienten einer „megalithischen Religion“, verbreitet von wandernden oder seefahrenden Missionaren.
3. Die Großsteingräber dienten den sesshaften Bauern dazu, gegenüber den jagenden Wildbeutern ihren Landbesitz abzugrenzen und weithin sichtbar zu machen.

Gesichert ist wohl, dass in den Grabkammern der Megalithgräber zwischen 100 und 200 Bestattungen nachzuweisen sind. Als Beigaben wurden den Toten Schmuck und Bedarfsgegenstände, wie Arbeitsgeräte oder Waffen, sowie Speisen und Getränke für das Jenseits beigegeben.

1 Beschreibe mithilfe von M1 bis M3 die Anlage und den Bau von Megalithgräbern.

2 Erarbeite mithilfe der Informationen auf dieser Seite den Zusammenhang zwischen Sesshaftigkeit und Megalithgräbern.

3 Beurteile die Erklärungen für die Megalithgräber.

Kult oder Wissenschaft?

Zunächst waren es nur dunkelgrüne Flecken, die Archäologen auf einem Luftbild von einem Feld in der Nähe von Goseck im Jahr 1991 sahen. Nach ersten Grabungen 2002 stellte sich der Fund als eine Sensation heraus: Die Anlage wurde als bisher ältestes Observatorium (Sternwarte) Europas bezeichnet; etwa 7000 Jahre alt, aus der Jungsteinzeit. Die Anlage hatte einen Durchmesser von 75 Metern, besaß zwei Kreise aus zwei Meter hohen Holzpalisaden und drei Tore. War hier ein neues, noch älteres „Stonehenge" in Deutschland entdeckt worden? Gibt es einen Zusammenhang mit der „Himmelsscheibe von Nebra"?

Sicher ist, dass die drei Toröffnungen der inneren Palisadenreihen und des äußeren Grabens eine Peilvorrichtung darstellen, die, vom Mittelpunkt aus betrachtet, auf die Sonne ausgerichtet ist. Nur exakt von der Mitte aus konnte der Beobachter am 21. Dezember – dem Tag der Sonnenwende – die Sonne auf- und durch die andere Öffnung untergehen sehen. Um Astronomie, also Sternenkunde, ging es aber offensichtlich nicht, denn Funde wie Knochen und Pfeilspitzen deuten auf eine Kult- und Opferstätte hin: möglicherweise mit Menschenopfern. Mit der „Himmelsscheibe" gibt es wohl keinen direkten Zusammenhang – schon wegen des sehr unterschiedlichen Alters. Aber: Die Anordnungen auf der Scheibe entsprechen denen der Anlage in Goseck. Beide dienten zur Bestimmung der Winter- und Sommersonnenwende. Das war wichtig für die Feldbestellung der Bauern – und wohl auch für Kultfeste.

4 Erarbeite anhand des Darstellungstextes und M4, welchen Zweck die Anlage von Goseck hatte und notiere, welche Fragen offenbleiben.

5 Vergleiche die „Kreisgrabenanlage von Goseck" mit der „Himmelsscheibe" (M5, Darstellungstext).

6 In älteren Darstellungen wurden die Bauern der Jungsteinzeit als ziemlich unwissende, kulturlose Menschen dargestellt. Beurteile diese Meinung.

Webcode: FG642342-061

M4

Die Kreisanlage von Goseck in Sachsen-Anhalt zum Zeitpunkt der Wintersonnenwende, etwa 7000 Jahre alt, Rekonstruktionszeichnung, 2003

M5

Die „Himmelsscheibe von Nebra", Foto, 2003. Sie misst fast 32 cm im Durchmesser und ist 2 kg schwer. Die Horizontbögen an der Außenseite kennzeichnen exakt den Verlauf der Sonne. Dargestellt ist auch das Sternbild der Plejaden. Nach diesem Gestirn könnten sich die bronzezeitlichen Bauern vor etwa 3600 Jahren mit der Aussaat gerichtet haben. Zu dem sogenannten Jahrhundertfund gehörten auch zwei Bronzeschwerter, zwei Bronzebeile und ein Meißel aus Bronze.

Der Mann aus dem Eis – eine Fallanalyse

Vom Einzelfall zu allgemeinen Erkenntnissen

Als der Gletschermann (auch Eismann, in der Presse nach seinem Fundort in den Ötztaler Alpen sehr bald Ötzi genannt) im September 1991 von zwei Bergwanderern gefunden wurde, war schnell klar, dass es sich bei der Mumie um eine sensationelle Entdeckung handelte. Eine so gut erhaltene, offensichtlich jahrtausendealte Mumie war bis zu diesem Zeitpunkt nicht gefunden worden. Intensive Untersuchungen des Fundes zeigen, dass die Mumie aus dem Gletscher vom Hauslabjoch als „Fall" eines Alpenbewohners gelten kann, der in der späten Jungsteinzeit (Kupferzeit) lebte. Eine Untersuchung des „Falles Ötzi" müsste zu Ergebnissen führen, die allgemein auch für Menschen in seiner Zeit und in seinem Lebensraum gelten könnten.

Am Fall des Gletschermannes können verschiedene Fragestellungen untersucht werden:

1. Wer war der Mann?
2. Wo lebte er?
3. Zu welcher Gesellschaftsschicht gehörte er?
4. Welche Kleidung und Ausrüstung trug er?
5. Wie ernährte er sich?
6. Welche Erkenntnisse lieferte die medizinische und genetische Untersuchung?
7. Was lässt sich über die Anpassung des Mannes an das alpine Klima sagen?
8. Lassen sich an ihm Gründe für den Aufenthalt von Menschen im extremen Klima der Alpen erkennen?

M1

Die Leiche des Gletschermannes am Fundort, Foto, 1991

Der Mann aus dem Eis

Das Alter der Mumie beträgt rund 5300 Jahre. Der Gletschermann gehörte damit in die Phase der Kupferzeit innerhalb der Jungsteinzeit (Kupferzeit in Mitteleuropa ca. 4300 v. Chr. bis ca. 2200 v. Chr.). Wegen seines kostbaren Kupferbeils wird er der gesellschaftlichen Oberschicht zugerechnet. Als Nahrung hatte er zuletzt Brot und Rothirsch- und Steinbockfleisch gegessen. Die Funde geben keine genaue Auskunft über den „Beruf" des Gletschermannes. Er könnte ein Hirte gewesen sein, aber auch ein Jäger oder ein Metallsucher. Möglicherweise war er nicht allein unterwegs. Begleiter könnten überlebt haben oder ebenfalls gestorben sein. Der Gletschermann starb nach dem letzten Forschungsstand im Frühjahr, war zuletzt nicht ganz gesund und kam wahrscheinlich nach einem Pfeilschuss in den Rücken um.

Mit der Entdeckung des Gletschermannes stellt sich auch die Frage, warum Menschen sich damals in den eigentlich klimatisch und geografisch extremen Bereichen der Alpen aufgehalten haben. Mögliche Motive könnten z. B. gewesen sein: 1. Sie trieben Weidewirtschaft. 2. Für Handel und Warenverkehr nutzten sie die Passübergänge. 3. Sie suchten nach Bodenschätzen wie Kupfererz.

Lesetipp

Gudrun Sulzenbacher (Hg.), Die Gletschermumie. Mit Ötzi auf Entdeckungsreise durch die Jungsteinzeit, Wien (Folio) 2002.

Angelika Fleckinger/Hubert Steiner, Faszination Jungsteinzeit, Wien (Folio) 2003.

Webcode: FG642342-062

M2 **Der Gletschermann,** Rekonstruktion von Kleidung und Ausrüstung im Südtiroler Archäologiemuseum in Bozen (Italien), Foto, 2000. Ötzi trug einen wetterfesten Grasmantel, eine Bärenfellmütze und mit Gras gefütterte Schuhe aus Fell und Leder. Unter dem Mantel trug er Pelzkleidung. Er ist (heute) 154 cm groß, war bei seinem Tode etwa 46 Jahre alt, wog etwa 50 kg, stammte vermutlich aus dem heutigen Südtirol und weist Tätowierungen mit möglicherweise medizinischer Bedeutung auf.

M3 **Funde,** Fotos, 2000

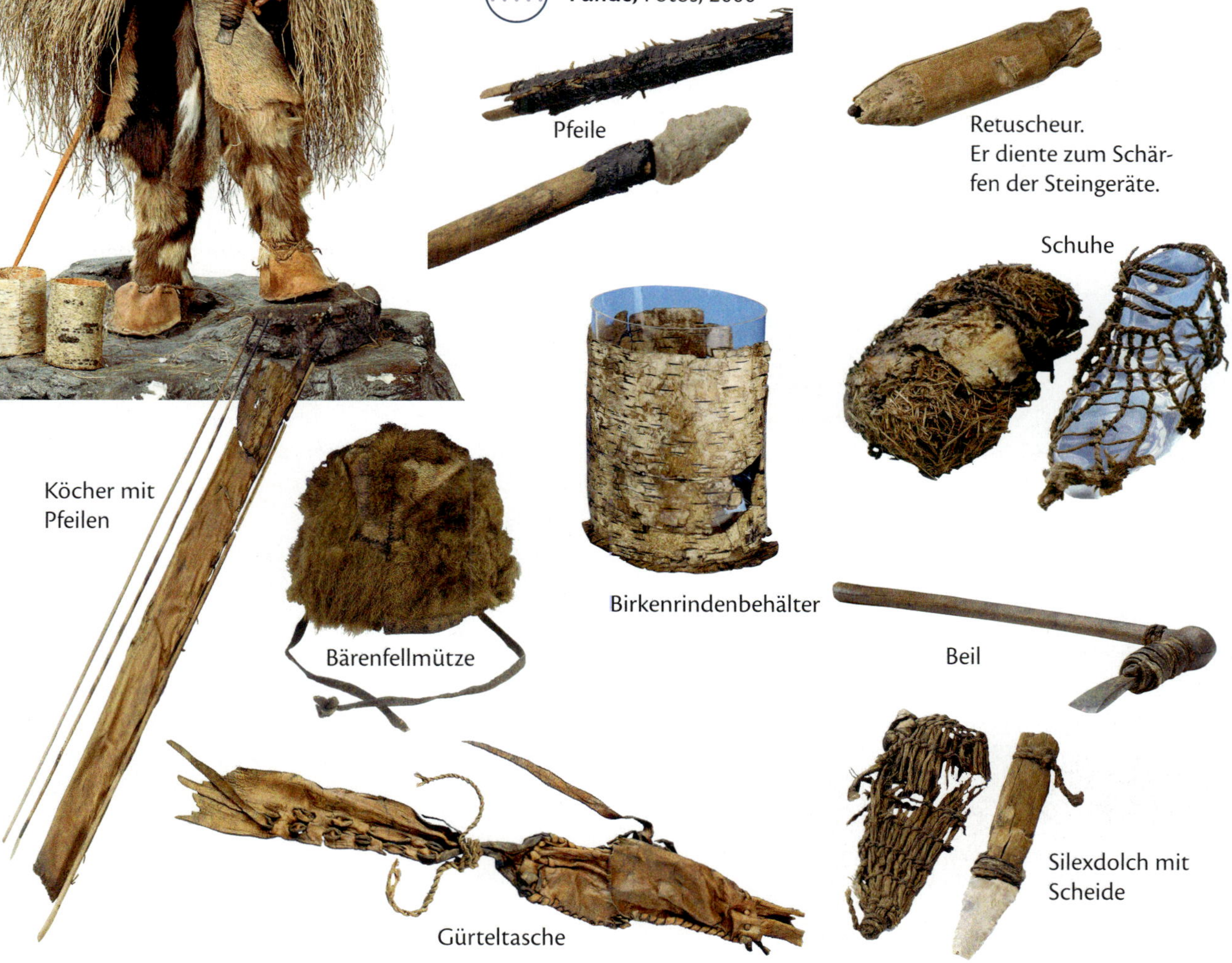

1 Beschreibe anhand von M1 bis M3 Fundort, Aussehen und Zustand des Gletschermannes.

2 Zeige an der Ausstattung des Gletschermannes, wie er sich an die Anforderungen von Wetter, Klima und Natur angepasst hat.

3 **Partnerarbeit:** Beantwortet die im Darstellungstext gestellten Fragen (Z. 17 ff.) mithilfe der Informationen auf dieser Doppelseite. Versucht, offene Fragen durch weitere Informationen (Lexika, Internet, Sachbücher) zu beantworten.

4 Erörtert in einer Gesprächsrunde, welche allgemeinen Erkenntnisse über das Leben im Alpenraum in der Kupferzeit sich aus dem Fall des Gletschermannes ziehen lassen.

5 Der Gletschermann verabschiedet sich von seiner Familie zum Weg ins Gebirge. Schreibe eine Erzählung über das weitere Geschehen. Erfinde eine passende Überschrift.

Begegnung von Jägern und Sesshaften – ein Rollenspiel

Rollenspiele – warum?

Wie Menschen in der Geschichte in bestimmten Situationen gefühlt, gedacht und gehandelt haben, wissen wir nicht genau. Das gilt besonders dann, wenn Überlieferungen nur sehr dürftig sind oder ganz fehlen. In einem Rollenspiel sollen schwierige Situationen nachgespielt werden, um über Lösungen eines Problems nachzudenken. Es kann Ergebnisse der Forschung nicht ersetzen, bietet aber die Möglichkeit, sich in die Lage der Menschen aus der Vergangenheit hineinzudenken. Versucht einmal, euch in die Zeit zu versetzen, als die Jäger und Sammlerinnen allmählich zu sesshaften Bauern wurden. Bei der Organisation eines Rollenspieles zu diesem Thema helfen euch die folgenden Arbeitsschritte.

M1 **Modelle des Übergangs vom Wildbeuterleben zur Sesshaftigkeit,** Rekonstruktionszeichnung, 1999. Die Modelle basieren auf Forschungsergebnissen aus dem Raum Süddeutschland.

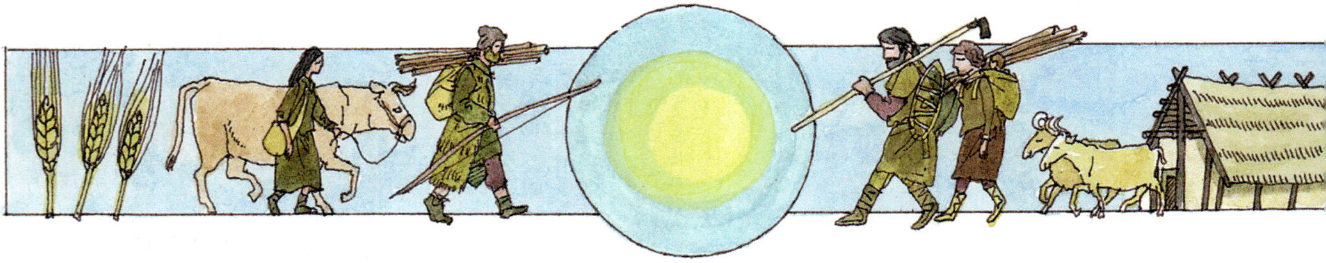

1 Aus den nomadisierenden Völkern wurden allmählich sesshafte Bauern.

2 Eindringende Siedler überzeugten durch ihre Lebensweise die wildbeuterischen Völker.

3 Die Siedler verdrängten die Wildbeuter gewaltsam und nahmen das Land für den Ackerbau in Besitz.

Situationskarte

Stellt euch vor, ihr wäret Siedler. Um eure Siedlung zu vergrößern, rodet ihr gerade einen Wald, der bisher von einer Gemeinschaft von Jägern und Sammlerinnen als Jagdgebiet genutzt wurde. Die Jäger sind empört. Ihnen droht ein Teil der Nahrungsgrundlage verloren zu gehen. Denn wenn die Wildtiere verdrängt würden, müssten sie über große Entfernungen weiterziehen. Um die Situation zu besprechen, kommen einige Siedler und eine Abordnung der Jäger- und Sammlerinnengruppe zusammen.

Rollenkarte 1

Der Dorfvorsteher

Er ist 40 Jahre alt und ein Bauer mit großem Besitz. Er möchte die Siedlung vergrößern. Die jungen Leute in seinem Dorf drängen darauf, mehr Land zu bekommen, damit sie ihre Familien ernähren können.

Rollenkarte 2

Der Anführer der Jäger- und Sammlergruppe

Er ist 25 Jahre alt, jung und kräftig. Er sieht überhaupt nicht ein, dass er und sein Stamm die Gegend verlassen sollen. Schließlich waren sie schon lange vor den Bauern in der Gegend. Je nach Jahreszeit und Tierbestand verlegten sie ihren Rastplatz in diese Umgebung.

Rollenkarte 3

Ein Töpferhandwerker

Er wohnt in der Siedlung und sieht in den Jägern und Sammlerinnen neue Käufer für seine Töpferwaren.

Rollenkarte 4

Ein Jäger

Er ist 35 Jahre alt und Spezialist für das Aufarbeiten von Tierfellen. Er bewertet das Auftauchen der Siedler eher positiv. Schließlich könnte er in Notzeiten seine Felle gegen getötete Tiere der Bauern eintauschen.

Rollenkarte 5

Eine Frau, die sammelt und jagt

Sie ist 20 Jahre alt und Mutter von zwei Kindern. Ihr gefällt das Leben der Bäuerinnen besser, weil diese sich mehr um ihre Kinder kümmern können. Sie möchte lieber in den Häusern wohnen und nicht mehr umherziehen.

Arbeitsschritte

1. Schritt: Die Ausgangslage auf eine Situationskarte schreiben

Auf der Situationskarte wird festgehalten, welche Situation nachgespielt werden soll. Die Ausgangssituation wird kurz beschrieben. Welche Personen sind an dem Spiel beteiligt? Welche Probleme gibt es? Ein Beispiel für eine Situationskarte findest du auf dieser Seite. Anregungen für weitere Situationen sind in M1 dargestellt.

2. Schritt: Rollen verteilen

Auf den Rollenkarten werden die spielenden Personen beschrieben: Beruf, Eigenschaften, Verhalten und ihre Ziele. Diejenigen, die eine Rolle übernehmen, müssen sich an die Vorgaben ihrer Rollenkarten halten. Sie dürfen aber auch eigene Vorstellungen von der darzustellenden Person einbringen, sofern sie den Vorgaben nicht widersprechen.

3. Schritt: Spiel vorbereiten

Die Spielerinnen und Spieler hängen sich ein Schild mit ihrer Rollenkennzeichnung um. Sie besprechen die Situation (Situationskarte) und die Rollen (Rollenkarten) untereinander.

4. Schritt: Spiel beobachten und auswerten

Sinnvoll ist der Einsatz von Spielbeobachtern, die sich während des Spiels Notizen zu den einzelnen Rollen machen. Sie sollen das Spiel bewerten und ihre Meinung begründen. Wurden die Rollen glaubhaft gespielt? Welche Argumente wurden genannt? Passten sie in die Situation und die Zeit? Was war gut, was könnte verbessert werden?

Metalle – Wohlstand für alle?

Kupfer, Bronze, Eisen

Die Vorgeschichte endet in einem Zeitraum, in dem wir bereits Spuren unserer heutigen Industriegesellschaft finden: Metalle. Sie kommen in bestimmten Gesteinen (= Erzen) vor, die in der Erde lagern und in Bergwerken abgebaut werden. Kupfer war das erste Metall, das Menschen gewannen, und zwar zuerst im Vorderen Orient im 6. Jahrtausend v. Chr. Bald fanden sie heraus, dass eine Mischung aus Kupfer und Zinn im Verhältnis 9 : 1 ein härteres Metall ergibt: die Bronze. Ein noch härteres Metall ist das Eisen, mit dem um 1000 v. Chr. die Eisenzeit begann.

Veränderungen in Gesellschaft und Kultur

In der Metallzeit bildete sich in den bäuerlichen Gemeinschaften eine Arbeitsteilung heraus. Es entstanden Handwerksberufe. Händler transportierten und tauschten Rohstoffe und Produkte – zum Teil über Tausende von Kilometern hinweg. Durch die Spezialisierung und die Möglichkeit, über den Eigenbedarf hinaus zu produzieren und Vermögen anzusammeln, entstand in der Gruppe ein „Oben“ und „Unten“: Die Reichsten und Mächtigsten standen als Fürsten oder Häuptlinge an der Spitze. Dies ist beispielsweise für die Kelten, die in der Eisenzeit in Mitteleuropa lebten, überliefert.

Begriffe und Daten

Metallzeit

Die neuen Werkstoffe aus Metall veränderten das Leben der Menschen sehr stark. Deshalb benennen wir geschichtliche Zeiträume nach dem bevorzugten Metall; zwischen Jungsteinzeit und Bronzezeit: Kupferzeit (seit dem 6. Jahrtausend v. Chr. im Vorderen Orient), zwischen 2200 und circa 800 v. Chr.: Bronzezeit in Mitteleuropa. Ab circa 1000 v. Chr. wurden hier Werkzeuge, Geräte und Waffen aus Eisen üblich: Eisenzeit.

M1

Funde aus der Bronzezeit, Foto, 1996

M2

Erzbergbau in der Metallzeit, Rekonstruktionszeichnung, 1999

M3 **Die Ausbreitung der Kelten**

Die Kelten

Die Kelten galten als Meister der Eisenverarbeitung. Sie lebten gegliedert in Stämmen und breiteten sich durch Kriegszüge und Wanderungen aus. Sie selbst haben nichts Schriftliches hinterlassen, überliefert ist unser Wissen über sie von den Griechen und Römern. Reste der keltischen Sprache haben sich bis heute in Irland, Schottland und Wales erhalten. Sie lebten in einzelnen Bauernhöfen und kleinen Dörfern. Im 3. und 2. Jahrhundert v. Chr. gründeten sie große, stadtähnliche Siedlungen mit Wehranlagen, die von den Römern „oppida“ genannt wurden. Das am besten erforschte Oppidum lag in Manching (Bayern). Durch die Ausbreitung der Römer wurde im 1. Jahrhundert n. Chr. die keltische Kultur von der römischen überlagert.

1 a) Nenne Vor- und Nachteile wichtiger Werkstoffe aus der Steinzeit (Steine, Holz, Knochen). b) Vergleiche sie mit den Eigenschaften der Werkstoffe aus der Metallzeit (Darstellungstext und M1).

2 a) Beschreibe mithilfe von M2 den Abbau von Erzen in der Metallzeit. b) Informiere dich über die heutige Metallgewinnung und ihre Verwendung. Gib Beispiele.

3 Erläutere anhand des Darstellungstextes S. 66 rechts, wie sich die Gesellschaft in der Metallzeit gegenüber der Jungsteinzeit verändert hat.

4 a) Beschreibe die Keltensiedlung M4. b) Vergleiche sie mit dem jungsteinzeitlichen Hausbau (siehe S. 56, M2).

5 a) Kläre mithilfe von M3, wo der ursprüngliche Siedlungsraum der Kelten war. b) Welche heutigen Länder Europas liegen im keltischen Kulturraum?

6 Beschreibe das Mensch-Natur-Verhältnis in der Metallzeit.

M4 **Rekonstruktionszeichnung der Siedlung bei Hochdorf,** 2000. Die Hofstellen bestanden aus Wohnhäusern, Gärten, Grubenhäusern, die vermutlich als Werkstätten dienten, Erdkellern und Vierpfostenspeichern mit hochgelegtem Boden. Als Baumaterialien wurden Holz, Weide und Stroh verwendet. Die Zeichnung stellt eine Möglichkeit dar, wie die Siedlung ausgesehen haben könnte.

Ein Museum besuchen – das Archäologisch-Ökologische Zentrum Albersdorf

Geschichte „vor Ort“ erleben

Geschichte wird anschaulich und lebendig, wenn man sie „vor Ort“ erlebt. Aber eine Reise, die an den „Schauplatz“ der Geschichte führt, muss gut vorbereitet werden, denn die Zeit für eine Besichtigung ist immer begrenzt. Und wer nicht ungefähr weiß, was es vor Ort zu sehen gibt, der läuft Gefahr, an wichtigen und interessanten Gegenständen und Gebäuden achtlos vorüberzugehen. Am Beispiel des Archäologisch-Ökologischen Zentrums Albersdorf (AÖZA) könnt ihr lernen, wie eine Exkursion vorbereitet und durchgeführt werden kann.

Das Freilichtmuseum in Albersdorf – ein Beispiel

Das AÖZA ist ein Freilichtmuseum, das seinen Besucherinnen und Besuchern eine direkte Begegnung mit Denkmälern aus der Vorgeschichte bietet. Auf dem Gelände entsteht eine jungsteinzeitliche Kulturlandschaft mit alten Wohn- und Siedlungsformen und alten Haustierrassen. Ein großes Freigelände soll den Eindruck einer Landschaft der Jungsteinzeit vermitteln. Auf dem Gelände befinden sich auch neun originale archäologische Grabdenkmäler aus der Jungsteinzeit und der Bronzezeit, die auf die Zeit zwischen 3000 und 1000 v. Chr. datiert werden.

Steinzeitliche Handwerkstechniken werden auf der Grundlage neuester archäologischer Ausgrabungsergebnisse an Aktionstagen oder für angemeldete Gruppen vorgestellt wie z. B. Lederbearbeitung, Flint- und Feuerschlagen, Herstellen von Schmuck, steinzeitliches Töpfern, Wollfäden spinnen und verweben, Getreide mahlen und Fladen backen.

Im Mittelpunkt der Gestaltung des Zentrums stehen auch Informationen über das Thema Mensch und Umwelt. Die ältere Geschichte der Mensch-Natur-Beziehungen soll dabei lebendig vermittelt werden.

In unmitelbarer Nähe zum AÖZA befindet sich das Museum für Archäologie und Ökologie Dithmarschen. Es bietet in seiner Ausstellung Informationen zu Themen wie „Mensch und Umwelt im Eiszeitalter und früher Nacheiszeit“ und „Bäuerliche Kulturen der Jungsteinzeit und Bronzezeit“. Das Museum ist thematisch eng mit dem AÖZA verbunden.

M1 **Modell der Wohnstallhäuser des 1. Jh. n. Chr. von Ostermoor bei Brunsbüttel**

Selbst Feuer machen, Foto, 2007

Modell der Stellerburg bei Weddingstedt, 8./9. Jahrhundert n. Chr., aufgegeben um 1000. Die Burg kontrollierte den festen Landweg von der Eidermündung zur Dithmarscher Geest.

Arbeitsschritte

1. Schritt: Informationen beschaffen

Besorgt euch zunächst Übersichtspläne und Informationsmaterial von der Verwaltung des Museums: Archäologisch-Ökologisches Zentrum Albersdorf, Bahnhofstraße 23, 25767 Albersdorf.

2. Schritt: Organisation

Klärt, welcher Termin infrage kommt und ermittelt Fahrzeiten und Fahrpreise der günstigsten Verkehrsmittel. Stellt vor der endgültigen Entscheidung fest, was die Fahrt wohl insgesamt kosten wird.

3. Schritt: Themen in der Schule vorbereiten

Sichtet das Informationsmaterial, entscheidet über die Arbeitsschwerpunkte, teilt euch in Gruppen ein. Jede Gruppe bereitet ein Teilthema vor und bearbeitet es im Museum. Hinweise auf Einzelthemen gibt der Kasten auf dieser Seite. Formuliert Einzelfragen, die ihr bearbeiten wollt. Bleibt aber auch offen für Unbekanntes.

4. Schritt: Orientierung und Entdeckungen im Museum

Verschafft euch vor Ort gemeinsam bei einem Rundgang einen ersten Überblick. Die einzelnen Gruppen können als Experten schon Informationen geben.
Anschließend gehen die Gruppen an die Arbeit: Notizen, Skizzen, Fotos (Video?) anfertigen, vielleicht auch ein Interview mit einem Museumsmitarbeiter.

5. Schritt: Befunde auswerten und dokumentieren

Wertet eure Arbeitsergebnisse in der Schule aus. Jede Gruppe berichtet. Entscheidet, wie ihr eure Ergebnisse dokumentieren wollt. Einige Anregungen: ein Exkursionsbuch anlegen, eine Wandzeitung erstellen, Spielszenen/Hörspiel produzieren, eine Reportage für die Schülerzeitung schreiben.

Arbeitsanleitung

Beispiele für Einzelthemen

- Lage, Gründung und Aufgabe des AÖZA
- Ausgrabungs- und Rekonstruktionstechniken
- Hausbau
- Feuertechniken
- Mahlen und Backen
- Essen und Trinken
- Schwirrholz bauen
- Spinnen und Weben
- Töpfern
- Malerei
- Lederverarbeitung
- Schmuck herstellen

Webcode: FG642342-069

Wir erstellen eine Zeitleiste

	Altsteinzeit seit 2 000 000 v. Chr.	**Jungsteinzeit im Vorderen Orient** seit 9000 v. Chr.	**Jungsteinzeit in Mitteleuropa; Metallzeit im Vorderen Orient** seit 5500 v. Chr.	**Bronzezeit in Mitteleuropa** seit 2200 v. Chr.	**Eisenzeit** seit 1000 v. Chr.
Nahrung					
Wohnung					
Kleidung			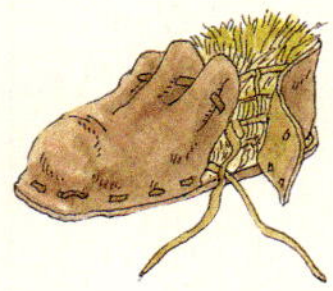		
Kultur und Religion					
Werkzeuge und Technik					

M1

Beispiel einer Epochen-Zeitleiste. Die Darstellung hier und in eurer Klasse ist nicht im genauen Maßstab möglich, denn bei einem Maßstab von beispielsweise einem Meter an der Klassenwand für 10 000 Jahre müsstet ihr ab Beginn der Altsteinzeit 200 Meter zur Verfügung haben. Es genügt deshalb, wenn ihr die Zeitabstände optisch durch größere bzw. kleinere Abstände zwischen den Epochen kennzeichnet.

Wozu eine Zeitleiste?

Im 1. Kapitel habt ihr an einigen Beispielen gelernt, wie die Zeit gegliedert und dargestellt werden kann, z. B. mit der Zeitspirale, der Zeitleiste und dem Zeitstrahl. Für euren Lernerfolg in Geschichte ist es aber auch wichtig, eine Zeitleiste selbst zu erarbeiten. Sie gibt euch die Möglichkeit, sie nach euren Vorstellungen anzufertigen, das für euch Wichtige festzuhalten, sie für Wiederholungen zu nutzen, sie im Laufe des Unterrichts weiterzuentwickeln.

Auf dieser Seite findet ihr einige Anregungen, wie ihr eine Zeitleiste für eure Klasse herstellt. Nachdem ihr Kapitel 2 bearbeitet habt, könnt ihr eine Zeitleiste zu den Epochen der Altsteinzeit, der Jungsteinzeit und der Metallzeit gestalten. Einige Ergebnisse zu den Merkmalen (Nahrung, Wohnung usw.) sind schon vorgegeben.

Genauso könnt ihr aber auch eine Zeitleiste für eine einzelne Epoche erarbeiten oder diese Zeitleiste um weitere noch zu erarbeitende Epochen ergänzen. Als Materialien braucht ihr Kartonbögen oder Packpapier. Nutzt auch die Möglichkeit, Informationen aus Lexika, Sachbüchern und aus dem Internet heranzuziehen. Gestaltet (zeichnet, schreibt) möglichst viel selbst!

Leben in der Jungsteinzeit

Überprüfe, was du kannst

Sachkompetenz

1 Schreibe zu den folgenden Begriffen eine kurze Erläuterung: Altsteinzeit (S. 44–45), Jungsteinzeit (S. 55 bis 57), Metallzeit (S. 66–67).

2 Welche Begriffe bzw. Zahlen zur Jungsteinzeit gehören nicht in die folgende Aufzählung?
Homo erectus – 5000 v. Chr. – Mammut – Wildbeuter – Faustkeil – Hausschwein – Felsmalerei – Bronzeaxt – Bestattungen – Keramikgefäße – 400 000 v. Chr. – Rentier

3 Vergleiche das Mensch-Natur-Verhältnis in der Altsteinzeit mit der Jungsteinzeit.

Selbst- und Sozialkompetenz

4 Die jungsteinzeitliche bäuerliche Gesellschaft brachte für alle Menschen große Arbeitserleichterungen. Schreibe deine Meinung zu diesem Satz auf.

5 **Gruppenarbeit:**
a) Bildet sechs Gruppen. Je zwei bearbeiten eines der drei folgenden Themen:
– Altsteinzeit,
– Neolithische Revolution,
– Metallzeit.
Notiert jeweils in Stichworten Merkmale zu den Bereichen: I. Lebensweise Altsteinzeit, II. Lebensweise Jungsteinzeit, III. Kultur und Technik in der Altsteinzeit, IV. Kultur und Wissenschaft in der Jungsteinzeit, V. Merkmale der Metallzeit.
b) Stellt eure Ergebnisse der Klasse vor.

Methodenkompetenz

6 **Partnerarbeit:**
a) Beschreibt M1 und stellt fest, um welche Quellenart es sich handelt. Zieht die Seiten 20–21 heran.
b) Prüft, ob das Dargestellte in die Epoche der Metallzeit (um 1000 v. Chr.) eingeordnet werden könnte. Begründet euer Ergebnis.
c) Versucht mithilfe von Lexika bzw. des Internets eine genauere zeitliche Einordnung der Quelle. Der Maler heißt Paul Meyerheim.

M1

Historische Darstellung

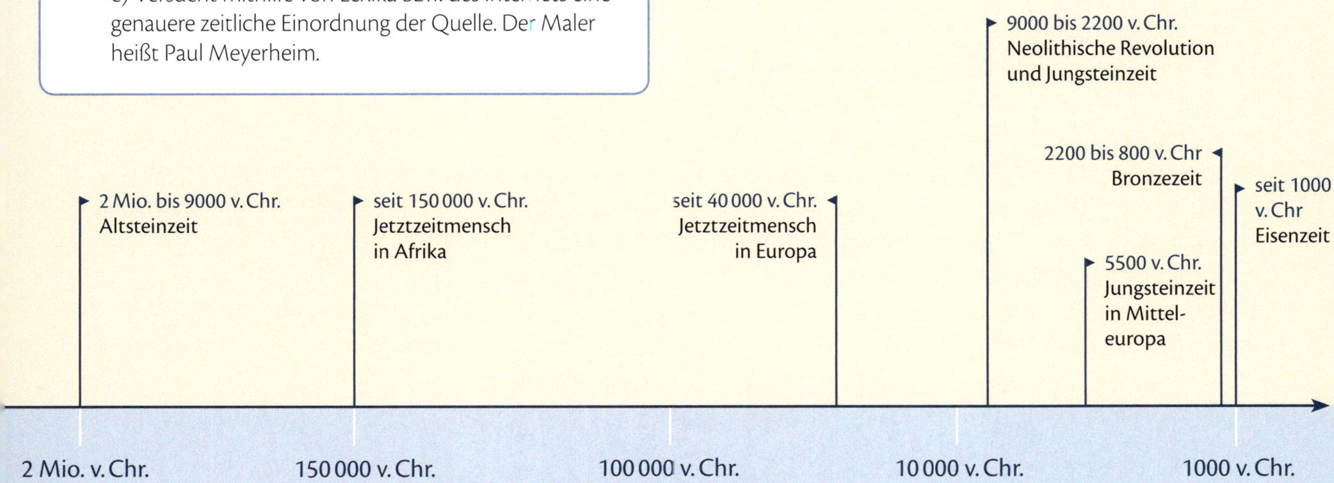

Frühe Kulturen – Leben in der Steinzeit

Spuren der ersten Menschen

Die ältesten Spuren des Menschen sind rund vier Millionen Jahre alt. Der heutige Mensch (= Jetztzeitmensch oder Homo sapiens sapiens) entwickelte sich allerdings erst vor etwa 150 000 Jahren im warmen Klima Afrikas. Nach Europa kam er vor etwa 40 000 Jahren. Herausgefunden haben dies Archäologinnen und Archäologen anhand von Ausgrabungen und naturwissenschaftlichen Untersuchungen der Funde.

Zum Teil nutzen sie die experimentelle Archäologie: Mithilfe von Grabungsfunden werden frühere Lebensformen wiederhergestellt (rekonstruiert) und gedeutet. Der „Out-of-Africa-Hypothese" steht das „multiregionale Modell" gegenüber, nach dem sich in den verschiedenen Erdteilen die einzelnen Völker aus älteren, dort bereits lebenden Menschenformen entwickelt haben sollen. Der Ursprung aller späteren Menschenformen wird jedoch in Afrika angenommen.

Leben in der Altsteinzeit

In der Altsteinzeit, die vor ungefähr zwei Millionen Jahren begann, lebten die Menschen von dem, was die Natur ihnen bot. Sie sammelten Essbares und jagten Tiere. Bot ein Ort ihnen nicht mehr genügend Nahrung, zogen sie weiter. In die Natur griffen sie kaum ein. Sie stellten Werkzeuge aus Stein, Knochen und Holz her. Und sie nutzten erstmals das Feuer.

Um besser überleben zu können und sich zu schützen, lebten die Menschen in Gruppen zusammen. Davon zeugen Funde im freien Gelände. Auch Höhlen und Felsüberhänge dienten ihnen zeitweise als Schutz.

Höhlenfunde zeigen aber auch, dass die Menschen künstlerisch tätig waren: So stellten sie zum Beispiel kleine Figuren her und malten Felsbilder. Uns bleibt deren genaue Bedeutung verschlossen. Zu vermuten ist wohl auch eine kultische Verehrung der Natur.

In der Altsteinzeit wechselte das Klima mehrmals zwischen Warm- und Kaltzeiten. Mit dem Ende der letzten Kaltzeit um 9000 v. Chr. ging diese Epoche der Menschheitsgeschichte zu Ende.

Die Lebensweise der Menschen war den Bedingungen der Natur angepasst. So war beispielsweise die Ernährung durch die Jagd von den räumlich und klimatisch gegebenen Möglichkeiten abhängig.

Leben in der Jungsteinzeit

Seit etwa 9000 v. Chr. im Vorderen Orient und 5500 v. Chr. in Mitteleuropa veränderten die Menschen ihre Lebensweise: Sie wurden sesshaft und lebten als Ackerbauern und Viehzüchter in dorfähnlichen Siedlungen. Die grundlegenden Veränderungen erfolgten innerhalb nur weniger Jahrhunderte, sodass Wissenschaftler sie als „Neolithische Revolution" (Neolithikum = Jungsteinzeit) bezeichnen. Die Menschen der Jungsteinzeit griffen nun in die Natur ein, um sie für ihre Zwecke zu nutzen. Sie rodeten Wälder, züchteten Pflanzen, zähmten und züchteten Tiere und dehnten ihre Acker- und Weideflächen immer mehr aus. Archäologische Funde haben aber gezeigt, dass sich die Menschen auch an ihre natürliche Umgebung anpassten, zum Beispiel in der Bauweise ihrer Häuser und der Anlage der Felder.

Freigelegte Grundrisse von Häusern und große Gräberfelder belegen, dass die Menschen in größeren Gemeinschaften lebten. Aus dem Zusammenleben ergab sich vermutlich eine gewisse Arbeitsteilung zwischen Frauen, Männern und Kindern und eine Spezialisierung in der bäuerlichen und handwerklichen Arbeit.

Leben in der Metallzeit

Die Gewinnung von Metallen aus Erzen gelang mit dem Kupfer zuerst im Vorderen Orient ab etwa 6000 v. Chr. Eine Mischung aus Kupfer und Zinn erwies sich als härteres Metall: die Bronze. Sie eignete sich zum Beispiel für die Herstellung von Geräten und Waffen. Eisen – schwieriger zu gewinnen und zu verarbeiten – war jedoch wesentlich härter als Bronze und fand sich in seiner Vorform, dem Eisenerz, an vielen Stellen in Europa. Nach dem Vorherrschen eines bestimmten Werkstoffes wie Bronze bzw. Eisen wird in der Forschung von „Bronzezeit" (etwa 2200 bis 800 v. Chr.) und „Eisenzeit" (ab circa 1000 v. Chr.) gesprochen. Spezialisten der Eisenverarbeitung waren die Kelten. Sie lebten in Stämmen mit Fürsten und Königen an der Spitze und waren erfolgreiche Händler und tüchtige Krieger. Die Kelten wohnten in großen, stadtähnlichen Siedlungen mit Wehranlagen („oppida"). Über die bäuerliche Wirtschaftsweise der Jungsteinzeit hinaus griffen sie nun stärker in die Bereiche unterhalb der Erdoberfläche ein, um an die begehrten Rohstoffvorkommen zu gelangen.

Leben in frühen Kulturen

Altsteinzeit

Zeit
- vor 2 Mio. bis um 9000 v. Chr.

Mensch
- Homo erectus (Urmensch; vor 2 Mio. bis 40 000 Jahren) und Homo sapiens (Jetztzeitmensch; vor 150 000 Jahren zuerst aufgetreten)

Ort
- von Afrika nach Europa und Asien

Lebensweise
- wildbeuterische, nomadisierende Lebensweise
- Ernährung: Jagen von Wildtieren und Fischen, Sammeln von Früchten, Wurzeln usw.
- einfache Steinwerkzeuge (Faustkeil); vor 400 000 Jahren: Speere
- Leben in Gruppen (25 bis 30 Personen)
- einfache Arbeitsteilung, z. B. Anfertigen von Speeren, spezialisierte Schützen
- vermutlich rituelle, religiöse Vorstellungen
- künstlerische Aktivitäten (Felsmalerei)
- Anpassung an die Natur

Jungsteinzeit

Zeit
- um 9000 v. Chr. bis um 2200 v. Chr.

Mensch
- Homo sapiens (Jetztzeitmensch)

Ort
- Vorderer Orient und Mitteleuropa

Lebensweise
- Übergang zur bäuerlichen Lebensweise (Viehzucht); Sesshaftigkeit zuerst im Vorderen Orient
- Ernährung: Getreide, Früchte im Feldanbau, Tierzucht, Jagd geht zurück
- Hausbau
- vielfältige Geräte und Werkzeuge
- Leben in dorfähnlichen Siedlungen
- zunehmende Arbeitsteilung (bäuerliche und handwerkliche Arbeit), Spezialisierung
- Kultstätten, Großsteingräber, Himmelsbeobachtung
- Eingriffe in die Natur durch landwirtschaftliche Wirtschaftsweise

Metallzeit in Mitteleuropa

Zeit
- ab etwa 2200 v. Chr.

Mensch
- Homo sapiens (Jetztzeitmensch)

Ort
- Mitteleuropa

Lebensweise
- neue Werkstoffe: Kupfer, Bronze und Eisen
- neue Berufe
- landwirtschaftlich-handwerkliche Lebensweise
- Ausweitung des Handels
- kulturelle Kontakte
- stärkere gesellschaftliche Unterschiede (Hierarchie)
- dörfliche und stadtähnliche befestigte Siedlungen (z. B. bei den Kelten)
- gezielte Eingriffe in die Natur durch Suche nach metallischen Rohstoffen

3. Ägypten – eine frühe Hochkultur

Angenommen, ein libyscher Beduinenjunge, Nimrot, trifft das ägyptische Mädchen Nefru. Gemeinsam beobachten sie den Transport der Statue auf dem großen Bild.

Nimrot: Warum sind denn hier so viele Menschen versammelt? Solche Massen kenne ich gar nicht.

Nefru: Die sind alle bei der Arbeit. Sie transportieren die Statue zu unserem Tempel. Und damit alles klappt, hat jeder eine besondere Aufgabe. Schau, die vielen Arbeiter ziehen die Figur.

Nimrot: Und wer sind die Herren links?

Nefru: Das sind Beamte. Sie führen die Aufsicht und lassen sich dabei von den Soldaten helfen – du siehst sie da hinten in Reih und Glied stehen.

Nimrot: Und wen stellt die Figur dar?

Nefru: Das ist unser Gaufürst. Er regiert unseren Bezirk und über ihm ist nur noch der Pharao. Unseren Pharao verehren wir wie einen Gott …

Nimrot: … also so etwas wie unser Stammesältester?

Nefru: Ich weiß nicht, wie das bei euch ist. Unser Pharao steht an der Spitze des Staates mit der Verwaltung und den Beamten. Die brauchen wir, weil bei uns viele Menschen auf sehr engem Raum an den Ufern des Nils zusammenleben. Da muss alles gut organisiert sein.

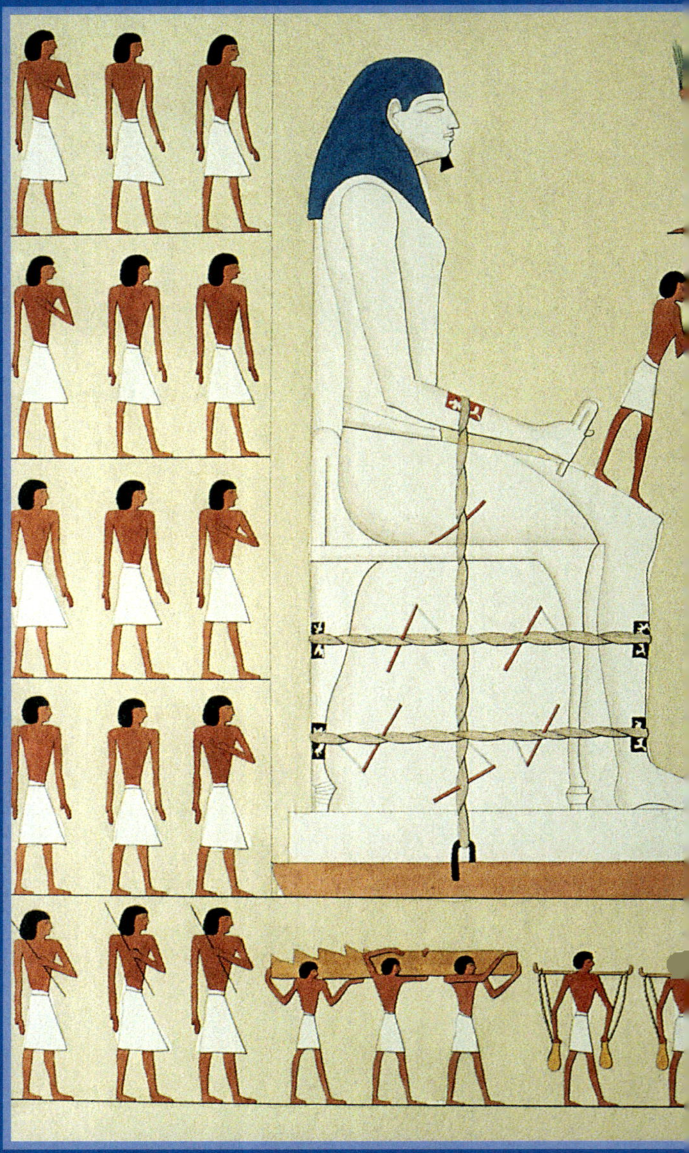

Folgende Fragen leiten dich durch das Kapitel:

- ***Wie setzten sich die Menschen im alten Ägypten mit der Natur auseinander?***
- ***Wie bauten sie Staat und Gesellschaft auf?***
- ***Welche Bedeutung hatten die Pyramiden und die Religion?***
- ***Warum gehört das alte Ägypten zu den frühen Hochkulturen?***

1 Stellt anhand der Abbildungen Vermutungen über das Leben im alten Ägypten an. Geht vom Gespräch zwischen Nimrot und Nefru aus.

Lebenswelt altes Ägypten

Wissen • Methoden anwenden • Beurteilen und Handeln

Am Ende dieses Unterkapitels kannst du

- den Einfluss des Nils auf das Leben der Menschen im alten Ägypten erklären
- die Auseinandersetzung der Menschen mit der Natur im Raum des Nils bewerten
- den Aufbau der altägyptischen Gesellschaft beschreiben
- die Rolle die Frauen in der Gesellschaft darlegen
- die Bedeutung der Pharaonen, der Pyramiden und der Religion für die Ägypter erläutern
- Merkmale der frühen Hochkultur am Beispiel Ägypten nennen
- **Methode** Ein Bild als Quelle
- **Methode** Das Internet nutzen

Frühe Hochkulturen 3000 bis 1500 v. Chr.

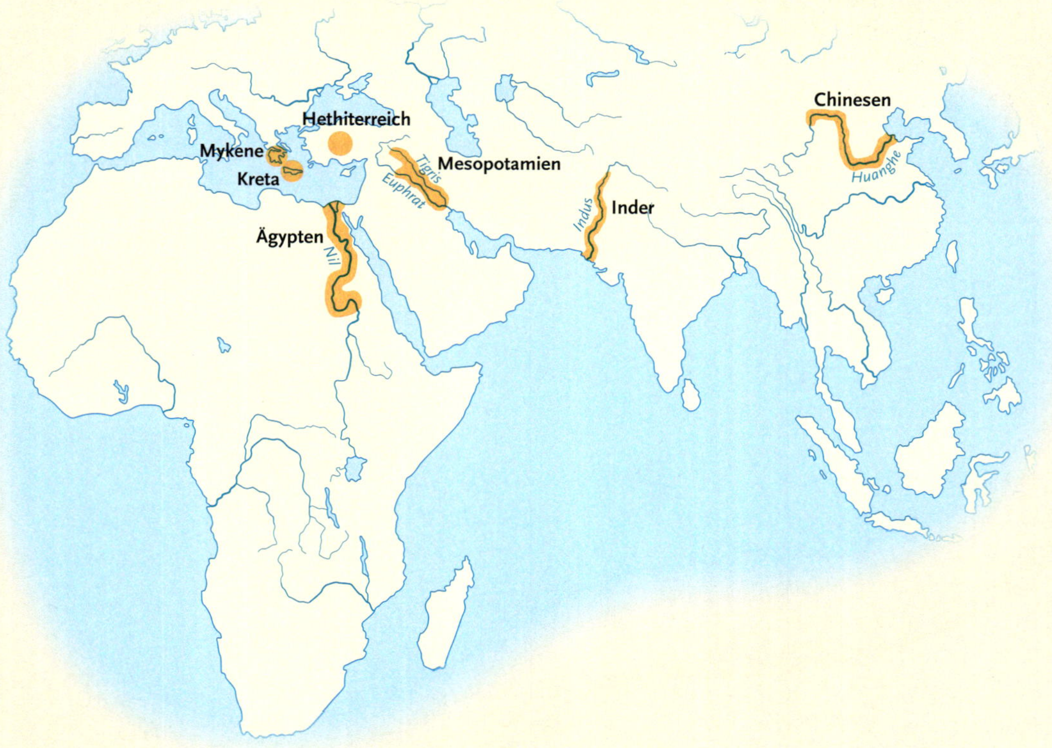

Frühe Hochkultur in Ägypten

seit 3000 v. Chr.

Menschen setzen sich mit der Natur auseinander – und schaffen eine Hochkultur

Leben nach den Regeln des Flusses?

Als vor etwa 9000 Jahren die Warmzeit begann, trockneten große Teile Nordafrikas allmählich aus und wurden zur Wüste. Einige Menschen passten sich den erschwerten Bedingungen an und lebten mit ihren Viehherden als Nomaden in diesen kargen Gebieten. Die meisten Menschen verließen die Wüste jedoch und ließen sich als Bauern an den wasserreichen Ufern des Nils nieder.

Während der Regenzeit im Juni strömten aus Afrikas tropischen Gebieten ungeheure Wassermassen in den Nil. In dieser Zeit stieg der Wasserstand um 5 bis 7 Meter. Ende September, wenn der Nil in sein Flussbett zurückgekehrt war, blieb zu beiden Seiten des Ufers eine Schlammschicht zurück. Die Menschen erkannten schnell, dass diese Schlammschicht sehr fruchtbar war und sich besonders gut als Ackerboden eignete. Sie pflügten und wässerten die Äcker, säten Getreide und bauten vielerlei Pflanzen an. Vier Monate später konnten das Korn geschnitten, Linsen, Bohnen, Trauben, Datteln und Feigen geerntet werden. Danach lag das Land vier Monate lang brach.

Die Höhe der Flut entschied über „fette“ und „magere“ Jahre. Oft machte eine zu große Überschwemmung die Ernte zunichte, eine zu geringe hatte eine Hungersnot zur Folge. So konnte der Nil Segen oder Fluch sein.

Um sich von den Unwägbarkeiten des Nils unabhängiger zu machen, mussten die Menschen Deiche, Kanäle und Staudämme bauen. Dazu war es notwendig, dass die Ägypter ihr Zusammenleben genau organisierten und die Arbeit untereinander aufteilten.

Überschwemmungen führten dazu, dass die Felder wieder neu vermessen werden mussten. Als natürliche Maßeinheiten verwandten die Ägypter Elle und Fuß. Aus der Feldvermessung entwickelte sich eine Wissenschaft, die von den Griechen später Geometrie genannt wurde.

Im Laufe der Zeit entdeckten die Ägypter, dass es von einer Nilüberschwemmung bis zur nächsten 365 Tage dauerte. Aus dieser Erkenntnis entwickelten sie einen Kalender, der im Prinzip noch heute Gültigkeit hat.

M1 Ägypten um 1150 v. Chr.

Spezialisierung und Arbeitsteilung

Die große Mehrheit der Ägypter waren Bauern und Bäuerinnen. Die Landwirtschaft war die Lebensgrundlage der Bevölkerung. Die erwirtschafteten Nahrungsüberschüsse wurden in Vorräten angelegt. Sie sicherten das Überleben der Menschen, die nicht in der Landwirtschaft arbeiteten. Dadurch war es möglich geworden, dass sich Menschen auf bestimmte Aufgaben spezialisierten: Handwerker stellten zum Beispiel Geräte für die Landwirtschaft her. Arbeiter und Arbeiterinnen waren in Spinnereien, Webereien, im Hafen, in Speichern und vor allem beim Bau der Kultstätten, wie zum Beispiel Pyramiden und Tempel, beschäftigt. Architekten und Landvermesser bereiteten den Bau von Tempeln und Pyramiden vor. Mathematiker entwickelten die dafür nötigen Grundlagen der Geometrie. Händler kauften und verkauften Produkte innerhalb und außerhalb des Landes. So entstand eine Arbeitsteilung zwischen Landwirtschaft, Handwerk, Handel und Wissenschaft. Wegen der Arbeitsteilung war die planvolle Zusammenarbeit (Kooperation) von Menschen wichtig, um ein bestimmtes Ziel zu erreichen. Diese Form des Zusammenlebens bildete sich in Ägypten um etwa 3000 v. Chr. heraus. Sie ist ein typisches Merkmal früher Hochkulturen.

Der Staat, der Pharao und seine Helfer

Für den Schutz und die Versorgung in Notzeiten, wie zum Beispiel bei Hungerkatastrophen oder in Kriegen, sorgten Menschen in Heeres- und Verwaltungsstellen. Abgaben (Steuern) mussten von den Berufsgruppen geleistet werden, die etwas herstellten. Es entstand eine Abgaben- und Vorratswirtschaft.

Die Verwaltung des Landes erforderte unterschiedliche Tätigkeiten, die von Beamten, wie den Schreibern, ausgeführt wurden. Als Lohn für ihre Dienste erhielten die hohen Amtsträger landwirtschaftliche Güter und villenähnliche Wohnanlagen, die ihnen ein luxuriöses Leben ermöglichten.

Der höchste Beamte des Staates* war der Wesir. Er handelte als Stellvertreter des Pharaos. Diese Rangfolge, in der Befehle von oben nach unten gegeben wurden und von der jeweils niedrigeren Stufe ausgeführt werden mussten, wird Hierarchie* genannt. In Staat und Gesellschaft entstand somit eine hierarchische Ordnung.

M2

Der Nil bestimmt das Leben

Ein Lied über den Nil aus dem 2. Jahrtausend v. Chr.:

Sei gegrüßt, Nil, hervorgegangen aus der Erde,
gekommen, um Ägypten am Leben zu erhalten!
Herr der Fische, der die Zugvögel stromauf ziehen
lässt, der Gerste schafft und Bohnen entstehen
lässt.
Wenn er faul ist, dann werden die Nasen verstopft
und jedermann verarmt.
Wenn er habgierig ist, ist das ganze Land krank,
Große und Kleine schreien.
Beständig an Regeln, kommt er zu seiner Zeit,
Ober- und Unterägypten zu füllen.
Der die Menschen kleidet mit dem Flachs[1],
der den Webergott seine Erzeugnisse herstellen
lässt und den Salbengott sein Öl.
Alle Erzeugnisse werden aus ihm hervorgebracht.
... Fließe, Nil! Man opfert dir.
Komm nach Ägypten! Auf, Verborgener!
Der Menschen und Tiere am Leben erhält
mit seinen Gaben des Feldes.

Zit. nach Jan Assmann (Hg.), Ägyptische Hymnen und Gebete, Zürich (Artemis) 1975, S. 500 ff., bearb. d. Verf.

[1] Pflanze zur Herstellung von Leinen

M3

Nilgottheit (zweigeschlechtlich dargestellt), Foto, 2002. Sie präsentiert die Erzeugnisse des Landes und stellt die Fruchtbarkeit und den Gabenreichtum des Nils dar.

M4

Bauern bei der Bewirtschaftung des Niltales, Malerei aus dem Grab des Nacht, um 1425 v. Chr.

M5

Die Stellung des Schreibers in der ägyptischen Gesellschaft

Ratschläge eines Schreibers für seinen Sohn um 2000 v. Chr.:

Kaum hat ein Schriftkundiger angefangen heranzuwachsen – er ist noch ein Kind –, so wird man ihn grüßen und als Boten senden; er wird nicht zurückkommen, um sich in den Arbeitsschurz zu stecken. Einen Bildhauer kann man nicht als Boten senden, noch einen Goldschmied, der ausgeschickt würde. Ich habe den Erzarbeiter bei seiner Arbeit beobachtet, an der Öffnung seines Schmelzofens. Seine Finger sind krokodilartig, er stinkt mehr als Fischlaich ... Der Steinmetz graviert mit dem Meißel in allerlei harten Steinen. Hat er die Arbeit vollendet, so versagen ihm seine Arme und er ist müde; wenn er sich abends hinsetzt, sind seine Knie und sein Rücken gebrochen. Der Barbier schert noch spät am Abend ... Siehe, es gibt keinen Beruf, in dem einem nicht befohlen wird, außer dem des Beamten; da ist er es, der befiehlt. Wenn du schreiben kannst, wird dir das mehr Nutzen bringen als alle die Berufe, die ich dir dargelegt habe.

Zit. nach Friedrich Wilhelm v. Bissing, Altägyptische Lebensweisheiten, München (Artemis) 1955, S. 57 ff.

Webcode: FG642342-079

Begriffe und Daten

Hochkulturen

Merkmale einer Hochkultur wie im alten Ägypten sind: ein Staat mit zentraler Verwaltung und Regierung, Religion, Arbeitsteilung, Kenntnis einer Schrift, Zeitrechnung, Kunst, Architektur, Anfänge von Wissenschaft und Technik. Hochkulturen entwickelten sich häufig an großen Flüssen (siehe S. 76). Die ersten Hochkulturen entstanden außer in Ägypten in Mesopotamien, China und Indien.

1 a) Erarbeite mithilfe des Darstellungstextes S. 77, warum sich Menschen am Nil angesiedelt haben.
b) Der Nil war Segen und Fluch für die Ägypter. Begründe dies anhand des Darstellungstextes S. 77 und M2.

2 a) Kläre anhand des Darstellungstextes S. 78: Spezialisierung und Arbeitsteilung.
b) Vergleiche mit der Jungsteinzeit (siehe S. 55–59).

3 Zeige an M3, inwiefern das Denken der Ägypter über die Auseinandersetzung mit der Natur hinaus ging.

4 Beschreibe das Foto von der Nillandschaft S. 75 und mache dich mithilfe eines Atlas kundig, welche wirtschaftliche Bedeutung das Niltal in der Gegenwart hat.

5 **Recherche:** Stelle fest, wo und wann die ersten Hochkulturen entstanden. Stelle eine von ihnen vor (Lexikon, Atlas, Internet). Ziehe den Kasten heran.

Die Religion der alten Ägypter

Leben nach dem Tod?

Die Anzahl der Götter, die von den Ägyptern verehrt wurden, war sehr groß. Viele Erscheinungen der Natur galten als göttlich: die Sonne, der Mond, die Sterne, ebenso viele Tiere, deren Fähigkeiten als göttlich bewundert wurden, so das Krokodil, der Skarabäuskäfer oder der Falke. Neben den Göttern in Tiergestalt gab es auch solche mit Menschengestalt, häufig vermischten sich Tier- und Menschengestalt.

Unter den vielen Göttern und Göttinnen der Ägypter wird in der neueren Forschung eine Göttin besonders hervorgehoben: die Maat (sprich: Ma-at). Dargestellt wurde sie als zierliche Göttin mit einer Straußenfeder auf dem Kopf. Maat stand für Wahrheit, Gerechtigkeit und Ordnung. Herr der Maat war der Schöpfer- und Sonnengott Re. Da der König seit etwa 2500 v. Chr. als Sohn des Re galt, war er für die Maat verantwortlich. Seine Aufgabe war es vor allem, das Schlechte zu vertreiben und die Maat zu verteidigen. Ging es dem Land und den Menschen gut, war das ein Zeichen von starker Maat, schlechte Zeiten bedeuteten wenig oder schwache Maat.

Auch das Leben des Einzelnen wurde von der Maat bestimmt. Grabinschriften lauten zum Beispiel: „Ich habe gemäß der Maat gehandelt. Ich habe dem Hungrigen Brot gegeben. Ich habe meinem Vater Respekt entgegengebracht.“ Dauerhaften Bestand hatte nach dieser Auffassung nur, was der Maat entsprach. Diese Vorstellung von der Maat ist auch im Totengericht wiederzufinden. Zur Vorbereitung darauf wurden den Toten Sprüche und Bilder auf oft meterlangen Papyrusrollen mit in ihr Grab gegeben. Einfache Leute – und das waren die meisten – mussten sich allerdings ohne solche Jenseitsführer auf den Weg machen.

Herz gegen Feder

Unter den überlieferten Bilddarstellungen gehört das Totengericht des Schreibers Hunefer zu den bekanntesten Überlieferungen. Hunefer kniet dort vor 14 sitzenden Göttern und erzählt aus seinem Leben. In der zweiten Szene wird Hunefer zur Waage geführt. Die dritte Szene zeigt, wie der Verstorbene zu Osiris gebracht wird.

In das Reich der Toten konnte er erst aufgenommen werden, wenn er eine Vielzahl von Unschuldsbeteuerungen abgegeben hatte, wie beispielsweise: „Ich habe kein Unrecht gegen Menschen begangen. Ich habe keine Tiere misshandelt. Ich habe keinen Gott beleidigt. Ich habe nicht Schmerz zugefügt. Ich habe keine Tränen verursacht. Ich habe nicht getötet. Ich bin rein, ich bin rein, ich bin rein.“

M1

Totenbarke, Holz, um 2100 v. Chr. Mit Begräbnisschiffen wurden die Mumien reicher Ägypter zu ihren Gräbern auf die Westseite des Nils gefahren. Die Mumifizierung war ein Begräbnisritual, hinter dem der Glaube stand, dass ein Verstorbener im Jenseits ein Leben weiterführte, das dem auf der Erde glich. Deshalb war es wichtig, dass der Körper erhalten blieb. Die Seele, die nach der Vorstellung der Ägypter den Körper verließ, konnte so zurückkehren. Kein Volk der Erde hat die Technik der Mumifizierung so weit entwickelt wie die Ägypter.

Das Totengericht des Schreibers Hunefer, Papyrus, um 1300 v. Chr.
A Hunefer: durchläuft nach seinem Tod die Prüfungen des Totengerichts; **B** Anubis: mit dem Kopf eines Schakals, bereitet den Verstorbenen für den Eintritt in das Totenreich vor; **C** Ammit: mit dem Krokodilkopf, verschlingt den Verstorbenen, falls dieser die Prüfung nicht besteht; **D** Maat: mit der Feder auf der Waage, das Herz des Verstorbenen muss leichter sein als die Feder, dann ist die Prüfung bestanden; **E** Thoth: mit dem Ibiskopf, Sekretär der göttlichen Handlung mit Schreibtafel und Schreibrohr; **F** Horus: mit Falkenkopf, führt den Verstorbenen vor den Thron des Osiris zur Urteilsverkündung; **G** Osiris: Herrscher des Jenseits, mit der Doppelfederkrone, Götterbart, Krummstab und Geißel; **H** Isis: galt als ideale Ehefrau und Beschützerin der Kinder; **I** Nephthys: Herrin des Hauses, schützt Sarkophage.

Begriffe und Daten

Polytheismus/Monotheismus

Nach den griechischen Wörtern polys = viel und theos = Gott die Bezeichnung für den Glauben an viele Götter. Polytheistische Religionen, wie die der alten Ägypter, Griechen und der Hochkulturen der Inka und Azteken, gibt es bis heute. Im Gegensatz zum Polytheismus bezeichnet der Monotheismus (griech. monos = einzig) den Glauben an einen einzigen Gott. Das Christentum, der Islam und das Judentum sind monotheistische Religionen. Anfänge des Monotheismus gab es unter dem Pharao Echnaton, der Aton (die Sonnenscheibe) zum einzigen Gott erhob.

1. Formuliere, welchen Eindruck die Totenbarke (M1) beim Betrachter hinterlässt. Nenne Merkmale, durch die dieser Eindruck vermittelt wird.
2. Erkläre mithilfe des Darstellungstextes die Bedeutung des Begriffes Maat. Zeige, wie auch das Leben des Einzelnen von der Maat bestimmt war.
3. Beschreibe die einzelnen Phasen des Totengerichts. Nimm den rechten Darstellungstext und M2 zu Hilfe.
4. Stelle dar, wie sich in M2 die Vorstellungen der Ägypter von Hierarchie widerspiegeln.

Webcode: FG642342-081

Ein Bild als Quelle I

Was können Bilder erzählen?

Gemälde, Felszeichnungen und Abbildungen auf Gegenständen, z. B. Vasen, sind bildliche Quellen. Sie vermitteln dir eine anschauliche Vorstellung von früheren Zeiten und geben dir einen Einblick in den Alltag, in Gedanken, Wünsche und Ideen der Menschen.

Bevor ein Bild zu dir „spricht", musst du dich genau mit ihm beschäftigen (siehe Arbeitsschritte). Beachte: Nicht alle Fragen lassen sich bei jedem Bild beantworten. Am Beispiel von M3 werden die Arbeitsschritte erprobt (siehe M1).

Arbeitsschritte

1. Schritt: Die Einzelheiten des Bildes erfassen

Beschreibe die Einzelheiten des Bildes, indem du folgende Fragen beantwortest:

- Welche Personen sind dargestellt?
- Wie sind sie gekleidet?
- Welche weiteren Gegenstände oder Tiere sind zu sehen?
- Wo befinden sich die Personen und Gegenstände?

2. Schritt: Die Zusammenhänge erklären

Überlege, in welcher Beziehung die abgebildeten Personen, Tiere oder Gegenstände zueinander stehen. Findest du Merkmale, die auf bestimmte Eigenschaften, Beruf, gesellschaftliche Stellung der dargestellten Personen hinweisen?

3. Schritt: Zusätzliche Informationen über das Bild heranziehen

In der Bildlegende findest du wichtige Hinweise. Sie gibt dir Auskunft darüber, wer wann für wen warum ein Bild gemalt hat. Manchmal hat das Bild auch einen Titel.
Weitere Fragen lassen sich oft durch eine zusätzliche Textquelle klären.

zu Schritt 1:
Auf dem Bild sind sieben männliche Personen zu sehen. Die rechte Person ist komplett bekleidet, während die sechs anderen lediglich einen Lendenschurz tragen. Der Mann am rechten Bildrand steht den anderen in aufrechter Haltung gegenüber und hebt die rechte Hand. Die linke Hand umfasst einen Stock. Zwei Männer knien mit gesenkten Köpfen, die anderen vier stehen leicht gebückt und haben gefüllte Säcke in den Händen.

zu Schritt 2:
Die unterschiedliche Kleidung lässt darauf schließen, dass es sich um Personen aus verschiedenen Gesellschaftsschichten handelt. Die leicht bekleideten Männer mussten vermutlich körperliche Arbeit leisten, während der vollständig bekleidete Mann eher einer höheren Schicht angehört. Diese Vermutung wird durch die Körperhaltung der Personen unterstützt. Die rechte Person zeigt durch die erhobene Hand, den Stock und die aufrechte Haltung, dass sie Macht hat. Die knienden Männer bitten um etwas, die vier anderen drücken durch ihre Körperhaltung Dank oder Unterwürfigkeit aus.

zu Schritt 3:
Das Bild wurde um 1400 v. Chr. gemalt. Es ist ein Wandgemälde aus dem Grab des Beamten Userhat. Das lässt darauf schließen, dass sich die abgebildete Szene so oder so ähnlich in seinem Leben ereignet hat. Der Künstler ist unbekannt. Bei unserem Beispiel M3 stellt sich die Frage, ob die Versorgung der Soldaten durch die Beamten immer so reibungslos verlief.

M1

Das Bild „Lebensmittelausgabe an Soldaten" (M4) als Quelle

M2

Ägyptische Familie bei der Gänsejagd, Wandmalerei aus dem Grab des ägyptischen Beamten Nacht und seiner Frau Taui in Theben, um 1425 v. Chr.

M4

Lebensmittelausgabe an Soldaten, Malerei aus dem Grab des königlichen Schreibers Userhat, um 1400 v. Chr.

M3

Beschwerde über einen Beamten

Brief eines Arbeiters von Dêr el-Medîne an den Wesir Ta:

Ich teile meinem Herrn mit, dass ich an den Gräbern der Königskinder arbeite, deren Errichtung der Wesir befohlen hatte. Wir Arbeiter sind sehr elend geworden. Alle Sachen für uns, die das staatliche Schatzhaus, die Scheune und das Magazin uns liefern sollten, sind nicht verteilt worden. Nicht leicht ist das Tragen von Steinen! Man hat uns auch die 1½ Sack Gerste fortgenommen, um uns stattdessen 1½ Sack Dreck zu geben! Möge mein Herr handeln, sodass wir leben können.

Zit. nach Arne Eggebrecht, Das alte Ägypten, München (Bertelsmann) 1984, S. 219.

1 Arbeite die Schritte zur Entschlüsselung eines Bildes anhand des Kastens und M4 durch.

2 Untersuche, welche zusätzlichen Informationen M3 im Vergleich zu M4 enthält, und fasse sie zusammen. Achte auf die Arbeitsbedingungen, den Lohn und die Forderung des Arbeiters.

3 Entschlüssele das Bild M2 mithilfe der Arbeitsschritte.

Leben im alten Ägypten – Lernen an Stationen

Stationenlernen – Arbeitshinweise und Tipps

Nachdem ihr auf den Seiten 77 bis 81 einige Grundinformationen zur Geschichte des alten Ägyptens gemeinsam erarbeitet habt, geht es im Folgenden um spezielle Themen, die in Einzel- oder Partnerarbeit an Stationen erarbeitet werden können. Die sechs Stationen – ergänzt um zwei Wahlstationen – sind so aufbereitet, dass ihr die Materialien mithilfe der Arbeitsaufgaben des „Laufzettels" (Kopie für alle anfertigen!) ohne weitere Informationen erarbeiten könnt. Für eine vertiefende Auseinandersetzung mit den Themen könnt ihr die Stationen jedoch um weitere Materialien wie Sachbücher und Zeitschriften erweitern. Die „Querschnittsthemen" zur ägyptischen Geschichte erfordern keine bestimmte Reihenfolge in der Bearbeitung. Entscheidet vor Beginn der Arbeit, wie ihr eure Ergebnisse auswerten und präsentieren wollt, z. B. als Beitrag für einen Bericht im Radio zur Reihe „So war es im alten Ägypten – was wir heute noch darüber wissen".

„Laufzettel" mit Arbeitsaufträgen

Station 1: Der Pharao

1 Erkläre den Begriff „Pharao" (Darstellungstext).

2 Stelle fest, worin sich an M1 Macht und Herrschaft zeigen.

3 Beantworte die Überschrift von M2.

4 Prüfe: Der Pharao wurde als Mensch unter Menschen gesehen.

Station 2: Die ägyptische Gesellschaft

1 Kennzeichne die ägyptische Gesellschaft (M1) mit einem Begriff, der ihren Aufbau wiedergibt.

2 Stelle fest, in welchem Verhältnis „Schutz" und „Dienste" zueinander stehen.

3 Wende den Begriff „Arbeitsteilung" auf M1 an.

Station 3: Lebenswelten

1 Untersuche M1 mithilfe der Methode „Ein Bild als Quelle" (S. 82 f.).

2 Fasse zusammen, was der Künstler mit der Grabmalerei wohl aussagen wollte.

3 Stelle fest, wie a) der Bauer und b) der Schreiber ihre Rolle im Staat sehen (M2).

4 Erkläre, wie die Tätigkeiten des Bauern und des Schreibers miteinander zusammenhängen.

Station 4: Frauen im alten Ägypten

1 Notiere deinen Eindruck vom Ehepaar in M1.

2 Halte fest, was sich über die Rollenverteilung in der Familie vermuten lässt.

3 Überprüfe deine Vermutungen mithilfe des Darstellungstextes.

4 a) Benenne die Ratschläge, die der Wesir den ägyptischen Männern gibt (M2).
b) Ziehe Rückschlüsse auf die Stellung der Frauen in der ägyptischen Gesellschaft.

Station 5: Die Pyramiden

1 Beschreibe die Stationen des Pyramidenbaus (M1). Notiere jeweils, welche technischen Schwierigkeiten und welche Gefahren sich ergaben.

2 Stelle fest, welche Gründe für den Pyramidenbau angenommen werden (Darstellungstext).

Station 6: Aus Bildern wurde Schrift

1 Erarbeite, wie die Entstehung einer Schrift erklärt wird (Darstellungstext linke Spalte).

2 Erkläre: Hieroglyphenschrift (Darstellungstext rechte Spalte).

3 Zeige, welche Aufgabe die Schrift in M1 hatte.

Station 7 (Wahlstation): Mumien – Körper für die Ewigkeit

1 Erkläre, warum die Mumifizierung für die Ägypter eine große Bedeutung hatte (Darstellungstext).

2 Begründe, warum die Mumifizierung als Wissenschaft bezeichnet wird.

Station 8 (Wahlstation): Eine Fabrik im alten Ägypten

1 Beschreibe die Technik der Bronzeherstellung (M1, M2).

2 Bewerte, was Ausgrabungen für unser Wissen über die ägyptische Metallherstellung bedeuten.

Station 1: Der Pharao

Der ägyptische König wurde Pharao genannt. Pharao bedeutet „großes Haus" und war die ursprüngliche Bezeichnung für den Königspalast. Er war für die Bewässerung, die Nahrungs- und Vorratsbeschaffung und den Frieden im Inneren des Landes und nach außen verantwortlich. Er stand an der Spitze des Staates und hatte die Herrschaft über Untergebene und Abhängige, die allerdings nicht alle gleichgestellt waren. Seit etwa 2500 v. Chr. trugen die ägyptischen Könige den Titel „Sohn des Re". Der Gott Re war für die Ägypter der Sonnengott, der die Welt erschaffen hatte und sie beherrschte. Die Menschen erkannten die Herrschaft des Pharaos an, weil er eine gottähnliche Stellung einnahm.

M1

Pharao Tutanchamun, Ausschnitt aus seinem goldenen Sarkophag, um 1330 v. Chr. Als Herrschaftszeichen trägt er den Krummstab und die Geißel wie der Gott Osiris.

M2

Der Pharao – Herrscher oder Behüter?

Der griechische Geschichtsschreiber Herodot (um 485–425 v. Chr.) schrieb über den Bau der Pyramide für den Pharao Cheops, der um 2600 v. Chr. lebte:

2A [Cheops] hat alle Ägypter gezwungen, für ihn zu arbeiten. Die einen mussten aus den Steinbrüchen im arabischen Gebirge Steinblöcke bis an den Nil schleifen. Über den Strom wurden sie auf Schiffe gesetzt, und andere mussten die Steine weiterschleifen … 100 000 Menschen waren es, die jeweils daran arbeiteten … So wurde das Volk bedrückt und es dauerte zehn Jahre, ehe nur die Straße gebaut war, auf der die Steine dahergeschleift wurden, ein Werk, das mir fast ebenso gewaltig erscheint wie der Bau der Pyramide selbst … Zehn Jahre vergingen also, bis diese Straße und die unterirdischen Kammern auf jener Höhe, auf der die Pyramiden stehen, gebaut waren. Die Kammern sollten seine Grabkammern sein … An der Pyramide selbst wurde 20 Jahre gearbeitet. Sie ist vierseitig und jede Seite acht Plethren [1 Plethron = 30,83 m] breit und ebenso hoch. Sie besteht aus geglätteten, aufs Genaueste ineinander gefügten Steinen, von denen jeder mindestens 30 Fuß lang ist.

M2A: Herodot 2, 124 ff., zit. nach Geschichte in Quellen, Bd. 1, bearb. von Walter Arend, 3. Aufl., München (bsv) 1978, S. 15.

So wurde der Pharao Ramses II. (Regierungszeit 1290 bis 1224 v. Chr.) von seinem Volk begrüßt:

2B Wir kommen zu dir, Herr des Himmels, Herr der Erde, du lebende Sonne des ganzen Landes, Herr der Lebensdauer, du Sonnengott der Menschheit, du Säule des Himmels, du Balken der Erde. Herr vielfacher Speisung. Du, der wacht, wenn alles schläft, dessen Kraft Ägypten errettet, der über die Fremdländer siegt und triumphierend heimkehrt, dessen Stärke Ägypten schützt. Geliebter der Wahrheit, der in seinen Gesetzen in ihr lebt, dessen Schrecken die Fremdländer weichen lässt, du, unser König, unser Herr.

M2B: Zit. nach Gottfried Guggenbühl (Hg.), Quellen zur Geschichte des Altertums, Zürich, 1964, S. 16., bearb. d. Verf.

Webcode: FG642342-085

Begriffe und Daten

Pharao

Die königlichen Herrscher Ägyptens wurden Pharaonen genannt. Ihre besondere Stellung an der Spitze des Staates wurde mit außergewöhnlichen Fähigkeiten begründet. Nach der Vorstellung der Ägypter galt ein Pharao als übermenschliches Wesen. Deshalb wurde er wie ein Gott verehrt (Gottkönig).

Station 2: Die ägyptische Gesellschaft

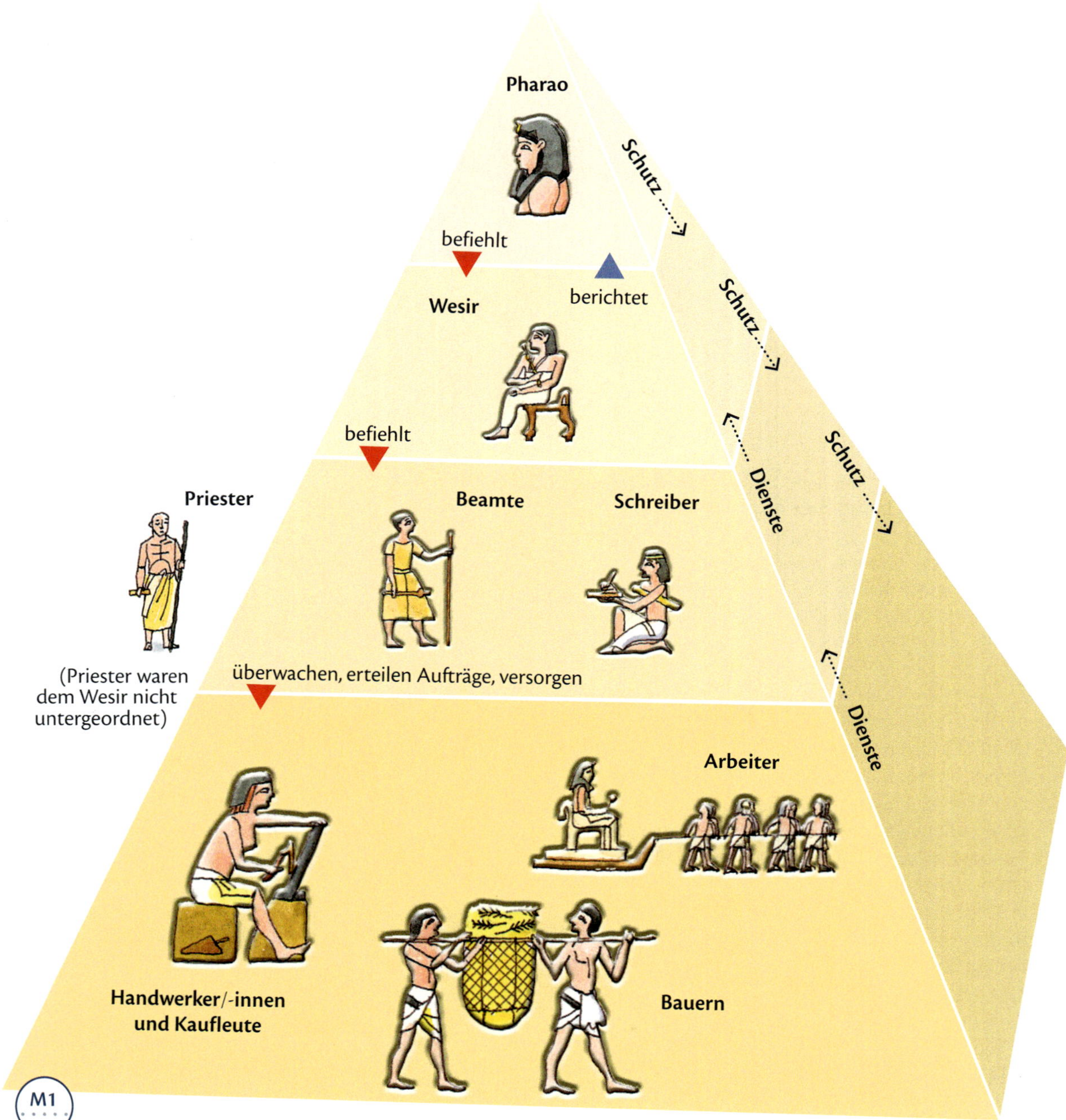

M1

Der Aufbau der ägyptischen Gesellschaft

Station 3: Lebenswelten

M1

Bauern werden bei der Arbeit auf dem Feld von einem Schreiber beaufsichtigt,
Malerei aus dem Grab des Nacht, um 1425 v. Chr.

M2

Zwei Sichtweisen – ein Bauer und ein Schreiber berichten aus ihrem Leben

Die folgenden Berichte sind frei erfunden. Sie könnten aber, wie wir aus Quellen wissen, um 2500 v. Chr. so ähnlich entstanden sein.

Ein ägyptischer Bauer berichtet aus seinem Leben:
2A Meine ganze Familie arbeitet in der Landwirtschaft. Wir beackern als Pächter das Land, das dem Pharao gehört. Den größten Teil der Ernte müssen wir in den staatlichen Speichern abgeben. In einem guten Jahr können wir zweimal ernten. Schlimm ist es, wenn wir nach einer schlechten Ernte nicht genügend Getreide abliefern können. Dann kann es Prügel vom Aufseher geben oder wir müssen unmenschliche Arbeit in den Bergwerken verrichten – wie die Sklaven.
Während der Überschwemmung des Nils sind unsere Äcker überflutet. Dann müssen wir beim Pyramiden- oder Tempelbau mitarbeiten. Unsere tägliche Lebensmittelration bekommen wir in der Zeit vom Staat.
Verfassertext

Ein ägyptischer Schreiber hat Folgendes aufgeschrieben:
2B Nur wenige Menschen bei uns können lesen, schreiben und rechnen. Deshalb sind wir Schreiber sehr angesehen. Wir gehören zur gesellschaftlichen Schicht der Beamten und handeln im Auftrag des Pharaos. Bei der Verwaltung unseres Staates erfüllen wir wichtige Aufgaben: Wir vermessen das Land, kontrollieren die Viehbestände und Getreidevorräte, sorgen für die pünktliche Abgabe der Steuern und halten alles schriftlich fest. Zu unseren Aufgaben gehört es auch, die Arbeit der Bauern auf dem Feld zu beaufsichtigen. Ihnen gegenüber haben wir Macht und Verantwortung. Von unserer Zuverlässigkeit hängt das Wohl des ganzen Landes ab.
Verfassertext

Station 4: Frauen im alten Ägypten

Frauen in der Öffentlichkeit

Der griechische Geschichtsschreiber Herodot schrieb um 450 v. Chr. über die Rollenverteilung zwischen Männern und Frauen in Ägypten: „Bei ihnen sitzen die Weiber zu Markte und handeln, die Männer aber bleiben zu Hause und weben." Nirgendwo sonst hatte er Frauen gesehen, die ihm so gleichberechtigt erschienen. Und deshalb kam er zu der Schlussfolgerung, „fast alle Sitten und Gebräuche in Ägypten sind der Lebensweise der anderen Menschen entgegengesetzt".

Heute wissen wir, dass Herodot richtig beobachtet hatte. Die Frauen im alten Ägypten waren den Männern im gesellschaftlichen und privaten Leben weitgehend gleichgestellt. So vertraten sie sich vor Gericht selbst und durften Vermögen besitzen. Darüber hinaus waren sie in vielen Berufen vertreten: als Spinnerinnen, Perückenmacherinnen, Tänzerinnen, Richterinnen, Hebammen und vereinzelt auch als Ärztinnen.

Zu öffentlichen Ämtern wurden Frauen selten zugelassen. Ob es Beamtinnen und Schreiberinnen gab, ist umstritten. Nur in Ausnahmefällen konnten Frauen Priesterin oder Pharao werden. Insgesamt verfügten sie aber über größere Freiheiten als später die Frauen im antiken Griechenland und im Römischen Reich.

Die „Herrin des Hauses"

Nach Auffassung der alten Ägypter war Hausarbeit klar und eindeutig Frauenarbeit. Hausmänner gab es nicht. Die verheiratete Frau trug den begehrten Titel „Herrin des Hauses". Ihre Aufgabe war es, zuverlässig dafür zu sorgen, dass der Alltag im Haus ihrer Familie reibungslos ablief. Damals wäre niemand auf den Gedanken gekommen, diese Form der Arbeitsteilung innerhalb der Familie infrage zu stellen. Besonders in ärmeren ägyptischen Familien mussten die Frauen alle im Haus anfallenden Arbeiten wie Kornmahlen, Brotbacken, Wäschewaschen, Kleidernähen und Schafescheren selbst verrichten. Ihnen halfen nur die unverheirateten Töchter und andere nahe weibliche Verwandte.

Bessere Möglichkeiten hatten dagegen die Frauen in wohlhabenden Familien. Sie konnten sich Diener und Dienerinnen für die Hausarbeit leisten, deren Arbeit sie lediglich einteilen und beaufsichtigen mussten.

M2

Ägyptischer Ratschlag für die Männer

Der ägyptische Wesir Ptah-Hotep erteilte um 2000 v. Chr. folgenden Rat:

Wenn du weise bist, so behalte dein Heim, liebe deine Frau und streite nicht mit ihr. Ernähre sie, schmücke sie, salbe sie. Habe sie lieb und erfülle alle ihre Wünsche, solange du lebst, denn sie ist dein Gut, das großen Gewinn bringt. Hab Acht auf das, was ihr Begehr ist, und das, wonach ihr der Sinn steht. Denn auf solche Weise bringst du sie dahin, es weiter mit dir zu halten. Widersprichst du ihr aber, so wird es dein Ruin sein.

Zit. nach Annette Kuhn (Hg.), Chronik der Frauen, Dortmund (Chronik Verlag) 1992, S. 71., bearb. d. Verf.

M1

Der Zwerg Seneb, Vorsteher der Weberei, mit seiner Frau und seinen Kindern, Sandstein, um 2250 v. Chr. Die helle Hautfarbe vieler Frauendarstellungen weist darauf hin, dass sich die meisten Frauen mehr im Haus aufgehalten haben als die Männer.

Station 5: Die Pyramiden

Pyramiden – Häuser für die toten Pharaonen?

Touristen bestaunen heute die riesigen Pyramiden. Die um 2600 v. Chr. erbaute Cheopspyramide erhebt sich auf einer quadratischen Grundfläche von 230 mal 230 Metern und ist 146 Meter hoch. Bis heute ist es nicht gelungen, eine technische Erklärung dafür zu finden, wie die Ägypter diese gewaltigen Bauwerke vor der Erfindung von Rad und Kran errichtet haben.

Die Geschichtsforscher gehen davon aus, dass sich die meisten Menschen trotz der großen Strapazen freiwillig am Bau der Pyramiden beteiligten. Das ist aus heutiger Sicht nicht leicht zu begreifen. Es wird aber verständlich, wenn man bedenkt, dass die Religion bei den Ägyptern eine große Rolle spielte. So glaubten sie erstens, ihr Leben hinge von der Gunst des göttlichen Pharaos ab, und zweitens, jeder Mensch würde nach dem Tode weiterleben, auch der Pharao. Man war also auch nach dem Tod von der Gunst des Pharaos abhängig. Es konnte daher nur gut für das eigene Leben im Diesseits wie im Jenseits sein, durch Mitarbeit am „Jenseitshaus“ des Pharaos ein Stück von dessen Gunst zu erlangen.

Bau einer Pyramide, Rekonstruktionszeichnung, 2001

M1

Die Arbeiter beförderten die Steinblöcke auf dem Nil vom Steinbruch zur Pyramidenbaustelle.

Auf die wachsende Pyramide wurden die Steinblöcke über eine Rampe geschleppt. Mit zunehmender Bauhöhe wurde die Rampe nach außen verlagert.

Zum Abschluss wurde die Pyramide mit Steinplatten verkleidet und geglättet. Dabei benutzte man Holzgerüste.

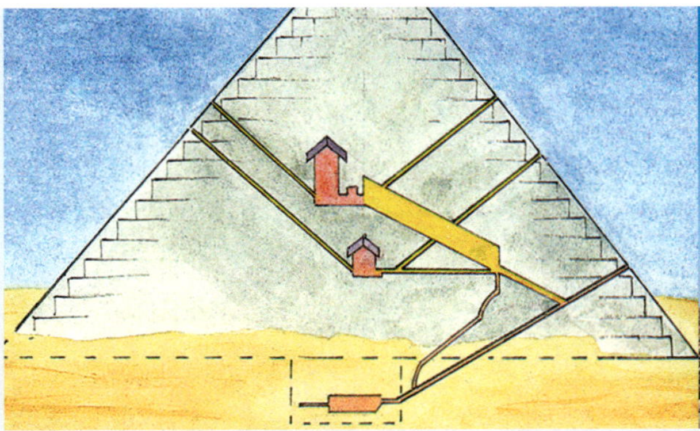

Der Querschnitt durch die Cheopspyramide zeigt die drei Grabkammern sowie die Gänge und Luftschächte.

Die Cheopspyramide, erbaut um 2600 v. Chr., Foto. Die Außenverkleidung ist im Laufe der Jahrtausende zerstört worden.

Station 6: Aus Bildern wurde Schrift

Warum brauchten die Menschen eine Schrift?

Die Menschen in vorgeschichtlicher Zeit brauchten keine Schrift, da sie in kleinen, in sich abgeschlossenen Gruppen zusammenlebten. Berichte und Ereignisse wurden in einer Gruppe oder in einem Dorf schneller mündlich weitergegeben. Erst als sich um etwa 3000 v. Chr. größere Gemeinschaften bildeten und sich eine Arbeitsteilung entwickelte, begannen die Menschen wichtige Dinge schriftlich festzuhalten. Nur so konnten sie Nachrichten in alle Landesteile verbreiten, Listen über Ernteerträge erstellen, Hochwassertermine in einem Kalender festhalten und die Taten ihrer Herrscher an die kommende Generation weitergeben. Die Schrift war deshalb eine wichtige Voraussetzung für die Verwaltung eines Staates.

Begriffe und Daten

Hieroglyphen
Schriftzeichen (Bilder und Symbole), die auf Papyrusblätter gezeichnet oder in andere Materialien eingeritzt wurden.

Die Hieroglyphenschrift

Die ältesten Schriftzeichen stammen wahrscheinlich aus Ägypten. Sie bestehen aus kleinen Bildern und Symbolen. Sie sind bis heute an Wänden von Tempeln und Gräbern erhalten. Die Griechen, die die Bedeutung dieser Schrift nicht kannten, nannten sie „Hieroglyphen", das heißt so viel wie „heilige Einritzungen".
Am Anfang benutzten die Ägypter Bilder, wenn sie etwas ausdrücken wollten, z. B. ein Eulenbild für Eule, ein Wasserbild für Wasser. Die Hieroglyphen wurden im Laufe der Zeit auch als Lautzeichen verwendet. Sie drückten eine bestimmte Silbe aus. Ein Wort konnte folglich aus einem einzigen Bildzeichen oder aus mehreren Lautzeichen bestehen. Mit der Zeit entwickelten die Ägypter mehrere tausend Hieroglyphen.
Nachdem die Bedeutung der Hieroglyphen lange ein Rätsel war, gelang es dem Franzosen François Champollion 1822, sie zu entziffern. Auf einem Stein aus dem Nildelta aus dem Jahr 196 v. Chr. entdeckte er einen Text, der sowohl in Hieroglyphen als auch in der bekannten griechischen Sprache geschrieben war. So konnte er die Hieroglyphen übersetzen.

M1

Hieroglyphenschrift in einem Grab, Opferplatte der Nefertiabet, Kalkstein, um 2600 v. Chr. Die Königstochter Nefertiabet sitzt vor einer Opfertafel mit vielen Broten. In Hieroglyphenschrift werden die Dinge genannt, die die Verstorbene zu einem Weiterleben im Jenseits benötigt.

Station 7 (Wahlstation): Mumien – Körper für die Ewigkeit

Mumifizierung – eine Wissenschaft für sich

Um 4000 v. Chr. bestatteten die Ägypter ihre Verstorbenen in einfachen Gruben im trockenen, salzhaltigen Wüstensand. Die Folge war, dass die Leichen austrockneten und auf natürliche Weise erhalten blieben. Für die ärmeren Menschen blieb es bei dieser „natürlichen Mumifizierung". Als die reichen Ägypter ab etwa 2500 v. Chr. dazu übergingen, ihre Toten aufwändiger in Holzsärgen zu bestatten, gab es keinen direkten Kontakt mehr zwischen der Leiche und dem Wüstensand. Die Folge war, dass der Körper Feuchtigkeit anzog und die Leiche schneller verweste.

Die Ägypter waren davon überzeugt, dass ein Verstorbener im Jenseits ein Leben weiterführte, das dem auf Erden glich. Deshalb war es wichtig, dass der Körper erhalten blieb. Die Seele, die nach der Vorstellung der Ägypter den Körper beim Tod verlässt, konnte so zurückkehren. Dieser tief verwurzelte Glaube führte zur Entstehung wohldurchdachter Begräbnisrituale wie z. B. der Mumifizierung. Kein Volk der Erde hat diese Wissenschaft so weit entwickelt wie die Ägypter.

M1

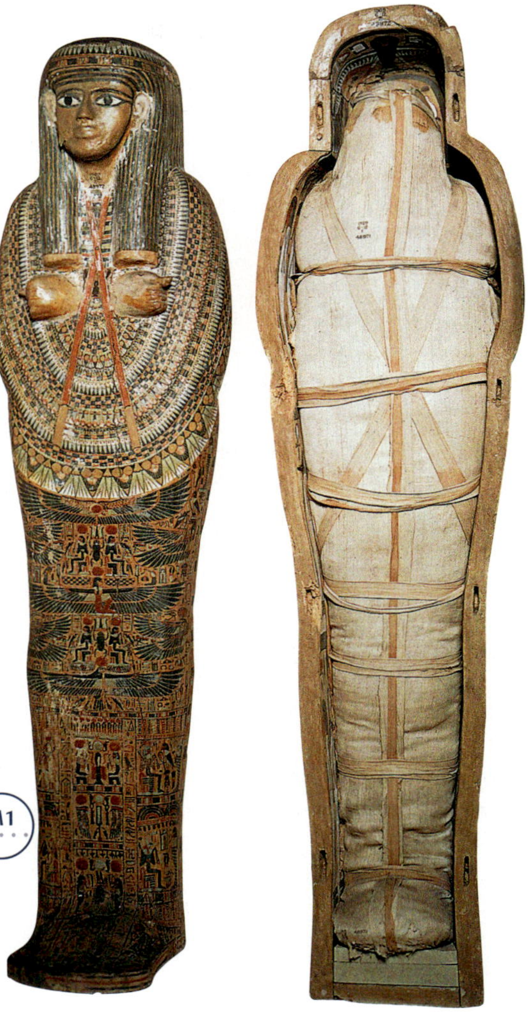

Geöffneter Mumiensarg, um 1000 v. Chr.

M2

Die Technik der Mumifizierung

Der griechische Geschichtsschreiber Herodot (um 485–425 v. Chr.) berichtete nach der Rückkehr von einer Reise aus Ägypten über die Mumifizierung:

Es gibt besondere Leute, die dies berufsmäßig tun. Zu ihnen wird die Leiche gebracht … Zuerst wird mit einem gekrümmten Eisendraht das Gehirn durch die Nasenlöcher herausgezogen, teils auch mittels eingegossener Flüssigkeiten. Dann macht man mit einem scharfen Stein einen Schnitt in die Leiche und nimmt die Eingeweide heraus. Sie werden gereinigt, mit Palmwein und dann mit zerriebenen Gewürzen durchspült. Dann wird der Magen mit reiner geriebener Myrrhe, mit Zimt und mit anderen Gewürzen … gefüllt und der Bauch zugenäht. Nun legen sie die Leiche siebzig Tage ganz in eine Salzlösung … Sind sie vorüber, so wird die Leiche gewaschen, der ganze Körper mit Streifen von Leinwand umwickelt und mit Gummi bestrichen, was die Ägypter anstelle von Leim zu verwenden pflegen. Nun holen die Angehörigen die Leiche ab, machen einen hölzernen Sarg in Menschengestalt und legen die Leiche hinein.

Zit. nach Hans W. Haussig (Hg.), Herodot. Gesamtausgabe, Stuttgart (Kröner) 1955, 2. Buch, S. 86., bearb. d. Verf.

Station 8 (Wahlstation): Eine Fabrik im alten Ägypten

M1

Bronze für den Pharao

Bisher gingen die Geschichtswissenschaftler davon aus, dass es in Ägypten sehr kleine Handwerkerbetriebe gegeben hat. Neue Ausgrabungen zeigen, dass die ägyptische Technik sehr weit entwickelt war. Der Journalist Joachim Fritz-Vannahme schrieb 1996 in dem Artikel „Die Metallurgen des Pharaos":

Auf der Malerei des Rechmire in den Jahren nach 1450 v. Chr. schüren und belüften kräftige Männer im Lendenschurz die Flamme, wuchten die Schmelztiegel und die Topfgebläse, beugen sich über Erz, Schlacke und Holzkohle, senken den Tiegel mit Rutenzangen ins Feuer und gießen endlich die Schmelze in die Gussform. Von rechts rollt der Nachschub, dazwischen durcheilen die Gießmeister die Szene. Und am Rande wacht der Boss in Schreibertracht, Meister Rechmire persönlich.

Eine Grabungsmannschaft des Hildesheimer Pelizaeus-Museums wirft nun ein neues, überraschendes Licht auf das antike Verfahren des Metallgusses. Die ruhigen Bilder vom Handwerkerfleiß erzählen gewiss eine wahre Begebenheit – und täuschen doch sehr. Denn im Nildelta, in der Ramsesstadt Pi-Ramesse, glühten die Öfen im großen Stil. „Unsere Ausgrabungen in Ramsesstadt haben die größte Anlage zur Metallverarbeitung freigelegt, die wir bislang aus der Antike kennen", begeistert sich Grabungsleiter Edgar Pusch.

„Das hatte geradezu industrielle Dimensionen[1]. Hier wurde im straff organisierten Großbetrieb geschuftet ... Wir müssen unser Wissen von den kleinen, feinen Handwerksbetrieben jetzt durch die Vorstellung einer Metallbearbeitung von riesigen Mengen ergänzen." ... Wie Kanäle dehnten sich die Feuerstellen und Schmelzbatterien auf 15 Meter Länge, eine Reihe neben der anderen. Nebenan auf diesem Gelände fanden sich Reste von Kreuzöfen, in denen offenbar Großgussformen hergestellt wurden. „In diesen Werkstätten konnte weit über eine Tonne Bronze pro Tag verarbeitet werden", berichtet Pusch. „Das hätte genügt, um Türen vom Volumen eines Domportals innerhalb eines einzigen Tages herzustellen."

[1] Ausmaße

Joachim Fritz-Vannahme, Die Metallurgen des Pharaos, in: Die Zeit vom 05.04.1996, S. 33.

M2

Bronzeherstellung in Ägypten, Umzeichnung der Malerei aus dem Grab des Rechmire in Theben, 1996

Das Internet nutzen

Geschichte im Internet

Wie gehst du vor, wenn du mehr über ein Thema wissen willst? Grundsätzlich gilt, dass man Informationen aus mehreren Bezugsquellen nehmen sollte. Ideal ist es, verschiedene Informationsmedien wie Zeitungen, Zeitschriften, Fernsehsendungen, CD-ROMs oder Sachbücher zu benutzen und zu vergleichen (siehe die Methode „Informationen sammeln in einer Bibliothek“, S. 22). Ein anderer Weg führt in das Internet.

1 Entscheide, welche der in einer Google-Suche gefundenen Webseiten brauchbare Informationen zu Ägypten enthalten. Lege dazu eine Tabelle nach folgendem Muster an:

Nr.	Kurzbeschreibung	Entscheidung
1	Angebot eines Internet-Buchladens	scheidet (vorläufig) aus
2	…	…

2 a) Stellt in Gruppenarbeit „Hitlisten“ mit fünf besonders guten Internetseiten zu den Themen „Altsteinzeit“, „Jungsteinzeit“ und „Ägypten“ zusammen. Denkt daran, die Internetadresse genau anzugeben, damit auch andere die Seite finden können.
b) Begründet in einem kurzen Text, warum euch die Seiten gefallen haben.
c) Vergleicht die Ergebnisse in der Klasse.

Arbeitsschritte

1. Schritt: Suche durchführen

Du lässt zunächst eine Internet-Suchmaschine nach dem Stichwort „Ägypten“ suchen. Solche Suchmaschinen sind zum Beispiel Altavista (www.altavista.de), Google (www.google.de) oder die spezielle Kinder-Suchmaschine www.blinde-kuh.de. Wenn du die Internetadresse eingibst, erscheint eine Startseite mit einem Suchfeld, in das du den Begriff schreibst, über den du dich informieren möchtest.

2. Schritt: Suchabsicht festlegen, Überblick über das Suchergebnis bekommen

Damit du nicht planlos im Internet surfst, solltest du vorher genau festlegen, worüber du Informationen finden möchtest. Deine Fragen könnten z. B. lauten: Welche neuen Erkenntnisse haben Archäologen über Ägypten? Welche Museen informieren über die alten Ägypter? Wo gibt es zusätzliche Informationen über Ägypten? Du erhältst mithilfe der Suchmaschine eine Auswahl von Internetadressen. Meist ist aber die Zahl der „Treffer“ sehr hoch, sodass du zuerst einmal einen Überblick bekommen musst, welche Internetseiten für dich Interessantes bieten.
Lies also zuerst die Überschriften und die Kurzerläuterungen in der Liste und überlege, welche Adressen für dich brauchbar sind.

3. Schritt: Ergebnisse ordnen

Wenn du entschieden hast, dass eine Webseite für dich interessant sein könnte, liest du dort die angebotenen Informationen. Achte dabei aber nicht nur auf die Bilder und Texte, sondern prüfe auch, wer die Seite verfasst hat. Handelt es sich um ein Unternehmen, das nur ein Produkt verkaufen will? Stehen die Informationen auf einer privaten Homepage oder sind es Veröffentlichungen einer Gemeinde, einer staatlichen Einrichtung (z. B. Museum, Universität)?

4. Schritt: Informationen speichern

Wenn du über das Wissen, das du durch deine Internetsuche neu erworben hast, länger verfügen willst, musst du die Informationen in geeigneter Weise speichern: Du kannst z. B. auf deinem PC die Adressen interessanter Webseiten als Favoriten sammeln, Texte und Bilder als Dateien speichern oder ausdrucken. Manchmal ist es auch sinnvoll, sich handschriftliche Notizen zu machen.

Schreiben – auf Stein oder Papier

Hieroglypheninschriften herstellen

Die Menschen im alten Ägypten verwendeten die unterschiedlichsten Schreibmaterialien. Wir kennen Inschriften auf Ton, Leder, Holz, Stoff und Papyrus. Am häufigsten sind Einritzungen auf Stein, zum Beispiel in Tempeln und Grabmalen, überliefert. Eine solche Inschrift kannst du dir selber ersatzweise auf Gips herstellen.

Arbeitsanleitung

Diese Materialien benötigst du:
- Modellgips
- eine Schachtel aus Pappe oder Kunststoff
- ein Stück feste Plastikfolie
- Papier und Bleistift
- Ritzwerkzeug (Schere oder Nagel)
- Pinsel
- Deckfarben

1. Schritt: Verrühre einen Teil Wasser und zwei Teile Gips zu einem Brei.
2. Schritt: Gieße den Brei in die mit Folie ausgelegte Form (A).
3. Schritt: Während der Gips trocknet (ca. 30 Minuten), schreibst du auf ein Blatt Papier mithilfe des Hieroglyphenalphabets deinen Namen.
4. Schritt: Wenn der Gips durchgehärtet ist, nimmst du ihn vorsichtig aus der Form und legst ihn mit der glatten Seite nach oben. Übertrage nun mit einem feinen Bleistift deinen Namen auf den Gips.
5. Schritt: Ritze die Bleistifthieroglyphen mit dem Ritzwerkzeug vorsichtig nach (B).
6. Schritt: Säubere die Vertiefungen mit dem Pinsel und male die Hieroglyphen mit Deckfarbe an (C).

A
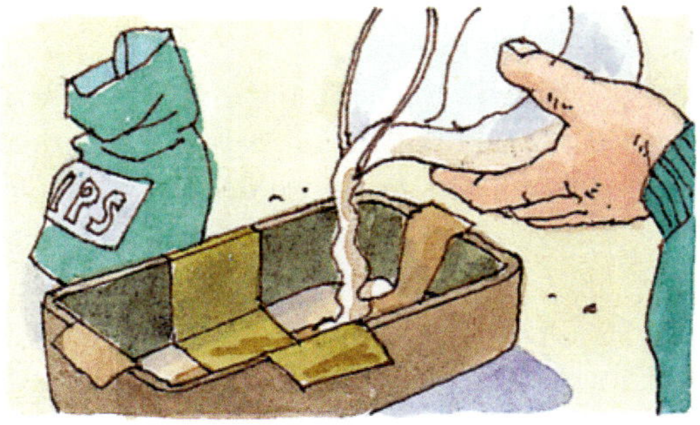

B

C

M1 **Eine Inschrift auf Gips herstellen**

M2 **Ein Hieroglyphenalphabet,** Zeichnung, 1996

a Geier	e Unterarm	p Hocker	n Wasser	ch Strick	i Schilfblatt	w, u, o Wachtelküken	f Viper	r Mund	ch Tierleib	l Löwe	b Bein
m Eule	h Hof	s Türriegel	s gefalteter Stoff	k Korb	t Seil	c, qu Sandböschung	v Brotlaib	sch Teich	g Krugständer	d Hand	j Kobra

Am Ende eines männlichen Namens: sitzender Mann	Am Ende eines weiblichen Namens: sitzende Frau	x = k + s z = t + s

Lebenswelt altes Ägypten

Überprüfe, was du kannst

Sachkompetenz

1 Auf dieser Seite findest du Abbildungen bzw. Ausschnitte von Abbildungen, die alle vollständig in diesem Kapitel zu finden sind. Sie zeigen wichtige Merkmale einer Hochkultur. Finde heraus, welche es sind. Ziehe den Kasten „Hochkulturen" (S. 79) heran. Aufgepasst! Eine Abbildung aus einem anderen Kapitel ist versehentlich dazwischengeraten. Welche ist es?

2 Erkläre, a) wie sich die Menschen mit den natürlichen Bedingungen im Lebensraum des Nils auseinandersetzten (S. 77–78),
b) wie die altägyptische Gesellschaft aufgebaut war (S. 78–79 und S. 86).

Methodenkompetenz

3 Analysiere M2, S. 80–81 mithilfe der Methode „Ein Bild als Quelle" (S. 82–83).

Selbst- und Sozialkompetenz

4 Erörtere, in welchem Zusammenhang Pharao, Pyramide und Mumifizierung zueinander stehen (S. 80–81, S. 89 und S. 91).

seit 3000 v. Chr.
Frühe Hochkulturen in Ägypten

seit 2500 v. Chr.
Bau der Pyramiden in Ägypten

30 v. Chr.
Der ägyptische Staat gerät unter die Herrschaft des Römischen Reiches.

000 v. Chr. | 3000 v. Chr. | 2000 v. Chr. | 1000 v. Chr. | Christi Geburt

Ägypten – eine frühe Hochkultur

Leben nach den Regeln des Flusses

Mit Beginn der jetzigen Warmzeit um 9000 v. Chr. hatten sich die Menschen aus der allmählich austrocknenden Wüste an die wasserreichen Ufer des Nils zurückgezogen. Um die Überschwemmungen in den Griff zu bekommen, schlossen sie sich in Dorfgemeinschaften zusammen. Sie bauten Deiche und Bewässerungsanlagen und nutzten das lebensspendende Wasser für die Landwirtschaft. Bald ernteten sie mehr, als sie zum Leben benötigten. Die Nahrungsüberschüsse legten sie in Vorräten an, um bei folgenschweren Überschwemmungen oder in extremen Trockenzeiten das Überleben der Bevölkerung zu sichern. Dabei entdeckten sie, dass es von einer Nilüberschwemmung bis zur nächsten 365 Tage dauerte. Diese Erkenntnis nutzten sie für die Entwicklung eines Kalenders.
Das Leben im alten Ägypten wurde einerseits vom Rhythmus des Nils bestimmt: Das Ansteigen des Wassers, das sich daran anschließende Wiederauftauchen des Landes und die Trockenzeit umfassten jeweils etwa 4 Monate (beginnend im Juli mit der Flut). Andererseits nutzten die Menschen geschickt die Kraft des Wassers und den angeschwemmten fruchtbaren Boden für Bewässerung, Ackerbau und Schifffahrt. Durch die Anlage von Kanälen griffen sie mehr und mehr in die natürlichen Gegebenheiten der Landschaft ein.

Die ägyptische Gesellschaft

Die Vorratswirtschaft ermöglichte es, dass nicht mehr alle Menschen ständig in der Landwirtschaft arbeiten mussten. So konnten sich Menschen auf andere Gebiete spezialisieren, wie z. B. den Deichbau, die Geräteherstellung für die Landwirtschaft sowie das Spinnen und Weben. Durch diese Arbeitsteilung entstanden neben den Bauern neue Berufsgruppen wie Handwerker und Händler. Für den Schutz der Menschen in Notzeiten oder in Kriegen sorgten Menschen in Heeres- und Verwaltungsstellen. Eine angesehene Stellung in der Gesellschaft hatten die Schreiber, die unterschiedliche Verwaltungstätigkeiten ausführten. Anordnungen wurden von oben nach unten gegeben. Es entstand eine hierarchische Ordnung in der Gesellschaft, die sich auch in unterschiedlichen Lebensstandards, wie z. B. beim Wohnen, zeigte.

Ein Flächenstaat entsteht

Im Laufe der Entwicklung entstand im alten Ägypten ein Staat, in dem jeder seinen Platz in einer festen Rangordnung einnahm. An der Spitze stand der Pharao. Er wurde wegen seiner großen Macht von den Ägyptern wie ein Gott verehrt. Der Wesir als Stellvertreter des Pharaos und schriftkundige Beamte verwalteten das Land. Sie herrschten über Bauern, Arbeiter, Handwerker und Sklaven. Als zentrales Hilfsmittel für die Verwaltung ihres Staates erfanden die Ägypter um 3000 v. Chr. die Hieroglyphenschrift.

Religion im alten Ägypten

Die Religion war geprägt von der Vorstellung, dass das Leben der Menschen von der Gunst des gottähnlichen Pharaos abhinge und dass man wie auch der Pharao nach dem Tod weiterlebe. Deshalb war es wichtig, am Bau der Pyramiden, den Grabmälern für die Pharaonen, mitzuarbeiten oder ihn zu unterstützen. Mit welchen Techniken die gewaltigen Bauwerke errichtet wurden, ist bis heute nicht genau geklärt.
Allen Menschen gemeinsam war die polytheistische Religion (unter Pharao Echnaton mit monotheistischer Tendenz). Die Anzahl der verehrten Götter war groß. So galten viele Naturerscheinungen als göttlich, wie die Sonne, der Mond, die Sterne, aber auch viele Tiere, wie das Krokodil und der Skarabäuskäfer. Häufig wurden Götter auch als Mischung zwischen Menschen- und Tiergestalt verehrt. Besondere Bedeutung genoss die Göttin Maat. Sie verkörperte Wahrheit, Gerechtigkeit und Ordnung und bestimmte auch das Leben des Einzelnen, was an Grabinschriften erkennbar ist. In das Reich der Toten konnte nur gelangen, wer vorher im Totengericht mehrmals seine Unschuld beteuert hatte, z. B. nichts Unrechtes gegen Menschen oder Tiere getan zu haben.
Die Entwicklung am Nil führte seit dem Beginn des 3. Jahrtausends v. Chr. zu einer der ersten bekannten Hochkulturen, wie sie etwa zeitgleich an Euphrat und Tigris, am Indus und am Huanghe entstanden.

Eine frühe Hochkultur – das Beispiel Ägypten

Zeit

- ab etwa 3000 v. Chr. Entstehung der Hochkultur
- um 2500 v. Chr. Bau der Pyramiden
- 30 v. Chr. Ägypten gerät unter die Herrschaft des Römischen Reiches

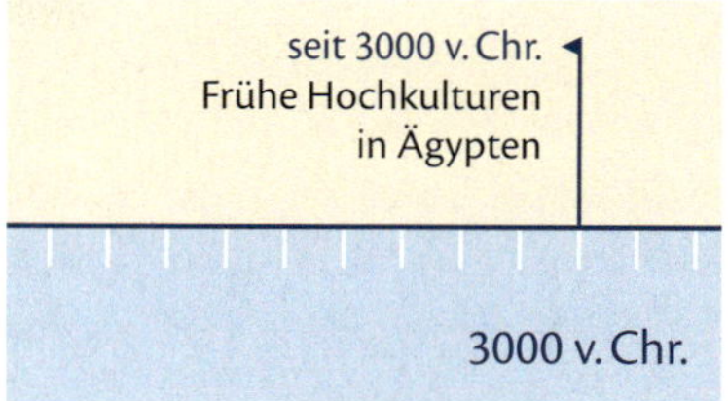

Herrschaft

- Königsherrschaft durch Pharaonen
- gottähnliche Stellung
- Aufgaben des Pharaos: Bewässerung, Nahrungs- und Vorratsbeschaffung, inneren und äußeren Frieden sichern

Gesellschaft

- hierarchischer Aufbau
- gesellschaftliche Arbeitsteilung: Spezialisierung in bestimmte Berufe und Gewerbezweige wie Landwirtschaft, Handwerk und Handel

Wirtschaft

- Abgaben- und Vorratswirtschaft mit zunehmender Arbeitsteilung, Spezialisierung und Kooperation
- Steuersystem für die Finanzierung der Staatsausgaben

Alltag

- Wohnen als Spiegel der gesellschaftlichen Unterschiede
- Bauern standen unter Abgabendruck
- Frauen hatten Rechte, waren aber nicht gleichberechtigt

Natur, Kultur und Wissenschaft

- Entwicklung des Kalenders
- Hieroglyphenschrift
- Entwicklung der Geometrie
- Techniken für Großbauten (z. B. Pyramiden) und Bewässerungsanlagen
- gezielte Eingriffe in Natur und Umwelt

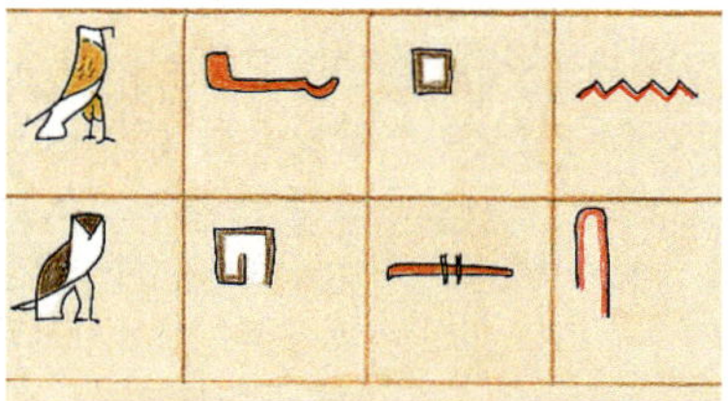

Religion

- Glaube an Weiterleben nach dem Tod
- enge Bindung des Einzelnen an den Pharao (Grabmal: Pyramide)
- Polytheismus (besondere Bedeutung der Maat)

4. Antike Wurzeln Europas

Jeden Tag kommen heute viele tausend Besucher in die griechische Hauptstadt Athen und steigen auf die Akropolis. Das ist der Hügel, auf dem die Athener vor fast 2500 Jahren ihrer Schutzgöttin Athene einen großen Tempel, den Parthenon, errichtet haben. Auch das Kolosseum in Rom (kleines Bild) ist ein beliebter Anziehungspunkt für Touristen. Die Besucher interessieren sich für die „Spuren der Antike", die Welt der Griechen und Römer. Im heutigen Italien, in Griechenland und darüber hinaus im ganzen Mittelmeerraum, sogar bis nach England und bis in den Orient zeugen Gebäudereste, Kunstwerke, Inschriften und Münzfunde vom Leben in der Welt der Antike.
Auch unsere Sprache hat in Teilen ihre Wurzeln in der Antike. Begriffe wie Demokratie und Politik, aber auch die Namen vieler Unterrichtsfächer wie Biologie, Geografie und Physik sind griechischen Ursprungs; aus der Sprache der Römer, dem Lateinischen, stammen Wörter wie Fenster, Straße und Pforte. Und die bedeutendsten sportlichen Wettkämpfe in unserer Zeit, die Olympischen Spiele, fanden zuerst in Griechenland statt.
Was Griechen und Römer vor einigen Jahrtausenden gedacht, erfunden und entwickelt haben, ist für die Geschichte Europas von großer Bedeutung.

Folgende Fragen leiten dich durch das Kapitel:

- ***Wie lebten die Menschen in der Antike?***
- ***Wie herrschte die Weltmacht Rom über viele Jahrhunderte in Europa?***
- ***Was sind die antiken Wurzeln Europas?***

1 Tragt zusammen, welche Informationen ihr den Abbildungen entnehmen könnt.

Lebenswelt griechische Polis

Wissen • Methoden anwenden • Beurteilen und Handeln

Am Ende dieses Unterkapitels kannst du

- den Zusammenhang zwischen landschaftlicher Beschaffenheit und staatlich-gesellschaftlichem Leben erklären
- die griechische Kolonisation und ihre Gründe darlegen
- die religiöse und philosophische Weltdeutung der Griechen beschreiben
- Merkmale der athenischen Demokratie erläutern
- die Rollenverteilung in der athenischen Gesellschaft darstellen
- Ziele Athens als Wirtschaftsmacht nennen
- Gründe nennen, warum Sparta als Gegenmodell zu Athen gesehen wird
- **Methode** Mit Geschichtskarten arbeiten
- **Methode** Kunstwerke entschlüsseln
- **Methode** Schriftliche Quellen untersuchen

Siedlungsraum der Griechen bis um 750 v. Chr.

Mykenische Kultur – 1700 bis 1200 v. Chr.

Entstehung der griechischen Stadtstaaten – etwa 900 bis 700 v. Chr.

Demokratie in Athen – seit 461 v. Chr.

Die griechische Polis

Die Landschaft prägt das Zusammenleben

Im Norden des Landes befindet sich die höchste Erhebung Griechenlands und ragt 2911 Meter in den Himmel: der Berg Olymp. Von hier bis zur Insel Kreta im südlichen Mittelmeer erstrecken sich unzählige Gebirgszüge und kleine Inseln. Die Berge und das Meer bestimmen das Leben der Griechen bis heute.

Im 2. Jahrtausend v. Chr. drangen kriegerische Völker nach Griechenland ein und ließen sich vor allem an den Küsten oder in den nahe gelegenen Tälern nieder. Wenn man zueinander Kontakt aufnehmen oder miteinander Handel treiben wollte, dann war der Seeweg der einfachste und kürzeste Weg. Das Leben der bäuerlichen Familien in Dörfern und Siedlungen war schwer, weil der Boden meist steinig, hart und trocken war. Wasser und fruchtbare Landstreifen gab es nur in wenigen Tälern. Dort wurden Gerste, Obst, Wein und Oliven angebaut. Auch gab es wenig Weideland für Viehherden. An den steilen Berghängen fanden nur Ziegen- und Schafherden Nahrung.

Ein Staat im Kleinen

Die griechischen Dörfer lagen wegen der hohen Berge weit voneinander entfernt. Sie bildeten eigene kleine Staaten mit einer eigenen Ordnung. Deshalb nannten sie sich Stadtstaat (= griech. polis). An der Spitze vieler Poleis standen ein König oder einige reiche Familien. In größeren Stadtstaaten gab es einen Berg mit einer Burg, den die Griechen Akropolis nannten. Auf der Akropolis lebte die Familie des Herrschers. Hier wurden auch Tempel für die Götter der Stadt gebaut.

Obwohl die Griechen in unterschiedlichen Poleis lebten, bewahrten sie sich eine gemeinsame Sprache und eine gemeinsame Schrift. Ein Handwerker aus Sparta sprach zwar einen anderen Dialekt als ein Bauer aus der Gegend von Athen, beide konnten sich aber ohne Probleme miteinander verständigen. Die Griechen waren der Meinung, dass Völker, die das Griechische nicht beherrschten, ein unverständliches Kauderwelsch sprachen. Das klang für sie wie „Bar – bar – bar“. Diese Menschen nannten sie deshalb „Barbaren“, das heißt Fremde.

M1

Insel Delos, Foto, 1997, Blick vom Berg Kynthos auf den Hafen

1 a) Beschreibe anhand der Karte (linke Seite), Abbildung M1 und des Darstellungstextes Merkmale der griechischen Landschaft. b) Ziehe aus der Landschaftsform Schlussfolgerungen auf das Zusammenleben der Griechen.

2 Zeige mithilfe des Darstellungstextes, wie die Griechen ihr „staatliches“ Zusammenleben organisierten.

3 Erkläre, welche Bedeutung Schrift und Sprache für den Zusammenhalt der Griechen hatten.

Das frühe Griechenland – eine Spurensuche

Grabungen und schriftliche Quellen

Der Archäologe Heinrich Schliemann führte ab 1874 Grabungen auf dem Gebiet der Stadt Mykene durch. Diese Stadt liegt im Nordosten der Halbinsel Peloponnes. In der Nähe einer Burg entdeckte er ein Feld mit schachtförmigen Gräbern. In diesen Gräbern waren die Toten mit reichen Beigaben bestattet worden. Außerdem wurden aus der Zeit der mykenischen Herrschaft (14. bis 12. Jh. v. Chr.) noch Keramik, Schmuck und Waffen gefunden. Es gibt aber nur eine schriftliche Überlieferung, und die findet sich auf Tontäfelchen. Darauf sind die Vorräte und Ausrüstungsgegenstände der Herrscher vermerkt. Erst seit ca. 800 v. Chr. gibt es schriftliche Zeugnisse aus dem frühen Griechenland. Die für uns wichtigsten Texte verfasste der Dichter Homer (8. Jh. v. Chr.). Er schrieb in Versen auf, was sich die Griechen seit Jahrhunderten über ihre Vorfahren erzählten. Diese Werke nennt man Epen (Sg.: Epos*). In dem Epos „Ilias“ schildert Homer die Belagerung der Stadt Troja, die in Kleinasien liegt. Das Epos „Odyssee“ berichtet vom Leben des Helden Odysseus, der erst nach langen Irrfahrten in seine Heimat zurückkehren konnte.

Leben im „Oikos“

Wissenschaftler haben aus den Ausgrabungsfunden und den Dichtungen Homers geschlossen, dass fast alle Griechen, zum Beispiel Bauern oder reiche Landbesitzer, in Hausgemeinschaften lebten. Der Haushalt (= griech. Oikos*) lässt sich mit einem großen Bauernhof vergleichen. Dort lebten die Familie, die Bediensteten, die Sklaven und das Vieh. Hier fanden die Menschen Schutz, Sicherheit, Nahrung und Kleidung. Der Hausherr hatte große Macht in der Familie: Er bestimmte zum Beispiel über die Heirat seiner Kinder, weil er seinen Besitz, Reichtum und sein Ansehen erhalten wollte.

Die Menschen, die nicht zu einem Oikos gehörten, hatten ein hartes Los. Das traf besonders die Theten*. Das waren Landarbeiter, die für wenig Lohn auf fremdem Land arbeiten mussten. Im Krieg dienten sie als leicht bewaffnete Soldaten oder Ruderer. Ganz anders lebten die griechischen Adligen: Sie herrschten oft wie Könige in ihren Gebieten. Der griechische Dichter Hesiod verglich Adlige mit Nichtstuern und stellte ihr Leben dem anstrengenden Leben der Bauern gegenüber.

Begriffe und Daten

Antike

Der Ausdruck bezeichnet allgemein die politische Geschichte des klassischen Altertums und die kulturellen Leistungen (z. B. Literatur, Philosophie) in dieser Zeit, die bis in unsere Gegenwart hinein wirken.

M1 **Das Löwentor der Burg von Mykene,** Foto, um 1887. Am rechten Pfeiler sind Heinrich und Sophie Schliemann zu sehen.

1 a) Beschreibe M1.
b) Formuliere Fragen, die ein Besucher beim Anblick des Löwentors stellen könnte.

2 a) Kläre, welche Spuren etwas über das Leben im frühen Griechenland aussagen (linker Darstellungstext).
b) Nenne die Rückschlüsse, die daraus gezogen wurden (rechter Darstellungstext).

3 **Recherche:** Informiert euch in Partnerarbeit über den Dichter Homer und über die beiden Epen „Ilias“ und „Odyssee“ (Lexika, Internet). Berichtet in der Klasse.

Webcode: FG642342-102

Die griechische Kolonisation

Warum gründeten die Griechen Kolonien?

Seit dem 8. Jahrhundert v. Chr. nahm die Bevölkerung in Griechenland stark zu. Deshalb reichten die Ackerflächen oft nicht aus, um alle Menschen zu ernähren. Diese Situation wurde noch verschlimmert, weil es einen hohen Holzbedarf für den Häuser- und Schiffsbau gab. Darum wurden die Wälder abgeholzt. Die Wurzeln der Bäume hatten jedoch den fruchtbaren Boden festgehalten. Dieser Boden konnte nun vom Regen weggespült werden. Viele Griechen sahen keinen anderen Ausweg, als ihre Heimat zu verlassen, um an einem anderen Ort neu anzufangen. Sie gründeten neue Siedlungen nach dem Vorbild der Heimatstädte, sogenannte Kolonien.

Gemeinsamkeit trotz Trennung

Griechenland bestand nach der Kolonisation zwischen dem 8. bis 6. Jahrhundert v. Chr. aus einer Ansammlung von Stadtstaaten, die nach den Worten des Griechen Sokrates „wie die Frösche um einen Teich saßen". Im 5. Jahrhundert v. Chr. lebten in den Kolonien genauso viele Griechen wie im Mutterland. Das waren etwa drei bis vier Millionen Menschen. Obwohl manche Griechen mehr als tausend Kilometer voneinander entfernt lebten, bewahrten sie sich ähnliche Lebensweisen. Sie fühlten sich durch die gemeinsame Sprache, den Glauben an dieselben Götter, kultische Feste und Spiele verbunden. Zwei Poleis aus dem griechischen Mutterland spielten allerdings jahrhundertelang eine herausragende Rolle: Sparta und Athen.

Das Orakel von Delphi

Bei wichtigen Entscheidungen fragten die Griechen ein Orakel* um Rat. Der Apollontempel in der Kultstätte Delphi hatte die größte Bedeutung. Dort gab die Priesterin Pythia im Auftrag des Gottes Apollon den Menschen einen klugen Rat. Pythia saß auf einem hohen Stuhl und war in Weihrauchdämpfe eingehüllt, die als Rauschmittel wirkten. Ihre Antworten waren nie eindeutig und mussten deshalb von den Priestern erklärt werden. Frauen durften das Orakel nicht befragen.

M1

Griechen verlassen ihre Heimat

Der griechische Geschichtsschreiber Herodot (um 485–425 v. Chr.) berichtete, wie die Bewohner der griechischen Insel Thera (heute Santorin) im Jahr 631 v. Chr. die Kolonie Kyrene in Libyen gegründet hatten:

[Sieben Jahre lang blieb in Thera der Regen aus] … Auf ihre Anfrage beim Orakel erinnerte die Pythia die Theräer an die Kolonisation in Libyen … Die Theräer bestimmten, dass aus allen sieben Gemeinden der Insel immer je einer von zwei Brüdern um die Auswanderung losen sollte. Führer und König der Auswanderer sollte Battos sein. So schickten sie zwei Fünfzigruderer nach Platea [Insel vor der Kyrenaika] … Hier wohnten sie zwei Jahre; aber es ging ihnen dort nicht gut. So ließen sie denn einen Einzigen aus ihrer Mitte zurück und alle Übrigen fuhren nach Delphi. Dort baten sie das Orakel um einen Spruch und erzählten, sie hätten sich in Libyen angesiedelt, aber es gehe ihnen trotzdem keineswegs besser, obwohl sie dort wohnten.
Darauf verkündete ihnen die Pythia Folgendes: „Kennst du besser als ich, der ich dort war, Libyens Herden: Dich, der du nicht dort warst, muss ich ob deiner Weisheit bewundern."
Als Battos und seine Leute dies hörten, segelten sie wieder zurück; denn offenbar ersparte ihnen der Gott die Ansiedlung nicht, bis sie nach Libyen selbst gekommen seien. Sie landeten auf der Insel, nahmen den Zurückgelassenen an Bord und siedelten sich auf dem Festland gegenüber der Insel an … Hier wohnten sie sechs Jahre. Im siebenten Jahr erboten sich die Libyer, sie an einen noch schöneren Platz zu führen. Sie entschlossen sich mitzugehen.

Herodot, Historien, IV 150–158, übers. von Josef Feix, München (Reclam) 1977, S. 613 ff., bearb. d. Verf.

1 Erarbeite die Gründe, welche die Theräer zur Auswanderung bewegten (M1).

2 Kläre anhand des Darstellungstextes, warum die Griechen dem Orakel so große Bedeutung beimaßen.

3 Versetze dich in die Situation eines Auswanderers. Seit einem Jahr wohnst du in Kyrene. Schreibe einen Brief an deine Verwandten in Thera, in dem du von deinen Erlebnissen berichtest. Ziehe die Informationen auf dieser Seite heran.

Mit Geschichtskarten arbeiten

Karten „lesen“

Du kennst schon eine Reihe von Karten: Wanderkarten, Stadtpläne und physische Karten von Ländern oder Kontinenten. Einige davon hast du im Erdkundeunterricht kennen gelernt. Historiker arbeiten oft mit speziellen Geschichtskarten. Diese Karten geben Auskunft darüber, wie ein Gebiet zu einem früheren Zeitpunkt ausgesehen oder sich entwickelt hat.
Auf dieser Doppelseite kannst du lernen, wie man eine Geschichtskarte richtig „liest“.

1 Erarbeite Informationen aus M1 mithilfe der Arbeitsschritte 1 bis 4.
2 Halte die Fragen fest, die mithilfe der Karte nicht zu beantworten sind.
3 Lies zur Kolonisation der Griechen auf Seite 103 nach und prüfe, welche deiner Fragen jetzt beanwortet werden können.
4 Beschaffe dir weitere Informationen zur griechischen Kolonisation und stelle deine Ergebnisse in der Klasse vor. Nutze die Schüler- oder Stadtbibliothek und das Internet.
5 Diskutiert in einer Gesprächsrunde, was diese Geschichtskarte leisten bzw. was sie nicht leisten kann.

Arbeitsschritte

1. Schritt: Das Thema einer Karte ermitteln und Fragen stellen

In der Regel haben Karten eine Überschrift, die das Thema der Karte angibt. Die Überschrift enthält fast immer eine Angabe über den dargestellten Zeitpunkt oder Zeitraum. Manche Karten zeigen zum Beispiel, wie die Landschaft ausgesehen hat, andere geben Auskunft über Städtegründungen, die Landwirtschaft oder die Bevölkerung eines Gebietes.
Wenn du dich über das Thema und die Zeitangabe orientiert hast, stellst du Fragen, die du mit der Karte beantworten möchtest. Zum Beispiel: Was bedeutet die Unterscheidung Mutterstädte – Tochterstädte? Wo haben die Griechen Kolonien gegründet? Gibt es Regionen, in denen gehäuft Kolonien zu finden sind?
Welche Gründe könnten dafür ausschlaggebend gewesen sein?

2. Schritt: Die Kartenlegende deuten

In der Kartenlegende werden alle Farben, Schattierungen und Zeichen erklärt, die auf der Karte zu sehen sind. Kartenlegenden sind nicht immer gleich ausführlich. Einige erklären sämtliche Kartenelemente, andere nur die Besonderheiten der gerade abgebildeten Karte.

3. Schritt: Den Maßstab feststellen

Wichtig für den Umgang mit Karten ist eine genaue Vorstellung von den dargestellten Entfernungen. Hier hilft die Maßstabsleiste weiter. Mit diesem Kartenelement kannst du zum Beispiel ermitteln, wie groß die Entfernung zwischen zwei Städten ist. Bei Geschichtskarten ist der Maßstab oft in Form einer Entfernungsleiste mit Kilometerangaben dargestellt.

4. Schritt: Die Aussagen der Karte zusammenfassen und die Fragen beantworten

Beschreibe die Zeichen und die Farbgebung der Karte. Damit erhältst du eine Vorstellung von den Bedingungen in dem abgebildeten Gebiet.
Stelle fest, wie die Geschichtskarte deine Fragen aus dem 1. Schritt beantwortet. In unserem Beispiel kannst du Aussagen über Verbindungen zwischen den Mutter- und Tochterstädten, die Entfernungen und die Häufung der Gründungen in bestimmten Regionen des Mittelmeerraumes machen.

5. Schritt: Weitere Informationen beschaffen

Um beispielsweise genaueres Wissen über die Art der Kolonisation und deren Folgen in den eroberten Gebieten zu erhalten, kannst du dich in Reiseführern z. B. aus deiner Stadtbibliothek und im Internet informieren.

M1

Die Kolonisation der Griechen vom 8. bis zum 6. Jahrhundert v. Chr.

Zu Schritt 2:

In der Kartenlegende wird zwischen Mutterstadt (Muttergebiet) und Tochterstadt unterschieden. Das deutet darauf hin, dass zwischen Mutterstadt und Tochterstadt eine enge Verbindung bestand, z. B. im politischen Bereich (Tochterstadt auch als Polis?), aber auch wirtschaftlich (Handel, Rohstoffe) und religiös-kulturell (Feste, Kulte, Kalender). Außerdem wird deutlich, dass einzelne (Mutter-)Städte wiederum einzelne (Tochter-)Städte gegründet haben, es also keine größeren Gebietseroberungen gab. Entsprechend den unterschiedlichen Farben können die jeweiligen Kolonie-Gründungen durch die Poleis unterschieden werden.

Zu Schritt 4:

Die Karte zeigt, dass Kolonien gründet wurden an der kleinasiatischen Westküste (heutige Türkei), im Schwarzmeergebiet, in Sizilien, Süditalien und Südfrankreich, kaum an der Nordküste des afrikanischen Kontinents. Auffällig ist die Gründung der Kolonien an den Festlandküsten und auf Inseln. Das lässt darauf schließen, dass Schiff und Seeweg, nicht aber Landverbindungen die vorrangigen Transportmittel bzw. -wege waren. Gründe für die Kolonisation lässt diese Karte nicht erkennen. Sie müssten aus anderen Quellen gewonnen werden.

M2

Lösungshilfen zu Arbeitsauftrag 1

Die Olympischen Spiele

Mehr als ein Sportfest

Die ersten Olympischen Spiele fanden im Jahr 776 v. Chr. statt. Alle vier Jahre veranstaltete die Stadt Elis, die auf dem Peloponnes lag, sportliche Wettkämpfe. Wie heute gab es Regeln und Preise. Wer gegen diese Regeln verstieß, musste eine hohe Geldstrafe bezahlen. Die antiken Olympischen Spielen unterschieden sich jedoch von den heutigen, weil sie einen streng religiösen Charakter hatten. Der Veranstaltungsort war das alte Heiligtum Olympia, wo die Wettkämpfe zu Ehren des Göttervaters Zeus ausgetragen wurden. Aus allen griechischen Poleis reisten Sportler und Zuschauer dorthin. Das stärkte das Gefühl der Zusammengehörigkeit der Menschen. Während der Spiele musste in ganz Griechenland Frieden herrschen. Den Zeitraum zwischen den Spielen nannten die Griechen Olympiade. Er bildete die Grundlage des griechischen Kalenders.

Aber nicht jeder konnte nach Olympia fahren. Ein Handwerker konnte es sich zum Beispiel nicht leisten, seine Werkstatt wochenlang zu schließen. Außerdem war das Reisen beschwerlich und teuer. Frauen, Sklaven und Nichtgriechen war es streng verboten, den heiligen Bezirk von Olympia zu betreten.

Im 5. Jahrhundert n. Chr. wurden die Spiele vom christlichen Kaiser Theodosius I. abgeschafft, weil sie als heidnisch galten. Die ersten Olympischen Spiele der Neuzeit fanden erst wieder 1896 in Athen statt. Bis heute legen die Sportlerinnen und Sportler zu Beginn der Spiele ein Gelöbnis ab: Sie verpflichten sich, die Regeln zu achten, zum Ruhme des Sports und zur Ehre der Mannschaften zu kämpfen.

M1 **Allkampf,** Vasenmalerei, 332/331 v. Chr. Im Allkampf waren Ringergriffe und Faustschläge erlaubt. Links steht ein Kampfrichter, rechts ein zuschauender Athlet.

M2

Der Ablauf der Olympischen Spiele

So liefen die Olympischen Spiele im 5. Jahrhundert v. Chr. ab:

1. Tag: feierliche Eröffnung der Spiele durch Opfer im heiligen Bezirk. Aufstellung der Kämpferlisten. Die Athleten leisten den olympischen Eid vor dem Standbild des Zeus.

2. Tag: Wagenrennen. Fünfkampf, bestehend aus Diskus, Weitsprung, Speerwurf, Stadionlauf (192 m), Ringen. Totenopfer für Pelops.

3. Tag: Festprozession zum heiligen Bezirk. Entzünden der Fackeln am Altar der Göttin Hestia. Teilnehmer an der Prozession sind: Herolde [Boten] und Trompeter, Kampfrichter, Priester und Opfertiere, Vertreter der Behörden und „ausländische" Gesandtschaften, die Wettkämpfer, Pferde und Wagen der Teilnehmer an den Wagenrennen. Am Altar vor dem Zeustempel wird das heilige Opfer dargebracht. Am Abend findet ein großes Festessen statt.

4. Tag: schwerathletische Kämpfe: Ringen, Faustkampf, Allkampf, Waffenlauf.

5. Tag: Siegerehrung im Zeustempel. Dankopfer zu Ehren des Zeus.

Zusammengestellt nach Heinz Dieter Schmid, Fragen an die Geschichte, Bd. 1, 6. Aufl., Berlin (Cornelsen) 1983, S. 46.

M3

Mehr als ein Wettkampf

Der Redner Isokrates (436–338 v. Chr.) schrieb über die griechischen Feste:

Mit Recht werden unsere Vorfahren gelobt, weil sie unsere Festversammlungen stifteten und uns dadurch eine Sitte überlieferten, die uns so viel Gutes bringt. Seither kommen wir zu den verschiedenen Spielen zusammen, sobald der Gottesfriede verkündet ist und alle Feindschaften begraben sind. Wir bringen hier gemeinschaftlich unsere Opfer dar, verrichten gemeinsam Gebete, werden uns unserer Verwandtschaft bewusst, erneuern Gastfreundschaften und schließen für die Zukunft neue Freundschaften.

Isokrates, Reden, übers. d. Verf.

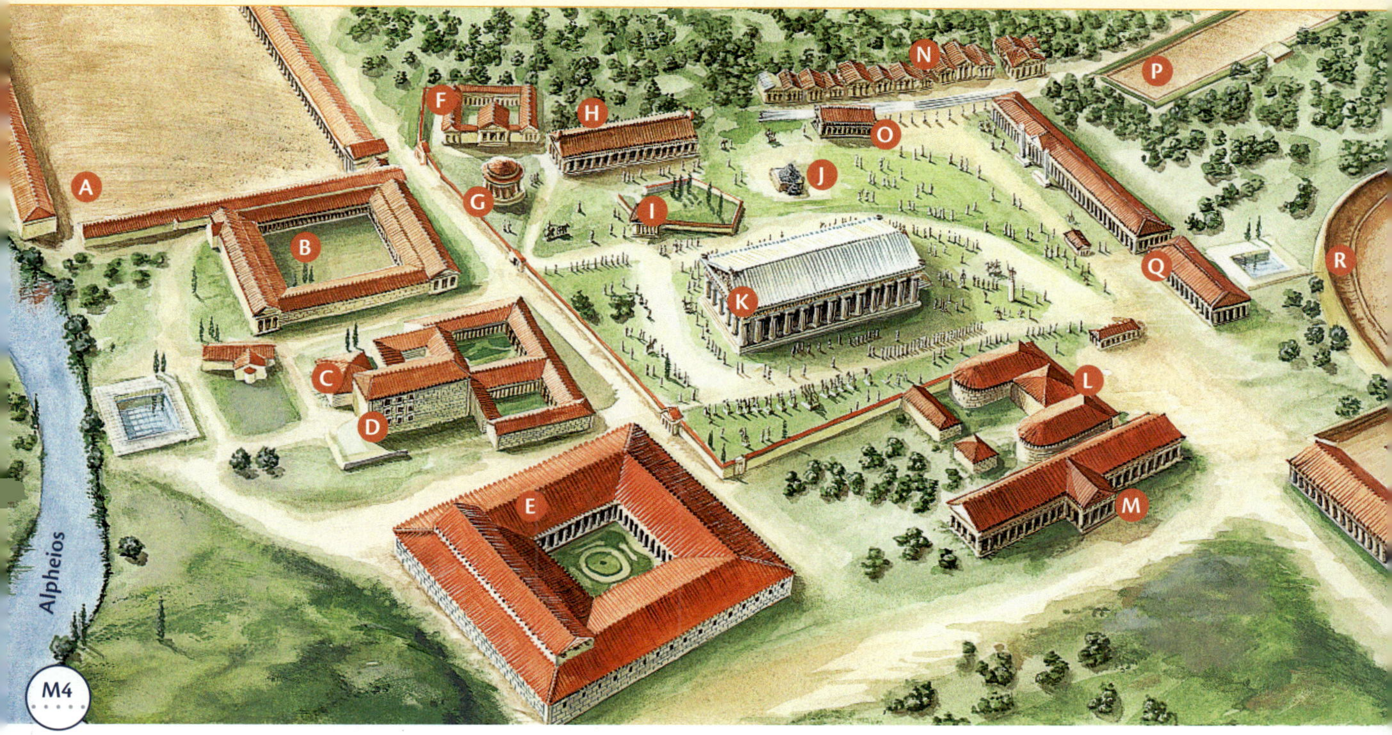

Die Anlage des heiligen Bezirks von Olympia, Rekonstruktionszeichnung, 1995.
A Gymnasion (Sportplatz); **B** Trainingsplatz für Ringer und Faustkämpfer; **C** Amtssitz der olympischen Priester; **D** Werkstatt des Bildhauers Phidias (hier wurde die Statue des Zeus hergestellt); **E** Gästehaus; **F** Amtssitz hoher Verwaltungsbeamter; **G** Grab des Königs Philipp; **H** Heratempel; **I** Grab des Königs Pelops (nach ihm wurde die griechische Halbinsel Peloponnes benannt); **J** Zeusaltar; **K** Zeustempel mit Zeusstatue; **L** Buleuterion (hier wurde der olympische Eid abgelegt); **M** Südhalle; **N** Schatzhäuser; **O** Tempel der Kybele; **P** Stadion (Bahn für Wettläufe); **Q** Ostbäder; **R** Pferderennbahn.

Wettlauf der Frauen, Vasenmalerei, 5. Jh. v. Chr.
Zu Ehren der Göttin Hera wurden alle vier Jahre zwischen den Olympischen Spielen Frauenwettkämpfe ausgetragen. Es gab nur eine einzige Übung: einen Lauf von ca. 160 Metern, der in drei Altersklassen ausgetragen wurde.

1 Stelle zusammen, in welchen der in M2 aufgelisteten Sportarten heute noch Wettkämpfe stattfinden.

2 a) Beschreibe M1.
b) Erläutere, wie der Vasenmaler den Wettkampf dargestellt hat.

3 a) Stelle anhand von M5 dar, welche Rolle Frauen – im Vergleich zu Männern (M1) – bei Sportwettkämpfen in Griechenland spielten.
b) Vergleiche mit der heutigen Zeit.

4 a) Erarbeite aus M4, welchen Verwendungszweck die einzelnen Gebäude hatten.
b) Erkläre, warum das Olympiagelände „heiliger Bezirk" genannt wurde. Ziehe den Darstellungstext heran.

5 **Recherche:** Informiert euch in Partnerarbeit über die „Friedenspflicht" früher (M3) und heute.

Webcode: FG642342-107

Die Griechen deuten ihre Welt

Im Theater lernen?

Als Geburtsort des Theaters gilt Athen. Hier fanden jedes Jahr im Frühling Theateraufführungen statt, um den Gott Dionysos, den Gott des Weines, zu ehren. Sie waren gleichzeitig Feste voller Lebensfreude und Wettkämpfe. Die Bühnenschriftsteller wetteiferten um die Ehre Gottes. Der siegreiche Schriftsteller bekam den Ehrenkranz aus Efeu und wurde in ganz Griechenland berühmt. Es wurden Tragödien und Komödien gespielt. Die Tragödien handeln davon, dass die Menschen gegen ihre eigenen und gegen göttliche Gesetze verstoßen. Das Stück endete mit furchtbaren Strafen und die Zuschauer fühlten dabei Furcht und Mitleid. Durch Tragödien sollten sie lernen, gute Menschen zu werden. Die Komödien waren lustige Stücke. Meistens griff der Dichter ein aktuelles Thema aus dem Alltag auf, das er auf eine lustige Weise darstellte. So wurden z. B. die Mächtigen kritisiert oder auch lächerlich gemacht. Die bekanntesten Tragödien stammen von Aischylos, Sophokles und Euripides, die bedeutendsten Komödien hat Aristophanes geschrieben. Das griechische Theater sollte den Menschen helfen, sich selbst und die Menschen besser zu verstehen.

M1

Griechische Theaterszene, Vasenmalerei, 4. Jh. v. Chr

Die griechischen Götter – menschliche Wesen?

Die Griechen glaubten, dass die Götter auf dem Olymp in einer großen Hausgemeinschaft wie in einer Familie lebten. Der Hausherr war Zeus. Jeder Gott war für einen eigenen Bereich zuständig und wurde mit einem Gegenstand dargestellt, der diesen Bereich zeigte. Der Meeresgott Poseidon zum Beispiel hatte einen Dreizack, der ihm als Jagdwaffe und Zepter diente. Apollon, der Gott der Wahrheit und der Kunst, trug eine Leier. Die Götter unterschieden sich von den Menschen, weil sie ewig jung und schön blieben. Sie galten auch als unsterblich. In den griechischen Sagen treten die Götter neben den Menschen als handelnde Personen auf. Sie verkleiden sich z. B. als menschliche Helden, verhüllten den Angreifern die Augen mit Nebel oder lenkten die Lanzen der Krieger nach ihrem Willen.

Feste zu Ehren der Götter

Alle Griechen glaubten an dieselben Götter. Sie begegneten ihnen mit Respekt und Ehrfurcht. Vor wichtigen Entscheidungen fragten sie die Götter um Rat und versuchten, sie günstig zu stimmen. Wenn sich eine griechische Familie zur Mahlzeit traf, opferten sie auf dem Hausaltar einen Teil der Speise und des Weins. In jeder Polis gab es Tempel zu Ehren des Zeus, der Athene oder des Apollon, wo man seine Opfer darbringen konnte. Viele Städte veranstalteten große Feste zu Ehren der Götter. Das wichtigste Fest der Griechen waren die Olympischen Spiele.

Die Suche nach Weisheit

Wenn wir heute ein Gewitter oder ein Erdbeben erklären wollen, können wir diese Vorgänge mithilfe der Naturwissenschaften, wie z. B. mit der Meteorologie und mit der Geologie, deuten. Im alten Griechenland wurden lange Zeit Götter als Ursprung der Natur, der Menschen und der Dinge betrachtet. Aber es gab auch Menschen, die diese Ansicht infrage stellten: Philosophen (= griech. Weisheitsliebende oder Weisheitssuchende) suchten seit dem 6. Jahrhundert v. Chr. die Ursache für die Entstehung der Welt und der Menschen in der Natur selbst.

M2

Wie sich drei griechische Philosophen vielleicht vorgestellt hätten

Sokrates (470–399 v. Chr.):

2A „Ich weiß, dass ich nichts weiß." Das ist mein Leitgedanke für meine philosophische Arbeit. Ich beschäftige mich vor allem mit der Frage, was „richtiges" und was „falsches" Handeln ist.
Mit meinen Reden errege ich in der Öffentlichkeit viel Aufmerksamkeit. Man wirft mir vor, die Jugend verführt und zum Aufruhr überredet zu haben. Nun bin ich deshalb zum Tode verurteilt worden. Obwohl ich fliehen könnte, werde ich den Becher mit dem Gift der Schierlingspflanze trinken.

Platon (427–347 v. Chr.):

2B Ich war einer der Schüler von Sokrates und habe die Gespräche und Gedanken meines Lehrers aufgezeichnet. Ich reise gerne. Außerdem befasse ich mich mit der Frage, welcher Staat für die Menschen am besten ist. Ich bin überzeugt, dass es irgendwann einmal die ideale Polis geben wird.

Aristoteles (384–322 v. Chr.):

2C Ich war Platons Schüler und habe nach seinem Tod in Athen eine Schule und eine Bibliothek gegründet. Nach meiner Auffassung brauchen wir einen Ort, wo das ganze Wissen unserer Zeit zusammengefasst wird. Alle Dinge müssen wir genau beobachten, wenn wir herausfinden wollen, wie sie funktionieren. Außerdem beschäftige ich mich mit den Gesetzen, nach denen unser Denken funktioniert.

M2A–M2C: Verfassertext

M3

Schreiben auf Griechisch

Die Griechen übernahmen ihre Schrift ungefähr um 800 v. Chr. von den Phönikern. Da diese jedoch keine Vokale kannten, fügten die Griechen noch fünf Zeichen hinzu (a, e, i, o, u):

griechisch		deutsch	griechisch		deutsch
Α	alpha	a	Ν	ny	n
Β	beta	b	Ξ	xi	x
Γ	gamma	g	Ο	omikron	o
Δ	delta	d	Π	pi	p
Ε	epsilon	e	Ρ	rho	r
Ζ	zeta	z	Σ	sigma	s
Η	eta	e	Τ	tau	t
Θ	theta	th	Υ	ypsilon	y
Ι	iota	i	Φ	phif	f
Κ	kappa	k	Χ	chi	ch
Λ	lambda	l	Ψ	psi	ps
Μ	my	m	Ω	omega	o

1 Kläre: a) Was wurde im griechischen Theater gespielt? b) Welche Ziele hatte das Theater (linker Darstellungstext)?

2 Beschreibe M1 und erläutere, was zu sehen ist.

3 Beantworte die Überschrift des rechten Darstellungstextes.

4 Gib die „Kerngedanken" der Philosophen mit deinen eigenen Worten wieder (M2).

5 Schreibe deinen Vor- und Nachnamen mit griechischen Buchstaben. Welche Schwierigkeiten treten auf (M3)?

6 **Recherche:** Suche in der Schulbibliothek nach Sagen des griechischen Altertums. Stelle deine Lieblingssage in der Klasse vor.

Kunstwerke entschlüsseln

Kunstwerke sind Quellen

Kunstwerke wie zum Beispiel Statuen, Bauwerke oder Gemälde vermitteln uns eine anschauliche Vorstellung vom Alltag, von der Wirtschaft oder der Politik in früheren Zeiten. Sie teilen uns auch viel über die Ideen und den Geschmack der Menschen mit, die die Kunstwerke damals schufen oder bewunderten.
Im Unterschied zu schriftlichen Quellen sind Kunstwerke oft schwerer zu entschlüsseln. Wie bei der Entschlüsselung eines Bildes stellst du Fragen an das Kunstwerk.

Die Kunst der Griechen

Tempel und Statuen, bemalte Schalen und Vasen zeugen von dem großen handwerklichen und künstlerischen Können der Griechen. Heute noch beeindrucken uns die Genauigkeit und die Klarheit der Formen, mit denen die Griechen uns ihre Vorstellung von idealer Schönheit überliefert haben. Die Darstellungsweise der Kunstwerke veränderte sich im Laufe der Jahrhunderte. Kunsthistoriker teilen die griechische Kunst in folgende Epochen ein:

- Die geometrische Kunst (11.–8. Jahrhundert v. Chr.)
- Die archaische Kunst (8.–6. Jahrhundert v. Chr.)
- Die klassische Kunst (5.–4. Jahrhundert v. Chr.)
- Die hellenistische Kunst (4.–1. Jahrhundert v. Chr.)

M1

Amphore (Aufbewahrungsgefäß). Die Tonvase wurde 894 v. Chr. in einer Athener Werkstatt hergestellt.

Arbeitsschritte

1. Schritt: Künstlerische Auswertung

- Was ist dargestellt? Aus welchem Material wurde das Kunstwerk geschaffen?
- Wie wirkt das Dargestellte auf mich? Warum gefällt es mir (nicht)? Was wirkt fremd, was kommt mir bekannt vor?
- Wie bildet der Künstler die Personen ab? Achte auf Einzelheiten des menschlichen Körpers und der abgebildeten Gegenstände.

2. Schritt: Historische Auswertung

- Wann, wo und für welchen Zweck ist das Kunstwerk entstanden? Beachte die Bildlegende.
- Welche Informationen vermittelt das Dargestellte über den Alltag der damaligen Zeit? Beachte z. B. die Kleidung, Frisur und Einrichtungsgegenstände.
- In welcher Beziehung stehen die dargestellten Personen zueinander?

Faustkämpfer nach dem Sieg, Bronzestatue, Rom, um 50 v. Chr.

M2

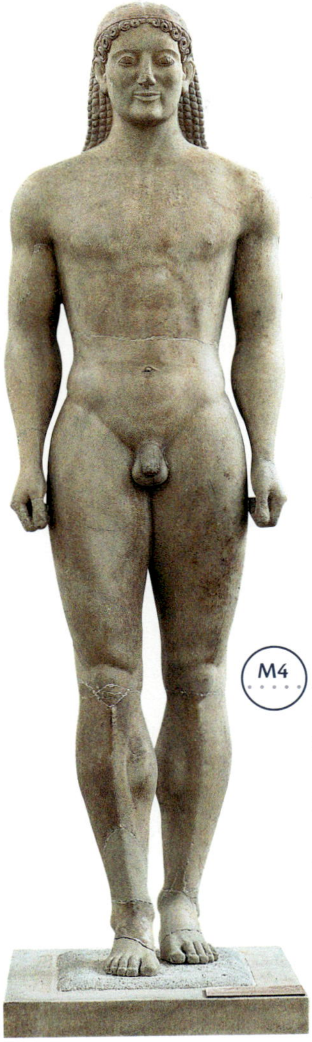

M4 **Attischer Jüngling („Kuros"),** Marmorstatue aus Attika, um 530 v. Chr. Mit diesen Statuen junger Männer („Kuroi") schmückten die Griechen Heiligtümer und Tempel.

- Mit geometrischen Mustern verzierte Tonvase; im Bauchteil Darstellung von Soldaten auf Streitwagen, darunter Hopliten*.
- Wirkt ruhig durch regelmäßiges Muster; warme Farben; Kriegsszene auf einer Vase ungewohnt.
- Menschen und Pferde in einfachen Pinselstrichen gezeichnet, ungenaue Größenverhältnisse, Gesichter undeutlich; „Strichmännchen".
- 894 v. Chr., Töpferwerkstatt in Athen, Verzierung eines Gebrauchsgegenstandes.
- Hopliten mit Schild, Speer, Helm, Beinschienen bewaffnet; im Kampf wurden Streitwagen eingesetzt.
- Durch die Anordnung (Streitwagen oben, Hopliten unten) könnte eine Rangordnung zum Ausdruck gebracht werden.

M3
Lösungshilfe zu M1

1 a) Beschreibe die beiden Figuren M2 und M4 mithilfe der Arbeitsschritte.
b) Erläutere die Unterschiede in der Darstellungsweise.

2 a) Prüfe bei allen Kunstwerken dieser Doppelseite, welche Informationen du über das Leben in Griechenland erhältst.
b) Ordne sie anschließend einer der vier griechischen Kunstepochen zu.

3 Nicht nur Vasen und Statuen sind Kunstwerke.
a) Suche in diesem Kapitel Abbildungen, von denen du meinst, dass sie Kunstwerke darstellen.
b) Begründe deine Ansicht.

Webcode: FG642342-111

Demokratie in Athen

Die demokratische Ordnung der Polis Athen

In den Stadtstaaten Griechenlands stand immer eine Frage im Mittelpunkt: Wie kann das Zusammenleben der Menschen sinnvoll organisiert, die Macht am besten aufgeteilt werden? Die Athener fanden im Laufe der Jahrhunderte eine Ordnung, die nach ihren Vorstellungen „demokratisch" war. Allerdings besaßen nur die freien Männer der Polis gleiche Rechte. Ausgeschlossen blieben Frauen, Fremde, Unfreie und Sklaven. Mit unseren heutigen Vorstellungen von „Demokratie" ist diese Ordnung nicht zu vereinbaren. Dennoch erscheint uns die athenische Polis als der Beginn eines langen Weges zur modernen Demokratie in Europa. In den Stadtstaaten des alten Griechenlands gab es schon Beamte, Richter und Politiker. Sie arbeiteten in den öffentlichen Gebäuden des Stadtstaates, die rund um den Marktplatz (Agora) lagen.

Die Volksversammlung: Pnyx

In Athen lag wenige Minuten vom Zentrum entfernt eine Felskuppe, die Pnyx hieß. Dort gab es einen Platz, auf dem 40-mal im Jahr die Volksversammlung der Athener stattfand. Daran durfte aber nur jeder freie männliche Bürger von Athen, der über 18 Jahre alt war, teilnehmen. Die Versammlung konnte über alle Angelegenheiten der Polis abstimmen. Sie wählte die Beamten, Richter und Offiziere, beschloss die Gesetze, entschied über Krieg und Frieden und kontrollierte Regierung und Militär. Jeder Athener Bürger hatte das Recht, auf der Pnyx zu reden. Tatsächlich aber gehörte einiges dazu, diese große Versammlung zu überzeugen. Nur die Männer mit genügend Bildung, Erfahrung und Redekunst brachten Anträge ein und hatten die Chance, gewählt zu werden. Sie hießen Demagogen*. Aber die Athener konnten auch einen Politiker absetzen. Dann schrieben sie auf der Versammlung seinen Namen auf Tonscherben. Das war das sogenannte Scherbengericht (siehe M2). Über die Absetzung entschied die Mehrheit der Stimmen. Damit sollten u.a. Tyrannen* an der Machtausübung gehindert bzw. entmachtet werden.

Der Areopag

Nicht weit von der Pnyx entfernt lag der Areopag. Nach diesem Hügel wurde auch der Rat genannt, der hier tagte. Früher war der Areopag das wichtigste Gericht und er kontrollierte die Beamten. Im Areopag saßen reiche und einflussreiche Adlige, die vorher hohe Ämter ausgeübt hatten. Seit die Macht des Adelsrates bei einem Aufruhr der Theten im Jahre 461 v. Chr. aber gebrochen worden war, hatte der Areopag nur noch die Aufgabe, bei Mordfällen das Urteil über Leben und Tod zu sprechen.

M1 Öffentliche Gebäude und Plätze in Athen im 5. Jh. v. Chr.

M2 **„Scherbengericht"**, Tontafeln mit den eingeritzten Namen von Politikern. Fund aus Athen, 1. Hälfte des 5. Jh. v. Chr.

Der Rat der Fünfhundert

Für die laufenden Regierungsgeschäfte war der Rat der Fünfhundert zuständig. Dieser tagte am Rand der Agora in zwei Gebäuden. Für einen Monat führten 50 der Ratsmitglieder den Vorsitz im Rat. Sie kamen aus den 10 Wahlbezirken Athens. Die Wahlbezirke waren so eingeteilt, dass alle Bevölkerungsschichten gleichmäßig im Rat der Fünfhundert vertreten waren. Für jeweils ein Zehntel des Jahres waren die 50 Ratsherren aus einem Wahlbezirk für die Staatsgeschäfte verantwortlich.

M3

Athenische Volksversammlung, Rekonstruktionszeichnung. Die Pnyx, der Ort der Versammlung, war etwa 80 x 40 m groß.

Das Volksgericht

Die gesamte Gerichtsbarkeit im Land unterstand den Volksgerichten*. Die Volksversammlungen wählten die Gerichtskommissionen. Jeden Tag wurden hier die Richter für die einzelnen Abteilungen des Volksgerichts ausgelost. So verhinderten die Athener, dass Kläger oder Angeklagte die Richter vor dem Prozess bestechen konnten. Die Richter mussten Verbrechen aufklären, Urteile fällen und Streitigkeiten schlichten. Ebenso mussten sie die Märkte, den Hafen und öffentliche Bauten überwachen und überprüfen, wie die Behörden ihre Aufgaben ausführten. Die Richter und alle anderen Athener, die ein politisches Amt erhalten hatten, wurden aus der Staatskasse bezahlt. So war es weniger wohlhabenden Bürgern möglich, ein politisches Amt zu übernehmen, ohne ihre Landwirtschaft oder ihren Handwerksbetrieb aufgeben zu müssen.

1 Partnerarbeit:
a) Stellt in einer Tabelle mit den Spalten Volksversammlung, Rat der Fünfhundert, Areopag und Volksgericht zusammen, welche Aufgaben sie hatten.
b) Schätzt jeweils die Macht der einzelnen Verfassungsorgane ein.
c) Erklärt euch wechselseitig, wie die athenische Demokratie funktionierte.

2 Suche in M1, wo die Inhaber politischer Ämter und die Einrichtungen tagten.

3 a) Schildere deinen Eindruck von M3.
b) Entwirf eine kurze Rede und eine Gegenrede, in der zwei Politiker die Zahlung von Diäten an Amtsträger befürworten bzw. ablehnen.

4 Bewerte die Bedeutung des Fundes M2 für unsere Kenntnisse über die athenische Demokratie.

5 Nimm Stellung: Athen – eine Demokratie?

Biografie

Perikles

Perikles (um 490–429 v. Chr.) war nach 460 v. Chr. ein führender Politiker in Athen. Von 443 bis 429 v. Chr. wurde er jedes Jahr erneut zum Strategen gewählt, also zu einem der zehn Beamten, die das Landheer und die Flotte Athens führten. Der attische Geschichtsschreiber Thukydides (um 460–400 v. Chr.) sagte, Athen sei in dieser Zeit nur dem Namen nach eine Demokratie gewesen, in Wirklichkeit habe der erste Mann (nämlich Perikles) geherrscht. Aber auch Perikles musste immer wieder die Volksversammlung für sich gewinnen.

M4

Athen als Vorbild?

Es war in Athen üblich, die im Krieg Gefallenen öffentlich zu bestatten. Nach dem ersten Jahr des Peloponnesischen Krieges hielt Perikles die Lobrede auf die Toten, die Thukydides (um 460–400 v. Chr.) überlieferte:

Wer für sein Hauswesen sorgt, achtet auch auf das Wohl des Staates. Während er seiner eigenen Arbeit nachgeht, bedenkt er auch die öffentlichen Angelegenheiten. Wir nennen einen Bürger, der sich darum nicht kümmert, zwar nicht faul, aber unnütz. So erreichen wir die Fertigkeit, die Dinge zu beurteilen und durchzuführen. Die Aussprache darüber halten wir keineswegs für hinderlich oder unnötig; im Gegenteil: Es bringt Schaden, wenn man sich über Geplantes nicht unterhält und es nicht berät.

Thukydides, Geschichte des Peloponnesischen Krieges II 40, übertr. und überarb. von Josef Feix, München, 1959, S. 45.

Begriffe und Daten

Demokratie

Nach den griechischen Wörtern demos (= Volk) und kratein (= herrschen) Bezeichnung für eine Staatsform, in der das Volk über die Politik eines Staates entscheidet. In vielen griechischen Stadtstaaten nahmen alle männlichen Bürger an den Beratungen und Beschlüssen der Polis teil. In den meisten modernen demokratischen Staaten dagegen wählen alle erwachsenen wahlberechtigten Männer und Frauen ein Parlament, das ihre Interessen vertritt.

Die Polis Athen

Die Ausformung der Demokratie machte Athen zu einem Staat, der auch für die modernen Staaten unserer Zeit als Vorbild dienen kann. Nicht ohne Grund stammen die Begriffe Politik (von Polis) und Demokratie aus dem Griechischen. Politik und Wirtschaft schufen gute Voraussetzungen für ein Staatswesen, das vielen Menschen Entfaltungsmöglichkeiten bot. Gleichberechtigt im modernen Sinne waren die Bewohner der Polis jedoch nicht.

M5

„Mit Recht hat das Volk mehr Macht"

Aus der Streitschrift eines Atheners, um 430 v. Chr.:

Mit Recht hat in Athen das Volk mehr Macht als die Adligen und mit Recht wird das Volk bevorzugt. Es sind nämlich die Steuerleute, die Kommandogeber der Ruderer auf den Schiffen, ihre Unterführer und die Schiffszimmerleute, die der Stadt ihre Machtstellung verschaffen, und weniger das schwer bewaffnete Fußvolk des Heeres und die Adligen. Deshalb ist es richtig, dass die Ämter allen offenstehen und dass jeder sich öffentlich zu Wort melden kann.

Pseudo-Xenophon, Vom Staat der Athener, 1–10, übers. und bearb. d. Verf.

6 a) Gib den Inhalt von M4 mit deinen Worten wieder.
b) Erläutere, wie die Athener in den Augen von Perikles eine gute Staatsordnung gefunden haben.

7 Nimm zu der Behauptung in M5 Stellung, die Verfassung Athens würde das Volk den Adligen vorziehen.

8 Beschreibe die politische Stellung des Perikles in Athen (Biografie-Kasten).

Webcode: FG642342-114

Schriftliche Quellen untersuchen

Fragen an die Quellen stellen

Mit schriftlichen Quellen hast du in den bisherigen Kapiteln schon gearbeitet. Für eine genauere Untersuchung von Quellentexten ist es sinnvoll, in Arbeitsschritten Fragen an den Text zu stellen und zu beantworten. Beachte, dass sich nicht immer alle Fragen beantworten lassen.

1 Untersuche die schriftliche Quelle mithilfe der Arbeitsschritte (Kasten).

2 **Partnerarbeit:** a) Vergleicht die Rede des Perikles mit den Informationen auf den Seiten 112–114 über die athenische Demokratie. Stimmt alles überein oder fallen euch Widersprüche auf?
b) Schreibt aus der Sicht eines reichen Bürgers und eines armen Bürgers einen Brief an Perikles: Was findest du gut an der Demokratie in Athen, was gefällt dir nicht?

Arbeitsschritte

1. Schritt: Aufbau und Inhalt des Textes

- Wovon berichtet der Text? Stelle „W-Fragen“: Wer? Wo? Wann? Was?
- Notiere die unbekannten Wörter. Schlage ggf. im Lexikon nach.
- Wie ist der Text gegliedert (z. B. Absätze)? Suche bei längeren Texten nach treffenden Überschriften für die einzelnen Abschnitte.
- Wie lautet die Gesamtaussage des Textes?

2. Schritt: Verfasser/-in

- Welche Informationen besitzen wir über den/die Verfasser/-in?
- Hat der/die Verfasser/-in selbst erlebt, was er/sie aufgeschrieben hat?
- Ergreift er/sie Partei?
- Welche Absicht verfolgte der/die Verfasser/-in? Wollte er/sie etwas für die Nachwelt festhalten?
- Hat der Inhalt des Textes auch für die Gegenwart noch eine Bedeutung?

M1

Das Selbstverständnis der attischen Demokratie

In Athen war es üblich, die im Kriege Gefallenen öffentlich zu bestatten. Dabei hielt ein von der Stadt ausgewählter Mann eine Lobrede für die Toten. Nach dem ersten Jahr des Peloponnesischen Krieges zwischen Athen und Sparta (431–404 v. Chr.) hielt der athenische Staatsmann Perikles die folgende Rede. Aufgezeichnet wurde sie von dem griechischen Historiker Thukydides (460–400 v. Chr.). Perikles sagte unter anderem:

Wir haben bei unserer Verfassung keine fremden Einrichtungen zum Muster genommen; im Gegenteil, wir haben anderen eher als Vorbild gedient als ihnen etwas nachgemacht. Und weil das Regiment bei uns nicht in der Hand weniger, sondern der Gesamtheit liegt, nennt man unsere Verfassung demokratisch. Denn wie in den Angelegenheiten der Einzelnen gleiches Recht für alle gilt, so gibt auch in Beziehung auf Geltung und Ansehen in Staat und Gemeinde nur persönliche Tüchtigkeit einen Vorzug, nicht aber die Zugehörigkeit zu einer bestimmten Klasse, und selbst Armut hindert keinen, der etwas kann, aus seiner Unansehnlichkeit zu Amt und Würden zu gelangen.

Wir sind im öffentlichen Leben nicht engherzig und im täglichen Verkehr untereinander keine Duckmäuser, nehmen es unseren Nächsten nicht übel, wenn er einmal über die Stränge schlägt …

Während man bei ihnen [in Sparta] die Knaben schon von klein auf durch Anstrengungen und Abhärtung zur Tapferkeit erziehen zu müssen glaubt, gehen wir auch ohne solche harte Zucht nicht minder entschlossen in den Kampf …

Denn wir pflegen die Künste, aber nicht eiteln Prunkes willen, lieben die Wissenschaft, aber ohne uns dadurch verweichlichen zu lassen. Wir schätzen den Reichtum als ein Mittel, um nützlichen Gebrauch davon zu machen, … nicht aber um damit zu protzen …

Mit einem Wort, ich sage, unsere Stadt ist die hohe Schule für ganz Griechenland, und glaube, dass auch der einzelne Athener sich mit seiner Gewandtheit und Sicherheit in allen Lebenslagen in der Regel leicht zurechtfinden wird.

Thukydides, Der Peloponnesische Krieg, II, 37, zit. nach Geschichte im Altertum, hg. v. J. Rehork, Hamburg, 1963.

Die Gesellschaft in Athen

Was heißt hier „gleichberechtigt“?

„Männer und Frauen sind gleichberechtigt.“ So ist es im Grundgesetz der Bundesrepublik Deutschland festgelegt. Wie stand es damit im antiken Athen? Die Athener hatten die Demokratie eingeführt, weil möglichst viele Bürger gleiche politische Rechte haben sollten. Dennoch waren die Frauen aus der Volksversammlung und von Ämtern ausgeschlossen.

Die Rollen der Jungen und Mädchen

Die Söhne der Athener Bürger wurden bis zum Alter von 13 Jahren von Pädagogen in Lesen, Schreiben, Musik und Sport unterrichtet. Sie begleiteten außerdem den Vater zu den öffentlichen Plätzen der Stadt und trieben viel Sport. Mit 18 Jahren erhielten sie das Recht, an der Volksversammlung teilzunehmen. Sie mussten dann Militärdienst leisten und Aufgaben bei religiösen Festen übernehmen. Dieser Weg führte sie in die Gesellschaft der erwachsenen Männer ein. Sie hatten für den Schutz, das Ansehen und Fortbestehen Athens und seiner Familien zu sorgen.
Die Mädchen dagegen erhielten keine öffentliche Ausbildung und bekamen lediglich einige grundlegende Kenntnisse im Lesen und Schreiben vermittelt. Ansonsten bereiteten die Mutter und die anderen Frauen im Haus die Mädchen auf die Aufgaben im eigenen Haushalt vor: Dazu gehörten die Kindererziehung und das Hauswirtschaften. Rechtlich blieben sie auch als Erwachsene unter der Vormundschaft des Vaters oder des Ehemanns. Allerdings heißt das nicht, dass es Mädchen und Frauen grundsätzlich untersagt war, sich außerhalb des Hauses zu bewegen. So waren gerade die zahlreichen religiösen Feste für die weiblichen Gottheiten beliebte Gelegenheiten, sich zu treffen. Sklavinnen und Metökenfrauen* waren als Dienerinnen, Bäuerinnen, Marktfrauen und Wäscherinnen sogar darauf angewiesen, außerhalb des Hauses zu arbeiten.

Der Alltag der Sklaven

Zur Zeit des Perikles lebten ungefähr 100 000 Sklavinnen und Sklaven mit ihren Kindern in Attika. Die Sklaven waren Kriegsgefangene oder wurden von fremden Herrschern als Handelsware an Athen verkauft. Sklaven und Sklavinnen wurden fast überall zur Arbeit eingesetzt: in der Landwirtschaft, auf Baustellen, im Haus als Erzieher oder als Köchinnen. Einige von ihnen hatten auch öffentliche Aufgaben. Wir wissen aus Quellen, dass Sklaven zum Beispiel als Polizisten tätig waren.
Für Athen war der Silbererzabbau eine wichtige Einnahmequelle. Die Sklaven, unter denen es viele Kinder gab, mussten in den Silbererzbergwerken arbeiten. Sie hatten ein hartes Los, weil sie sich durch Gänge, die oft nur 90 Zentimeter hoch waren, tief in die Berge hineinwühlen mussten.

M1

Hochzeitsszene, Vasenmalerei, um 425 v. Chr.
Der Bräutigam führt die Braut in das Haus seiner Eltern. Seine Mutter (rechts) erwartet das Paar mit Fackeln. Links ist eine Begleiterin der Braut zu sehen.

M2

Abbau von Tonerde, Tontäfelchen aus Korinth, 6. Jh. v. Chr. Der Ton für die zahlreichen Vasen, Amphoren, Krüge oder Teller Attikas wurde von Sklaven in Tongruben abgebaut.

M3

Ein Gesetz über Sklavinnen und Sklaven

Der Philosoph Platon (427–347 v. Chr.) schrieb:

Wenn ein Sklave oder eine Sklavin irgendetwas von fremdem Eigentum beschädigt, ohne dass der Geschädigte … daran mitschuldig geworden ist, so soll der Herr des Schädigers entweder den Schaden ohne Rest ersetzen oder den Schädiger selbst ausliefern … Und wenn ein Zugtier oder ein Pferd oder ein Hund oder sonst ein Haustier etwas vom Besitz des Nachbarn beschädigt, soll der Besitzer in gleicher Weise den Schaden ersetzen.

Platon, Gesetze XI 936 c–e, zit. nach Rolf Rilinger (Hg.), Leben im antiken Griechenland, 1. Aufl., München (Piper) 1990, S. 290.

Begriffe und Daten

Sklaven

Nach griechischem Recht waren Sklaven eine „Sache", über die ihr Besitzer frei verfügen konnte. Sie wurden als Kriegsgefangene in das Land gebracht und konnten gekauft werden (Sklavenmarkt). Meist wurden sie in besonders belastenden Arbeitsbereichen eingesetzt. Ihre Kinder erwartete das gleiche Schicksal.

M4

Die athenische Ehe

Die Historikerin Ruth Röwer-Döhl erläuterte 1989 die rechtlichen Grundlagen einer Ehe in Athen:

Entscheidende Gesichtspunkte bei der Brautwahl waren der gesellschaftliche Stand der Familie und die Vermögensverhältnisse der Brauteltern. Gesetzlich geregelt war, dass nur eine Ehe zwischen attischen Vollbürgern legitim[1] war, nur deren Kinder wieder legitime Vollbürger werden konnten. Die rechtsgültige Ehe setzte die feierliche Absprache zwischen dem Bräutigam und den männlichen Rechtsvertretern der Braut voraus. Bestandteil des Ehevertrages war auch die Festsetzung der Mitgift. Sollte die Ehe später einmal geschieden werden, musste der Ehemann die Frau mit ihrer Aussteuer wieder in ihre alte Familie entlassen … Für die Auflösung des Zusammenlebens gab es vornehmlich drei Gründe:

- wenn die Frau das Haus ihres Mannes verließ mit der Absicht, es nie wieder zu betreten;
- wenn der Mann seine Frau in ihr Elternhaus zurückschickte (Kinder blieben in beiden Fällen beim Vater, nur zu dessen Familie gehörten sie!);
- wenn der Vater oder eine andere vom Gesetz ermächtigte Person die Frau zwang, sich von ihrem gegenwärtigen Gatten zu trennen[2] …

Das Gericht sprach die Frau demjenigen Anwärter zu, der ihr nächster Verwandter war (also auch dem Onkel).

Ruth Röwer-Döhl, Die Frau im antiken Griechenland, in: Waren sie nur schön?, hg. v. Bettina Schmitz und Ute Steffgen, Mainz (Philipp von Zabern) 1989, S. 190 f.

[1] nach dem Gesetz gültig, anerkannt

[2] Das war z. B. der Fall, wenn der Vater keinen Sohn hatte und dadurch der Erhalt des Familienvermögens gefährdet war, weil Töchter kein Testament machen durften.

1 Erarbeite anhand von M2, M3 und des rechten Darstellungstextes die Lage der Sklaven in Athen.

2 Fasse anhand des linken Darstellungstextes die Rolle der Mädchen und Jungen in Athen zusammen.

3 Beschreibe die Szene in M1 mithilfe der Methode „Ein Bild als Quelle I" (siehe S. 82–83).

4 Begründe mithilfe von M4, warum die Hochzeit einer Tochter eine Angelegenheit war, die zum Vorteil der Familie geplant und verhandelt wurde.

5 Der griechische Geschichtsschreiber Herodot urteilte nach seiner Reise durch Ägypten, wo er Frauen Handel treiben und Männer zu Hause weben gesehen hatte, die Welt stehe auf dem Kopf. Erkläre, was er damit meinte.

Wirtschaft und Arbeit in Athen

Attika – ein neues Handelszentrum

Wir befinden uns etwa im Jahr 430 v. Chr: Im Hafen von Piräus treffen täglich Handelsschiffe ein, die mit Waren angefüllt sind. Diese Segelschiffe können 30 bis 100 Tonnen Ladung transportieren. Bevor die Ware in Athen verkauft wird, stellen athenische Beamte fest, wie viel Zoll* die Händler in die Stadtkasse zahlen müssen. Bald danach werden die Schiffsbäuche wieder mit Waren gefüllt, denn die Handwerker Athens produzieren viele Produkte für die Ausfuhr (Export*): Besonders bekannt waren beispielsweise die Athener Töpferwaren. Hochbeladen verlassen die Schiffe Athen in Richtung anderer Städte. Von Piräus nach Rhodos zum Beispiel brauchen sie etwa 3 $^1/_2$ Tage, zur Küste Nordafrikas mehr als 7 Tage.

Beim Anblick des regen Hafenbetriebs in Piräus könnte ein Athener sich folgende Frage gestellt haben: „Warum brauchen wir in Athen so viele ausländische Waren?“ In Attika leben zu dieser Zeit etwa 300 000 Menschen. Sie müssen vor allem mit Getreide versorgt werden, denn der eigene Ernteertrag reicht bei Weitem nicht für die ganze Bevölkerung aus. Aber auch andere Waren sind in Athen begehrt. Die Athener benötigen Geld, um die Einfuhr (Import*) dieser Waren zu bezahlen. Deshalb ist der Export ihrer Güter für sie lebenswichtig.

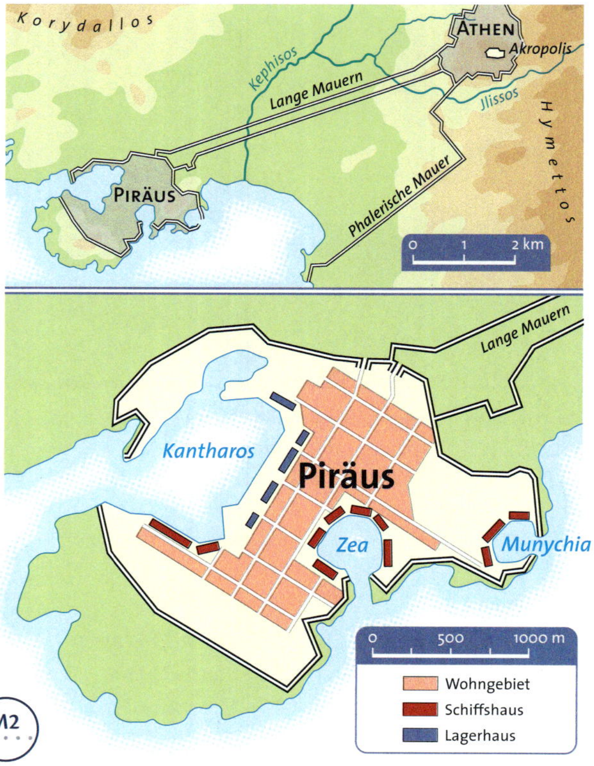

M2

Athen und Piräus im 5. Jh. v. Chr. Neben dem Handelshafen Piräus gab es zwei Kriegshäfen: Zea und Munychia. Insgesamt konnten im Hafen von Piräus etwa 400 Schiffe liegen. Er war ummauert und durch die „Langen Mauern“ mit der Stadt Athen verbunden.

Händler beim Abwiegen von Ware,
Vasenmalerei, um 550 v. Chr.

M1

Werkstatt eines Schuhmachers,
Vasenmalerei, um 640 v. Chr.

M3

M4
Importhandel Athens im 5. Jahrhundert v. Chr.

M5
Athen – nur eine Handelsmacht?

Ein Gelehrter aus Athen schrieb um 430 v. Chr.:

Nur die Athener können über die Erzeugnisse aller Griechen und Barbaren verfügen. Wie will eine andere Stadt ihre Überschüsse an Schiffsholz, Eisen, Kupfer und Flachs ausführen, ohne dass das seebeherrschende Athen zustimmt oder die Waren abnimmt? Würde sie gegen den Willen Athens Waren verfrachten, würde ihr die herrschende Seemacht die Handelswege abschneiden. Außerdem trifft eine Missernte die Seemacht weniger als die Landmacht. Denn da Missernten nicht überall gleichzeitig auftreten, kann die herrschende Seemacht immer noch Ernteerzeugnisse aus Überschussländern einführen.

Pseudo-Xenophon 1, 11–14, übers. und bearb. d. Verf.

1 Beschreibe die Lage und die Sicherung von Athen und Piräus (M2).

2 Begründe, warum Athen auf Importe angewiesen war. Denke auch an die Landschaft Attikas (S. 101).

3 a) Zeichne eine Tabelle mit den Spalten „Ware" und „Herkunftsland" und fülle sie mithilfe von M4 aus.
b) Erläutere die Verwendung der Produkte.

4 a) Erarbeite anhand von M5 die Bedeutung Athens als Handels- und Seemacht.
b) Erkläre, wie Handel und militärische Macht zusammenhingen.

5 Zeige an M1 und M3, wie Handel und Handwerk dargestellt sind.

6 **Recherche:** Erkundet in Partnerarbeit, welche Produkte aus Griechenland bei uns im Handel sind. Fragt zu Hause nach oder achtet beim Einkauf darauf.

Sparta – ein Gegenmodell zu Athen

Spartiaten, Heloten und Periöken

Die Polis Sparta dehnte ihren Machtbereich durch kriegerische Eroberungszüge auf der Halbinsel Peloponnes aus. Sie gründete nicht wie andere Stadtstaaten Kolonien. Die Bürger* der Polis Sparta nannten sich Spartiaten*. Obwohl die Spartiaten einen großen Teil des Bodens besaßen, arbeiteten sie nicht in der Landwirtschaft. Auch war es ihnen verboten, Handel zu treiben. Die Spartiaten sollten sich ganz und gar dem Kriegsdienst widmen. Das Schicksal der Menschen, die in den eroberten Gebieten wohnten, war hart: Sie verloren ihr Land und ihre Freiheit und wurden zu Heloten*, das heißt Sklaven, die von den spartanischen Eroberern zur Feld- und Hausarbeit gezwungen wurden. Die Menschen, die das Umland Spartas in der Ebene Lakonien und dem eroberten Messenien bewohnten, hießen Periöken*. Das bedeutet auf Griechisch „Umwohnende". Sie siedelten als freie Bauern auf weniger fruchtbarem Boden oder arbeiteten als Handwerker und Händler für die Spartiaten. Die Männer der Spartiaten lebten in Zeltlagern und bildeten Gruppen, die ihre Zeit mit sportlichem und militärischem Training verbrachten. Erst ab dem 30. Lebensjahr durften die Spartiaten wieder in ihren Häusern wohnen. Die Gruppen, die in Friedenszeiten zusammen trainierten und aßen, bildeten im Krieg gemeinsam eine Phalanx (Schlachtenreihe).

M1

Geschlossener Verband (Phalanx) schwerbewaffneter Krieger (Hopliten), Kanne, um 640 v. Chr.

M2

Der Lebensweg der Jungen in Sparta

Der folgende Text stammt aus einer Lebensbeschreibung über den spartanischen König Lykurgos (7. Jh. v. Chr.), die der griechische Schriftsteller Plutarch (um 45–120 n. Chr.) verfasst hat:

Das zur Welt Gekommene aufzuziehen unterlag nicht der Entscheidung des Erzeugers, sondern er hatte es an einen Ort zu bringen, ... wo die Ältesten der Gemeindegenossen saßen und das Kind untersuchten und, wenn es wohl gebaut und kräftig war, seine Aufzucht anordneten ...; war es aber schwächlich und missgestaltet, so ließen sie es zu ... einem Felsabgrund [bringen]... Denn sie meinten, für ein Wesen, das von Anfang an nicht fähig sei, gesund und kräftig heranzuwachsen, sei es besser, nicht zu leben, sowohl um seiner selbst wie um des Staates willen ... Die Knaben der Spartaner ... nahm [Lykurgos] selbst alle, sobald sie sieben Jahre alt waren, zu sich und teilte sie in „Horden" ... Als Führer der „Horde" wählten sie sich denjenigen, der sich durch Klugheit und Kampfesmut auszeichnete. Auf ihn blickten sie, hörten auf seine Befehle und unterwarfen sich seinen Strafen, sodass die Erziehung wesentlich in der Übung im Gehorsam bestand ... Lesen und Schreiben lernten sie nur so viel, wie sie brauchten; die ganze übrige Erziehung war darauf gerichtet, dass sie pünktlich gehorchen, Strapazen ertragen und im Kampfe siegen lernten ... Sobald sie zwölf Jahre alt waren, gingen sie stets ohne Unterkleidung, bekamen nur einen Mantel aufs Jahr, waren am ganzen Körper schmutzbedeckt und durften weder baden noch sich salben ...

Die Zucht erstreckte sich bis auf die Erwachsenen. Keinem stand es frei, zu leben, wie er wollte, sondern sie lebten ... nach strengen Vorschriften.

Zit. nach Geschichte in Quellen, bearb. von Walter Arend, Bd. 1, 3. Aufl., München (bsv), S. 143 f.

1 Kläre mithilfe des Darstellungstextes: Spartiaten, Heloten, Periöken.

2 Erläutere Unterschiede zwischen Einzelkampf und Phalanx (M1).

3 Begründe, warum der umfassende Kriegsdienst für Sparta offenbar unentbehrlich war (Darstellungstext).

4 a) Fasse die Erziehungsziele in M2 in einer Tabelle zusammen. b) Nimm Stellung.

5 „Sie gehörten dem Vaterlande und nicht sich selbst", schrieb Plutarch. Diskutiert und bewertet die Folgen für den Einzelnen. Zieht die Ergebnisse aus Aufgabe 4 heran.

Das Reich Alexanders

Alexander – Heerführer und Eroberer

Im Jahre 336 v. Chr. bestieg Alexander den Königsthron. Er war der Sohn des makedonischen Königs Philipp II., der die griechischen Stadtstaaten unterworfen hatte. Zwei Jahre später begann Alexander einen Feldzug gegen das Perserreich. Mit 32 000 Fußsoldaten und 15 500 Reitern setzte er nach Asien über. In zwei großen Schlachten am Fluss Granikos und bei Issos (333 v. Chr.) siegte Alexander über das zahlenmäßig überlegene Heer der Perser. Er sah sich deshalb als Nachfolger des persischen Königshauses und kleidete sich häufig wie ein persischer Großkönig. Danach besetzte Alexander Ägypten. Die Ägypter begrüßten ihn, weil er sie von der persischen Herrschaft befreit hatte, und krönten ihn zum Pharao. Aber sein Versuch, auch noch das Reich des indischen Königs Poros zu erobern, scheiterte am Widerstand seiner Soldaten. Sie verweigerten ihm den Gehorsam, weil sie die jahrelangen Strapazen und grausamen Kämpfe nicht länger auf sich nehmen wollten. Beim Rückzug verdurstete jedoch ein großer Teil seiner Armee in der Gedrosischen Wüste. Von seinen 60 000 Soldaten kehrten nur 15 000 nach Hause zurück. Die Regierungszeit des makedonischen Königs endete unerwartet, weil Alexander an einem schweren Fieber erkrankte und 323 v. Chr. in Babylon starb.

Kontakte zwischen Okzident und Orient

Als die europäischen Eroberer unter Alexanders Führung ihre Feldzüge durch das persische Reich zum ersten Mal unternahmen, bemerkten sie, dass sie es nicht mit unbedeutenden Völkern zu tun hatten, sondern auf große und alte Kulturen trafen. Dazu kam die unendliche räumliche Ausdehnung des Reiches. Inzwischen war ihnen auch klar geworden, dass der Indus nicht der Oberlauf des Nils war. Weiter östlich befand sich sogar ein weiterer unbekannter Strom, der Ganges. Alexander musste also seine Vorstellung von der Ausdehnung der Welt immer wieder erweitern.

Wie konnte es ihm gelingen, ein so großes Reich zu beherrschen? Alexander nahm persische Statthalter, Offiziere und Soldaten in seine Dienste und nutzte die Verkehrswege und die Verwaltung. Die Verbindung zwischen Makedoniern und Persern sollte durch eine erzwungene Massenhochzeit in Susa gefestigt werden. Dabei vermählten sich 10 000 makedonische und griechische Soldaten mit Perserinnen. Alexander selbst nahm eine Tochter des Perserkönigs Dareios zu seiner zweiten Frau. Am königlichen Hof führte Alexander die persische Art der Verbeugung („Proskynese“) ein.

1 Kläre die Bedeutung Alexanders als Heerführer und Eroberer (Darstellungstext links, M1).

2 Stelle fest, welche Erkenntnisse Alexander und seine Gefährten bei ihren Eroberungen gewannen (Darstellungstext rechts).

M1 **Der Zug Alexanders des Großen und die Ausdehnung seines Reiches**

Hellenismus – die Welt wird griechisch

Griechisch wird Weltsprache

Nach Alexanders Tod entbrannte unter den hohen Offizieren der Kampf um seine Nachfolge. Diese hohen Offiziere entstammten Familien des makedonischen Adels. Am Ende dieser sogenannten Diadochenkämpfe (Nachfolger = griech. Diadoche) wurde das Reich zwischen drei Herrscherfamilien aufgeteilt: Die Seleukiden erhielten Kleinasien, Syrien, Mesopotamien und das Kernland Persiens. Die Ptolemäer beherrschten Nordafrika und Palästina. Die Antigoniden bekamen Makedonien und Teile von Griechenland, darunter Attika.

Das Großreich wurde zwar aufgeteilt, aber die Eroberungen blieben im Ganzen erhalten. Außerdem geschah etwas Überraschendes: Die griechische Kultur dehnte sich im Laufe der Zeit immer weiter aus. Die griechische Lebensweise setzte sich von Gibraltar bis zum Indus, vom Don bis zum Nil immer mehr durch, so wie sie sich in den Stadtstaaten entwickelt hatte. Vor allem erwies sich – nach dem Vorbild der Polis – die Entfaltung der einzelnen Persönlichkeit, ihre politische, künstlerische und wissenschaftliche Aktivität, als den anderen Lebensformen überlegen. Zwischen dem Mittelmeer und Indien war Griechisch „Weltsprache“. Diese Entwicklung hatte mit der griechischen Philosophie und Literatur schon vor Alexander begonnen. Diese Zeit wird die Epoche des Hellenismus genannt.

M1

Alexandermünze, 3. Jahrhundert v. Chr.
Abgebildet ist das Gesicht Alexanders. Die Widderhörner sind das Zeichen des ägyptischen Gottes Amun. Alexander ließ Münzen mit seinem Porträt in großer Zahl prägen.

Griechen in Ägypten und Asien

Viele Griechen hatten sich in den eroberten Gebieten niedergelassen. Die griechischen Bewohner brachten ihre Lebensweise mit, aber sie übernahmen auch viele Dinge von der einheimischen Bevölkerung. Dabei bewahrten besonders die reicheren Schichten in den Städten ihre griechischen Sitten. Sie bauten Häuser und Tempel, wie man sie zum Beispiel in Athen fand, und förderten die Wissenschaften und die Kunst. Manche Städte, die bereits durch Alexander gegründet worden waren, entwickelten sich zu bedeutenden Zentren für Handel und Wissenschaft. Den Städten blieb eine gewisse Freiheit für ihre Selbstverwaltung, trotz der Monarchie als Herrschaftsform. Das Zentrum des Hellenismus lag im Raum des östlichen Mittelmeeres.

Die einheimische Bevölkerung übernahm zum Teil die griechische Lebensweise und die Sprache. Aber eine Mischbevölkerung ist zwischen Griechen-Makedoniern und Einheimischen nicht entstanden, obwohl es auch Eheschließungen zwischen Griechen und Einheimischen gab. Insgesamt lebten die beiden Bevölkerungsgruppen nebeneinander und nicht miteinander. So war zwar Griechisch die offizielle Sprache, aber die Einheimischen verwendeten auch weiterhin ihre Muttersprache, wie zum Beispiel Ägyptisch und Aramäisch.

Begriffe und Daten

Hellenismus

Der Begriff Hellenismus (griech. Hellas = Griechenland) bezeichnet eine Epoche der griechischen Geschichte. Sie begann mit der Regierung Alexanders des Großen und dauerte bis zur Eroberung der Diadochenreiche durch die Römer (1. Jh. v. Chr.). In einigen Bereichen beeinflusste die griechische Kultur das Leben in den Städten von Ägypten bis zur Grenze Indiens und vermischte sich mit der Lebensweise der einheimischen Bevölkerung. Diese Mischkultur wird als hellenistische Kultur bezeichnet.

1 „Hellenismus – die Welt wird griechisch.“ Erkläre diese Aussage (Darstellungstexte, Kasten).

2 Prüfe, worin sich an M1 eine Verbindung verschiedener Kulturen zeigt.

Lebenswelt griechische Polis

M1

Aus der Verfassung der Bundesrepublik Deutschland

Art. 3 (1) Alle Menchen sind vor dem Gesetz gleich.
(2) Männer und Frauen sind gleichberechtigt. …
Art. 20 (2) Alle Staatsgewalt geht vom Volke aus. Sie wird vom Volke in Wahlen und Abstimmungen und durch besondere Organe der Gesetzgebung[1], der vollziehenden Gewalt[2] und die Rechtsprechung[3] ausgeübt. …
Art. 38 (1) Die Abgeordneten des Deutschen Bundestages werden in allgemeiner, unmittelbarer, freier, gleicher und geheimer Wahl gewählt. Sie sind Verteter des ganzen Volkes, an Aufträge und Weisungen nicht gebunden und nur ihrem Gewissen unterworfen.
(2) Wahlberechtigt ist, wer das achtzehnte Lebensjahr vollendet hat; wählbar ist, wer das Alter erreicht hat, mit dem die Volljährigkeit[4] eintritt.

In: Grundgesetz für die Bundesrepublik Deutschland, Ausgabe 2002, gekürzt.

[1] z. B. Deutscher Bundestag
[2] z. B. Bundesregierung
[3] z. B. Bundesgerichtshof
[4] zurzeit 18. Lebensjahr

M2

Eine Debatte der gewählten Abgeordneten des Deutschen Bundestages, Foto, 2009

Überprüfe, was du kannst

Sachkompetenz

1 Kläre: Oikos (S. 102), Polis (S. 101), Olympiade (S. 106–107), Götter (S. 108 f.), Philosophen (S. 109), Antike (S. 102) und athenische Demokratie (S. 112–114).

2 Nenne Unterschiede zwischen den Poleis Athen und Sparta (S. 112–114, 120).

Selbst- und Sozialkompetenz

3 Vergleicht in Partnerarbeit den Staat im alten Ägypten (S. 77–92) mit der griechischen Polis. Geht auf Herrschaft, Gesellschaft, Wirtschaft und Religion ein. Fasst die Unterschiede in einer Tabelle zusammen.

4 Vergleiche M2 mit M3, S. 113. Stelle fest, worin die wichtigsten Unterschiede in der Darstellung der Versammlungen liegen.

5 Erarbeite in einem Vergleich von M1 und den Informationen S. 112–113, wie die Macht in der athenischen Demokratie ausgeübt wurde und welche Regelung es in Deutschland gibt.

6 Beurteile die folgende These: Beide Demokratiemodelle zeigen die Herrschaft des ganzen Volkes.

1700 bis 1200 v. Chr.
Mykenische Kultur

etwa 900 bis 700 v. Chr.
Entstehung der griechischen Stadtstaaten

776 v. Chr.
Erste Olympische Spiele

8. bis 6. Jahrhundert v. Chr.
Griechische Kolonisation

490 bis 429 v. Chr.
Perikles

seit 461 v. Chr.
Demokratie in Athen

1700 – 1500 – 1300 – 1100 – 900 – 700 – 500 – 300

Rom – vom Stadtstaat zur Weltmacht

Wissen • Methoden anwenden • Beurteilen und Handeln

Am Ende dieses Unterkapitels kannst du

- die Gründung Roms beschreiben
- zwischen Wissen und Mythos über die Gründung Roms unterscheiden
- den Aufbau der Familie und der Gesellschaft in der römischen Republik erklären
- die Verteilung der Macht im römischen Staat darlegen
- die Schritte zur Errichtung der Weltmacht Rom darstellen
- die Krise des römischen Staats und den Untergang der Republik erklären
- **Methode** Schaubilder verstehen

Das Römische Reich 44 v. Chr.

- 753 v. Chr. – Sagenhafte Gründung Roms
- 510 v. Chr. – Rom wird Republik
- 27 v. Chr. – Ende der Republik

Rom wird besiedelt

Ein günstiger Standort?

Eine Siedlung, die sich zu einer großen Stadt entwickeln will, braucht eine günstige Lage. Darum stellt sich die Frage: Was machte die Gegend um Rom so anziehend, dass sie zum Zentrum einer Weltmacht wurde?

Hirten und Bauern besiedeln Rom

Um 1000 v. Chr. zogen ganze Völkergruppen nicht nur nach Griechenland, sondern auch in das heutige Italien. An der Stelle, an der später die Stadt Rom entstand, ließen sich die Sabiner und die Latiner nieder. Die Sabiner siedelten auf dem Hügel Palatin. Der Boden war fruchtbar und der Fluss Tiber konnte dort leicht durchquert werden, weil in seiner Mitte eine Insel lag. Die Latiner siedelten auf dem nahe gelegenen Hügel Quirinal.

Wie alle Einwanderer waren Sabiner und Latiner Hirten und Bauernvölker, die in strohgedeckten Hütten lebten. Bis heute haben die Latiner ihre Spuren in der Geschichte Roms hinterlassen. Sie sind auf der alten Völkerstraße Via Latina nach Süden gewandert. Deshalb trägt diese Straße ihren Namen. Auch der Name der Landschaft am unteren Tiberlauf – Latium – und die ursprüngliche Sprache der Bewohner – Latein – kommen von den Latinern.

Rom wird eine Stadt

Um 700 v. Chr. wanderten die Etrusker ein und ließen sich zunächst nördlich vom heutigen Rom nieder. Sie brachten eine neue Lebensweise mit. Die Etrusker bauten Städte mit Häusern aus Stein und Ziegeln, waren Fachleute für Wassertechnik, importierten Kunst aus Griechenland und Ägypten und kannten neue Verfahren zur Metallverarbeitung. Sie sprachen eine eigene Sprache: das Etruskische.

Als sie um 600 v. Chr. die Gegend des heutigen Roms besiedelten, betätigten sie sich auch dort als Handwerker, Kaufleute, Baumeister und Ärzte. Um die Stadt weiterentwickeln zu können, legten sie zunächst tief liegende Gebiete trocken und bauten das Forum als Stadtmittelpunkt auf. Die Griechen nannten die Etrusker „Tyrrhenoi“. Das westlich von Rom gelegene Tyrrhenische Meer hat daher seinen Namen. Die Latiner bezeichneten sie hingegen als „Tusci“. Der Landschaftsname Toskana erinnert noch heute daran.

M1 Rom und sein Umland im 7./6. Jahrhundert v. Chr.

1 a) Erarbeite, ausgehend von M1, die Siedlungsbedingungen in Rom. Ziehe einen Erdkundeatlas hinzu.
b) Vergleiche mit Athen und arbeite Gemeinsamkeiten und Unterschiede heraus.

2 Nenne Gründe, warum die Latiner und Sabiner in Rom siedelten (Darstellungstext).

3 Die Etrusker hatten andere Interessen als die Latiner. Stelle Vermutungen an, warum sie die Hüttensiedlung Rom in eine Stadt umwandelten.

Rom – Mythos einer Stadtgründung

Was soll ein Gründungsmythos bewirken?

In einer Gruppe von Menschen, die in einer Stadt oder einem Staat zusammenleben, gibt es meistens ein Gefühl der Gemeinsamkeit. Dieses Gefühl kann zum Beispiel durch Fahnen oder gemeinsame Lieder wie Nationalhymnen verstärkt werden. Bei den Römern, wie bei vielen anderen Völkern, gehörten dazu Geschichten über die eigene Herkunft. In diesen Geschichten mischten sich Glauben und Wissen, Erfundenes und Wahres. In Rom konnten nur Personen oder Familien Bedeutung erlangen, wenn sie über einen Stammbaum verfügten. Sie mussten darin nachweisen, dass sie mit alteingesessenen Familien, berühmten Helden (meist Feldherren) oder Göttern bzw. Halbgöttern verwandt waren. Dies erscheint uns heute merkwürdig, aber die Menschen in der Antike stellten die Möglichkeit nicht infrage, göttliche Vorfahren zu haben. Und so verwundert es nicht, dass die Römer die Gründung ihrer Stadt in einer Sage erzählen, in der Götter, Menschen und Tiere vorkommen. Darin treffen Unglück und Glück, Liebe und Hass, Neid und Mitleid aufeinander, aber schließlich siegen die „guten Kräfte" zugunsten des zukünftigen Römischen Reiches. Die Sage um die Gründung Roms wurde nur mündlich überliefert. Deshalb lässt sich schwer sagen, wann sie so entstanden ist. Bis heute ist nicht sicher, ob es sich um eine römische Sage handelt oder um eine Mischung aus verschiedenen Sagen der Volksgruppen, die in der Frühzeit Roms Einfluss besaßen.

Aber bekannt ist, dass im Mittelpunkt des Gründungsmythos Personen stehen, denen in der römischen Mythologie* eine enge Verbindung zu den Göttern nachgesagt wurde. Es handelt sich hierbei um den Trojaner Äneas, der mit Vater, Sohn und den Hausgöttern aus dem brennenden Troja floh, und um die Zwillinge Romulus und Remus, die auf Befehl des unrechtmäßigen Königs ausgesetzt wurden. Sie wurden durch eine Wölfin vor dem Tod gerettet.

Begriffe und Daten

Die – sagenhafte – Gründung Roms

Nach der Überlieferung der alten römischen Geschichtsschreiber wird die Gründung Roms auf das Jahr 753 v. Chr. datiert. In diesem Jahr soll die Stadt der Sage nach durch Romulus, der als erster König Roms gilt, gegründet worden sein. Da die Stadtgründung nicht wissenschaftlich exakt nachweisbar ist, sondern auf einer Mischung von Wahrem und Erfundenem beruht, spricht die Geschichtsforschung von einem Gründungsmythos.

M1

Die römische Wölfin, angeblich etruskische Bronzeplastik, um 500 v. Chr. Sie stand auf dem wichtigsten Hügel der Stadt, dem Kapitol, und ist heute im Museo Palazzo dei Conservatorii in Rom zu besichtigen. Die Zwillinge Romulus und Remus wurden um 1500 n. Chr. hinzugefügt. Nach neuesten Metallanalysen soll auch die Wölfin erst im Mittelalter hergestellt worden sein.

M2

„Sieben-fünf-drei – Rom kroch aus dem Ei"?

Die alten römischen Geschichtsschreiber datierten die Gründung der Stadt Rom nach unserer heutigen Zählung auf das Jahr 753 v. Chr. Dabei rankten sich um dieses Datum zunächst zwei unabhängig voneinander existierende Sagen, die sich später zu einem Gründungsmythos verbanden: die Sage von Romulus, Remus und der Wölfin sowie die Sage von dem Helden Äneas. Julius, eine (erfundene) Figur aus der altrömischen Gesellschaft, erzählt:

Unser Stammvater ist Äneas, einer der großen Helden der Trojaner. Sein Vater war Anchises, seine Mutter war die Göttin Aphrodite; sie wird von uns Venus genannt. Als Troja dem Untergang nahe war, befahl die besorgte Mutter dem Sohn, mit dem altersschwachen Vater zu fliehen. Also machten sich Äneas und Anchises auf den Weg, der sie nach einer göttlichen Vorsehung nach Italien führen sollte.

Nach langen Irrfahrten gelangten sie zunächst zur Königin Dido von Karthago. Dido verliebte sich in Äneas und wollte ihn immer bei sich behalten. Äneas aber folgte seiner Bestimmung und fuhr weiter. Aus lauter Verzweiflung tötete sich Dido. Das nehmen uns die Karthager bis heute übel.

Schließlich gelangten Äneas und sein Vater, wie vorhergesagt, nach Italien und Äneas heiratete dort die Tochter des latinischen Königs. Aus ihren Nachkommen gingen die Könige Latiums hervor.

Eines Tages gerieten zwei Königssöhne in Streit um den Thron. Der unrechtmäßige Erbe vertrieb dabei den rechtmäßigen Nachfolger und bestimmte, dass dessen Tochter Rea Silvia Priesterin werden, unverheiratet und kinderlos bleiben sollte. Da schritt Gott Mars[1] ein und zeugte mit Rea Zwillinge: Romulus und Remus. Als der unrechtmäßige König von diesem unerwünschten Nachwuchs hörte, ließ er die Zwillinge in einem Korb auf dem Tiber aussetzen. Doch der Korb wurde in Rom am Fuße des Hügels Palatin angeschwemmt, wo eine Wölfin von dem jämmerlichen Geschrei angelockt wurde. Aber die Wölfin tat den beiden nichts, sondern säugte sie, bis ein Hirte die Jungen bei sich aufnahm und aufzog.

Jahre später, als Romulus und Remus von ihrer Herkunft erfuhren, töteten sie den unrechtmäßigen König von Latium und gründeten auf dem Palatin, dem Ort ihrer Rettung, eine Stadt. Die Frage, wer Herrscher werden sollte, ließen sie durch Vogelflug entscheiden: Sieger und Herrscher sollte der sein, der in seinem Bereich des Himmels die meisten Adler vorbeifliegen sah. Romulus zählte zwölf Adler, Remus nur sechs. Aber Remus hatten sich die Vögel zuerst gezeigt und so wollte er nicht nachgeben. Da begann Romulus, um das künftige Stadtgebiet eine Mauer zu errichten. Remus verspottete den Bruder, indem er über die noch niedrige Mauer sprang. Voller Zorn tötete daraufhin Romulus den Bruder und schrie: „So soll es jedem ergehen, der über die Mauern dieser Stadt steigt!" Auf diese Weise wurde Romulus zum Gründer der Stadt und gab ihr den Namen „Roma".

Verfassertext

[1] Gott der Landwirtschaft, später Kriegsgott

M3 **Äneas aus Troja trägt seinen Vater Anchises,** römische Votivgabe (ein den Göttern geweihtes Geschenk) aus Terrakotta, um 500 v. Chr.

1 Lies die Gründungssage Roms (M2) und fasse sie in einem mündlichen Vortrag vor der Klasse zusammen. Ziehe M3 mit heran.

2 a) Beschreibe die Rolle der Frauen in dieser Sage.
b) Erkläre, welche Wirkung der Mythos auf mögliche Rivalen Roms haben sollte.

3 Vergleiche den Inhalt der Sage mit den historischen Befunden über die Entstehung Roms (S. 125).

4 Diskutiert gemeinsam, ob die Entlarvung der Bronzeplastik M1 als Fälschung Einfluss auf den Gründungsmythos Roms haben könnte.

5 **Erkundung:** Findet heraus, ob es für euren Wohnort einen Gründungsmythos gibt. Berichtet in der Klasse.

Ist eine „familia" eine „Familie"?

Die „familia" der Römer

Unter Familie stellen wir uns meistens Mutter, Vater und Kinder vor. Auch in der altrömischen Gesellschaft lebten Eltern und Kinder unter einem Dach zusammen. Aber bei den Römern gab es noch weitere Personen, die zur „familia" zählten: die Sklaven und die Klientel*. Klienten waren Abhängige der Familie (z. B. Handwerker). Sie lebten und arbeiteten außerhalb des Hauses.

Der Vater hatte eine besondere Stellung in einer adligen Familie. Als Hausvater (= lat. pater familias) herrschte er über alle Güter und Personen. Es gab kein Gesetz, das seine Gewalt einschränkte. Er war Herrscher über die Familienmitglieder und Sklaven, Gutsbesitzer, Opferherr* und Beschützer (= Patron) seiner Klientel. Die Macht des „pater familias" war entstanden, als es noch keinen Staat und daher keine staatliche Macht gab.

Bei der Heirat war es für den freien römischen Mann vor allem wichtig, rechtmäßige Nachkommen zu zeugen und sich eine Mitgift zu sichern. Es gab zwei Formen der Eheschließung. Bei der älteren Form übernahm der Mann, der die Hausgewalt hatte, das Erbe der Frau. Die Ehe konnte nur unter besonderen Bedingungen vom Mann aufgehoben werden. Das war z. B. der Fall, wenn die Frau keine Kinder bekommen konnte ober bei Ehebruch. Bei der später aufkommenden Eheform blieb die Frau rechtlich unter der Hausgewalt ihres Vaters. Eine Scheidung war durch Erklärung eines Ehepartners möglich, dann erhielt die Frau ihre Mitgift zurück.

Die Kinder unterstanden ebenso wie die Ehefrau und andere Familienangehörige der Hausgewalt des „pater familias". Er bestimmte lebenslänglich und ohne Einschränkungen über die Erziehung, die Berufswahl und die Eheschließung. Er musste für die Ernährung sowie den militärischen und religiösen Schutz der Kinder sorgen. Angehörige der „familia" konnte er auch mit dem Tode bestrafen. Er musste dies allerdings im „Hausgericht" gegenüber den Verwandten rechtfertigen.

Söhne und Töchter konnten nur aus der „familia" ausscheiden, wenn sie der Vater durch eine Rechtshandlung, die „emancipatio", entließ (lat. = aus der väterlichen „Hand" entlassen).

Die Bedeutung der Religion

Die Religion spielte im Leben der Römer eine wichtige Rolle. Wie die Griechen verehrten die Römer viele Götter. Die Römer übten die Religion sowohl in der Familie als auch in öffentlichen Gottesdiensten aus. In vielen Familien gab es das Lararium. Das war eine Art Hausaltar, z. B. in der Form eines Wandbildes oder eines Steinsockels. Hier wurden unter Aufsicht des „pater familias" das häusliche Herdfeuer und die Hausgötter verehrt. Vor einem Kriegszug befragten die Römer ihre Götter. Sie versuchten durch das Deuten von Zeichen, zum Beispiel des Vogelflugs, den Willen der Götter zu erkennen. Auch wollten sie durch kultische Handlungen (Gebete, Opfer) Unheil verhindern.

Öffentliche Kulte lagen in der Hand von Priestern. So wachten zum Beispiel die Vestalinnen über das öffentliche Herdfeuer auf dem Forum Romanum, das als Zentrum des Staates galt. Alle Priester waren Beamte (= Magistrate), und der oberste Priester hieß „pontifex maximus". Im Staat wie auch in der Familie ging es immer darum, Schuld wiedergutzumachen und die Götter gnädig zu stimmen, um Gefahr abzuwehren. Aber die Erlösung des einzelnen Menschen spielte dabei keine Rolle, denn die Religion diente der Stärkung des römischen Staates und der Ordnung in der Familie.

M1 **Der Aufbau einer altrömischen „familia"**

M2 Quintus – Sohn des Marcus Romilius

Quintus, ein (erfundener) römischer Junge, stellt sich vor:

Ich bin Quintus. Ich bin schon zwölf Jahre alt! Leider sind meine Geschwister schon aus dem Haus. Mein Bruder Lucius ist 17. Lucius war ein Jahr bei meinem Großvater Gaius Aemilius, das ist der Vater meiner Mutter. Der war früher einmal Konsul (siehe S. 131). Großvater hat Lucius in die Politik Roms eingeführt. Nun wird Lucius seinen Wehrdienst beginnen. Wenn Großvater etwas von den Taten unserer Vorfahren erzählt, höre ich gerne zu. Auch mit meinem Hauslehrer würde ich gerne solche Erzählungen lesen. Aber der hat mir Texte über Viehzucht vorgelegt, ausgesucht vom Vater. So etwas Langweiliges! Aber gegen Vaters Hausgewalt kommt halt keiner an. Wenn ich doch bloß erst so alt wäre wie Lucius. Vor zwei Jahren durfte er am Altar, der unseren Familiengottheiten geweiht ist, seine Kindertoga ablegen. Meine Schwestern Romilia und Claudia sind schon verheiratet. Meine dritte Schwester Caecilia ist Priesterin im Vestatempel und darf daher nicht heiraten. Aber alle sind stolz auf sie, auch unsere Sklaven und Klienten.

Verfassertext

M3 Cornelia – Ehefrau des Marcus Romilius

Cornelia, eine (erfundene) Römerin, stellt sich vor:

Ich bin die Frau von Marcus Romilius. Seit zwanzig Jahren sind wir verheiratet. Mein Vater, Gaius Aemilius, hatte mit seinem Vater die neue Form der Eheschließung vereinbart. Deshalb unterstehe ich nicht der Verfügung meines Mannes, sondern der meines Vaters. So kann ich meine schöne Mitgift zurückverlangen, wenn Marcus und ich uns trennen sollten. Im Haus gibt es für mich viel zu tun, obwohl nur noch Quintus, der Jüngste, bei uns lebt. Ich bin für den Speisezettel verantwortlich und beaufsichtige die Köchin beim Brotbacken. Von meiner Mutter habe ich gelernt, wie man webt und spinnt. Hätte ich doch nur nicht so viel Arbeit damit, die Vorräte der Gutswirtschaft zu verwalten: Mehl, Eier und Unmengen von Trockenobst! Jupiter[1] sei gedankt, dass Marcus mir nicht viel hineinredet. Nur sparsam muss ich sein. Aus dem Haus gehe ich nicht so oft wie mein Mann.

Verfassertext

[1] Jupiter war der höchste römische Gott.

M4 **Grabstein einer vornehmen römischen Familie aus Köln,** ca. 2. Jh. n. Chr.

1 a) Beschreibe anhand des linken Darstellungstextes die Stellung des „pater familias", der Ehefrau und der Kinder in der römischen „familia".
b) Zeichne das Schaubild M1 in dein Heft ab. Trage Pfeile und Stichworte ein, die die Rechte und Pflichten der Mitglieder der „familia" zeigen.
c) Vergleiche die römische „familia" mit heutigen Familien.

2 Beschreibe die Rolle des Quintus und nimm Stellung (M2).

3 Ordne die Rolle der Cornelia in die „familia" ein (M3).

4 Nenne mithilfe des rechten Darstellungstextes Gründe, warum Opferkulte für Bauern wichtig waren.

Webcode: FG642342-129

Gesellschaft und Herrschaft in der Republik

Wer herrschte in Rom?

Um 600 v. Chr. stürzten adlige Römer (Patrizier) die Monarchie der Etrusker und gründeten eine Republik*. Anschließend kam es von 490 bis 287 v. Chr. zu Machtkämpfen zwischen den beiden Ständen*, den Patriziern und den Plebejern* (nichtadlige Bevölkerung). Zwischen 450 und 250 v. Chr. erreichten die Plebejer mit den „Zwölf-Tafel-Gesetzen" Rechtssicherheit. Das bedeutete, dass alle Gesetze nun schriftlich festgehalten werden mussten. Das Heiratsverbot zwischen Patriziern und Plebejern wurde aufgehoben, den Plebejern wurde Land zugeteilt und sie konnten Konsuln werden. In den verschiedenen Einrichtungen (Organen) der römischen Republik durften nur Männer vertreten sein, nicht jedoch Frauen, Sklavinnen und Sklaven.

Der Senat

Der Senat bildete das Zentrum der politischen Ordnung in Rom. Er bestand aus dem „Ältestenrat" und hatte zunächst 300, später 600 Mitglieder. Hier saßen die Vertreter der patrizischen Familien. Der Senat bestimmte die Grundlinien der Politik. Er konnte bei Krieg oder Unruhe einen „Diktator*" als Heerführer für sechs Monate berufen.

Die Magistrate

Die Staatsaufgaben nahmen die Magistrate (lat. Beamte) wahr. Damit sie ihre Macht nicht missbrauchen konnten, blieben sie nur ein Jahr im Amt (Annuität*). Jedes Amt wurde mit zwei Personen besetzt (Kollegialität*). Für die Gerichte waren die Prätoren zuständig, die Ädilen für die öffentliche Ordnung und die Quästoren für die Finanzen. Nur Reiche konnten diese Ämter ausüben, weil römische Magistrate als Ehrenämter nicht bezahlt wurden.

Die Volkstribune

Die Volkstribune wurden eingerichtet, um die Plebejer zu schützen. Sie hatten ein Vetorecht bei Entscheidungen des Senats. Deshalb wurden sie schnell zu einem Machtinstrument gegen die Arbeit des Senats und zu einem begehrten Amt, denn es ermöglichte reichen und angesehenen Plebejern, Mitglied im Senat zu werden.

Die Versammlungen

In der Volksversammlung kam das gesamte männliche Volk zusammen, wie auch in den anderen Einrichtungen waren Frauen, Sklavinnen und Sklaven nicht anwesend. Auf der Volksversammlung wurde nicht nach Personen abgestimmt, sondern nach Vermögensklassen oder Wohnbezirken. Jede Vermögensklasse wurde als eine Stimme gezählt, egal, ob 50 oder 500 Männer zu ihr gehörten. Da es mehr arme als reiche Bürger gab, hatte ein reicher Bürger größeren Einfluss, denn in seiner Klasse waren weniger Menschen. Ein armer Bürger hatte dagegen weniger Einfluss, weil zu seiner Klasse sehr viele Menschen gehörten.
Jeder der 35 Wohnbezirke hatte ebenfalls eine Stimme. Der größte Teil der armen Bevölkerung wohnte in der Stadt und konnte damit nur in den vier städtischen Bezirken mitbestimmen. Hinzu kam, dass die ärmeren Römer aus den ländlichen Bezirken es sich nicht leisten konnten, für die Versammlungen in die Stadt zu kommen. Deshalb wurden die 31 ländlichen Bezirke ausnahmslos von reichen Römern bestimmt. Folglich hatten die reichen Römer mehr politischen Einfluss.

1 Partnerarbeit:
a) Notiert mithilfe des Darstellungstextes stichwortartig die wichtigsten Merkmale der politischen Organe der römischen Republik (Tabelle).
b) Klärt, in welchem Machtverhältnis sie zueinander standen. Bearbeitet dazu erst die Methodenseite 131.

2 Überprüfe die folgenden Aussagen. Schreibe sie richtig auf und erläutere sie:
a) Der Senat ist dem Magistrat unterstellt.
b) Die zwei Censoren suchen die Magistrate aus.
c) Ein Diktator wird vom Magistrat ernannt und übt sein Amt zwölf Monate aus.
d) In den Volksversammlungen der Römer haben alle das gleiche Stimmrecht.
f) Das Prinzip der Kollegialität sollte dazu beitragen, Entscheidungen schneller zu treffen.

3 Beantwortet in einer Gesprächsrunde die Frage: Wer herrschte in Rom?

Schaubilder verstehen

Die Verfassung als Schaubild

Verfassungen* regeln das Zusammenleben in einem Staat. Sie sind das „Grundgesetz", in dem politische Regeln und Machtverhältnisse, in unserer Zeit auch die Grundrechte der Menschen, festgelegt sind. Um sie besser zu verstehen, können sie in Schaubildern dargestellt werden.

1 Werte M1 nach den Arbeitsschritten aus. Ziehe die Seite 130 heran.

M1 **Die politische Ordnung der römischen Republik**

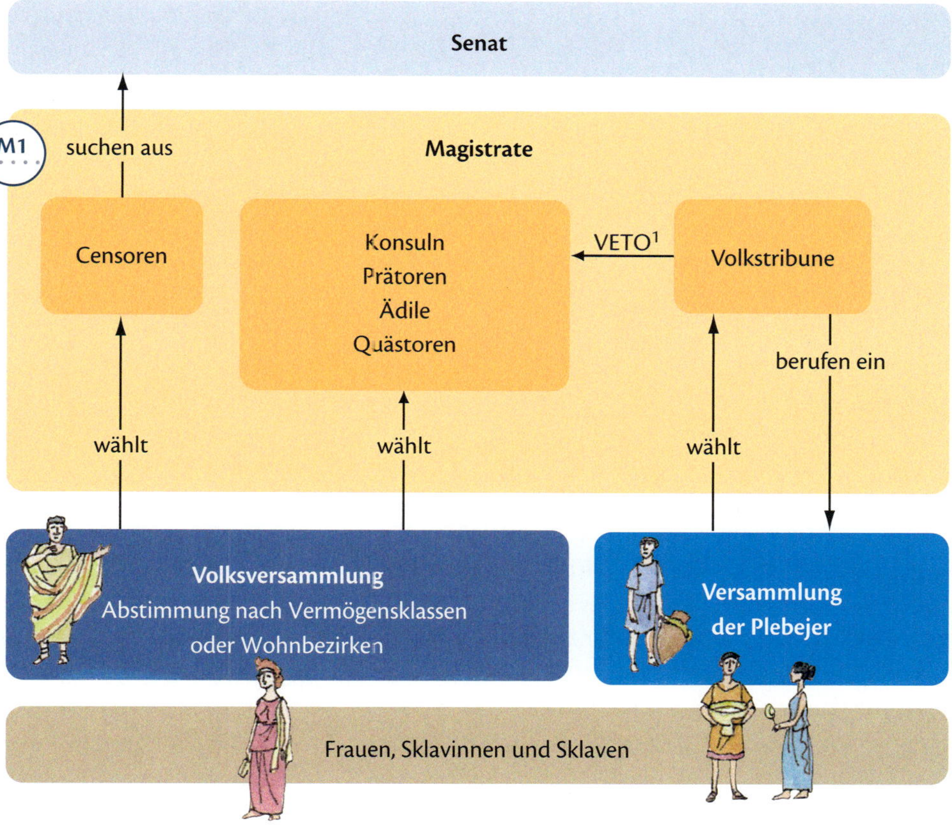

[1] Einspruchsrecht gegen Handlungen der Magistrate

Arbeitsschritte

1. Schritt: Elemente der Abbildung erfassen

- Welche Fachbegriffe werden verwendet und sind zu klären?
- Welche Zeichen sind zu erschließen (z. B. Pfeile, Farben)?

2. Schritt: Den Aufbau untersuchen

- Wie ist das Schaubild zu lesen (z. B. von unten nach oben, von links nach rechts, von der Mitte)?
- Wo ist der beste „Einstieg" in die Beschreibung des Schaubildes?

3. Schritt: Den Inhalt erschließen und bewerten

- Welche Informationen geben die einzelnen Elemente zur Machtverteilung, z. B.: Wer kann mitbestimmen, wer nicht?
- Sind die Elemente gleichgestellt; gibt es ein „Oben" und „Unten"?
- Lassen sich Grundaussagen, „Stärken" und „Schwächen", z. B. der Verfassung, formulieren?

4. Schritt: Den historischen Zusammenhang einbeziehen

- Welche weiteren Informationen zur Einordnung und Bedeutung des Schaubildes sind notwendig?

Expansion im Mittelmeerraum

Rom breitet seine Herrschaft über Italien aus

Um 500 v. Chr. war Rom ein kleiner Bauernstaat am Tiber, aber im Jahr 272 v. Chr. stand ganz Italien unter römischer Herrschaft. Die Römer hatten mit ihren benachbarten Völkern in Mittel- und Süditalien viele Kriege geführt. Meistens waren sie als Sieger daraus hervorgegangen. Dadurch konnten sie dann ihre Gebiete erweitern.

Der Erste Punische Krieg

Karthago war eine Stadt in Nordafrika. Die Karthager wurden von den Römern Punier genannt. Die Beziehungen zwischen den Römern und den Puniern waren lange Zeit friedlich gewesen. Nachdem die Römer aber die griechischen Städte in Süditalien erobert hatten, gerieten Römer und Punier in einen Konflikt. Es kam 264 v. Chr. zum Krieg. Was war der Anlass?
Die sizilianische Stadt Messana wurde von ihrer Nachbarstadt Syrakus angegriffen. Darum bat sie sowohl die Karthager als auch die Römer um militärische Hilfe. Karthager und Römer kämpften jedoch erbittert gegeneinander, weil sie hofften ihren Einfluss in Sizilien ausbauen zu können. Die Römer, die nur über ein Landheer verfügten, ließen erstmals Kriegsschiffe bauen. Jedoch wurden diese von der Flotte der Karthager zerstört. Weil das Geld für neue Schiffe fehlte, übernahmen Patrizier deren Finanzierung. So wurde der Erste Punische Krieg 241 v. Chr. zugunsten der Römer entschieden. Jetzt reichte das römische Herrschaftsgebiet über Italien hinaus. Ein römischer Beamter, ein Prätor, verwaltete das Gebiet und zog von den Bewohnern Tribute* (= Steuern) ein. 227 v. Chr. wurde in Sizilien die erste römische Provinz eingerichtet. Provinzen waren römische Besitzungen, die außerhalb Italiens lagen. Sie wurden von einem Statthalter verwaltet. Die Bewohner einer Provinz (Provinzialen) waren römische Untertanen. Sie besaßen kein Bürgerrecht, leisteten aber Tribute. In Sizilien war das zum Beispiel ein Zehntel der Ernte.

Der Zweite Punische Krieg

Nachdem die Karthager Sizilien verloren hatten, eroberten sie weite Teile Spaniens und erschlossen dort reiche Silbergruben. Um zu verhindern, dass sich die Karthager weiter in Spanien ausbreiteten, schlossen die Römer einen Vertrag mit ihnen. Jedoch verletzte der karthagische Feldherr Hannibal diesen Vertrag, indem er die Stadt Sagunt zerstörte, die mit Rom verbündet war. Er überschritt mit seinen Truppen den Fluss Ebro. Daraufhin erklärten die Römer Karthago den Krieg. Dieser Zweite Punische Krieg (218–202 v. Chr.) brachte Rom fast den Untergang: Die Römer wollten die Karthager in Spanien bekämpfen, wurden aber durch das plötzliche Erscheinen Hannibals in Norditalien überrascht. Hannibal soll in nur 15 Tagen mit einem gewaltigen Heer von 50 000 Soldaten, 9000 Reitern und 37 Kriegselefanten die Alpen überquert haben. Drei Jahre zog er unbesiegt durch Italien, ohne allerdings Rom anzugreifen. Zu seinen größten Erfolgen zählt die Schlacht bei Cannae, bei der 50 000 von 86 000 Römern gefallen sein sollen. Im Jahr 212 v. Chr. kam die Wende, als die Römer einige Städte in Süditalien zurückeroberten. Hannibal war gezwungen, mit seinem Heer nach Afrika zurückzukehren, weil der römische Feldherr Scipio nach Afrika übersetzte und Karthago angriff. Scipio, der den Beinamen Africanus erhielt, schlug Hannibal 202 v. Chr. in der nordafrikanischen Stadt Zama. Für Karthago waren die Friedensbedingungen der Römer hart: In Südspanien wurden zwei neue römische Provinzen eingerichtet, die Karthager mussten alle Kriegselefanten und alle Kriegsschiffe bis auf zehn herausgeben und 260 Tonnen Silber zahlen. Sie durften Kriege künftig nur noch mit Zustimmung Roms führen.

Der Dritte Punische Krieg

In den Friedensbedingungen des Zweiten Punischen Krieges hatte Rom den Karthagern verboten, ohne Einwilligung Roms Kriege zu führen. Dies sollte für die Karthager schwere Folgen haben. Als die benachbarten Numider im Jahr 150 v. Chr. die Karthager angriffen, wehrten sie sich, ohne die Erlaubnis Roms einzuholen. Die Römer nahmen dies als Anlass, um Karthago 149 v. Chr. erneut den Krieg zu erklären. Nach dreijähriger Belagerung besetzten sie 146 v. Chr. die Stadt, machten sie dem Erdboden gleich und brachten die Überlebenden als Sklaven nach Rom. Das Land der Karthager wurde zur römischen Provinz Africa.

M1 **Die Ausbreitung des Römischen Reiches von 220 v. Chr. bis 44 v. Chr.**

M2 **Kriegselefant mit Kampfturm,** etruskischer Teller, 3. Jh. v. Chr.

Vorschlag für eine Gruppenarbeit

Einen kriegerischen Konflikt untersuchen

Bildet Gruppen, die jeweils einen der Punischen Kriege mithilfe der vier Schritte untersuchen.

Nach Ursachen und Anlass des Krieges fragen
Nennt die Ursachen und den Anlass des Krieges.

Den Verlauf des Krieges klären
Beschreibt den Krieg, indem ihr Anfang, Verlauf und Ende berücksichtigt. Gab es kritische Phasen? Für wen?

Das Ergebnis des Krieges feststellen
Stellt fest, wer der Sieger und wer der Unterlegene war. Gab es Bedingungen für die Unterlegenen? Wie sahen sie aus?

Eine Stellungnahme formulieren
Bewertet die Rolle der beteiligten Parteien. Versucht zu klären, wer Schuld an dem Konflikt hatte. Äußert euch zu den Folgen für die Sieger und die Besiegten. Begründet eure Meinung.

Webcode: FG642342-133

Warum ging die Republik unter?

Die soziale Krise

Die Last der vielen Kriege trugen vor allem die Bauern. Deshalb konnten sie in Kriegszeiten ihre Felder nicht mehr ausreichend bebauen. Viele Kleinbauern gerieten mit ihren Familien in Not. Sie mussten ihr Land verkaufen, als Landarbeiter arbeiten oder nach Rom gehen, um dort Arbeit zu finden. Dadurch vergrößerte sich die Zahl der Besitzlosen, die „Plebejer“ („plebs“) genannt wurden. Auf den Gütern erledigten die Sklaven die schwere körperliche Arbeit. Sie waren als Kriegsgefangene ins Römische Reich gekommen und auf Sklavenmärkten als billige Arbeitskräfte verkauft worden. Dies bedeutete für viele Kleinbauern, dass sie jetzt auch als Tagelöhner auf den Gütern nicht mehr gebraucht wurden. Dagegen vermehrten die römischen Patrizier ihren Besitz, den ihre Sklaven bewirtschafteten. Die Patrizier waren Offiziere und Militärbefehlshaber und verteilten die umfangreiche Kriegsbeute unter sich. Der Abstand zwischen Arm und Reich wuchs.

Reformversuche

Tiberius Gracchus wurde 134 v. Chr. zum Volkstribun gewählt. Er beantragte, dass jeder Großgrundbesitzer höchstens 1000 Morgen (250 Hektar) Grund besitzen dürfe. Das übrige Land sollten landlose Bauern erhalten. Jedoch sperrten sich die Großgrundbesitzer gegen diesen Vorschlag. Im Senat konnte Tiberius keine Mehrheit erwarten. In der Volksversammlung trug er seinen Vorschlag vor. Er hatte aber seinen Mittribun gegen sich, den er kurzerhand absetzte, obwohl das gegen die Verfassung war. Jetzt wurde das „Ackergesetz“ angenommen. Als Tiberius ein Jahr später erneut – gegen das geltende Recht – das Volkstribunat anstrebte, kam es zu Gewalttätigkeiten. Tiberius und zahlreiche seiner Anhänger wurden erschlagen. Daraufhin spaltete sich die politische Führung Roms in zwei Parteien, die Popularen* und die Optimaten*. Die Popularen wollten mithilfe der Volksversammlung und Volkstribunen Reformen durchsetzen. Die Optimaten waren daran interessiert, die Macht des Senats zu erhalten und Reformen abzuwehren.

Bürgerkrieg und Untergang der Republik

Die beiden politischen Gruppen waren keine Parteien im modernen Sinne. Sie dienten ehrgeizigen Männern dazu, eine breite Anhängerschaft zu gewinnen. Ein politischer Aufstieg war jetzt stärker abhängig von Erfolgen in den Kriegen der Römer.
Ein Beispiel dafür ist der Popular Gaius Marius (156 bis 86 v. Chr.). Er hatte sich als Offizier emporgedient und seine Soldaten zum Sieg geführt. Mehrmals wurde er zum Konsul gewählt (104–100 v. Chr.). Er setzte eine Heeresreform durch, nach der Freiwillige aus der „plebs“ sowie Bundesgenossen in seine Legionen aufgenommen werden durften. Marius versprach ihnen für die Zeit nach dem Heeresdienst ein Stück Land.
Der Optimat Sulla, der 88 v. Chr. zum Konsul gewählt wurde, vertrat die Interessen der Senatspartei und bekämpfte die Anhänger des Marius mit brutaler Härte. Mit seinem Sieg über die Popularen (82 v. Chr.) erlangte er das Amt des Diktators auf Lebenszeit. Er schränkte das Vetorecht der Volkstribunen ein. Gesetzesanträge an die Volksversammlung mussten künftig vom Senat genehmigt werden. 79 v. Chr. legte Sulla überraschend seine Diktatur nieder und zog sich als Privatmann auf sein Gut bei Neapel zurück.

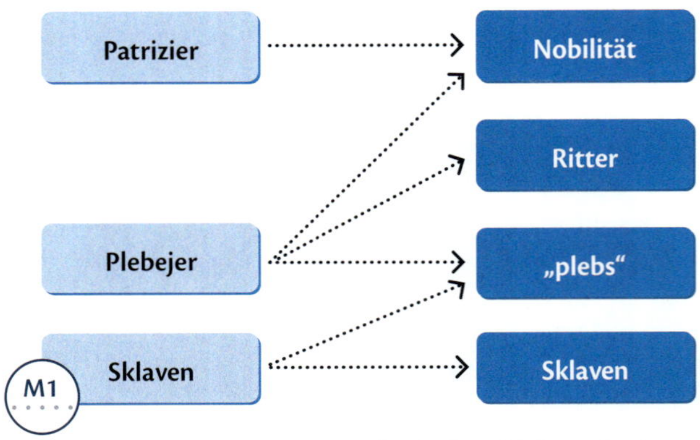

Wandel der römischen Gesellschaftsschichten in der Zeit der Republik. Nobilität = führende patrizische und plebejische Familien, die unter ihren Vorfahren mindestens einen Konsul hatten; Ritter = aufgestiegene, wohlhabende Bauern, die Verwaltungs- und Versorgungsaufgaben übernahmen; „plebs“ = soziale Unterschicht, v. a. in den Städten.

Caesar als Alleinherrscher

Die Popularen hatten das Ziel, die Rechte der Volkstribunen wiederherzustellen. Dies gelang Gnaeus Pompeius und Marcus Licinius Crassus 70 v. Chr. in ihrem gemeinsamen Konsulat. Zehn Jahre später gingen sie ein Bündnis mit Gaius Julius Caesar ein. Sie bildeten eine Dreierherrschaft, das sogenannte erste Triumvirat, und teilten zunächst die Macht im Staat unter sich auf. Den Senat schalteten sie weitgehend aus und ließen ihre Abmachungen als „Gesetze" verkünden.

Weil Caesar Gallien (58–51 v. Chr.) eroberte, gewann er zunehmend politischen Einfluss und überragte darin seine Mitherrscher. Er war nach den militärischen Erfolgen gegen die Truppen Pompeius' und des Senats unbestrittener Alleinherrscher. Da er im Bürgerkrieg mit seinen Feinden relativ milde umgegangen war, gewann er rasch Sympathien. 46 v. Chr. ließ er sich für zehn Jahre zum Diktator ernennen und 44 v. Chr. zum Diktator auf Lebenszeit. In der Öffentlichkeit zeigte er sich mit einem goldenen Lorbeerkranz und trug bei allen offiziellen Handlungen das Purpurgewand des Triumphators. Im Senat saß er auf einem goldenen Stuhl. Ehrenbeschlüsse rückten ihn immer stärker in die Nähe der Göttlichkeit. Er besaß fast die Stellung eines Königs – nur der Titel fehlte. Der war jedoch nach der Verfassung der Republik verboten; darauf stand die Todesstrafe. Seine Gegner im Senat hegten immer stärker den Verdacht, dass Caesar die Monarchie anstrebe. Deshalb schlossen sich 60 Verschwörer zusammen und ermordeten Caesar am 15. März 44 v. Chr. während einer Senatssitzung mit 23 Dolchstichen.

M2

Zwei Münzpräger im Gespräch über Caesar

Das Gespräch zwischen Secundus (S) und Tertius (T) ist erfunden. Der Dialog gibt aber die Stimmung zu Beginn des Jahres 44 v. Chr. wieder:

S: Schau dir diesen Caesar an, jetzt ist er größenwahnsinnig geworden: Diktator auf Lebenszeit! Er muss doch wissen, dass der Senat das nicht mitmacht.

T: Warum denn? In den Senat hat er doch erst neulich seine Gefolgsleute gesetzt.

S: Aber die alten Senatoren wissen doch, dass Konsuln wie andere Beamte nur für ein Jahr gewählt werden dürfen – und nun das: lebenslänglich!

T: Wie soll ein Konsul einen Feldzug gegen unsere Feinde weit im Norden und Osten vorbereiten und durchführen, wenn er nach wenigen Monaten zurückkehren muss, weil die Amtszeit zu Ende geht?

S: Hm …

T: Überlege, was Caesar in acht Jahren in Gallien erreicht hat. Da gibt's jetzt Straßen und blühende Städte!

S: Gibt es eigentlich noch einen Unterschied zwischen seiner Stellung und der eines Königs?

T: Glaube ich nicht. Vielleicht will er ja tatsächlich ein König werden? Vielleicht will er erst noch einen Sieg erringen, damit seine Herrschaft voll akzeptiert wird.

S: Man munkelt, er wolle im Osten einen Feldzug gegen die Parther durchführen …

T: Und wenn er wiederkommt, ordnet er alles neu …

S: Meinst du, er würde dann alle Senatoren umbringen und die Alleinherrschaft anstreben?

T: Glaube ich nicht. Es ist doch egal, ob es 300, 600 oder 900 Senatoren gibt – er und seine Berater machen einfach die bessere Politik. Und wenn er einen Feldzug siegreich beendet und mit reicher Beute nach Hause kommt – wer fragt da schon nach?

S: Und wenn man ihn gar nicht erst zu diesem Krieg aufbrechen lässt?

T: Wie willst du ihn daran hindern?

Verfassertext

M3 **Caesar,** römische Silbermünze (Denar), 44 v. Chr. (vor Caesars Tod). Die Umschrift lautet: Caesar Dict(ator) Quart(um). Der Kranz aus Gold ist der Schmuck Jupiters, Auszeichnung des Triumphators und Herrschaftszeichen des etruskischen Königs. Porträts lebender Personen auf Münzen hat es vordem in Rom nicht gegeben.

1 Livia hört zu Hause die Geschichte über die Krise, die Reformversuche, die Popularen und Optimaten sowie die Herrschaft Caesars. In einem Brief will sie ihrem Freund Titus davon berichten. Schreibe anhand der Informationen auf dieser Doppelseite diesen Brief.

2 Erörtert in einer Gesprächsrunde, warum es zum Untergang der römischen Republik kam.

Gibt es einen gerechten Krieg?

Krieg und Frieden in der Antike

Aus Quellen wissen wir, dass die Römer das Recht zur Kriegführung nicht infrage stellten. Allerdings galten Kriege nur unter bestimmten Voraussetzungen als gerecht, etwa wenn ein Land bestraft werden sollte, das einen Vertrag verletzt oder einen Bundesgenossen* angegriffen hatte. Zwar machten die Römer die Erfahrung, dass Kriege Not und Unheil bringen, aber sie waren auch der Meinung, dass sie zu Ordnung und Stabilität führen.

Die Römer leiteten den Anspruch auf unbegrenzte Macht und Herrschaft von ihren Göttern ab. Erfolgreiche Eroberungsfeldzüge werteten sie als Belohnung für ihre Frömmigkeit.

Die Ausbreitung der römischen Herrschaft wurde unterschiedlich gesehen: Zeitgenössische Schriftsteller lobten den Mut der Römer und erkannten ihre Weltherrschaft an. Die Gegner kritisierten aber die römische Kriegführung.

M2

Szene aus dem Krieg gegen das Volk der Daker,
Relief der Trajansäule, 113 n. Chr.

M1

Was ist ein Krieg?

In einem Jugendlexikon wird der Begriff „Krieg" folgendermaßen erklärt (1996):

Krieg ist die mit Waffengewalt ausgetragene Auseinandersetzung zwischen Staaten oder Völkern. Eine besondere Form des bewaffneten Kampfes ist der Bürgerkrieg zwischen Gruppen innerhalb eines Staates oder in der Form eines Aufstandes gegen die Regierung …
Die Frage nach der … Berechtigung des Krieges beschäftigt die Menschen seit Jahrtausenden. Dabei spielt häufig die Idee eines „gerechten Krieges" (lateinisch: bellum iustum) eine Rolle. Nach der Satzung der „Vereinten Nationen" (= UNO)[1] ist ein Krieg nur noch erlaubt als Mittel der Selbstverteidigung oder als Maßnahme der UNO, den Frieden aufrechtzuerhalten oder wiederherzustellen.

Der Jugend-Brockhaus, Bd. 2, Leipzig/Mannheim (Brockhaus) 1996, S. 175 f.

[1] Die UNO ist eine Vereinigung zur Sicherung des Friedens auf der Welt. Sie wurde 1945 gegründet und umfasst 192 Staaten (Stand 2008).

M3

Wann ist ein Krieg „gerecht"?

Der römische Politiker Cicero äußerte sich dazu im 1. Jh. v. Chr.:

Das sind ungerechte Kriege, die ohne Grund unternommen worden sind. Denn nur dann kann ein Krieg … als gerecht gelten, wenn es sich darum handelt, Rache an den Feinden zu nehmen oder diese abzuwehren … Ein Krieg gilt nur dann als gerecht, wenn er vorher angekündigt und erklärt wurde und wenn er zur Wiedergutmachung geführt wird … Unser Volk hat sich durch die Verteidigung der Bundesgenossen bereits aller Länder bemächtigt.

Cicero, Über den Staat, 3. Buch, Kap. 23, übers. d. Verf.

1 Schildere, welche Gedanken dir beim Betrachten von M2 kommen.

2 Erarbeite anhand von M3, wie Cicero gerechte und ungerechte Kriege unterscheidet.

3 a) Stelle mithilfe von M1 fest, wie Krieg in unserer Zeit beschrieben wird.
b) Vergleiche mit M3.

Rom – vom Stadtstaat zur Weltmacht

Überprüfe, was du kannst

Sachkompetenz

1 Stelle dar, wie die Gesellschaft der römischen Republik aufgebaut war und wie sie sich wandelte (S. 130–131, S. 134).

2 Beschreibe die Schritte und Methoden, mit denen die Römer ihre Weltmacht aufbauten (S. 132–133).

3 Erläutere, warum die römische Republik in die Krise geriet, welche Reformen versucht wurden und wie die Republik unterging (S. 134–135).

Methodenkompetenz

4 Analysiere M1 mithilfe der Methode „Schriftliche Quellen untersuchen" (S. 115).

Selbst- und Sozialkompetenz

5 Vergleiche die römische Republik mit der griechischen Polis. Gehe auf die gesellschaftlichen Gruppen und die Machtverteilung im Staat ein. Berichte in der Klasse.

6 Rollenspiel: Gestaltet in Gruppen ein Streitgespräch zwischen den Popularen und den Optimaten (S. 134–135) über die Verteilung der Macht im Staat.

7 Nimm Stellung: Gibt es einen gerechten Krieg?

8 **Partnerarbeit:** Erkundet, ob heute noch von „Weltmächten" gesprochen bzw. geschrieben wird (Lexika, Internet). Berichtet in der Klasse.

M1

Mehr Freiheiten für Frauen?

Während des Zweiten Punischen Krieges war es Frauen verboten worden, Gold und Purpur zu besitzen und mit einem bespannten Wagen zu fahren. Dieses Gesetz (Lex Oppia) wurde 195 v. Chr. wieder abgeschafft. Der Aufhebung gingen öffentliche Diskussionen voraus. Der römische Geschichtsschreiber Livius (59 v. Chr.–17 n. Chr.) überlieferte eine Rede des Volkstribuns Valerius:

Was haben denn die Frauen eigentlich Neuartiges getan, dass sie in einer Sache, die sie angeht, in großer Zahl auf die Straße gegangen sind? ... Wir sind ... überheblich, wenn wir uns darüber entrüsten, dass ehrenwerte Frauen sich mit einer Bitte an uns wenden, während die Herren die Bitten ihrer Sklaven nicht zurückweisen ... Weder Staats- noch Priesterämter noch militärische Auszeichnungen oder Beute können ihnen zuteil werden. Hübsches Aussehen, Schmuck und Kleidung, das sind die Kennzeichen der Frauen, darüber freuen sie sich und sind stolz, das haben unsere Vorfahren die „Welt der Frauen" genannt ... Natürlich, wenn ihr das oppische Gesetz aufhebt, wird es nicht mehr in eurem Ermessen liegen, wenn ihr etwas verbieten wolltet, was jetzt das Gesetz verbietet. Über Töchter, Frauen und Schwestern würden dann einige weniger Gewalt haben.

Livius 34, 2,8–3; 5,7–13, übers. d. Verf.

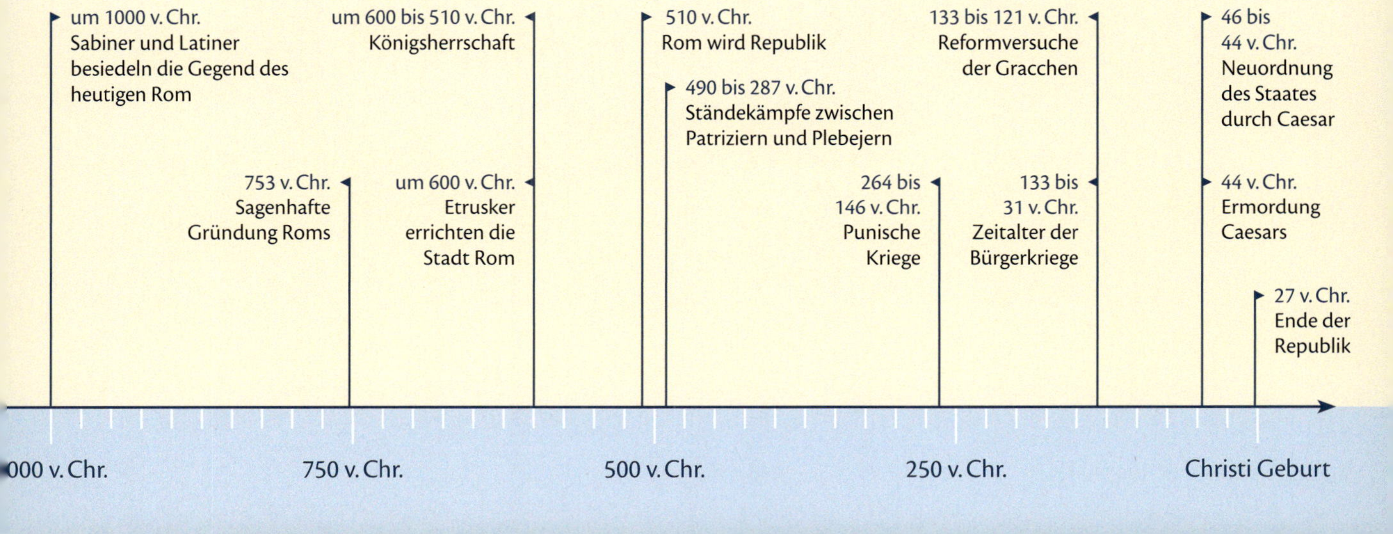

Lebenswelt Imperium Romanum

Wissen • Urteilen • Kommunizieren/Handeln • Methoden anwenden

Am Ende dieses Unterkapitels kannst du

- die Herrschaft des Augustus beschreiben
- Ziele und Methoden römischer Herrschaft in der Kaiserzeit erklären
- den Ausdruck „Romanisierung" erläutern
- Ursachen für den Untergang des Römischen Reiches nennen
- römische Wurzeln für das gegenwärtige Europa darstellen
- **Methode** Schriftliche Quellen vergleichen

Das Römische Reich vom 1. bis 3. Jahrhundert n. Chr.

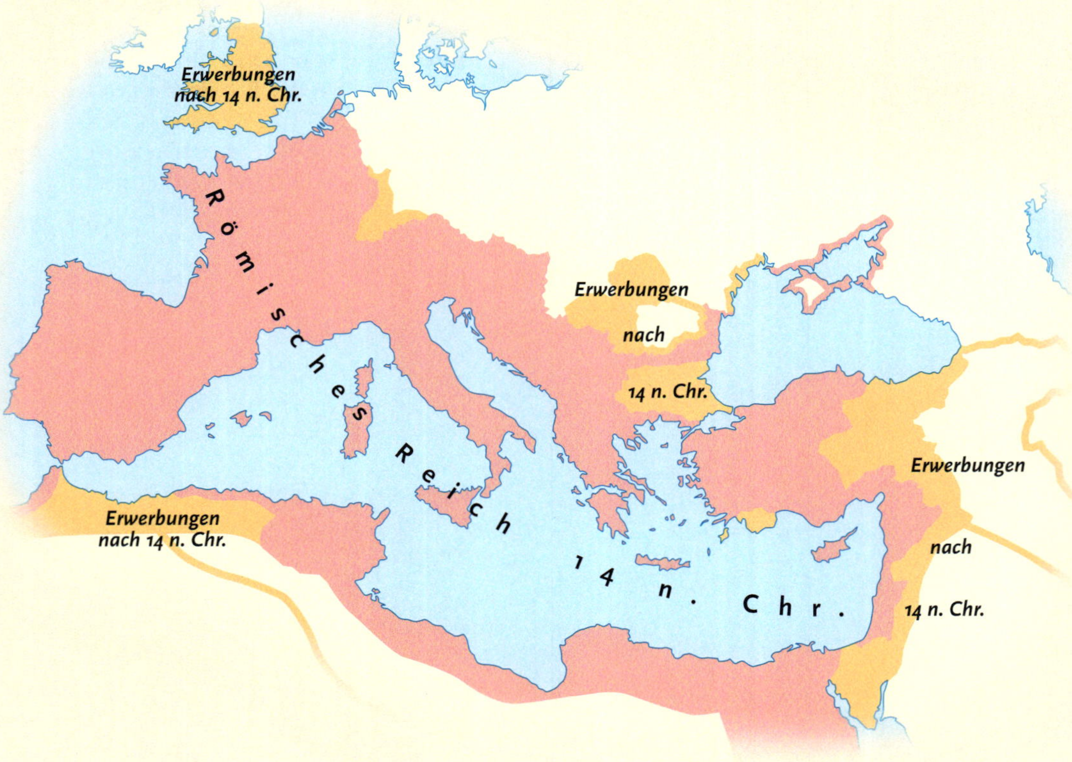

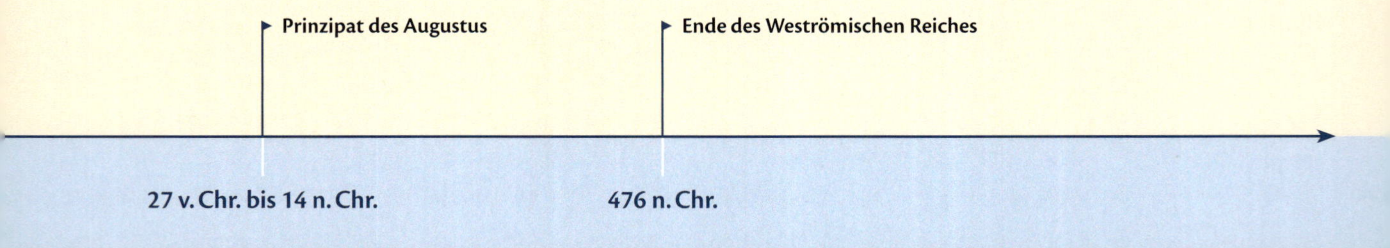

Octavian – der Erbe Caesars wird „Augustus“

Der Kampf um die Herrschaft in Rom

Nach der Ermordung Caesars im Jahre 44 v. Chr. entbrannte erneut der Kampf um die Spitze im römischen Staat. Dieses Mal hieß der Sieger Octavian, er war ein Großneffe Caesars. Caesar hatte Octavian adoptiert und ihm damit die Befehlsgewalt über die von ihm abhängigen Soldaten und Veteranen vererbt.

Zu Beginn der Kämpfe verfolgte und tötete Octavian seine Gegner. Nach seinem militärischen Sieg bei Actium (31 v. Chr.) wurde er vorsichtiger. Er wusste, dass seine Herrschaft nur dann stabil sein würde, wenn er möglichst viele Anhänger gewann und seine Herrschaft anerkannt wurde. Er wollte seine Gegner davon überzeugen, dass er keine Alleinherrschaft anstrebte. Deshalb gab er 27 v. Chr. seine außerordentlichen Vollmachten an Volk und Senat zurück. Damit hatte er die Republik äußerlich wiederhergestellt, und der Senat verlieh ihm daraufhin den Ehrennamen „Augustus“ (= der Erhabene). In den folgenden Jahren von 63 v. Chr. bis 14 n. Chr. errichtete Augustus eine Form der Vorherrschaft, die „Prinzipat“ genannt wird. Er nannte sich zwar nicht „Rex“ (= Monarch*), sondern „Princeps“ (lat. der Erste im Staate). Tatsächlich herrschte er aber wie ein Monarch: Er hatte den Oberbefehl über das Heer und die wichtigsten Provinzen. Augustus besaß lebenslang die Rechte eines Volkstribuns* und leitete alle Senats- und Volksversammlungen. Dazu war er oberster Priester und bestimmte seinen Nachfolger selbst. Der Name „Caesar Augustus“ wurde nach seinem Tod im Jahr 14 n. Chr. zum Titel aller römischen Kaiser (= Caesar).

M1 **Marmorstandbild des Augustus,** Höhe 2,03 m. Die Figuren auf dem Brustpanzer zeigen einen besiegten Gegner, der den Römern erbeutete Truppenabzeichen zurückgibt; darüber schweben Himmelsgötter. Die kleine Figur am Fuß könnte Gott Amor sein. Die Barfüßigkeit antiker Statuen ist ein Zeichen für eine gottähnliche Stellung.

Begriffe und Daten

Der Prinzipat

(abgeleitet von lat. princeps: der Erste im Staat); als Herrschaftsform von Augustus eingeführt, äußerlich eine Republik, tatsächlich eine Monarchie

M2 **Augustus,** Rekonstruktion der Farbgebung nach Farbresten anhand eines Modells durch Wissenschaftler im Münchner Museum für Vor- und Frühgeschichte.

1 Stelle mithilfe des Darstellungstextes fest, wie Augustus seine Macht errang und wie er sie sicherte.

2 a) Beschreibe M1.
b) Stelle Vermutungen an, wie die Darstellung möglicherweise auf die Menschen gewirkt hat.

3 Schildere deinen Eindruck von M2 im Vergleich zu M1.

Schriftliche Quellen vergleichen

Fragen stellen – Antworten vergleichen

Oft werden historische Ereignisse oder die Beschreibung von Personen von verschiedenen Verfassern überliefert. Hier bietet sich ein Quellenvergleich an, mit dem sich Übereinstimmungen und Unterschiede der Sichtweisen oder Blickwinkel (Perspektiven) erarbeiten lassen. So kannst du dir nach dem Vergleich besser eine eigene Meinung bilden.

Auf dieser Methodenseite findest du zwei schriftliche Quellen, die auf die Frage Antworten geben, wie es Augustus gelang, sich in Rom durchzusetzen und an der Macht zu bleiben. Beachtet, dass nicht immer alle Fragen in den Arbeitsschritten beantwortet werden können.

M1

Augustus – zwei Perspektiven vergleichen

Im Jahr 13. n. Chr. verfasste der 76-jährige Augustus einen Tatenbericht („Res gestae"). Hierin stellte er sein politisches Lebenswerk selbst dar. Den Bericht ließ er in Stein meißeln und öffentlich aufstellen.

1A Im Alter von 19 Jahren [44 v. Chr.] brachte ich aus eigenem Entschluss und mit eigenen Mitteln ein Heer auf, mit dessen Hilfe ich den Staat, der durch die Gewaltherrschaft einer Partei unterdrückt war, in die Freiheit zurückgeführt habe. Aus diesem Grunde nahm mich der Senat ... in seine Reihen auf [43 v. Chr.] ... und gab mir die militärische Befehlsgewalt ... Die meinen Vater ermordet haben, sie habe ich in die Verbannung gejagt und ihr Verbrechen gerächt durch gesetzmäßige Gerichtsurteile ... Die Diktatur, die mir abwesend und anwesend sowohl vom Volk als auch vom Senat ... angetragen wurde, habe ich nicht angenommen ... Als ... Senat und Volk Roms übereinkamen, dass ich allein zum Walter der Gesetze und Sitten mit höchster Machtvollkommenheit gewählt werde, habe ich kein Amt, das wider den Brauch der Vorfahren übertragen werden sollte, angenommen.

Res gestae 1 ff., zit. nach Walter Arend, Geschichte in Quellen, Bd. 1, München (bsv) 1965, S. 581 f.

Unter den verschiedenen Kaisern hatte Tacitus (um 55–nach 116 n. Chr.) wichtige Ämter bekleidet, bevor er in den Jahren 100 n. Chr. ein Geschichtswerk über die Zeit ab Augustus schrieb. In seinem Werk („Annalen") gibt Tacitus zunächst die Meinungen von Zeitgenossen des Augustus wieder:

1B Dagegen sagten nun die anderen: die Anhänglichkeit gegen seinen Vater und die allgemeine Lage habe er bloß zum Vorwande genommen. Im Grunde sei es Herrschsucht gewesen, wenn er als junger Mensch ohne Amt die Veteranen durch freigebige Spenden an sich zog, ein Heer warb, die Legionen des Konsuls bestach ... Er habe vom Senat das Konsulat erzwungen und das Heer ... gegen den Staat geführt ... Dann ist allerdings Friede geworden, aber ein blutiger: Lollius und Varus sind geschlagen worden, in Rom sind Varro, Egnatius und Jullus hingerichtet worden ... Für die Götterverehrung hat er keinen Raum mehr gelassen: Er wollte selber Tempel haben und von ... Priestern als Gott angebetet werden. Er hat auch Tiberius nicht aus Liebe ... zu seinem Nachfolger bestimmt; nein, er hat dessen anmaßende und grausame Natur wohl erkannt und darauf gerechnet, dass der Vergleich mit einem solchen Scheusal seinem Ruhm zugute kommen werde.

Tacitus, Annalen 1, 9 f., zit. nach Walter Arend, Geschichte in Quellen, Bd. 1, München (bsv) 1965, S. 585 f.

Arbeitsschritte

1. Schritt: Jede Quelle einzeln erschließen

Nimm dazu die Arbeitsschritte S. 115 zu Hilfe.

2. Schritt: Glaubwürdigkeit der Texte überprüfen

- Wann sind die Texte geschrieben worden? Wie groß ist der zeitliche Abstand zwischen Ereignis und Bericht? Waren die Autoren Augenzeugen? Wenn nicht: Wen geben sie als Informanten an?
- Ist eine Wertung (durch die Autoren oder deren Informanten) zu erkennen?

3. Schritt: Inhalte vergleichen

- Welche Informationen stimmen überein?
- Gibt es Einzelheiten, die nicht in allen Texten erscheinen bzw. unterschiedlich genau oder ausführlich wiedergegeben werden?
- Was wird berichtet, ist es logisch oder enthält es Unstimmigkeiten?

4. Schritt: Weitere Informationen sammeln

Um die Aussagen der Texte zu überprüfen bzw. Fragen zu klären, musst du weitere Quellen und wissenschaftliche Informationen (z. B. Lexika, Sachbücher) heranziehen.

5. Schritt: Ergebnisse formulieren

Vergleiche die Notizen aus den einzelnen Arbeitsschritten miteinander. Ergänze dann die Ergebnisse durch Sachinformationen. Nenne die Widersprüche und Unklarheiten, die du bei der Textarbeit festgestellt hast und nicht beseitigen konntest.

Vorschlag für eine Gruppenarbeit

1 Untersucht zunächst in Partnerarbeit arbeitsteilig die beiden Quellen nach den Arbeitsschritten „Schriftliche Quellen untersuchen" (Seite 115). Setzt euch dann mit zwei Mitschülerinnen/Mitschülern zusammen und vergleicht eure Ergebnisse.

2 Prüft anhand von Arbeitsschritt 2, wie glaubwürdig die Textquellen jeweils sind.

3 a) Legt eine Tabelle nach folgendem Muster an, mit der ihr die Quellen inhaltlich erschließt. In die mittlere Spalte könnt ihr die folgenden Fragen eintragen: Warum stellte Augustus ein eigenes Heer auf? Wie ging Augustus gegen seine Feinde vor? Wie viel Macht besaß Augustus, nachdem er seine Feinde besiegt hatte? Wie verhielten sich die Senatoren und die Bevölkerung nach dem Sieg von Augustus?
b) Tragt dann die jeweiligen Aussagen der Quellentexte in die Spalten links und rechts ein.

Aussagen des Augustus (M1A)	Gemeinsame Themen	Aussagen des Tacitus (M1B)
	Warum stellte Augustus ein eigenes Heer auf? ...	

4 Formuliert mit eigenen Worten die Antworten der Quellen auf die Frage, warum Augustus sich durchsetzen konnte.

5 Vergleicht die beiden Aussagen mithilfe des Arbeitsschritts 3.

6 Arbeitsschritt 4 erfordert weitere Recherchen nach Informationen zum Thema Augustus. Ein erster Schritt zur Überprüfung der Aussagekraft der Textquellen ist es, den Darstellungstext S. 139 heranzuziehen:
a) Vergleicht die Aussagen des Darstellungstextes mit den Standpunkten in den beiden Textquellen.
b) Formuliert eure Ergebnisse (Arbeitsschritt 5).

7 Erörtert in einer Gesprächsrunde, wodurch sich grundsätzlich Quellen und Darstellungen voneinander unterscheiden.

Herrschaft im Zeitalter des Augustus

Friedensfürst und Medienherrscher?

Die Senatoren, Ritter und Feldherren, also die Angehörigen der Oberschicht, hatten im Bürgerkrieg um ihren eigenen Ruhm gekämpft. Sie hatten damit die Republik und den Frieden zerstört. Augustus wollte die Oberschicht wieder dazu bringen, Verantwortung für das Gesamtwohl des Staates zu übernehmen. Darum beteiligte er Senatoren und Ritter an seiner Macht. Senatoren konnten somit das Kommando über ein Heer haben, allerdings blieb Augustus Oberbefehlshaber. Er entschied zum Beispiel, die jahrhundertelange Eroberungspolitik zu beenden. Weiterhin konnte ein Senator in einer Provinz als Statthalter* tätig sein und Steuern eintreiben. Die Provinzbewohner wurden jedoch vor korrupten Steuereintreibern geschützt, weil sie sich dann direkt an den Kaiser wenden konnten. Augustus ließ auch kostenlos Getreide verteilen und viele Pferderennen und Gladiatorenkämpfe veranstalten. Mit „Brot und Spielen" versuchte er, die Einwohner der Hauptstadt zu „befrieden". Die Sicherheit erhöhte er, indem er Feuerwehr- und Polizeistationen einrichtete. Zudem ließ er in Rom neue Tempel, Theater und Triumphbögen bauen und Bauwerke aus der Republikzeit wieder herrichten. Er ermahnte die Römer, die Götter zu verehren, denen Rom die Weltherrschaft verdanke.

In der Geschichtsforschung wird heute die These vertreten, dass sich die Herrschaftsform des Prinzipats sehr stark darauf konzentrierte, dass der Herrscher sich selbst darstellte und sich und seine Herrschaft von anderen Menschen darstellen ließ („Medienherrscher"). Dies zeigt sich nicht nur in Bildern und Skulpturen, in Dichtung und Literatur, sondern vor allem auch in der Architektur. Denn es gab eine rege Bautätigkeit auf dem Forum Romanum, dem zentralen Platz in Rom. Als zusätzliches Zentrum ließ Augustus das Marsfeld ausbauen, wo große Freizeitanlagen, das Mausoleum, die Ara Pacis und die Sonnenuhr entstanden. Im religiösen Bereich begriff sich Augustus als die Person, die durch den Willen der Götter zum Retter der Republik und zum Heil des Staates bestimmt sei.

M1 Das Römische Reich zur Zeit des Augustus

M2

Das Tellusrelief mit der Friedensgöttin Pax. Es ist Teil des Altars (der Ara Pacis Augustae), den der Senat zu Ehren des Kaisers Augustus auf dem Marsfeld errichten ließ. Er wurde 9 v. Chr. der Göttin Pax geweiht. Das Relief zeigt in der Mitte die Göttin Pax, von zwei Frauengestalten umgeben, die Landwinde (links auf einem Schwan sitzend) und Meerwinde (rechts auf einem Meeresungeheuer). Es ist eine bildhafte Darstellung des von Augustus verkündeten Friedens.

M3

Augustus und seine Friedenstaten

In seinem Tatenbericht berichtete Augustus über seine Friedenstaten:

Der Tempel des Janus Quirinius, der nach dem Wunsch unserer Vorväter geschlossen werden sollte, wenn im gesamten römischen Reichsgebiet zu Wasser und zu Lande durch Siege errungener Friede herrschte – dies soll, so wird überliefert, vor meiner Geburt seit Gründung der Stadt überhaupt erst zweimal geschehen sein –, dieser Tempel wurde, während ich der erste Mann des Staates war, auf Anordnung des Senats dreimal geschlossen …

Das Gebiet aller Provinzen des römischen Volkes, die Volksstämme zu Nachbarn hatten, die nicht unserem Befehl gehorchten, habe ich vergrößert. Die Provinzen Galliens und Spaniens, ebenso Germanien habe ich befriedet, ein Gebiet, das der Ozean von Gades bis zur Mündung der Elbe umschließt. Die Alpen ließ ich von der Gegend, die der Adria zunächst liegt, bis zum Tyrrhenischen Meer befrieden, wobei mit keinem Volk widerrechtlich Krieg geführt wurde. Meine Flotte fuhr von der Mündung des Rheins über den Ozean in östliche Richtung bis zum Land der Kimbern. Dorthin war zu Wasser und zu Lande bis zu diesem Zeitpunkt noch kein Römer gekommen.

Res gestae 13; 26, zit. nach Praxis Geschichte, H. 5, 2003, S. 15.

M4

Das Imperium Romanum – ein Reich des Friedens?

Der griechische Geschichtsschreiber und römische Konsul Cassius Dio (um 163–um 235 n. Chr.) schrieb in seiner Römischen Geschichte:

Zur gleichen Zeit wurden auch viele Kriege ausgefochten: Seeräuber überfielen zahlreiche Gebiete, sodass Sardinien einige Jahre lang nicht einmal einen Senator als Statthalter hatte, sondern Soldaten und Befehlshabern aus dem Ritterstand anvertraut werden musste. Außerdem empörten sich nicht wenige Städte, was zur Folge hatte, dass zwei Jahre lang die nämlichen Beamten ihre Stelle in den Provinzen bekleideten, die dem Volke gehörten, statt durch Loswahl berufen, unmittelbar ernannt werden; die kaiserlichen Provinzen wurden ja auch sonst für längere Zeit den gleichen Statthaltern übertragen.

Cassius Dio 55, 28, 1–2, zit. nach Praxis Geschichte, H. 5, 2003, S. 15.

1 Erschließe anhand des Darstellungstextes die Beschreibungen „Friedensfürst" und „Medienherrscher".

2 Deute M2 mithilfe der Methode „Ein Bild als Quelle I" (S. 82–83).

3 a) Analysiere M3 und M4 nach der Methode „Schriftliche Quellen vergleichen" (siehe S. 140–141).

4 Beschreibe anhand von M1 die Ausdehnung des Römischen Reiches zur Zeit des Augustus.

5 Beurteile die folgende Aussage des Tacitus: Augustus schuf einen „blutigen Frieden".

Rom im Kaiserreich

Das „Haupt der Welt"

„Ich bin froh, dass ich heute geboren bin!" Dies schrieb zur Zeit des Augustus der römische Dichter Ovid. Er lobte die „goldene Stadt" Rom mit ihren Hügeln, wo das Weideland für die Rinder lag.

In der Kaiserzeit hatte Rom fast eine Million Einwohner. Mit Amphitheater, Forum, Bädern und über 46 000 Mietskasernen wurde die Stadt zum Vorbild für viele andere des Imperiums. Zum Beispiel für die berühmte süditalische Stadt Pompeji, die 79 n. Chr. durch einen Vulkanausbruch verschüttet, aber von Archäologen wieder vollständig ausgegraben wurde.

Spätestens seit Augustus sprachen viele von Rom als dem „Haupt der Welt". Rom war Großstadt und Herrschaftssitz des Imperiums (Weltreichs) zugleich. Die Menschen lebten massenhaft in engen Mietwohnungen. In Rom residierte der Kaiser mit seinen Beamten und lebten Angehörige ganz unterschiedlicher Völker und Kulturen, die aus allen Provinzen des Reichs kamen.

Viele von ihnen waren nicht freiwillig in Rom, sondern nach Kriegszügen als Sklaven oder als Geiseln nach Rom gebracht worden. Andere kamen dorthin, um als Handwerker oder Händler Gewinn zu machen. Auf dem Palatin, einem der sieben Hügel in Rom, wo sich ein vornehmes Stadtviertel befand, zeigten Großhändler mit ihren Villen und ihrem Lebensstil, welchen Luxus sie sich leisten konnten.

Politischer Ehrgeiz trieb viele junge Adlige aus den Provinzen in die Hauptstadt. Hier hofften sie, Karriere zu machen, denn am Hof des Kaisers wurden die wichtigsten politischen Entscheidungen getroffen. Hier verhandelten und feierten die einflussreichsten Männer des Reichs.

Rom in der Kaiserzeit, Modell, 1980.
A Tiber; **B** Circus Maximus; **C** Palatin (Hügel, auf dem kaiserliche Paläste standen); **D** Wasserleitung; **E** Kolosseum; **F** Thermen (Bäder); **G** Forum des Augustus; **H** Kapitol.

M1

M2

Wohnhaus einer unbekannten Adelsfamilie in Pompeji, Rekonstruktionszeichnung, 1999

M3

Wohn- und Handwerkerhaus in einem ärmeren Stadtteil, Rekonstruktionszeichnung, 1999

Begriffe und Daten

Imperium

(lat. Befehlsgewalt); Herrschaftsbereich, Weltreich; die unter römischer Herrschaft stehenden Gebiete

1 a) Schau dir M1 genau an und schildere deinen Eindruck von der Stadt Rom.
b) Vergleiche mit heutigen Großstädten.

2 Schreibe aus dem Darstellungstext die „Schlüsselinformationen" heraus, die Rom als besondere Stadt in der Antike bezeichnen.

3 Vergleiche anhand von M2 und M3 die Wohnverhältnisse in einem Wohn- und Handwerkerhaus mit denen einer Adelsfamilie.

4 Lucia, die Frau eines in Rom lebenden Senators, schreibt ihrer ägyptischen Freundin Hathor: „Liebe Hathor, du fragtest in deinem letzten Brief, warum Rom als Wohnort so bekannt und beliebt ist. Das ist eine schwierige Frage …" Schreibe den Brief zu Ende.

5 **Recherche:** Informiert euch in Partnerarbeit über Pompeji und berichtet in der Klasse.

Webcode: FG642342-145

Arbeit und Berufe

Vom Ansehen der Arbeit

Welche Arbeit im Römischen Reich angesehen war, hing von den Wertvorstellungen des Adels ab. Anerkannt und ehrenhaft waren danach die Tätigkeiten des Politikers, des Kriegers und die selbstständige Arbeit der Bauern in der Landwirtschaft. Aber jede Arbeit, die von Aufträgen und Anweisungen abhing, insbesondere Lohnarbeit, wurde als unwürdig angesehen.
Eine Erklärung für diese Unterscheidung könnte darin liegen, dass der Aufstieg Roms vor allem den Bauern zu verdanken war, die Kriegsdienst leisteten. Sie hatten also am Ruhm des Reiches besonderen Anteil. Ebenso galt die Verwaltung von Besitz als ehrenhafte Arbeit, weil viele Adelsfamilien Großgrundbesitzer waren.
Als sich im Laufe der Zeit spezialisierte Handwerksberufe herausbildeten, wandelten sich die Vorstellungen: Wer technisch und künstlerisch hochwertige Produkte wie Schmuck und Kleidung herstellte, konnte das Ansehen seines Berufs steigern. Darstellungen von Handwerkern und Produkten auf Grabsteinen zeugen davon.

Frauenberufe in Rom

Für verheiratete freie Frauen war es nur erlaubt, im häuslichen Bereich zu arbeiten. Deshalb wurden auf Grabinschriften und in anderen Quellen, die sie ehren sollten, keine beruflichen Tätigkeiten außerhalb des Hauses genannt. Über die Geschäftsfrau Eumachia aus Pompeji wurde allerdings erwähnt, dass sie in ihrem Namen und dem ihres Sohnes ein Gebäude, die Wollbörse, finanzierte und gestaltete.
Über Freigelassene und Sklavinnen wissen wir, dass sie als Kellnerinnen, Buchhalterinnen und Hausangestellte, Bibliothekarinnen und Vorleserinnen arbeiteten. Ebenso waren sie in gesellschaftlich geächteten Bereichen tätig: als Flötenspielerin, Wirtin, Tänzerin, Schauspielerin und Prostituierte.
Viele Frauen waren im Gesundheits- und Bildungswesen zu finden: Hebammen, Ärztinnen und Erzieherinnen. Für den Handwerksbereich liegen nur Belege für Weberinnen vor. Keine Belege gibt es für Frauenarbeit in der Holz-, Metall-, Ton- und Lederverarbeitung.

M1

„Unsaubere“ Berufe

Der römische Philosoph Cicero (106–43 v. Chr.) schrieb:

Als unedel und unsauber gilt ... der Erwerb aller ungelernten Tagelöhner ... Alle Handwerker fallen auch unter diese unsaubere Zunft; was kann schon eine Werkstatt Edles an sich haben? ... Am allerwenigsten kann man sich einverstanden erklären mit Berufen, die nur sinnlichen Genüssen dienen: Fischhändler, Fleischer, Köche, Hühnermäster, Fischer ..., Tänzer und das ganze leicht geschürzte Schauspiel.
Diejenigen Berufszweige aber, die eine tiefere Vorbildung verlangen und höheren Nutzen anstreben, wie die Heilkunde, die Baukunst, der Unterricht in den edlen Wissenschaften, sind anständig ... Der Kleinhandel aber ist zu den unsauberen Geschäften zu rechnen, während der ... Großhandel, der die Verbrauchsgüter aus aller Welt heranschafft und den Massen zugute kommen lässt, nicht ganz zu tadeln ist ... Von allen Erwerbsarten ist die Landwirtschaft die beste, die ergiebigste und angenehmste, die des freien Mannes würdigste.

Cicero, De officiis I., zit. nach Karl Christ, Die Römer, 3. Aufl., München (C. H. Beck) 1994, S. 102.

M2

M3

M4

M5

1 Ordne die Bilder M2 bis M5 den Bildunterschriften A bis D richtig zu. Begründe deine Zuordnungen.
A Gastwirtschaft
B Großbäckerei
C Kleinhandel
D Schlosserwerkstatt

2 a) Erarbeite aus M1, was Cicero über das Ansehen der Berufe im Römischen Reich schreibt.
b) Vergleiche mit dem Ansehen von Berufen heute.
c) Untersuche, aus welcher Sicht Cicero seine Aussagen formuliert (siehe Darstellungstexte).

3 Beurteile anhand des Darstellungstextes die Stellung der Frauen in der römischen Arbeitswelt.

4 Stelle ausgehend von M1 und den Bildunterschriften Vermutungen an, wie wir zu Kenntnissen über Arbeit und Berufe im Römischen Reich gelangen.

Römische Wasserbaukunst – zum Wohle aller?

Wasserversorgung bei den Römern

Die Versorgung mit Wasser war für die Bewohner römischer Städte eines der wichtigsten Anliegen. Zwei Dinge galt es zu beachten: Wasser musste zuerst in ausreichender Menge herbeigeschafft und dann als Trink-, Brauch- und Löschwasser gerecht unter die Leute verteilt werden. Es war verhältnismäßig einfach, Wasser aus nahe gelegenen Flüssen zu entnehmen oder Brunnen anzulegen. Jedoch reichten diese Möglichkeiten nicht aus, um die Menschen in den ständig wachsenden Städten zu versorgen. Daher musste Wasser aus Quellflüssen nahe gelegener Gebirge in die Stadt transportiert werden. Dies bewältigten die Römer mit dem Bau spezieller Fernwasserleitungen. Dabei galt es, Täler, Flussläufe und Senken zu überwinden. Zu diesem Zweck wurden gigantische brückenartige Bauwerke, die Aquädukte, konstruiert.

Aquädukte gelten auch heute noch als eine der größten technischen Leistungen römischer Ingenieurskunst. Die meisten Fernwasserleitungen gab es in der Gegend von Rom: 11 Stück mit einer Länge zwischen 17 und 91 Kilometern. Das Wasser aus diesen Fernleitungen wurde zunächst zu Sammelstellen in Stadtnähe geführt, die höher gelegen waren. Dann wurde es über unterirdische Blei- und Tonrohre weitergeleitet.

Über einen Wasseranschluss im Haus verfügte knapp die Hälfte der Hauptstadtbewohner. In Mietskasernen jedoch, in denen viele römische Familien lebten, war er selten. Ein eigener Hausanschluss musste zur Zeit der Republik bei den Ädilen* oder Zensoren beantragt werden, in der Kaiserzeit bei der kaiserlichen Verwaltung. Aber meist erhielten nur Angehörige der Oberschicht, z. B. Senatoren und Ritter, Genehmigungen für einen Hausanschluss. Ein Privatmann ohne Vermögen hatte kaum Chancen, einen Wasseranschluss zu erhalten, weil die Zuleitungen von den Verteilerstellen zum Haus selbst bezahlt werden mussten. Wasser war deshalb ein wertvolles Gut. Wer es verschmutzte, musste mit hohen Geldstrafen rechnen.

M2 **Öffentliche Toilette** in einer römischen Stadt (Vaison-la-Romaine/Südfrankreich), 2. Jh. n. Chr.

M1 **Römische Wasserversorgung,** Schemazeichnung

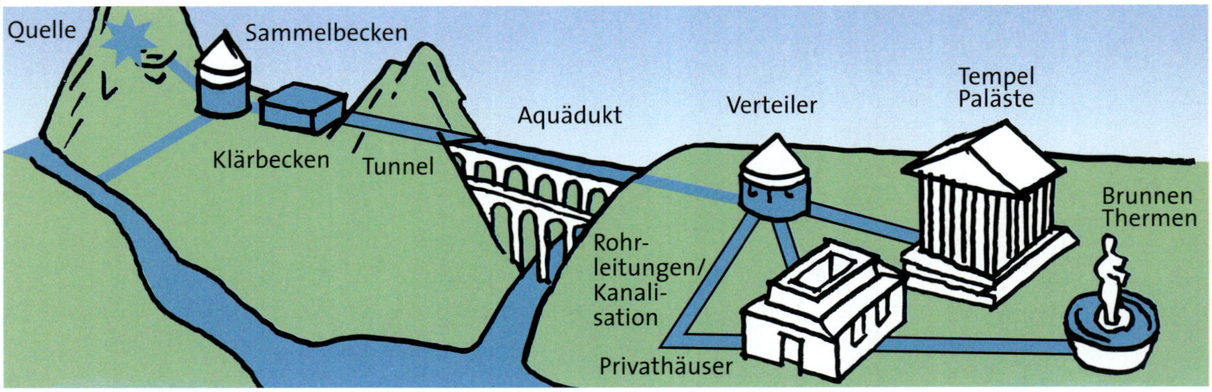

M3

Ein Urteil zur römischen Ingenieurskunst.
Die Äußerung der Comicfigur Asterix, der im von Römern besetzten Gallien lebt, könnte es tatsächlich gegeben haben.

M4

Aquäduktbrücke in einer römischen Stadt (Segovia/Spanien), 1. Jh. n. Chr., Foto, um 1980. Das Wasser kam aus einer 16 km entfernten Quelle und floss durch einen mit Steinplatten abgedeckten Kanal auf dem obersten Brückenbogen.

M5

„Wo geht's hier zur Latrine?"

Der Historiker Helmuth Schneider schrieb 1985:

Da die Mietskasernen nicht an die Schwemmkanalisation angeschlossen waren, gab es in den Wohnungen der Armen keine Toiletten; ... üblicherweise wurde der Topf nachts aus dem Fenster entleert, die Fußgänger mussten sehen, dass sie von den Fäkalien nicht beschmutzt wurden ... Tagsüber konnte die Bevölkerung auch die mit der cloaca [Abwasserkanal] verbundenen öffentlichen Latrinen [Toiletten] benutzen, die mehrere Sitze nebeneinander aufwiesen; es gab keine Trennwände.

Helmuth Schneider, Cloaca Maxima, in: Journal für Geschichte, Weinheim (Beltz) Juli/August 1985, S. 17.

1 Beschreibe mithilfe von M1 und M2, wie die Römer in ihren Städten Abwasserprobleme lösten.

2 Nimm Stellung zu der Behauptung: „Rom war eine sehr saubere Stadt, in der jedes Haus einen eigenen Wasseranschluss hatte."

3 Erläutere mithilfe von M4 die Anlage und Funktion eines Aquäduktes.

4 Ein römischer Wasserbaumeister erhält den Auftrag, für die Stadt Nîmes eine Fernwasserleitung aus den 20 km entfernt liegenden Bergen zu bauen. Welche technischen Aufgaben muss er meistern (M1, M4, Darstellungstext)?

5 Unterscheide an M3 reale und erfundene Bestandteile des Dargestellten.

6 **Recherche:** Sammelt in Gruppen Informationen über die Wasserversorgung in eurem Wohnort und wertet sie aus. Fragt bei der Gemeindeverwaltung oder den Stadtwerken nach.

Webcode: FG642342-149

Frieden nach Art der Römer

Die Welt zum Frieden zwingen?

Rom im Jahr 320 n. Chr.: Antonia, aus der Provinz Gallien, und ihr Freund Flavius – zwei erfundene Figuren – betrachten das große Relief am Konstantinsbogen (M1): „Schau, Antonia, in der Mitte siehst du einen der Kaiser“, erklärt Flavius.

„Ist das Konstantin?“, fragt Antonia.

„Nein. An diesem Triumphbogen haben die Baumeister auch Reliefs aus alten Zeiten angebracht. Das hier ist zweihundert Jahre alt und zeigt entweder Kaiser Trajan oder Domitian.“ Flavius: „Den Kaiser begleiten Feldzeichenträger. Sieh, wie der Kaiser auf seinem Ross in die Gruppe der ‚Barbaren‘ einfällt! Die Männer sind wahrscheinlich Daker.“ „Der eine da fällt auf die Knie“, ergänzt Antonia. „Ja, er will sich dem Kaiser unterwerfen.“ „Freiwillig?!“, ruft Antonia entsetzt.

„Siehst du rechts im Hintergrund, wie römische Soldaten abgeschlagene Köpfe des Gegners hochhalten, als Trophäen für den Kaiser? Der Daker wusste, warum er auf die Knie fiel. Denn so konnte er zumindest auf die Milde, die ‚clementia‘, des Imperators hoffen. Es war bekannt, dass die Imperatoren der Kaiserzeit den Widerstand der Feinde grausam brachen. Aber es war auch bekannt, dass sie die schonten, die sich unterwarfen.“ – „Und die Unterworfenen fanden das alle ganz toll ...“, sagt Antonia und denkt daran, dass Gallien, ihre Heimat, einst von den Römern erobert wurde.

„Das weiß ich nicht“, erwidert Flavius, „aber du musst zugeben: Nachdem Kaiser Augustus die Eroberungen fast beendet hatte, haben wir in unserem Reich beinahe keine Kriege mehr erlebt.“

„Frieden ja, aber im römischen Sinne”, erwidert Antonia. „Mir leuchtet das immer noch nicht ganz ein: die Welt beherrschen, Nichtrömern mit grausamen Taten drohen und das Ganze Friedensherrschaft nennen?”

Ziele römischer Herrscher in der Kaiserzeit

Nach dem Tode von Augustus weiteten die Kaiser das Reich nur noch an wenigen Stellen aus. Im 2. Jahrhundert n. Chr., als die größte Ausdehnung erreicht war, lebten 50 bis 60 Millionen Menschen in fast 40 Provinzen. Das Ziel römischer Herrschaft war es, aus den vielen eroberten Gebieten ein zusammenhängendes Reich zu schaffen und die 16 000 Kilometer langen Grenzen zu sichern. Die Kaiser sahen sich nicht nur als Eroberer, sondern auch als Hüter des Friedens. Das Ziel, Eintracht im Inneren und Frieden nach außen zu schaffen, wurde unter den Schutz der Göttin Pax, der Friedensgöttin, gestellt. 212 n. Chr. war das Reich so weit zusammengewachsen, dass alle freien Männer das römische Bürgerrecht* erhielten.

... und wie die Ziele durchgesetzt wurden

1. Die nichtrömischen Bürger in den Provinzen bekamen im 1. und 2. Jahrhundert n. Chr. mehr Rechte. Nichtrömische Soldaten, die als Hilfstruppen dienten, erhielten nach ihrem Ausscheiden aus dem Heeresdienst das volle Bürgerrecht.
2. Vorhandene Städte wurden ausgebaut, andere neu gegründet und die Verwaltung in Anlehnung an Rom organisiert. Die Kaiser sorgten dafür, dass die Reichen aus der örtlichen Regierung die Vorzüge römischer Lebensart genießen konnten. Für die „Massen“ wurden wie in Rom Amphitheater, Thermen, Tempel und Wasserleitungen gebaut.
3. Die Kaiser stärkten den Austausch zwischen Provinzen und Städten durch den Ausbau des Straßennetzes.

Verschiedene Bauformen des Limes um 200 n. Chr., Rekonstruktionszeichnungen. Der Limes war eine etwa 550 km lange Befestigung an der Außengrenze des Römischen Reiches zwischen Rhein und Donau.

M1

M2

Kaiserzeitliches Relief, um 100 n. Chr. Das Relief wurde an einem Triumphbogen angebracht, den die Römer 315 n. Chr. in Rom zu Ehren Kaiser Konstantins (306–337 n. Chr.) errichteten.

M3

Römischer Legionär mit Marschgepäck, Rekonstruktionszeichnung, 1992. Das Gepäck bestand unter anderem aus Grundnahrungsmitteln, die für ein bis drei Tage reichen mussten. Das Gepäck wog etwa 48 kg: **A** Wurflanzen; **B** Helm; **C** Kurzschwert; **D** Schild; **E** Feldflasche; **F** Korb; **G** Zeltplane; **H** Getreidevorrat; **I** Spaten; **J** Spitzhacke; **K** „Tornister" mit Löffel, Sichel, Topf, Säge und Kettengliedern.

1 Erarbeite mithilfe des Darstellungstextes
a) die Ziele der römischen Herrschaft,
b) ihre Durchsetzung und
c) ihre Verteidigung.
Ziehe M1 bis M3 heran. Lege eine Tabelle an und trage deine Ergebnisse vor.

2 Beurteile die Aussage: Die römischen Kaiser sahen sich nur als Feldherren und Eroberer.

3 Diskutiert über den letzten Satz von Antonia (Darstellungstext).

4 Formuliere eine Stellungnahme aus deiner Sicht.

5 Schreibe auf, was in unserer Zeit unter „Frieden" und „Friedensherrschaft" verstanden werden könnte.

Webcode: FG642342-151

Die Romanisierung der Provinzen

Die Legionen – Grundlage der Herrschaft

Eine der größten Aufgaben in der Kaiserzeit war die Sicherung der Grenze. Diese Aufgabe übernahm eine große Armee, die in den Grenzprovinzen stationiert war. Die Armee setzte sich aus Legionen mit je 6000 Mann zusammen. Jede Legion bestand aus zehn Kohorten. Insgesamt standen im 2. Jahrhundert n.Chr. rund 250 000 Mann unter Waffen.

Alle Legionäre waren römische Bürger. Unterstützt wurden sie von Hilfstruppen, die sich aus nichtrömischen Bewohnern der Provinzen zusammensetzten. In der Kaiserzeit wurde die Armee zu einem Berufsheer* umgebildet. Die Soldaten erhielten einen festen Sold und waren sozial abgesichert. Dieses Berufsheer war die Grundlage für Roms Macht, und mit ihm konnte die römische Friedensordnung durchgesetzt werden.

Die Legionen waren in der Nähe der Grenzen stationiert. Die Bevölkerung in den Grenzregionen musste die Belastung ertragen, die vielen Legionäre zu versorgen. Aber die Soldaten verfügten auch über technisches Wissen und Kaufkraft*. Damit stärkte die Armee die Wirtschaft der Region.

Die Legionäre – nicht nur Soldaten

Das Leben der Legionäre war nicht immer von Kampf und Krieg bestimmt. Sie mussten ihre Festungsanlagen, Kasernen, Straßen und Kanäle selbst anlegen und auch Äcker in der Nähe des Lagers bewirtschaften. Wenn Soldaten über spezielle Kenntnisse verfügten, dann waren sie von den allgemeinen Dienstpflichten befreit. Sie arbeiteten dann als Feldvermesser, Architekten, Tierärzte, Schiffbauer, Wagenbauer, Schwertschmiede, Trompetenbauer, Bogenmacher, Bleigießer, Metzger, Jäger und Buchführer. Die Dienstzeit in der Legion dauerte 20 Jahre, bei den Hilfstruppen 25 Jahre. Nach ihrer Dienstzeit ließen sich die altgedienten Soldaten (Veteranen) mit ihren Familien zumeist in Siedlungen nieder, die in der Nähe der Festungen entstanden waren, zum Beispiel in Bonna (Bonn), Mogontiacum (Mainz) oder Novaesium (Neuss). Dort lebten sie als angesehene Bürger mit besonderen Rechten.

Was ist Romanisierung?

Die römische Herrschaft veränderte das Leben in den Provinzen nachhaltig. Vor allem mit den Gründungen von Städten kam die römische Lebensweise in die eroberten Regionen. In der Geschichtswissenschaft wird dieser Vorgang „Romanisierung“ genannt. Von den Bewohnern, die in den römischen Provinzen lebten, wurde die römische Lebensart meist bereitwillig aufgenommen, weil sie ein komfortableres Leben bot.

Die Römer haben mit ihrer Sprache und ihrer Schrift das Leben in Europa bis heute beeinflusst. Die heutigen romanischen Sprachen (Französisch, Spanisch, Italienisch, Portugiesisch, Rumänisch) und die Buchstaben, mit denen dieses Buch gedruckt ist, sind aus dem Lateinischen hervorgegangen. Daneben gibt es weitere Merkmale der Romanisierung, z. B. die Bauweise der Städte, der Häuser und ihrer Einrichtungen, alltägliche Lebensgewohnheiten, der Straßenbau, das römische Recht und die römischen Götter.

M1 **Lehrer mit Schülern,** Marmorrelief aus Neumagen an der Mosel, Ende 2. Jh. n. Chr. Zwei Schüler werden unterrichtet.

M2

Römische Einflüsse in Britannien

Der römische Geschichtsschreiber Tacitus schrieb um 100 n. Chr. über die Römer in Britannien:

Um die verstreuten, rohen und darum leicht zum Kriege geneigten Menschen durch Annehmlichkeiten an Ruhe und Muße zu gewöhnen, ermunterte er [Agricola, der Statthalter in Britannien] sie persönlich und unterstützte sie, öffentliche Tempel, Märkte, Häuser zu errichten, wobei er die Raschen lobte und die Trägen schalt ... Dann ließ er die Söhne der Fürsten in den freien Künsten ausbilden und stellte die Begabung der Britannier über den Lerneifer der Gallier, sodass die, welche eben noch die römische Sprache abwiesen, jetzt Beredsamkeit begehrten. In der Folge kam sogar im äußeren Auftreten römisches Wesen zu Ehren und die Toga wurde häufig. Und allmählich ließ man sich auf Dinge ein, die zur Entartung verführen: Säulenhallen, Bäder und erlesene Festtage. Und das hieß bei den Unerfahrenen Kultur, während es ein Teil der Knechtschaft war.

Tacitus, Agricola 21, zit. nach Walter Arend, Geschichte in Quellen, Bd. 1, München (bsv) 1965, S. 642.

Sprachenmix

In dem folgenden Text findest du einige lateinische Wörter, die im Deutschen als Lehnwörter vorkommen. Schreibe sie heraus und übersetze ins Deutsche, z. B. strata – Straße; plastrum – Pflaster:

Auf einer strata bedeckt mit plastrum nähert sich ein germanischer Händler auf seinem carrus dem römischen Gutshof. Seine Waren hat er sorgfältig verpackt in cista, saccus und corbis. Umgeben war der Gutshof von einer murus. Durch die geöffnete porta gelangte er in den Innenhof. Jetzt stand er vor der villa, die mit roten tegulae gedeckt war. In der villa gab es eine camera und ein geheiztes Zimmer mit einem langen discus. An der Wand hing ein speculum. Jedes Zimmer hatte ein großes fenestra. Im cellarium befand sich die riesige pressa, mit deren Hilfe vinum und mustum hergestellt wurden. Unter dem Dach war noch ein spicarium. Für seine Waren, Felle und Bernstein, erhielt der germanische Händler Obst und Gemüse wie prunum, persicum und radix; außerdem oleum, vinum und den guten caseus. Einige Waren ließ er sich auch in römischer moneta bezahlen.

M3

Grenzen der Romanisierung?

Im 2. Jh. n. Chr. sprach Tacitus über die Lebensweise der nicht besiegten, vom Römischen Reich weit entfernt lebenden Fennen:

Bei den Fennen herrscht entsetzliche Wildheit, abstoßende Dürftigkeit. Sie haben keine Waffen, keine Pferde, kein Heim. Zur Nahrung dienen Pflanzen, zur Kleidung Tierfelle, als Lager der Erdboden. Ihr Hoffen beruht allein auf den Pfeilen, die sie aus Mangel an Eisen mit spitzen Knochen versehen. Mann und Frau ernähren sich in gleicher Weise von der Jagd ... Die kleinsten Kinder birgt man zum Schutz gegen wilde Tiere in einem notdürftigen Gezelt von Zweigen. Dort sucht auch der Erwachsenene immer wieder sein Heim ... Und doch halten sie dieses Leben für glücklicher, als bei der Feldarbeit zu seufzen, sich mit Häusern zu plagen, in Furcht und Erwartung um eigenes und fremdes Gut besorgt zu sein. Unbekümmert um Menschen, unbekümmert um Götter, haben sie das Schwerste erreicht: völlige Wunschlosigkeit.

Tacitus, Germania 46, zit. nach Walter Arend, Geschichte in Quellen, Bd. 1, München (bsv) 1965, S. 666.

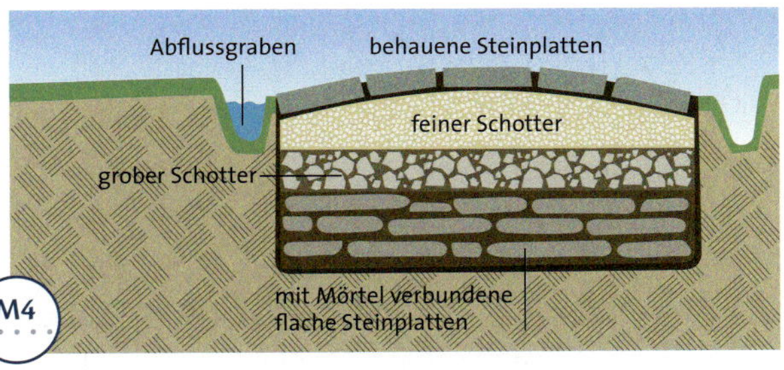

M4

Schnitt durch eine Römerstraße, Rekonstruktionszeichnung

1 Ziehe aus M1 Rückschlüsse auf das Bildungswesen der Römer.

2 a) Analysiere M2 und M3 mithilfe der Methode „Schriftliche Quellen vergleichen" (S. 140–141).
b) Stelle zusammen, wie Tacitus die Bewohner Britanniens bzw. die Fennen sieht.

3 Beschreibe die Rolle der römischen Armee
a) bei der Sicherung der Macht und b) beim Aufbau einer römischen Gesellschaft (Darstellungstext).

4 Kläre den Begriff „Romanisierung" (Darstellungstext).

5 **Partnerarbeit:** Bewertet mithilfe dieser Doppelseite die „Romanisierung" a) aus der Sicht der beherrschten Völker, b) aus deiner Sicht.

Römer, Kelten und Germanen

Die Kelten im Römischen Reich

Bei ihren Wanderzügen ließen sich die Kelten in Oberitalien, Spanien, auf dem Balkan und auf den britischen Inseln nieder. Das keltische Kernland war jedoch Gallien im Raum des heutigen Frankreichs, dazu der Alpenraum und Süddeutschland. Die Eroberungen der Römer erstreckten sich auf ganz Gallien, das Alpengebiet bis zur Donau und auf einen Teil Britanniens. In den gallischen Provinzen übernahm die Bevölkerung im Laufe der Zeit große Teile der römischen Lebensweise. Die Kelten dienten im römischen Heer, traten in den römischen Staatsdienst ein, zahlten Steuern an Rom und übernahmen römisches Recht. Ihre Städte, z. B. an Rhein und Donau, glichen den Römerstädten mit einem Marktplatz, Tempeln, einer Arena und Badehäusern. Sie verwendeten die lateinische Sprache und verehrten die römischen Götter.

Wie die Nachfahren der Römer in Italien werden auch die Kelten als „Romanen“ bezeichnet. Damit wird die enge kulturelle Verbindung oder Verschmelzung zwischen Römern und Kelten ausgedrückt. Da die Kelten keine eigene Schrift besaßen, haben wir unsere Kenntnisse vor allem aus schriftlichen Berichten der Römer und aus Ausgrabungen.

Germanen und Römer

Die Bezeichnung „Germanen“ ist ein Sammelbegriff für verschiedene Stämme. Die Germanen haben aus der Zeit der Antike keine schriftlichen Informationen hinterlassen. So sind wir auf die Berichte römischer Schriftsteller und auf archäologische Funde angewiesen. Es gibt Informationen über die germanischen Stämme, die linksrheinisch im Römischen Reich und rechtsrheinisch in ihren Stammesgebieten lebten. Aus ihnen geht hervor, dass die Menschen im Römerreich und die germanischen Stämme lange Zeit in friedlicher Nachbarschaft lebten. Es lässt sich nachweisen, dass ein intensiver Warenaustausch stattgefunden hat, Germanen in römischen Diensten standen und die Lebensweise der Germanen durch die Römer beeinflusst wurde.

Als die Römer um 15 v. Chr. begannen, das Reich östlich des Rheins auszudehnen, kam es 9 n. Chr. zur Schlacht zwischen den Armeen des römischen Befehlshabers Varus und Arminius, einem Fürsten der Cherusker. Die Schlacht, deren Ort vermutlich Kalkriese im westlichen Niedersachsen ist, endete für die Römer vernichtend. Nach der Niederlage begannen sie, das Gebiet zwischen Rhein und Donau durch ein Befestigungswerk, den Limes, abzusichern.

M1

Kalkriese – Schauplatz der Varusschlacht?

Die Historikerin Susanne Wilbers-Rost und der Historiker Günther Moosbauer schrieben 2009 zusammenfassend:

Will man das Fundareal von Kalkriese mit der Varusschlacht in Verbindung bringen, dann ergeben sich aus den genannten Untersuchungen deutliche Indizien [Anzeichen, die bestimmte Schlüsse zulassen], die einzeln vielleicht strittig diskutiert werden können, aber in der Zusammenschau schwerer wiegen. Unbestritten ist der Nachweis eines römisch-germanischen Kampfplatzes von enormer Ausdehnung. Zu den Indizien zählt die zeitliche Einordnung der militärischen Ausrüstung und der Münzen, die noch auf einen augusteischen Zusammenhang hinweist. In Kalkriese muss römisches Militär in einen Hinterhalt gelockt und angegriffen worden sein. Die am Fundmaterial erkennbare Plünderung der römischen Ausrüstung macht deutlich, dass in Kalkriese große Teile eines römischen Heeres unterlagen. Nach einem siegreichen Gefecht hätten die römischen Truppen ihre eigenen Leute medizinisch versorgt und mitgenommen oder bestattet, nicht aber deren Ausrüstung rüde geplündert.

Günther Moosbauer/Susanne Wilbers-Rost, Kalkriese und die Varusschlacht, in: 2000 Jahre Varusschlacht. Konflikt, hg. v. d. Varusschlacht im Osnabrücker Land GmbH – Museum und Park Kalkriese, Stuttgart (Theiss) 2009, S. 65 f.

M2A

Die Kelten aus der Sicht der Römer

Julius Caesar schrieb in seinem Bericht über die Eroberung Galliens:

Von den beiden mächtigen Ständen ist der eine der der Druiden, der andere der der Ritter. Die Druiden versehen den Gottesdienst, besorgen die öffentlichen und privaten Opfer und legen die religiösen Grundsätze aus. Bei ihnen finden sich junge Männer in großer Zahl zur Unterweisung ein, und die Druiden genießen beim ganzen Volk hohes Ansehen. Denn bei allen öffentlichen und privaten Streitigkeiten urteilen und entscheiden sie ... Der zweite Stand ist der der Ritter. Wenn ein Krieg ausgebrochen ist oder sonst eine Notwendigkeit besteht ..., stehen diese alle im Einsatz ... Es gab vorher eine Zeit, da die Gallier die Germanen an Taperkeit übertrafen, sogar angriffen und wegen Überbevölkerung über den Rhein Kolonisten schickten. Aber die Nähe zu den römischen Provinzen und die Kenntnis ausländischer Erzeugnisse führte die Gallier dazu, den Wohlstand und Genuss allem vorzuziehen. Nach und nach gewöhnten sie sich daran zu unterliegen und wurden in vielen Schlachten besiegt, jetzt messen sie sich nicht einmal mit den Germanen an Tapferkeit.

Caesar, Der Gallische Krieg, dt. Übers. nach H. Schreiber, Frankreich aus erster Hand, Würzburg (Arena) 1970, S. 17 ff.

M2B

Die Germanen aus der Sicht der Römer

Der römische Geschichtsschreiber Tacitus (um 55 n. Chr. – nach 116) schrieb über die Germanen:

Die Germanen lieben nicht einmal geschlossene Siedlungen. Städte kennen sie nicht. Sie wohnen lieber in Einzelhöfen und bauen dort, wo eine Quelle, ein Feld, ein Gehölz dazu einlädt ... Die Könige wählen sie aus den Reihen der Adligen, zu Heerführern machen sie die Tapfersten. Aber die Könige haben keine unumschränkte Gewalt, und auch die Heerführer leiten mehr durch ihr Beispiel als durch Machtbefugnisse. Zu Achtung und Gehorsam verhilft ihnen am besten Bewunderung; sie suchen sie dadurch zu erwecken, dass sie stets einsatzbereit sind, dass sie sich hervortun und in vorderster Linie kämpfen ... Nicht nur im eigenen Stamm, sondern auch bei den Nachbarstaaten bringt ein starkes und durch seine Tapferkeit berühmtes Gefolge dem Gefolgsherrn Ansehen ... Eine Schande fürs ganze Leben ... aber ist es, ohne seinen Herrn aus der Schlacht heimzukehren.

Tacitus, Germania, übers. d. Verf.

M3

Römische Feldzüge zur Eroberung Germaniens

Übernahmen gallischer Wörter ins Lateinische

Bracae – Hosen
Caracallus – Mantel mit Kapuze
Cervisia/cervesia – Bier (neuspanisch cerveza)
Leuga – Meile (engl. league) = 1 ½ römische Meilen
Reda – vierrädriger Wagen
Sagus (später sagum) – eine beliebte Mantelform

1 Beantworte die folgenden Fragen zum Darstellungstext:
a) Wie lässt sich das Verhältnis zwischen Kelten und Römern beschreiben?
b) Wie verlief das Zusammentreffen zwischen Römern und germanischen Stämmen?
c) Lässt der Darstellungstext Schlüsse über „Mischung" der Kulturen zu? Ziehe den Kasten heran.

2 Analysiere M2A und M2B unter der Fragestellung nach „Bildern", die von den beiden Völkern jeweils „gezeichnet" werden.

3 **Recherche:** Informiere dich – ausgehend von den Informationen auf S. 154 – über den neuesten Wissensstand zur Varusschlacht (webcode).

Webcode: FG642342-155

Die Ausbreitung des Christentums im Römischen Reich

Die Entstehung der christlichen Kirche

Jesus von Nazareth lebte als Wanderprediger in der römischen Provinz Judäa. In seinen Reden forderte er die Menschen zur Nächstenliebe auf und weckte in ihnen die Hoffnung auf das kommende Reich Gottes und ein ewiges Leben nach dem Tod. Er lehrte, dass er der Messias (= Erlöser) und Sohn Gottes sei, der von den Juden erwartet wurde. Aber die jüdischen Priester erkannten das nicht an. Um 30 n. Chr. klagten sie ihn beim römischen Provinzstatthalter Pontius Pilatus an, der Jesus zum Tod am Kreuz verurteilte. Wahrscheinlich sah Pilatus in Jesus auch eine Gefahr für die römische Herrschaft in Judäa.

Die Lehre von Jesus Christus als dem Erlöser wurde aber von „Sendboten“, vor allem durch die Apostel Petrus und Paulus, verbreitetet. Sie gewannen viele Anhänger aus allen Schichten der Bevölkerung, aber besonders bei den Armen, Sklaven und Frauen. So entstanden nach dem Tod von Jesus zuerst in Jerusalem, dann überall im Reich christliche Gemeinden. Aus dieser Zeit stammen auch die Texte des Neuen Testaments der Bibel, die von den Worten und Taten Jesu berichten. Die rasch wachsende Zahl der Christen erforderte eine Organisation. Deshalb sollten Bischöfe als Leiter der Gemeinden das Zusammenleben der Christen regeln und die Einheit des Christentums garantieren. So entstand die christliche Kirche.

Christentum und römischer Staat

Der römische Staat akzeptierte fremde Religionen, wenn sie die öffentliche Ordnung nicht störten. Jedoch gerieten die Christen bald in Konflikte mit dem Staat, weil sie oft Vorurteilen ausgesetzt waren. Man wusste nicht so recht, was sie taten, wenn sie sich zu Gebet und Gottesdienst in Privathäusern trafen. Wurden hier Verschwörungen geplant? Denn die Christen lehnten die Anbetung mehrerer Götter und die gottähnliche Verehrung der Kaiser ab.

Als 64 n. Chr. in Rom ein verheerender Brand wütete, schob Kaiser Nero den Verdacht auf die Christen und ließ viele im Circus Maximus qualvoll hinrichten. Die Verfolgungen häuften sich, z. B. unter Kaiser Diokletian, der christliche Versammlungsorte zerstören ließ. Dagegen erkannte Kaiser Konstantin im Jahre 313 an, dass das Christentum eine gleichberechtigte Religion ist. Konstantin ließ nämlich vor einer wichtigen Schlacht das Zeichen der Christen an den Schilden der Soldaten anbringen. Dann errang er den Sieg. So wird das Umdenken des Kaisers erklärt. Er hoffte, dass das Christentum die Einheit des Reichs förderte. Schließlich ließ sich Konstantin kurz vor seinem Tod 337 n. Chr. selbst taufen. Die enge Verbindung zwischen Christentum und Staat führte 391 n. Chr. zum Verbot aller heidnischen Kulte und zur Erhebung des Christentums zur alleinigen Staatsreligion durch Kaiser Theodosius.

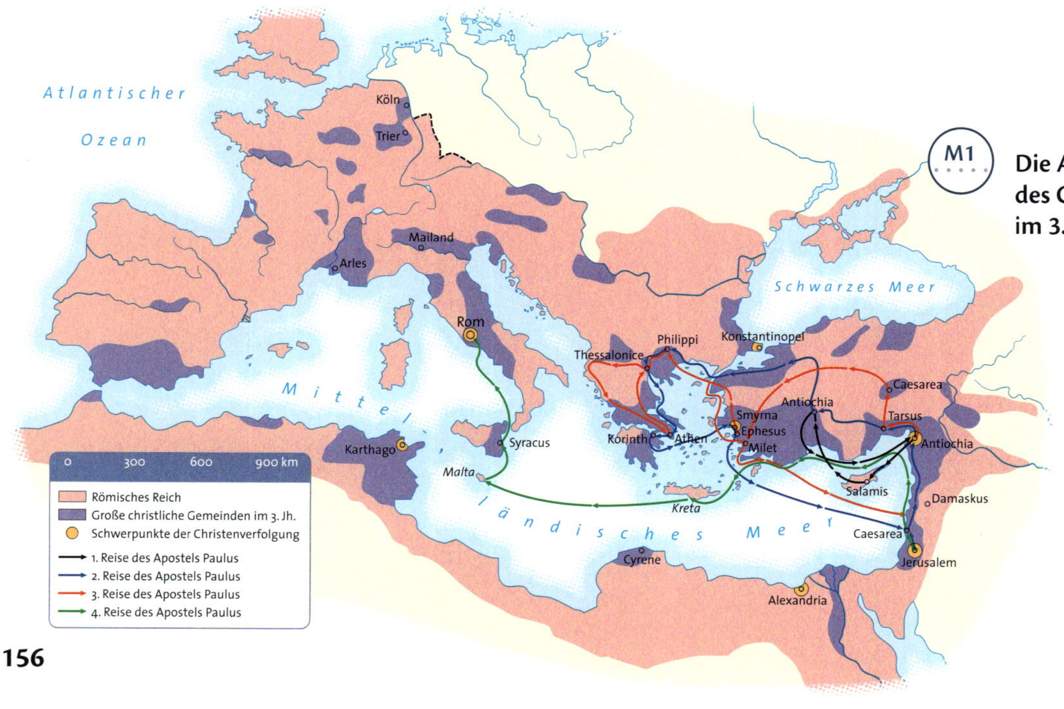

M1 **Die Ausbreitung des Christentums im 3. Jahrhundert**

M2

Wie die Römer die Christen sahen

Ein Nichtchrist greift in einem Streitgespräch im 3. Jahrhundert einen Christen an:

Warum bemühen sie sich denn so sehr, den Gegenstand ihrer Verehrung, was er auch sein mag, zu verbergen und zu verheimlichen? Anständigkeit lässt sich immer gern sehen, nur Laster hält man geheim! Weshalb sonst haben sie keine Altäre, keine bekannten Heiligtümer? Warum reden sie nie öffentlich, treffen sich nie frei, wenn nicht das, was sie heimlich tun, Strafe einbrächte oder Schande? … Seht doch das, was euch droht: Zwangsedikte, Strafe, Foltern; Kreuze, aber nicht zum Anbeten, sondern zum Erleiden; Feuersgluten, die ihr prophezeit und für euch selbst fürchten müsst. Wo bleibt da dieser Gott, der den Auferstehenden helfen kann, den Lebenden aber nicht? Gebieten die Römer nicht ohne euern Gott über ihr Reich, nutzen den gesamten Erdkreis und herrschen auch über euch? Ihr dagegen lebt immer in Sorge und Angst, ihr haltet euch von allen Vergnügungen fern, auch von den anständigsten. Ihr besucht keine Schauspiele, nehmt an den Festzügen nicht teil, verschmäht die öffentlichen Speisungen; ihr verabscheut die Spiele zu Ehren der Götter, das Opferfleisch und den Opferwein der Altäre. So sehr fürchtet ihr die Götter, deren Dasein ihr doch leugnet! Ihr schmückt euch das Haupt nicht mit Blumen, pflegt euren Körper nicht mit wohlriechenden Essenzen; Spezereien werden bei euch nur für die Toten verwendet und Kränze habt ihr nicht einmal für eure Gräber übrig. Ihr hässlichen, verschreckten Gestalten, ihr seid nur Erbarmen wert.

Minucius Felix, Octavius, 10 ff., übers. v. Bernhard Kytzler, Stuttgart (Reclam) 1983, S. 29 ff.

M3

Münze des Kaisers Konstantin, 315 n. Chr. Auf dem Schild ist die römische Wölfin abgebildet, im Helm zeigt eine runde Scheibe das sogenannte Christogramm. Die griechischen Buchstaben X (CH) und P (R) sind die Anfangsbuchstaben von „Christus“.

M4

Aus der Botschaft von Jesus Christus

In der „Bergpredigt“, im Matthäus-Evangelium der Bibel, Kap. 5–7, steht:

Wohl denen, die gewaltlos sind und Freundlichkeit üben. Erben werden sie das Land.
Wohl denen, die barmherzig sind. Sie werden Barmherzigkeit finden.
Wohl denen, die Frieden bringen. Gottes Kinder werden sie heißen.
Alles nun, was ihr wollt, dass euch die Leute tun sollen, das tut ihnen auch! Das ist das Gesetz und die Propheten.
Liebt eure Feinde und bittet für die, die euch verfolgen.

Zit. nach Frieder Burkhardt u. a. (Hg.), Ethik 5/6, Berlin (Cornelsen) 1995, S. 140.

M5

Jesus Christus, Ausschnitt aus einem Mosaik der Kirche Santi Cosma e Damiano am Forum Romanum, 4. Jh. n. Chr. Christus hat die rechte Hand erhoben und hält in der linken die Gesetzesrolle. Er trägt Tunika und Toga und wird als Verkünder eines neuen Zeitalters dargestellt.

1 Finde mithilfe von M4 und M5 heraus, worin die Anziehungskraft der christlichen Religion lag.

2 a) Beschreibe die Entstehung der christlichen Glaubenslehre. b) Stelle das Verhältnis der Christen zum römischen Staat dar (Darstellungstext, M3).

3 a) Untersuche, wie ein nichtchristlicher Römer die Christen beurteilte (M2). b) Nimm Stellung.

4 a) Zeige an M1, in welchen Regionen sich die christliche Religion verbreitete. b) Informiere dich über die Apostel.

Webcode: FG642342-157

Die Völkerwanderung

Europa wandelt sich

Seit dem 3. Jahrhundert setzten germanische und slawische Stämme das Römische Reich durch Wanderungen auch von außen unter Druck. Die Slawen stammen wie Griechen, Römer, Germanen und Kelten aus der Gruppe der indoeuropäischen Völker. Sie besaßen zur Zeit des Römischen Reiches noch keinen eigenen Staat. Aus der Völkergruppe der Slawen gingen die Völker der Ostslawen (Russen, Ukrainer, Weißrussen), der Westslawen (Tschechen, Slowaken, Polen, Elb- und Ostseeslawen) und der Südslawen (Serben, Kroaten, Slowenen, Bulgaren) hervor. Als 375 n. Chr. die Hunnen, ein asiatisches Reitervolk, in Westeuropa einfielen, begann die Zeit der Völkerwanderung*. Bei dieser Völkerwanderung mussten die Römer dulden, dass sich zum ersten Mal ein geschlossener Stamm im Reich ansiedelte. Es waren die Goten, gegen die die Römer eine Niederlage erlitten hatten.

Als Kaiser Theodosius 395 n. Chr. starb, teilte sich das Römische Reich in das Oströmische und das Weströmische Reich. Jedoch gelang es Herrschern des Weströmischen Reiches nicht mehr, eindringende Völker durch Verträge an das Reich zu binden. Die „Eindringlinge“ setzten kriegerische Mittel ein und gründeten eigene Reiche.

Ursachen der Völkerwanderung

Die Wanderungen begannen schon vor Christi Geburt damit, dass sich asiatische Steppenvölker vom Osten nach Westen bewegten. Dadurch setzten sie Völker wie Kelten, Germanen und Slawen in Bewegung. Denn diese Völker lebten auf diesen Gebieten und wurden durch die asiatischen Steppenvölker vertrieben. In der Geschichtsforschung werden folgende wesentliche Ursachen dieser Wanderungen genannt:

- Landnot und Ernährungsprobleme,
- Klimaschwankungen,
- gewaltsame Verdrängung durch kriegerische Nachbarvölker,
- Nachrichten über günstige Lebensbedingungen im Römischen Reich.

1 a) Beschreibe anhand von M1 die Wanderungsbewegungen. Lege eine Tabelle an und trage ein: Wanderzüge der Stämme, Gründung der Machtbereiche, Entwicklung des Römischen Reiches.
b) Nenne mögliche Folgen für das Römische Reich.

2 a) Erläutere die Ursachen der Wanderungsbewegungen.
b) Erkläre, warum das Römische Reich offensichtlich eine starke Anziehungskraft auf andere Völker ausübte.

M1 **Europa vom 4. bis zum 6. Jahrhundert n. Chr.**

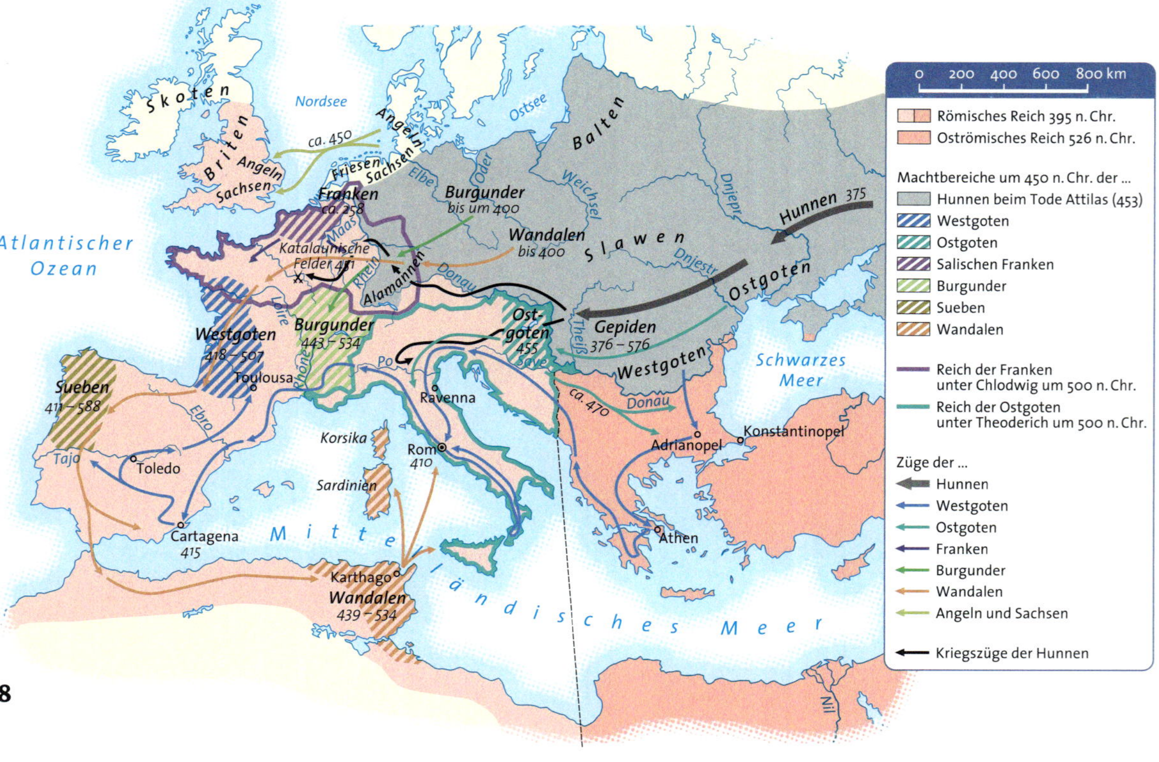

Warum ging das Römische Reich unter?

„Zwangsstaat“ und „Mehrkaisertum“

Die Verteidigung der Grenzen des Reiches verschlang viel Geld. Durch kriegerische Überfälle in den Grenzregionen bekamen einige Heerführer immer mehr Macht im Staat und wurden von ihren Soldaten zu „Kaisern" ausgerufen. So kam es, dass zwischen 235 und 284 n. Chr. 22 Kaiser regierten. Die sogenannten Soldatenkaiser bekämpften sich zum Teil untereinander. Sie gründeten Sonderreiche mit eigenen Hauptstädten. Dadurch wurde das Reich geschwächt.

Erst Kaiser Diokletian (284–305 n. Chr.) beendete diese Zustände. Er teilte die Herrschaft auf vier Regenten auf: zwei ranghöhere Kaiser (= lat. augusti) und zwei Mitkaiser (= lat. caesares). Damit wollte er weitere Spaltungen des Reichs verhindern. Diese „Tetrarchie“ (= griech. Vierherrschaft) scheiterte jedoch an der Nachfolgefrage. Schließlich setzte sich Konstantin I., der Sohn des Constantius, gegen seine Mitkaiser durch und übernahm die Alleinherrschaft (324–337 n. Chr.). Er gründete die neue Hauptstadt im Osten des Reiches: Konstantinopel. Dagegen ging die Bedeutung Roms als Hauptstadt und Herrschaftszentrum zu Ende.

M1 **Kaiser Diokletian (284–305 n. Chr.) im Vier-Kaiser-Kollegium** („Tetrarchen“) in militärischer Uniform, Anfang 4. Jh. n. Chr.: Diokletian, Maximian, Galerius, Constantius.

M2

Römische Wirtschaft in der Krise?

Der Bischof und christliche Kirchenlehrer Johannes Chrysostomos schrieb Ende des 4. Jh. n. Chr. über Bauern und Grundbesitzer im Römischen Reich:

2A Wenn man nämlich untersucht, wie sie [die Grundbesitzer] mit den armen und elenden Landleuten verfahren, kommt man zu der Überzeugung, dass sie unmenschlicher sind als Barbaren. Den Leuten, die ihr Leben lang hungern und sich quälen müssen, legen sie fortwährend unerschwingliche Abgaben auf, bürden auf ihre Schultern mühsame Dienstleistungen und gebrauchen sie wie Esel und Maultiere, ja wie Steine, gestatten ihnen auch nicht die mindeste Erholung, und gleichviel, ob die Erde Erträgnis abwirft oder nicht: man saugt sie aus und kennt keine Nachsicht ihnen gegenüber … Von ihren Arbeiten, von ihrem Schweiße füllt man Speicher und Keller, ohne sie auch nur ein weniges mit heimnehmen zu lassen; man heimst vielmehr die ganze Ernte in die eigenen Truhen und wirft jenen ein Spottgeld als Lohn dafür hin.

Zit. nach Karl Christ, Die Römer, 3. Aufl., München (C. H. Beck) 1994, S. 203 f.

Der Historiker Norbert Brockmeyer schrieb über die Wirtschaft im Römischen Reich seit dem 3. Jh. n. Chr (1972):

2B Der Kaufmannsstand konnte sich nicht mehr weiterentwickeln. Wurde ein Unternehmen gegründet, so musste es sofort Mitglied in einer Zwangsvereinigung (Korporation) werden. Solche Vereinigungen waren zum Beispiel die navicularii und die mercatores. Der Unternehmer musste dann für eine geringe Entschädigung für den Staat arbeiten und Frachtgut transportieren oder bei Absatz seiner Ware dem Staat den Vortritt vor anderen Kunden lassen; natürlich zu einem geringeren Preis. Ähnlich war es auch im Bereich des Gewerbes. Der Staat wurde zum Hauptauftraggeber. Er setzte aber die Preise so niedrig an, dass sie für Handwerker und andere Produzenten zum Ruin werden mussten. Da der Staat diese Betriebe aber brauchte, wurden sie wie die Kaufleute zu Zwangskorporationen vereinigt.

Norbert Brockmeyer, Sozialgeschichte der Antike, Stuttgart (Kohlhammer) 1972, S. 118 ff., bearb. d. Verf.

Ursachen für das Ende des Römischen Reiches

I. Das Christentum
- 1. Jh. Verbreitung des Christentums von der römischen Provinz Judäa aus.
- Die Christen werden verfolgt, weil sie den römischen Staat ablehnen wegen der Verehrung mehrerer Götter und gottähnlicher Verehrung des Kaisers.
- 313 n. Chr. Kaiser Konstantin erkennt das Christentum an.
- 391 n. Chr. Kaiser Theodosius erhebt das Christentum zur einzigen Staatsreligion.

→ Christliche Kirche als neue (europäische) Macht im Reich

II. Der Weg zum „Zwangsstaat"
- Seit etwa 200 greifen fremde Stämme (z. B. Germanen und Perser) die Grenzen des Reiches an.
- Das Heer muss vergrößert, die Grenzbefestigungen müssen ausgebaut werden.
- Die Folgen sind höhere Staatsausgaben, höhere Steuern und Abgaben, Druck auf die Landwirtschaft, den Handel und das Gewerbe. Strafen werden bei Widerstand gegen den Staat verhängt.

→ Finanz- und Wirtschaftskrise im „Zwangsstaat"

III. Mehrkaisertum
- Die Heerführer in den Grenzregionen gewinnen an Macht und werden von ihren Soldaten zu „Kaisern" ausgerufen.
- Die „Soldatenkaiser" kämpfen gegeneinander.
- Ende des 3. Jh. „Viererherrschaft" (Tetrarchie)

→ Machtzersplitterung im Reich

IV. Teilung des Reiches
- 395 n. Chr. Das Römische Reich wird in das Oströmische Reich mit der Hauptstadt Byzanz und das Weströmische Reich mit der Hauptstadt Rom geteilt.
- 476 n. Chr. Der letzte weströmische Kaiser wird abgesetzt.
- Konstantinopel (vorher Byzanz) wird neues Machtzentrum im Osten (bis 1453).

→ Auflösung der Reichseinheit, Machtverlust Roms zugunsten Konstantinopels

V. Völkerwanderung
- Asiatische Steppenvölker (z. B. Hunnen) ziehen nach Westen.
- Germanische und slawische Völker (z. B. die Goten) greifen die Reichsgrenzen an und dringen in das Reich ein.
- Diese Völker gründen auf römischem Gebiet neue Reiche.
- 476 n. Chr. Der letzte weströmische Kaiser Romulus Augustulus wird durch den germanischen Heerführer Odoaker abgesetzt.

→ Ende des Weströmischen Reiches, neue nichtrömische Reiche

M3

Das Ende des Römischen Reiches

1 Beantworte anhand des Darstellungstextes S. 159 die folgenden Fragen:
a) Wie kam es zur Entstehung des Mehrkaisertums?
b) Woran scheiterte diese Form der Herrschaft?
c) Wie entwickelte sich die Rolle der Hauptstadt Rom?

2 a) Vergleiche Quellentext und Sachtext (M2A, M2B, S. 159) in ihren Aussagen zur wirtschaftlichen Krise im Römerreich.
b) Worin liegen jeweils Stärken und Schwächen der Textarten?

3 a) Beschreibe M1. Lässt sich die Krise des Reiches an der Statue erkennen?
b) Vergleiche mit der Augustus-Statue S. 139.

4 a) Erörtert anhand von M3 in einer Gesprächsrunde die Ursachen für das Ende des Römischen Reiches.
b) Versucht eine Gewichtung der einzelnen Faktoren vorzunehmen.

Römische Antike und europäische Gegenwart

Das „Haus Europa“ – auf „Rom“ gebaut?

In diesem Kapitel hast du Spuren der Römer kennen gelernt, die bis in unsere Zeit überliefert sind. Es sind Kunstgegenstände wie die Augustus-Statue aus Rom, Amphitheater, Aquädukte oder das Straßennetz der Römer. Zu den römischen „Wurzeln“ gehören aber auch geistige Traditionen. Die lateinische Schrift, in der wir schreiben, und die lateinische Sprache, die Eingang in moderne Sprachen gefunden hat, lateinische Literatur oder das römische Recht. Auch die christliche Religion hat sich zuerst im Römerreich verbreitet.

Heute streben Politikerinnen und Politiker die europäische Einigung an. Dabei verweisen sie meist auf zwei Punkte des Römischen Reichs. Zum einen werden die Leistungen römischer Zivilisation hervorgehoben: Das gilt vor allem für die hohe Schriftkultur und das städtische Leben mit einer geordneten Verwaltung (Polizei, Feuerwehr, Getreideversorgung, Wasserleitungen, schriftliches Recht usw.) und seinen angenehmen Lebensbedingungen, die die meisten Menschen als Bürger (= lat. civis) beanspruchen. Der Begriff „Zivilisation“ bedeutete nämlich ursprünglich die verfeinerte Lebensweise in den Städten gegenüber dem einfachen Landleben der Bauern. Man spricht heute von „zivilisierten“ Verhältnissen, wenn sich eine Gesellschaft so organisiert, dass jeder ein freies und sicheres Leben führen kann. Dazu gehören: Schul- und Berufsausbildung, ärztliche Versorgung, Sicherheitseinrichtungen (Polizei, Feuerwehr), Kunst, Wissenschaft und Technik, wirtschaftliche Einrichtungen wie Handel, Handwerk und Industrie, eine öffentliche Verwaltung, aber auch bestimmte Umgangsformen. Zum anderen gilt das Römische Reich als Beispiel dafür, wie man einen großen Raum mit verschiedenen Völkern und Sprachen politisch organisiert. Das heißt, dass sich trotz aller nationalen und regionalen Unterschiede Franzosen und Tschechen, Schweden und Italiener, Friesen und Basken in einem gemeinsamen Europa wiedererkennen können.

M1

Römische Münze mit Kaiser Konstantin, Prägung von 336/337 n. Chr. Der Schriftzug lautet: D(ominus) N(oster) Constantinus Max(imus) Aug(ustus).

M2

Euro-Münze, Prägung von 1999. Seit dem 1. Januar 1999 ist der Euro die Währung etlicher Mitgliedsstaaten der Europäischen Union; als Bargeld ist er ab 1. Januar 2002 im Umlauf.

Der römische Denar war ein Vorläufer

Der Euro hat einen erfolgreichen Vorläufer: Bereits vor rund 2000 Jahren bestand im weit gespannten Römischen Reich ein einheitlicher Wirtschaftsraum, in dem vor allem mit dem Silberdenar ein allgemein anerkanntes Zahlungsmittel kursierte. Über Jahrhunderte hinweg konnten die Völker der Antike im Schutz des Reichsfriedens zwischen Mittelmeer und Nordsee, Atlantik und Schwarzem Meer praktisch ungehindert Handel treiben und bei stabilen Preisen allerorten mit einer Währung zahlen ... „Es war vielleicht die erfolgreichste Währung der Welt", meint der Numismatiker[1] Wolfram Weiser von der Universität Köln zu der römischen Devise[2] ... Die hohe Zeit der einheitlichen Wirtschaftszone mit ungehindertem Warenverkehr und weitgehender Freiheit vor staatlichen Eingriffen ins Erwerbsleben begann dann um Christi Geburt im römischen Kaiserreich unter Augustus: Ein Friedensimperium mit hervorragender Infrastruktur[3] wie den zum Teil bis heute zurückzuverfolgenden Römerstraßen gestattete die Einfuhr von Zinn aus Britannien und Bernstein von der Ostsee, von Gold aus Sudan und Seide aus China ... „Zweihundert Jahre lang hat das System hervorragend funktioniert", sagt Weiser. Nicht zuletzt ein außerordentlich stabiles Preisniveau habe der römischen Welt einen erheblichen wirtschaftlichen Aufschwung beschert.

Einheitswährung war in der gesamten antiken Welt begehrt.

Bericht der französischen Nachrichtenagentur Agence France Presse in der Braunschweiger Zeitung vom 29. 12. 1998, gekürzt v. Verf.

[1] Münzkundler
[2] ausländisches Zahlungsmittel
[3] wörtlich „Unterbau": Sammelbegriff für die Grundlagen der Wirtschaft, z. B. Verkehrs- und Informationseinrichtungen

M3

Die römische Währung und der Euro

M4

Das Haus Europa, Karikatur von Karl-Gerd Striepecke, 1992. Die Europäische Union (EU) ist ein Zusammenschluss von 27 europäischen Staaten (Stand: 2008) mit unterschiedlichen Sprachen und kulturellen Traditionen zu einer politischen und wirtschaftlichen Gemeinschaft. Die Mitgliedsstaaten bilden einen gemeinsamen großen „Markt", in dem Waren ohne Kontrollen und Zölle zirkulieren und Menschen frei reisen können.

1 Beschreibe die Münzen M1 und M2 und vergleiche.
2 Untersuche, wie die römische Währung in dem Zeitungsartikel M3 beurteilt wird.
3 Erarbeite, welche Aussagen in M3 zur Wirtschaft im römischen Kaiserreich gemacht werden.
4 Beschreibe M4 und überlege, wie der Zeichner den Zustand Europas 1992 sah.
5 Erkunde, welche Staaten in Europa heute nicht Mitglied in der EU sind. Gibt es Gründe dafür? Berichte in der Klasse.
6 a) Diskutiert in einer Gesprächsrunde Gemeinsamkeiten und Unterschiede zwischen dem Römischen Reich und Europa heute. Berücksichtigt dabei eure Kenntnisse über das Ende des Römischen Reichs (siehe S. 159–160).
b) Formuliert Fragen, die sich nicht sofort beantworten lassen und sucht nach Antworten.
7 **Partnerarbeit:** Berichtet über europäische Partnerschulen eurer Schule oder Städtepartnerschaften eures Heimat- bzw. Schulortes. Nutzt für die Informationsbeschaffung auch das Internet.

Lebenswelt Imperium Romanum

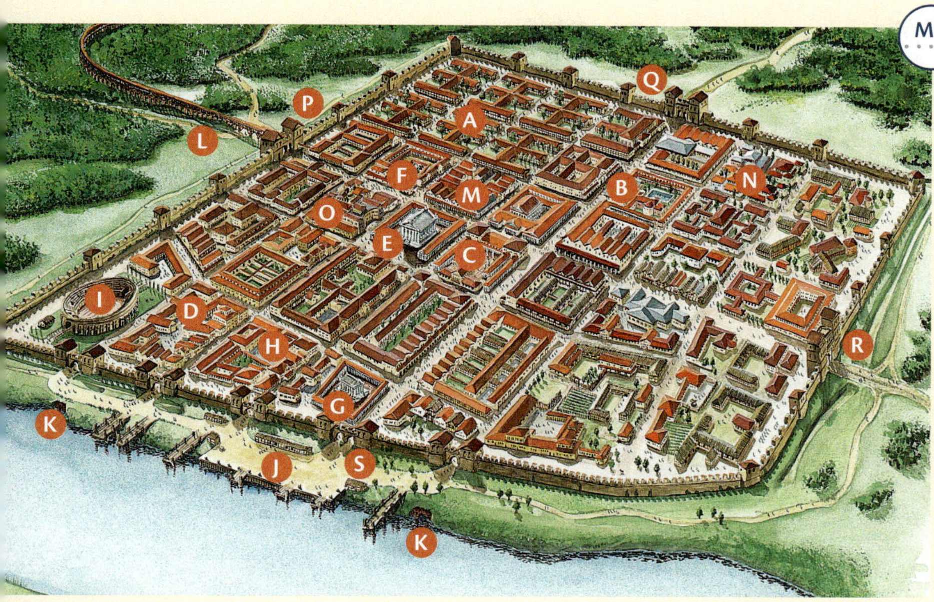

M1 **Die „Colonia Ulpia Traiana" in Xanten,** Rekonstruktionszeichnung, 1994.
A Wohnhäuser; **B** Thermen; **C** Forum; **D** Wohn- und Gewerbeviertel; **E** Haupttempel der Siedlung; **F** Tempel für einheimische Schutz- und Fruchtbarkeitsgöttinnen; **G** Hafentempel; **H** Lagergebäude; **I** Amphitheater; **J** Rheinhafen; **K** Kanalisation; **L** Wasserleitung; **M** Verwaltungspalast; **N** Villenviertel; **O** Handwerkerviertel; **P** Vetera-Tor; **Q** Maas-Tor; **R** Burginatium-Tor; **S** Mittleres Hafentor.

Überprüfe, was du kannst

Sachkompetenz

Zeige am Beispiel Xantens (M1), wie städtisches Leben in der Römerzeit aussah. Gehe auf die Bereiche Wohnen, Arbeit und Wirtschaft, Architektur und Religion ein (S. 144–149/156–157).

1 Kläre: Rom – „Haupt der Welt" (S. 144), Herrschaftsmethoden römischer Kaiser (S. 150), Romanisierung (S.152–153).

Selbst- und Sozialkompetenz

2 Beurteile die folgende Aussage: Die Ursache für den Untergang des Römischen Reiches liegt in der Wirtschaftskrise seit dem 3. Jh. n. Chr.

3 Mit dem Untergang des Römischen Reiches endet für manche Historiker die Antike. Vieles aus dem Römerreich ist jedoch bis in unsere Zeit überliefert bzw. lebt weiter: z. B. die lateinische Sprache, römisches Recht, Architektur, römische Kaiser als Vorbilder für spätere Herrscher, die römisch-katholische Kirche. Informiert euch im Kapitel und in Lexika, Fachbüchern und im Internet über die römischen Wurzeln Europas und berichtet in der Klasse.

4 a) Fasst in einer Gesprächsrunde die „antiken Wurzeln" Europas zusammen. Haltet eure Ergebnisse in einer schematischen Skizze fest.
b) Diskutiert: Die Antike ist Geschichte. Sie hat uns heute nichts mehr zu sagen.

27 v. Chr. bis 14 n. Chr.
Prinzipat des Augustus

um 90
Beginn Bau des Limes

2. Jahrhundert
Größte Ausdehnung des Römischen Reiches

Ende 3. Jahrhundert
Sogenannte Viererherrschaft

395
Teilung des Römischen Reiches in Oströmisches und Weströmisches Reich

476
Ende des Weströmischen Reiches

100 v. Chr. | Christi Geburt | 100 | 200 | 300 | 400 | 500

Antike Wurzeln Europas

Lebenswelt griechische Polis

Die landschaftlichen Bedingungen förderten die Entstehung kleiner selbstständiger Herrschaftsgebiete (Stadtstaaten: Poleis). Obwohl sie sich getrennt voneinander entwickelten, entstand im Laufe der Zeit ein starkes Zusammengehörigkeitsgefühl unter den Griechen. Ihre Einheit stützten sie auf eine gemeinsame Sprache und auf eine gemeinsame Schrift. Sie fühlten sich außerdem durch ihren Glauben an dieselben Götter, ihre religiösen Feste und Wettkämpfe verbunden. Vom 8. bis zum 6. Jahrhundert v. Chr. gründeten viele Stadtstaaten im Mittelmeergebiet Kolonien, weil vor allem die Lebensverhältnisse im Mutterland unzureichend waren.
Die bekanntesten Stadtstaaten Sparta und Athen entwickelten sich unterschiedlich. In Sparta regelte der Staat das Leben der Bevölkerung. Die Spartiaten, Männer und Frauen, erhielten von Kindheit an eine militärische Ausbildung. Die Bewohner, die in eroberten Gebieten lebten, mussten als rechtlose Heloten für die Spartiaten arbeiten.
In Athen herrschte bis zum 7. Jahrhundert v. Chr. der Adel. Mit den Gesetzen des Politikers Solon begann sich 594 v. Chr. in Athen die Staatsform der Demokratie zu entwickeln. Allerdings hatten nur die männlichen Bürger politische Rechte.
In Athen entstanden große Bauwerke und bedeutende Kunstwerke. Die Athener erfanden das Theater und verfassten die ersten Tragödien und Komödien. Philosophen legten mit ihren Ideen über die Welt und das menschliche Handeln die Grundlage für die modernen Wissenschaften.

Aufstieg Roms zum Weltreich

In der Sage zur Entstehung Roms heißt es, dass Rom 753 v. Chr. gegründet wurde. Aber die historischen Befunde zeigen, dass die Sabiner und die Latiner schon um 1000 v. Chr. in das Gebiet des heutigen Roms eingewandert waren. Später kamen die Etrusker, die eine Königsherrschaft errichteten und das Dorf zur Stadt ausbauten.
Mit der Vertreibung der etruskischen Könige um 510 v. Chr. wurde Rom eine Republik, die von adligen Patrizierfamilien regiert wurde. Die Plebejer konnten sich erst im Laufe der Ständekämpfe (ca. 450 bis 287 v. Chr.) Mitspracherechte im Staat erkämpfen – u. a., weil die Patrizier in dieser Zeit zahlreiche Kriege führten, für die sie die Plebejer als Soldaten benötigten.
Rom gewann durch die Kriege bis 272 v. Chr. die Vorherrschaft in Italien. Außerdem veränderten Ständekämpfe die altrömische Gesellschaft.
Es entstand eine neue Oberschicht aus patrizischen und reichen plebejischen Familien: die Nobilität. In drei Kriegen gegen Karthago erlangten die Römer im 3. und 2. Jahrhundert v. Chr. die Herrschaft über das westliche Mittelmeer und bis zum 1. Jahrhundert v. Chr. die Vorherrschaft im Osten.

Expansion und Krise

Der Aufstieg Roms zur Weltmacht hatte tiefgreifende Folgen, denn die langen Kriege machten die Kleinbauern zu landlosen Bettlern und Tagelöhnern. Dagegen wurde die Oberschicht durch Beute und Tribute immer reicher. Sklaven waren billige Arbeitskräfte, also verdrängten sie die Tagelöhner. Weil die Zahl der Kleinbauern abnahm, fehlten Soldaten. Die militärische Stärke Roms sank.
Mehrere Politiker versuchten, die Krise zu lösen: der Landreformer Tiberius Gracchus, der Heerführer Marius, die Diktatoren Sulla und Caesar. Caesar setzte schließlich die republikanischen Traditionen außer Kraft. Nach seiner Ermordung 44 v. Chr. sicherte sich Octavian, der spätere Augustus, die Alleinherrschaft (27 v. Chr.).

Die Kaiserzeit

Unter Augustus nahm die römische Kaiserzeit ihren Anfang. Mit ihm begann eine Friedenszeit von fast 200 Jahren, in der Rom ein zusammenhängendes Reich wurde. Die Kaiser regierten das Reich mit seinen 40 Provinzen und zahlreichen Völkern und Sprachen von der Millionenstadt Rom aus. Die Sicherung der Reichsgrenzen lag in den Händen eines gewaltigen Berufsheeres. Durch die Grenzlegionen und den Bau zahlreicher Provinzstädte fanden Recht und Sprache, Lebensart und Technik der Römer im Reich Verbreitung. Der Untergang des Römischen Reiches war ein langer Vorgang, der auf innere und äußere Ursachen zurückzuführen ist.

Antike Lebenswelten

Griechische Polis

- Stadtstaat
- in der Frühzeit: König regiert mehrere Poleis
- führende Adelsfamilien
- Leben in Hausgemeinschaft (Oikos)
- athenische Demokratie: politische Rechte nur für männliche Bürger
- mindere Rechte für Frauen und Sklaven
- Handel und Handwerk
- Import- und Exporthandel
- große Bedeutung des Seeverkehrs
- Lebens- und Weltdeutung: Götter und Philosophen
- Kunst und Architektur: Tempel, Statuen, bemalte Schalen und Vasen

Weltstadt Rom

- Gründung Roms: Mythos und Wissen
- etruskische Königsherrschaft
- Republik: Patrizier und Plebejer als Machtfaktoren (Stände)
- militärische und politische Überlegenheit Roms in Italien und im Mittelmeerraum
- Krise, Reformen und Untergang in der Republik (Caesar, Octavian/Augustus)
- Leben in Rom: Theater, Bäder, Forum; Leben zwischen Reichtum und Armut
- Kaiserzeit: Ausdehnung des Reiches, Spannung zwischen Friedenssicherung und Weltherrschaft (Pax Romana)

Leben in der Provinz

- Roms Legionen: Basis der Weltherrschaft
- vielfache Aufgaben der römischen Legionäre (Zivilberufe)
- Städtebau in den Provinzen – nach dem Muster Roms
- Vorrang der Landwirtschaft (römischer Gutshof); Fernhandel und Handwerk
- Romanisierung: Übernahme von Sprache, Schrift, Lebensart, Bauweise der Städte, Straßenbau, römischem Recht, römischen Göttern

5. Lebens- und Herrschaftsformen im Mittelalter

Nach dem Ende des Römischen Reiches kam die „Mittelmeerwelt" in Bewegung. Es bildeten sich neue Machzentren heraus, wie das Oströmische Reich mit der Hauptstadt Konstantinopel und ein islamisches Reich in Arabien. Im Westen Europas schufen die Könige der Franken, deren Nachfahre Karl der Große (768–814) war, eine neue dauerhafte Ordnung.
In der Zeit des Mittelalters, der Epoche zwischen dem Ende des Römischen Reiches (um 500) und dem Beginn der Neuzeit (um 1500), waren etwa neun von zehn Menschen Bäuerinnen und Bauern. Sie bildeten mit ihrer Arbeit die Grundlage der mittelalterlichen Gesellschaft, indem sie den Grund und Boden, der meist Adligen gehörte, bewirtschafteten. Dabei mussten sie Überschüsse erzielen, um sowohl sich selbst als auch ihre Herren ernähren zu können.
Die Abbildungen auf dieser Doppelseite zeigen einen kleinen Ausschnitt aus der Welt des Mittelalters: Die große Abbildung gibt einen Einblick in das Leben der Landbevölkerung im späten Mittelalter. Die kleine Abbildung unten zeigt das Leben in Städten. Geldwirtschaft, Handel und Handwerk entwickelten sich dort im Laufe des Mittelalters zu „Zukunftsbranchen". Das kleine Bild oben zeigt am Beispiel von Karl dem Großen, König der Franken und römischer Kaiser, das Porträt eines mittelalterlichen Herrschers.

Folgende Fragen leiten dich durch das Kapitel:

- ***Wie lebten die Menschen in der mittelalterlichen Gesellschaft?***
- ***Wie wurde im Mittelalter Herrschaft ausgeübt?***
- ***Wie gingen Menschen unterschiedlicher Kulturen und Religionen miteinander um?***

1 Beschreibe mithilfe der Abbildungen, was du über das Leben von Bauern, Adligen und Stadtbewohnern erfährst.

Bäuerliches Leben

Wissen • Methoden anwenden • Beurteilen und Handeln

Am Ende dieses Unterkapitels kannst du

- die bäuerliche Lebenswelt im Mittelalter beschreiben
- Merkmale des Zusammenlebens und der Arbeitsteilung auf dem Bauernhof nennen
- die Bedeutung von Nachbarschaft und Genossenschaft im mittelalterlichen Dorf bewerten
- die mittelalterliche Grundherrschaft beschreiben
- einen Bezug zwischen der Landwirtschaft im Mittelalter und der Gegenwart herstellen
- **Methode** Eine Sachquelle untersuchen

Die bäuerliche Gesellschaft im Mittelalter

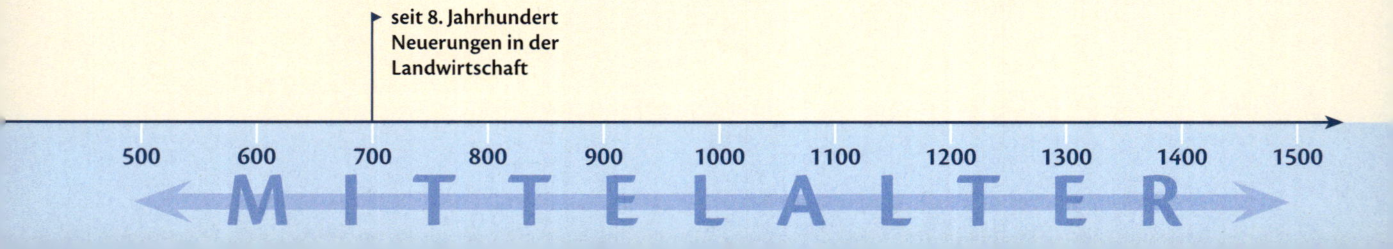

Funde aus dem Alltagsleben

Aus Funden wird rekonstruierte Geschichte

Neben schriftlichen und bildlichen Quellen sind Sachquellen (gegenständliche Quellen) bei der Untersuchung des bäuerlichen Alltagslebens im Mittelalter von großer Bedeutung. Anders als Bilder und Texte ermöglichen sie Erfahrungen „aus erster Hand", haben aber den Nachteil, dass sie z. B. als Einzelfunde nicht gleich den historischen Zusammenhang mitliefern. Das bietet aber die Möglichkeit für Hypothesen (Vermutungen) und weiterführende Fragestellungen zu entwickeln.
Vor allem können Sachquellen zeigen, dass „Geschichte" nicht fertig vorliegt, sondern – gestützt auf die Quellen – rekonstruiert werden muss. Die Rekonstruktion bäuerlicher Geschichte im Mittelalter in einer bestimmten Zeit und in einem bestimmten Raum soll durch die abgebildeten Sachquellen angeregt werden. Dabei kann es jedoch nur um einen kleinen Ausschnitt aus dem bäuerlichen Leben gehen.

M1

Schaftlochaxt, Eisen; Holz; L. noch 55,3 cm (Schaft), H. 16 cm (Axt); 9. Jh., Tschechien

M2

Pflugschar, Eisen; L. 22,5 cm, Klingenbreite 12 cm; 10. Jh., Ungarn. Zur Verstärkung wurde auf die Schneide ein besonders gehärtetes Stahlband aufgeschmiedet.

M3

Erntesichel, Eisen; L. 37,5 cm, Klingenbreite 1,8 cm; 10. Jh., Ungarn

M4

Spaten, Buchenholz; L. 108,5 cm; 11./12. Jh., Kreis Güstrow, Deutschland

Partnerarbeit:

1 Beschreibt die abgebildeten Funde M1 bis M4. Nehmt die Methode „Eine Sachquelle untersuchen" (S. 176 f.) zu Hilfe.

2 Erarbeitet, welche Aussagen sich anhand der Funde über das bäuerliche Alltagsleben formulieren lassen. Unterscheidet bei euren Ergebnissen nach belegbaren und hypothetischen Aussagen.

Webcode: FG642342-169

Leben auf dem Bauernhof

In Dörfern und auf Höfen

Während heute in unserem Land nur noch wenige Menschen einen Bauernhof bewirtschaften, lebten im Mittelalter fast alle auf dem Lande und von der Landwirtschaft. Auch die Adligen, die selbst nicht auf den Feldern oder Bauernhöfen arbeiteten, waren von der Landwirtschaft abhängig. „Viele Könige werden gekrönt durch Abgaben aus dem Ackerbau“, schrieb ein Dichter des Mittelalters.

Bis zum frühen Mittelalter war Mitteleuropa von einer nahezu geschlossenen Waldlandschaft bedeckt. Riesige Urwälder und weite Sumpfgebiete wurden nur von Lichtungen und kleinen Siedlungen, die von Feldern umgeben waren, unterbrochen. Städtische Siedlungen gingen häufig auf Reste von Römersiedlungen zurück. Mit zunehmender Bevölkerung reichte das bewirtschaftete Land nicht mehr aus. In mehreren Phasen wurden Wälder gerodet und urbar gemacht. Dörfer entstanden, die aber selten mehr als zehn bis zwölf Höfe umfassten. Noch heute deuten die Endungen der Ortsnamen „-heim“, „-hop“, „-wurt“ oder „-horn“ auf den Ausbau des Siedlungslandes im Mittelalter hin.

Im Dorf verbreiteten sich Neuigkeiten, Ereignisse und Nachrichten schnell. Was außerhalb der Siedlung geschah, erfuhren die Dorfbewohner häufig nur, wenn Menschen, die durch das Dorf kamen, davon erzählten. Lesen und schreiben konnte die bäuerliche Bevölkerung nicht. Deshalb hat sie auch keine Texte hinterlassen, aus denen wir erfahren, wie die Menschen in den Dörfern lebten und arbeiteten, welche Werkzeuge sie benutzten, was ihnen wichtig und unwichtig war. Wir gewinnen allenfalls einen Eindruck, indem wir Bilder, Urkunden, Chroniken oder Sachüberreste aus dieser Zeit befragen.

M1

Arbeiten auf einem Bauernhof,
Buchmalerei, um 1515

M2

Bäuerin und Magd

In einem Lied Oswalds von Wolkenstein (um 1377 bis 1445) ruft die Bäuerin ihrer Magd zu:

Steh auf, Margretlein, liebe Gretel!
Zieh die Rüben heraus!
Mach Feuer, setz Fleisch und Kraut zu!
Schnell, sei gescheit!
Nur zu, du faule Tasche, spül die Schüssel! …
Gret, lauf zum Schuppen, such die Nadel,
nimm den Rechen mit!
Gabel, Dreschflegel, Kornsieb und Sichel findest
du dort.

Zit. nach Otto Borst, Alltagsleben im Mittelalter, Frankfurt a. M. (Insel) 1983, S. 123.

1 **Partnerarbeit:** Stellt mithilfe von M1 und M3 zusammen, was ihr über die Arbeit und die Aufgabenverteilung in Bauernfamilien erfahrt.
2 Untersuche, welche Art von Quellen dir in M1 bis M4 begegnen und welche Erkenntnisse sie bieten.
3 Vergleiche M4 mit deinem Leben.
4 **Recherche:** Informiere dich über die Arbeit heutiger Bauern. Welche Gemeinsamkeiten und Unterschiede zum Mittelalter gibt es?

Webcode: FG642342-170

M3

Arbeit auf dem Land, Darstellungen aus einer Handschrift, um 1480

M4

Alltag einer Bauernfamilie – eine Erzählung

Der Schriftsteller und Historiker Rolf Schneider hat 1999 auf der Grundlage historischer Quellen folgende Erzählung verfasst:

Wir stellen uns vor, es ist ein Wochentag Mitte März, um das Jahr 1100. Es ist kurz vor Sonnenaufgang. Wigbert, unser Bauer, gähnt, reibt sich die Augen und erhebt sich von seiner Pritsche, einem flachen Gestell aus Fichtenbrettern mit einem Strohsack als Unterlage und einem Schaffell als Decke. Seine Frau Hiltrud neben ihm schläft noch. Seine drei Kinder schlafen in aufgeschüttetem Stroh gleich neben der Feuerstelle, einem aus Lehm gefügten Kochofen, der nach oben hin offen ist, damit der Rauch aufsteigen kann bis unter das Dach, wo er durch eine Luke entweicht. Wigbert trägt ein leinenes Hemd. Er bückt sich nach seinen übrigen Kleidern, die auf dem Boden liegen: einer wollenen Hose und einem Rock, den er über den Kopf zieht und der ihm bis über die Hüften reicht. Wigbert schlüpft in seine Schuhe, die geschnitzt sind aus Lindenholz. Er hat noch ein anderes Paar Schuhe, aus Leder gefertigt.

Wigbert ist nicht sehr groß. Sein Rücken ist gekrümmt von der Arbeit. Viele Katastrophen hat er erlebt: schwere Unwetter, die das Getreide auf den Feldern vernichtet haben, Überfälle von bewaffneten Haufen, die das Vieh rauben und die Häuser anzünden, Seuchen, die Menschen und Tiere vernichten.

Wigbert schlurft durch den Raum, dessen Fußboden gestampfter Lehm ist. Seine Notdurft verrichtet er auf dem Misthaufen. Dann holt Wigbert den Ochsen aus dem Stall und greift sich den Pflug, ein einfaches Ding aus Eichenholz. Während er mit dem Pflug am nahegelegenen Acker die trockene Erde aufbricht, tritt Hiltrud aus dem Haus. Sie ist hochschwanger. In ein paar Wochen wird sie ihr siebentes Kind gebären; wenn alles gutgeht, wird es am Leben bleiben und nicht tot zur Welt kommen oder bereits in den ersten Wochen sterben wie drei ihrer Kinder zuvor. Hiltrud macht sich im Garten zu schaffen. Sie lockert die Erde mit einer Hacke. Sie steckt Samen für Kohl und Rüben und tritt sie anschließend fest. Wigbert hat seine Furchen gezogen, er hat Steine aufgelesen und an den Feldrand geworfen. Bald wird er mit der Aussaat beginnen.

Daheim hat Hiltrud die erste Mahlzeit bereitet. Die Familie setzt sich um den Tisch, eine große Platte aus rohem Holz. Jeder hat vor sich einen Holznapf, in den Hiltrud aus dem Kochkessel Brot füllt. Das Brot ist Brei. Er besteht aus Mehl, mit Milch aufgekocht und mit Honig gesüßt, die übliche Mahlzeit. Sie trinken aus hölzernen Bechern Molke, das ist jene Flüssigkeit, die verbleibt, wenn von gesäuerter Milch der Quark abgeschöpft wurde. Während er kaut, sieht er, wie Hiltrud sich krümmt. Er hofft, dass sie jetzt keine Fehlgeburt hat, es wäre eine Katastrophe, es wäre ein böser Ausfall an Arbeitskraft, gerade jetzt, da auf dem Hof jede Hand gebraucht wird.

Wigberts Dorf hier besteht aus fünf Gehöften. Sie wurden alle vor etwa vier mal fünf Sommern errichtet, nach einer Rodung, bei der die Bäume umgelegt und zu Balken behauen wurden, während man das Gezweig und Unterholz verbrannte, um Platz zu schaffen für den Häuserbau und die Felder.

Rolf Schneider, Vor 1000 Jahren, Augsburg (Weltbild) 1999, S. 19–23, bearb. d. Verf.

Arbeitsteilung und Familie

Was war eine „bäuerliche Familie“?

Die Formen der Familie haben sich im Laufe der Geschichte immer wieder verändert. Je nachdem, ob eine oder mehrere Generationen zusammenlebten, wird häufig von einer „Kleinfamilie“ oder einer „Großfamilie“ gesprochen. Für die bäuerliche Familie des Mittelalters lässt sich der Begriff der „Haushaltsfamilie“ oder „Hausgemeinschaft“ verwenden, denn sie war vor allem eine Produktions- und Konsumgemeinschaft, zu der neben den Blutsverwandten (Großeltern, Eltern, Kinder) auch das Gesinde (Knechte, Mägde) gehörte. Kinder mussten mitarbeiten, sobald ihre körperliche Kraft das zuließ. Mit etwa sieben Jahren endete die eigentliche Kindheit, denn dann wurden sie bedingt strafmündig. Bauer und Bäuerin standen der Hausgemeinschaft vor und organisierten die Haus- und Landwirtschaft. Als Hausherr verfügte der Bauer über die höchsten Rechte in der Familie und im Dorf.

M1

Arbeitsteilung zwischen Mann und Frau.
Arbeit mit Spinnrocken und Karst (Hacke mit zwei Zinken). Darstellung aus einem Buch mit Abbildungen über die Lebensverhältnisse der Bauern, 15. Jh.

M2

Bäuerliche Arbeitsteilung

Der Historiker Otto Borst schrieb 1983:

Bauernarbeit ist also immer auch Gemeinschaftsarbeit. Der Stand der Agrartechnik, aber auch das Aufeinander-Angewiesensein haben zu regelmäßigen Versammlungen geführt, auf denen das Notwendige untereinander abgesprochen wurde, wann gepflügt und wann gesät werden soll, ... Haus und Hof verlangen tägliche Hilfe und Vorsorge, das Holzsammeln ist nur eine von diesen Tätigkeiten ... Spinnen, Weben, Schneidern war bei der Notwendigkeit zur Selbstversorgung in den bäuerlichen Haushalten vor allem als typische Frauenarbeit überall anzutreffen ... Zu einem Bauernhaus gehörte alles, Putzen, Kochen, Schöpfen von Wasser, Schüren des Feuers, Käsen, Viehversorgen, Gemüsegarten, Getreideeinbringen ... Zahllose ... Abbildungen zeigen die Frau im Dorfe worfeln [Getreide reinigen], Mähen, Getränke bringen, beim Schweineschlachten zupacken oder spinnen. Nur die Schäferei ist ihr versagt. Da man mit den Herden oft große Strecken zurücklegen musste, blieb das Männersache. Dafür fällt ihre zahlreiche Mitarbeit im Brauereigewerbe auf, und die Weiterverarbeitung der vom Fronhof gestellten pflanzlichen und tierischen Fasern ist ... ausschließlich Frauensache: Die Frauen müssen Leintücher, Hemden und Hosen herstellen ... Dass die Bauersfrau nur in der Binnenwirtschaft [Hauswirtschaft] zu finden war, ist eine ... Vorstellung, die wir verabschieden müssen.

Otto Borst, Alltagsleben im Mittelalter, Frankfurt a. M. (Insel) 1983, S. 118 ff.

1 Beschreibe anhand von M1 die Arbeits- bzw. Rollenteilung zwischen Mann und Frau.

2 Erkläre anhand des Darstellungstextes, warum die Begriffe „Kleinfamilie“ und „Großfamilie“ nur unzureichend auf die bäuerliche Familie des Mittelalters passen.

3 Beschreibe mithilfe des Darstellungstextes die Rolle der Kinder und vergleiche mit heute.

4 Erörtere – ausgehend von M1 und M2 –, ob von einer typischen Frauen- bzw. Männerarbeit in der mittelalterlichen Bauernwirtschaft gesprochen werden kann.

5 **Partnerarbeit:** Entwerft als Bauernpaar ein Rollengespräch über die Aufgabenverteilung auf dem bäuerlichen Hof.

Bäuerliche Ernährung

M1

Brei oder Brot?

Der Historiker Horst Fuhrmann schrieb 1989 über die Ernährung:

In der Anfangsepoche des Mittelalters, wo bei dünner Bevölkerung noch weite Flächen für die Viehwirtschaft zur Verfügung stehen, nimmt das Fleisch einen wichtigen Platz in der bäuerlichen Alltags- und Festtagskost ein. Mit der wachsenden Bevölkerung musste dann aber die Weidewirtschaft dem flächenintensiven Getreidebau immer mehr weichen, sodass eine neue Stufe der Ernährung begann, bei der die Nahrungsmittel aus der Getreidewirtschaft vorherrschten.
Jahrhundertelang bildete der Brei, der vor allem aus Hirse und Hafer zubereitet wurde, das Hauptnahrungsmittel der Landbevölkerung ... Im Unterschied zum später aufgekommenen Brot, das im Mittelalter noch lange Zeit vorwiegend von der geistlichen und adligen Oberschicht gegessen wurde, war der Getreidebrei eine Volksnahrung, die aus zerriebenen Getreidekörnern hergestellt, mit Wasser oder Milch unter Beigabe von Salz zubereitet und in einem Topf gekocht wurde. Wenn man einen Fladen solchen Getreidebreis außerhalb des Topfes noch zusätzlich röstete, entstand das Fladenbrot. Brot im eigentlichen Sinne wurde aber erst dann gewonnen, wenn man dem angerührten Teig ein Triebmittel in Form von Hefe oder Sauerteig zuführte ...
Berichte von großartigen bäuerlichen Festgelagen beziehen sich im Allgemeinen auf eine bäuerliche Oberschicht ... Die Mehrzahl der Bauernfamilien verfügte aber über so geringe Einkünfte, dass ihnen nur wenig zur Vorratsbildung für schlechtere Jahre zur Verfügung stand. Gab es Missernten oder traten Viehseuchen auf, waren verheerende Hungersnöte ... die Folge.

Zit. nach Werner Rösener, Bauern im Mittelalter, München (C. H. Beck) 1985, S. 107 ff.

M2

Bauernhochzeit, Holzschnitt von Erhard Schoen, 1527

Ein mittelalterliches Rezept

M3

Steinbrot (Fladenbrot)

Zutaten:

330 g Weizenmehl Type 550
660 g dunkles Roggenmehl
250 g Sauerteig (fertig gekauft, vom Bäcker oder selbst gemacht)
1 Päckchen Trockenhefe
1 1/2 EL Salz
ca. 1/2 l lauwarmes Wasser (30 °C)
10 g gemahlener Fenchel
10 g gemahlener Koriander
Fett für das Backblech
Mehl zum Bestäuben

Zubereitung:

Das gemischte Mehl sieben, in eine Rührschüssel geben, eine Vertiefung eindrücken, dahinein den Sauerteig und die in Wasser aufgelöste Hefe geben. Alles mit etwas Mehl verrühren. Den Teig zugedeckt an einem warmen Ort ruhen lassen. Den Teig salzen, mit dem restlichen Mehl zu einem Teig kneten; dabei nach und nach Wasser zugeben und kneten, bis der Teig geschmeidig ist. Gewürze untermischen und bei ca. 30 °C 2 Stunden zugedeckt an einem warmen Ort gehen lassen. Den Teig nochmals durchkneten, 10–12 Fladen formen (je ca. 20 cm Durchmesser), auf ein gefettetes Backblech legen, fein bemehlen und mit einer Gabel mehrmals einstechen. Im vorgeheizten Backofen (E: 225 °C; Stufe 4) ca. 30 Minuten ausbacken. Herausnehmen und abkühlen lassen.

In: Geschichte lernen, H. 11, 1989, S. 51.

1 Analysiere M2. Achte auf die Personen, das Essen und die Atmosphäre. Fasse die Bildaussage zusammen.

2 Beantworte die Überschrift in M1.

3 **Recherche:** Sucht im Internet nach mittelalterlichen Rezepten und probiert einige davon.

Leben im mittelalterlichen Dorf

Funde und Rekonstruktionen

Auf Luftbildaufnahmen kann man bei vielen Dörfern erkennen, dass sie über die Jahrhunderte hinweg gewachsen sind. Oft haben sich einige Spuren noch erhalten, z. B. der Verlauf früherer Hauptstraßen, oder sogar Überreste, z. B. die mittelalterliche Kirche oder der Dorfbrunnen. Die Größe, Anlage und Ausstattung heutiger Dörfer sind mit denen mittelalterlicher Siedlungen allerdings nicht zu vergleichen. Deshalb ist es schwierig, diese zu rekonstruieren. Die meisten Gebäude waren aus Holz und Lehm gebaut und sind verfallen oder verbrannt, andere wurden abgetragen oder zerstört, weil das Grundstück für andere Zwecke genutzt werden sollte.

Wissenschaftler versuchen heute auch zu rekonstruieren, wie die Dorfbewohner des Mittelalters zusammenlebten. Dies ist nicht einfach, da sie im Wesentlichen auf archäologische Grabungsfunde angewiesen sind. Schriftliche und bildliche Quellen sind meistens nicht vorhanden. Bekannt ist allerdings, dass sich im Laufe des Mittelalters bestimmte Dorfformen herausgebildet haben.

Die Angelegenheiten, die z. B. die Nutzung und Pflege der Allmende (das gemeinsame Eigentum der Dorfbewohner wie Weide und Wald) betrafen, regelte die Dorfgemeinschaft selbst. Rechte und Pflichten wurden untereinander vereinbart und waren dann rechtsverbindlich. Diese Rechtsvereinbarungen wurden als sogenanntes Weistum* aufgezeichnet.

Das Dorf Heudorf bei Konstanz am Bodensee,
Gemälde, 1576

M1

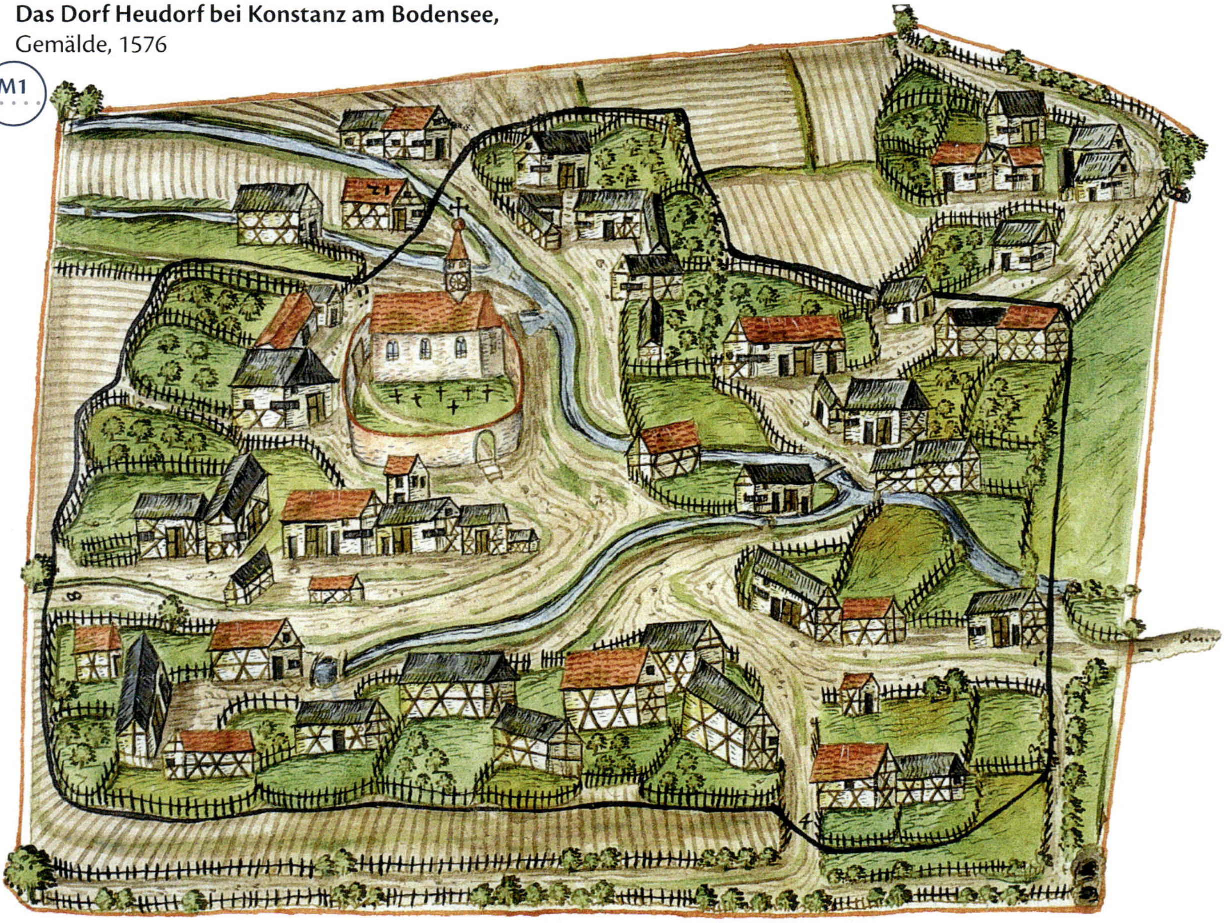

M2

Über die Ordnung im Dorf

Folgende Vereinbarungen sind aus verschiedenen Weistümern des hohen Mittelalters zusammengestellt:

(1) Wenn einer sein Vieh über das Saatfeld eines anderen treiben muss, so soll er das Vieh an Stricken führen. Er darf der Saat nicht schaden.

(2) Will einer Frucht und Heu heimfahren und muss dabei über das Gebiet eines anderen innerhalb der Grenzzäune, so darf er nur mit Erlaubnis des Besitzers über das Gebiet fahren. Will der Besitzer die Erlaubnis nicht geben, so mag er zum Bürgermeister gehen und sich von diesem die Erlaubnis holen.

(3) Schaden verursachende Gänse soll man in den Feldgatter oder Zaun flechten; kommt der, dem die Gänse gehören, und macht sie bald frei, so ist es gut; kommt er nicht und die Gänse ersticken, so ist der, dem sie schadeten, niemandem etwas schuldig.

(4) Der Zaun soll so stark sein, dass ein gewappneter Mann dreimal mit dem Fuß dagegen laufen kann. Wenn er das aussteht, ist er stark genug.

(5) Wenn jemand bei Tag oder Nacht ruft: Es brennt, so soll jedermann zulaufen, Weib und Mann, alle, die retten können. Sie sollen alles mitbringen, was man zum Feuerlöschen braucht. Wer die Glocken oder das Geschrei des Volkes hört, aber trotzdem nicht mithilft, wird bestraft.

(6) Wer zuerst in die Mühle kommt, mahlt zuerst.

Zit. nach Dieter Starke, Herrschaft und Genossenschaft im Mittelalter, Stuttgart (Klett) o. J., S. 75 f., bearb. d. Verf.

M3

Dorfgericht unter der Linde,
Luzerner Bilderchronik des Diepold Schilling, 1513

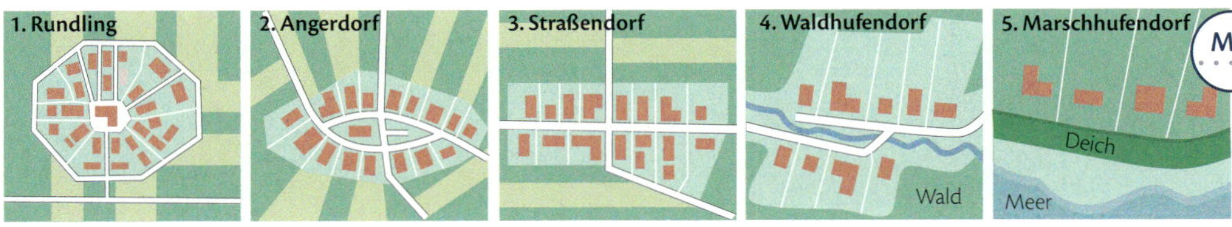

M4 **Planmäßig angelegte ländliche Siedlungsformen**

1 Beschreibe M1. Notiere deine Beobachtungen zu Anlage und Größe der Einzelhöfe/-häuser, Wege, des Dorfzentrums, der gemeinsam genutzten Einrichtungen/Flächen. Lies im Darstellungstext nach.

2 a) Stelle stichwortartig zusammen, was in den Weistümern (M2) geregelt wurde.
b) Nimm zu den Vorschriften begründet Stellung.

3 a) Schildere deinen Eindruck von dem Vorgang in M3.
b) Vergleiche mit heutigen Gerichtsverhandlungen.

4 Zeichne die Grundriss-Skizze eines Dorfes in deiner Umgebung und stelle sie der Klasse vor. Ergänze deinen Vortrag mit weiteren Informationen (z. B. Einwohner, Berufe, gemeinsame Einrichtungen). Ziehe M4 heran.

5 Suche in M2 und M3 nach Hinweisen, ob Frauen in die Dorfgemeinschaft einbezogen waren.

Eine Sachquelle untersuchen

Zum Beispiel im Freilichtmuseum

Sachquellen, auch gegenständliche Quellen genannt, bestehen häufig nicht nur aus einem einfach zu beschreibenden Gegenstand, sondern aus einer Reihe von Einzelgegenständen oder Teilen, die zusammen genommen einen „Großgegenstand“ ergeben. Solche komplexen Sachquellen sind z. B. Bauernhäuser samt ihren Einrichtungen oder auch ganze Dörfer. Zum Erhalt solcher Sachquellen ist es oft nötig, sie an einem bestimmten Ort zusammenzubringen und wieder aufzubauen. Das geschieht in Freilichtmuseen, wie z. B. dem Freilichtmuseum Molfsee bei Kiel, in dem Bauernhäuser vom 16. bis 20. Jahrhundert zu sehen sind. Dieses Museum vermittelt mit seinen historischen Gebäuden, neben Bauernhäusern z. B. auch Mühlen, einen Eindruck vom damaligen Arbeiten, Wohnen und Leben auf dem Lande. Auch wenn wir nicht sehen können, wie die Menschen damals gelebt haben, so erfahren wir doch vieles, was über Jahrhunderte erhalten geblieben ist. Interessantes ist zu entdecken über das Wohnen und über handwerkliche Techniken wie z. B. der Korbmacher, Schmiede, Bäcker und Töpferinnen. Sachquellen vermitteln anders als Beschreibungen oder Abbildungen einen Eindruck von ihrer natürlichen Größe und von ihrer Art, Beschaffenheit und Oberfläche. Sie können „im Original“ betrachtet, angefasst, vermessen und gewogen werden. Weil Sachquellen noch nicht in den geschichtlichen Zusammenhang eingeordnet sind, fordern sie zu Vermutungen und Fragen und zum Weiterforschen auf.

Arbeitsschritte

1. Schritt: Die Sachquelle beschreiben
- Aus welchen Teilen (Elementen) besteht das Objekt?
- Wie sind sie miteinander verbunden?
- Aus welchen Materialien ist es hergestellt?
- Welchen Gesamteindruck macht das Objekt auf dich?

2. Schritt: Die Funktion der Sachquelle erkunden
- Wozu wurde das Objekt genutzt?
- Welche Hinweise ergeben sich aus ihm selbst?
- Welche liefert die Bildlegende (bzw. die Beschriftung im Museum)?
- Welche weiteren Informationen erhältst du (z. B. im Museum, aus Sachbüchern, Internet)?

3. Schritt: Die Sachquelle geschichtlich einordnen
- Welche Rückschlüsse lässt die Sachquelle zu, z. B. auf ihre Verbreitung und das Leben, Arbeiten, Wohnen der Menschen in jener Zeit?
- Wie ist sie zeitlich einzuordnen?
- Welche Bedeutung hat sie für die weitere Entwicklung, z. B. der Technik, Wirtschaft und Kunst?

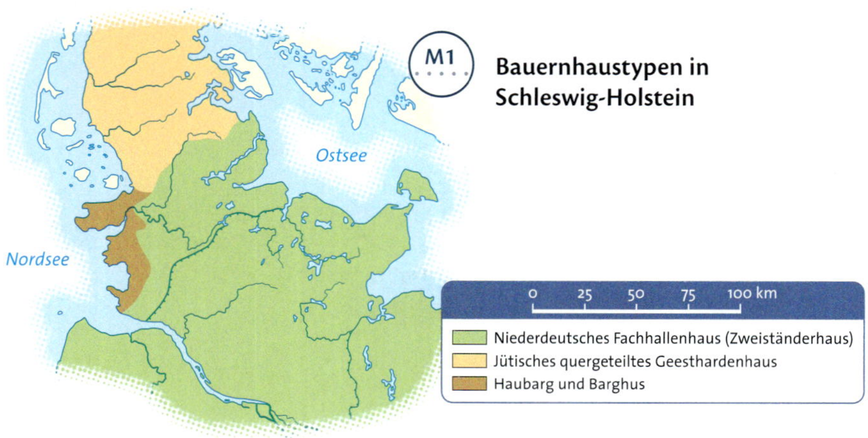

M1 **Bauernhaustypen in Schleswig-Holstein**

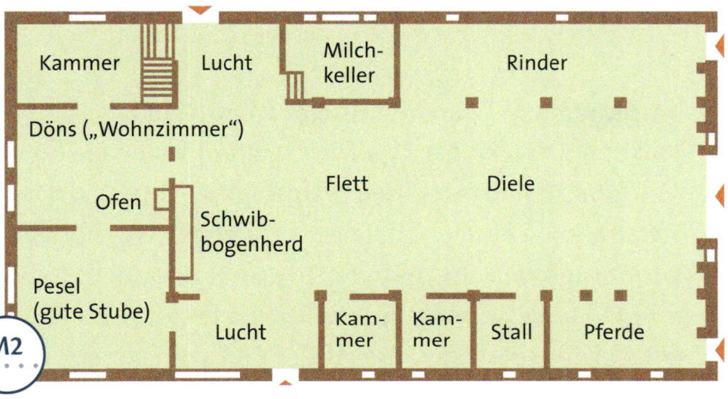

M2

Grundriss Fachhallenhaus der Bordesholmer Hofanlage

M4

Haupthaus von 1817 der Bordesholmer Hofanlage, Foto, 2007

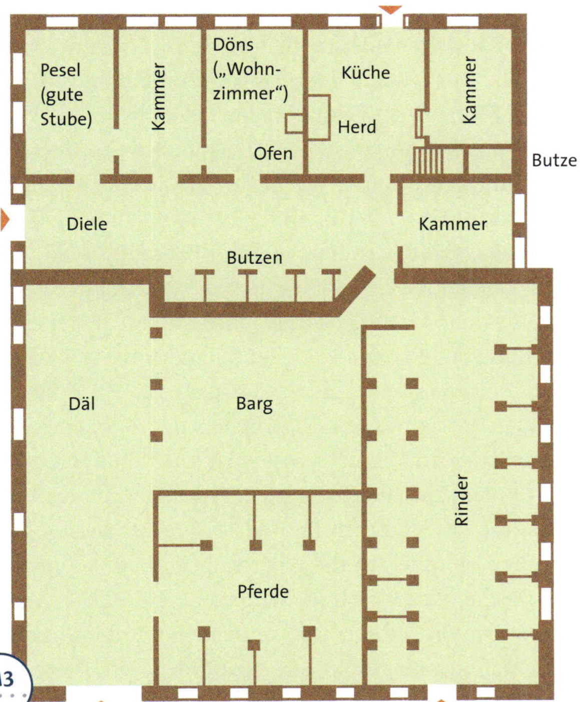

M3

Grundriss Eiderstedter Haubarg

M5

Innenaufnahme Haupthaus Bordesholmer Hofanlage mit Schwibbogenherd, Foto, 1910

M6

Eiderstedter Haubarg, Foto, 1994 (Barg oder Gulf: fast quadratischer Speicherraum für Getreide und Heu)

Vorschlag für eine Gruppenarbeit

1 a) Untersucht anhand der Arbeitsschritte und M1 bis M6 die Sachquellen.
b) Stellt eure Gruppenarbeitsergebnisse in der Klasse vor, vergleicht sie und haltet offene Fragen fest.

2 Zieht in einer Gesprächsrunde Schlüsse über das Leben der bäuerlichen Bevölkerung aus den Sachquellen.

3 **Recherche:** Berichtet über Bauernhäuser in eurem Wohn- bzw. Schulort als Sachquellen.

Webcode: FG642342-177

Die Grundherrschaft

Von der Grundherrschaft

Im Laufe des Mittelalters wurden immer mehr Bauern von einem Grundherrn abhängig. Grundherr konnte ein Adliger sein, z. B. ein Graf* oder ein Geistlicher, etwa ein Bischof oder der Abt eines Klosters. In der Grundherrschaft bestanden unterschiedliche Formen der Abhängigkeit: Es gab Knechte und Mägde, die auf dem Hof des Grundherrn, dem Herrenhof, lebten und arbeiteten. Diese Leibeigenen* gehörten zum persönlichen Besitz des Grundherrn. Andere Bauern, die Grundholden, lebten und wirtschafteten auf Hufen. Das waren kleine Hofstellen, die dem Grundherrn gehörten und abseits von Herrenhof und Herrenland zu Dörfern gehörten. Diese Bauern mussten dem Grundherrn Abgaben und Dienste leisten. Die Abgaben wurden auf Fronhöfen (mittelhochdeutsch fro = Herr) abgeliefert. Hier wohnte auch der Meier (= Verwalter), dem mehrere Hufen und die darauf lebenden Bauern unterstellt waren. Wenn der Grundherr sein Land verkaufte, gehörten die Grundholden dem neuen Eigentümer. Man nannte sie deshalb auch Hörige, da sie das Land ohne Zustimmung des Grundherrn nicht verlassen durften. Dafür standen sie unter seinem Schutz und mussten nicht in den Krieg ziehen. Für seine Leibeigenen und Hörigen war der Grundherr meist auch Richter. Allerdings überließ er kleinere Streitigkeiten zwischen den Dorfbewohnern dem Dorfgericht, das an Sonntagen unter der Leitung des Dorfvorstehers tagte.

Von Abgaben, Diensten und der Unfreiheit

Von den Erträgen der Landwirtschaft mussten die hörigen Bauern jährlich einen festgelegten Anteil, den sogenannten Zehnt, abliefern. Oft genug betrug der Zehnt mehr als den zehnten Teil, weil z. B. nicht jedes zehnte Huhn, sondern immer das erste von zehn Hühnern abzugeben war – Pech für den Bauern, der nur acht Hühner hatte! Die Grundholden waren zu Arbeiten für den Herrn, den Frondiensten, verpflichtet. Dazu gehörten vor allem landwirtschaftliche Arbeiten. Die Frondienste der Frauen waren z. B. Schafe scheren, Wäsche waschen oder Stoffe weben. Im Laufe des Mittelalters wurden die Frondienste zunehmend durch Geldzahlungen der Grundholden ersetzt.
Historiker können nicht genau sagen, wie viele Bauern tatsächlich unfrei und wie viele frei waren. Fest steht nur, dass zwischen Früh- und Hochmittelalter die Zahl der freien Bauern immer mehr zurückging. Man vermutet vielfältige Gründe für diese Entwicklung: Neben gewaltsamer Unterdrückung durch einen mächtigen Grundherrn, gegen den sich die Bauern nicht wehren konnten, sind auch Fälle bezeugt, dass sich Bauern freiwillig in die Grundherrschaft begaben: z. B. nach Missernten oder um dem Heeresdienst und den Kosten für die militärische Ausrüstung zu entgehen. Mit der Entwicklung der Städte im 12. und 13. Jahrhundert lockerten die Grundherren die Belastungen, denn sie mussten fürchten, dass sich die Bauern durch Flucht in die Städte der Grundherrschaft entziehen würden. In dieser Zeit entstand der Spruch „Stadtluft macht frei“.

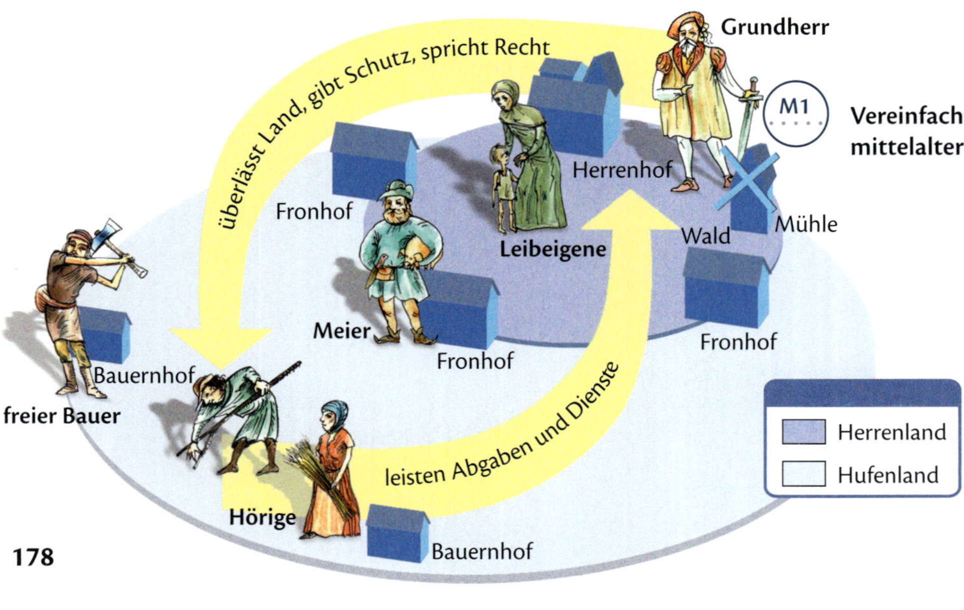

M1 Vereinfachtes Schaubild der mittelalterlichen Grundherrschaft

M2

Die Geschichte von Bauer Jonas, Meier Sigibert und Graf Bodo – eine Erzählung

Die Namen der Personen sind frei erfunden. Aber alles, was sie taten und erlebten, könnte sich so abgespielt haben:

Meier Sigibert war wieder einmal im Auftrag des Grundherrn Graf Bodo unterwegs, um die Bauern des Grafen zu überwachen. Nachdem er eine Stunde des Wegs geritten war, bog er plötzlich ab und galoppierte mit seinen Knechten über das Weizenfeld, das Bauer Jonas auf seiner Hufe bestellte. Als Jonas das sah, stürzte er aus seiner Hütte. Zornig griff er seine Mistgabel und ging auf das Pferd des Meiers los. Das Pferd bäumte sich auf und Meier Sigibert wurde am Oberschenkel verletzt. Sofort fielen die Knechte über Jonas her und entrissen ihm die Mistgabel. Mit gefesselten Händen wurde Bauer Jonas vor den Grundherrn geführt. Der Meier berichtete, was vorgefallen war. Die Knechte bezeugten es. Mit kaum unterdrückter Wut, aber voller Ehrfurcht sagte Jonas: „Der Meier mag mich nicht. Immer wenn eine schwere Arbeit ansteht, holt er mich. Und als meine Frau letzte Woche am Zinstag dem Meier einen Korb Eier brachte – sie waren ganz frisch –, da hat er die Hälfte auf den Boden geworfen und gesagt: ‚Die sind ja gar nicht frisch.'" – „Waren sie auch nicht", rief Sigibert.

Der Grundherr befahl dem Meier, ruhig zu sein. Dann wandte er sich mit ernster Miene an Jonas: „Ich bin dein Herr und daher auch dein Richter. Du hast meinen Meier tätlich angegriffen. Darauf steht der Galgen. Weil ich dich aber als ordentlichen Mann kenne und weil der Meier durch dein Getreidefeld geritten ist, bist du vom Galgen frei." Den Knechten befahl er, Jonas bei Brot und Wasser in den Turm zu werfen. Dann sagte er zu Sigibert: „Du hast dein Amt missbraucht und dem Bauern Unrecht getan. Du bist von jetzt an kein Meier mehr. Geh als Bauer zurück in dein Dorf!"

In veränderter Form übernommen aus: Hans Heumann (Hg.), Problemorientierter Geschichtsunterricht, Bd. 1, Frankfurt a. M. (Hirschgraben/Cornelsen) 1989, S. 263 f.

M3

Bäuerlicher Abgabenkalender, Buchmalerei, 14. Jh. Dargestellt sind Fleischzehnt (Johannistag, 24. Juni), Gänsezehnt (Mariä Himmelfahrt, 15. August), Geldzins für Eier/Getreide (Bartholomäustag – der heilige Bartholomäus wurde am 24. August gehäutet), Getreidezehnt (Margaretentag, 13. Juli), Obst- und Weinzehnt (Urbanstag, 25. Mai) und die Abgabe des Lämmerzehnten (Walpurgistag, 1. Mai).

Begriffe und Daten

Grundherrschaft

Der Grundherr, z. B. ein Adliger, ein Kloster oder ein Bischof, verfügte über das Obereigentum an Grund und Boden. Er überließ abhängigen Bauern, den Grundholden (= Hörigen), Land zur Bewirtschaftung. Für den Schutz, den der Grundherr gewährte, waren die Hörigen zu Abgaben und Frondiensten verpflichtet. Gänzlich unfreie Bauern, die Leibeigenen, arbeiteten auf dem Herrenland bzw. auf Fronhöfen, die den Mittelpunkt einer Grundherrschaft bildeten.

1 Lies die Erzählung M2. Was empfindest du als gerecht und was als ungerecht?

2 Ordne in M3 die Abgabentermine den Abbildungen zu. Kläre: Bartholomäus.

3 **Partnerarbeit:** Beschreibt mithilfe des Darstellungstextes und M1 die mittelalterliche Grundherrschaft. Zieht die Methoden „Einen Sachbuchtext erschließen" (S. 46–47) und „Schaubilder verstehen" (S. 131) heran.

4 Begründe, warum ein Meier für den Grundherrn wichtig war.

Landwirtschaft im Wandel

Die Technik verändert sich

Für die Menschen des Mittelalters war die Landwirtschaft die wichtigste Wirtschaftsweise. Das bedeutet jedoch nicht, dass das Mittelalter eine Welt des Stillstands war. Der in der Steinzeit verwendete Grabstock, ein etwa 1 m langer, unten zugespitzter oder auch spatenartig geformter Holzstab, wurde im Laufe der Zeit durch den hölzernen Hakenpflug ergänzt oder ersetzt. Vom 8. Jahrhundert an wurde auch der hölzerne Hakenpflug, der den Boden nur aufkrümelte, von einem Räderpflug abgelöst. Der Räderpflug mit seinem breiten, schweren Pflugmesser griff tief in den Boden und wendete ihn. So wurde das Unkraut unter die Erde gebracht und dem Boden Luft zugeführt. Immer mehr Bauern düngten ihren Boden nun auch mit Mist und Kalk. Um 900 kam beim Anspannen der Zugtiere eine weitere Verbesserung hinzu: An die Stelle des alten Geschirrs, das vor allem Pferden die Luft abdrückte, trat das sogenannte Kummet. Das war ein runder Bügel, der über den Kopf des Tieres gelegt wurde und die Zugkraft auf die Schultern übertrug. Wurden zunächst nur Rinder als Zugtiere benutzt, konnte man jetzt auch Pferde einspannen, die kräftiger und ausdauernder als Rinder waren. Das bedeutete aber nicht, dass kein Rind mehr vor einem Pflug zu sehen war. Ein Rind benötigte nämlich weniger Futter als ein Pferd und konnte als Schlachtvieh dienen.

Andere Neuerungen im hohen Mittelalter waren der Dreschflegel, die Sense, Hufeisen für die Pferde, Wasser- und Windmühlen und vierrädrige Wagen.

M1

Hakenpflug, Buchmalerei, 809

Von der Feldgras- zur Dreifelderwirtschaft

Bis zum 13. Jahrhundert veränderte sich die Art und Weise, wie die Bauern ihre Felder bestellten. Bei der jahrtausendealten Feldgraswirtschaft wurde der Boden so lange genutzt, wie er Früchte trug. Dann ließ man ihn liegen, bis er sich wieder erholt hatte. Bei der späteren Zweifelderwirtschaft wurde eine Hälfte des Ackers bebaut, die andere blieb liegen. Schließlich entwickelte sich die Dreifelderwirtschaft*: Das erste Drittel des Feldes bestellte der Bauer im Herbst mit Wintergetreide (Roggen, Weizen), das zweite Drittel im Frühjahr mit Sommergetreide (Hafer, Gerste) und Hülsenfrüchten (z. B. Bohnen), und nur der dritte Teil lag brach.

Wachsende Bevölkerung – knappe Böden

Die Neuerungen in der Landwirtschaft verbesserten die Erträge: Mehr Menschen konnten ernährt werden, und als Folge stieg vom 11. bis zum beginnenden 14. Jahrhundert die Bevölkerung in vielen Regionen Europas an. In West-, Mittel- und Osteuropa lebten um das Jahr 650 schätzungsweise 9 Millionen Menschen, um 1340 betrug diese Zahl fast 50 Millionen.

Auf diese Phase des Wachstums folgte eine Krise. Die Pest, eine hochansteckende Infektionskrankheit, die Europa 1348/50 überzog, tötete etwa ein Drittel der Gesamtbevölkerung. In schlechten Erntejahren kam es immer wieder zu großen Hungersnöten. Der allgemeine Bevölkerungsrückgang hatte zur Folge, dass die Getreidepreise fielen. Viele bäuerliche Familien verarmten und zogen in die Städte.

1 Vergleiche M1 mit M2.

2 Erarbeite aus den Darstellungstexten die Veränderungen in der mittelalterlichen Landwirtschaft. Lege dazu eine Tabelle an, in der du nach Neuerungen in der Technik und im Anbau unterscheidest.

3 Diskutiert in einer Gesprächsrunde, welche Neuerungen für die Bauern besonders wichtig waren.

Naturverbrauch durch Rodung und Siedlung

Um 1300 beschrieb ein Mönch das Elsass, wie es hundert Jahre zuvor ausgesehen hatte: „Es gab damals im Elsass viele Wälder, welche das Land unfruchtbar machten ... Gießbäche und Flüsse waren damals nicht so groß wie jetzt, weil die Wurzeln der Bäume die Feuchtigkeit von Schnee und Regen längere Zeit in den Bergen zurückhielten." Was hatte sich seitdem verändert? Zwischen dem 11. und dem ausgehenden 13. Jahrhundert wurde in Europa ein Gebiet von der Fläche Englands gerodet: Tannenwälder durch Feuer, Laubwälder durch Abschälen der Rinde, was zum Absterben der Bäume führte. Auf den freien Flächen wurden Siedlungen angelegt, deren Namen noch heute an ihre Entstehung erinnern: „-brand", „-reuth" oder „-lohe".

Das starke Bevölkerungswachstum im 12. und 13. Jahrhundert und der daraus entstandene Bedarf an Ackerflächen hatten massive Eingriffe in die Natur erzwungen. Auch wenn der einzelne Siedler über Jahre hinweg viele Rückschläge erleiden musste, wurde die europäische Landschaft langfristig und großräumig verändert. Und auch die Menschen selbst, ihre Lebensart und ihr Zusammenleben wurden beeinflusst. So entstanden aus der Verknappung der Wälder Auseinandersetzungen zwischen Bauern und Adligen: Die einen wollten den Wald nutzen, die anderen beanspruchten ihn als Jagdrevier.

M2

Beim Pflügen, Buchmalerei, um 1525

4 Beschreibe anhand von M3 den Einsatz landwirtschaftlicher Technik in Europa. Welchen Zusammenhang erkennst du zwischen dem Einsatz von Geräten zur Bodenbearbeitung und den Regionen, in denen sie verwendet wurden?

5 Finde heraus, wie viele Menschen heute in Europa leben, und vergleiche mit der Zeit um 1340 (Lexikon).

M3

Techniken der Bodenbearbeitung in Europa um 1000

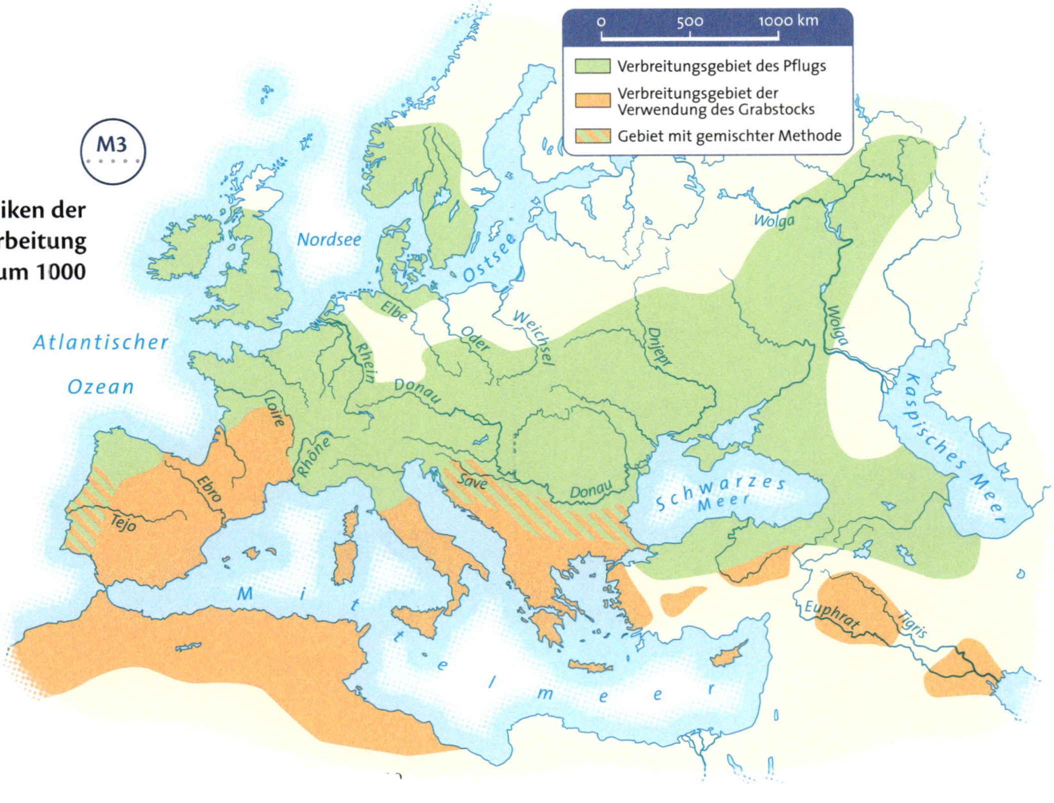

Mensch und Natur – der Kampf mit dem Meer

Die Menschen ringen dem Meer Land ab

In der vormittelalterlichen Zeit siedelten Menschen im Watt an Stellen, die vom normalen Hochwasser nicht erreicht wurden, wie Uferwälle an Prielen und Sandinseln. Im 2. und 3. Jahrhundert n. Chr. gingen die Siedler dazu über, Wohnhügel zu errichten. Solche Wurten oder Warften konnten bei Bedarf erhöht werden. Vom 4. bis 6. Jahrhundert war die Marschgegend wegen der Klimaänderungen und einem Anstieg des Meeresspiegels wohl nicht besiedelt. Im 11. Jahrhundert begann der Bau von Deichen. Sie waren die Voraussetzung, neben der Viehwirtschaft auch Ackerbau treiben zu können. Landgewinnung und Küstenschutz waren eine Aufgabe der Marschbewohner, die in Deichgenossenschaften mit festgelegten Rechten des Einzelnen organisiert waren. Seit dem 16. Jahrhundert übernahm der jeweilige Landesherr mehr und mehr die „Herrschaft“ über den Deichbau. Die Marschbauern lebten hauptsächlich vom Vieh, das auf den Salzwiesen graste. Sommergetreide und Heu wurden auf den höher gelegenen Flächen gewonnen. Obwohl die Deiche immer wieder erhöht wurden, war die Marsch nie vor Sturmfluten geschützt. Eingedeichtes Land konnte schnell verloren gehen.

„De Grote Mandränke“ von 1362

Die schwerste bekannte Sturmflut vom 16. Januar 1362 traf Nordfriesland besonders hart. Das Wasser durchbrach den äußeren Sandwall und drang bis zur Geest vor. Die von Chronisten als „Grote Mandränke“ bezeichnete Sturmflut führte zu schweren Verlusten: Mehrere tausend Menschen verloren ihr Leben. Vieh, Gebäude und Land gingen in den Fluten unter. Am härtesten traf es die größere Siedlung Rungholt. Sie verschwand mit mehreren kleinen Siedlungen für immer im Meer. Mehrere tausend Menschen ertranken. Zu dieser Katastrophe beigetragen haben soll der Torfabbau, durch den das bewirtschaftete Land unter den Meeresspiegel sank. Über die genaue Lage, die Größe und die Bedeutung Rungholts gibt es in der Forschung unterschiedliche Ansichten.

M1 **Küstenverlauf vor (links) und nach der Sturmflut 1362**

M2 **Sturmflut auf einer Hallig (hier Hallig Habel),** Lithografie von Alex Eckener, 1936

M3
Die schwersten Sturmfluten in Schleswig-Holstein

16. Januar 1362
1. November 1436
2. November 1532
11. Oktober 1634
24./25. Dezember 1717
3./4. Februar 1824

M4
Höhe der Deiche über Normal Null (NN)

11./12. Jahrhundert bis 1,60 Meter
13./14. Jahrhundert (bis 1362) um 2,00 Meter
14. Jahrhundert (ab 1362) um 2,80 Meter
15. Jahrhundert um 3,40 Meter
16./17. Jahrhundert (bis 1634) um 4,00 Meter
17. Jahrhundert (ab 1634) um 4,80 Meter

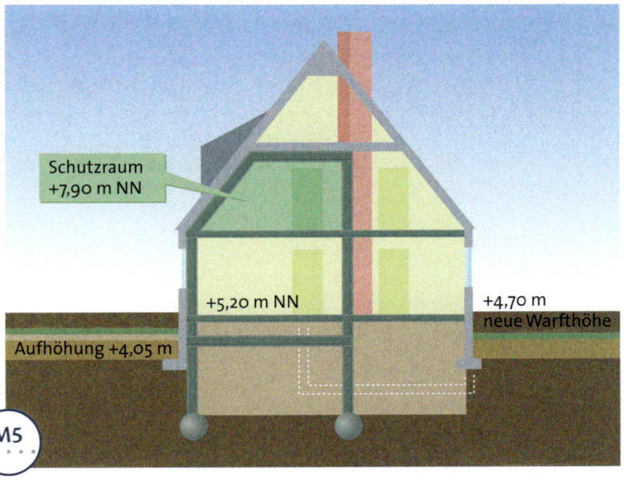

M5 **Modernes Hallighaus mit sturmflutsicherem Schutzraum (Stahlbetonskelett) im Querschnitt,** Zeichnung

1 a) Vergleiche anhand von M1 die Veränderungen an den Küstenlinien.
b) Beschreibe den heutigen Küstenverlauf (Erdkundeatlas).
c) Stelle fest, wie die Menschen sich vor den Sturmfluten schützen (M4, M5).
d) Ermittle die heutige Deichhöhe.

2 **Recherche:** Der Untergang Rungholts wurde damals als „Gottesstrafe" gesehen. Versucht herauszufinden, welcher damalige Vorgang damit gemeint ist (Internet, Bibliothek).

3 a) Schildere, was der Künstler mit seinem Bild ausdrücken wollte (M2).
b) Wie wird das Verhältnis Mensch–Natur dargestellt?

4 **Recherche/Gruppenarbeit:** Beschafft euch Informationen über die Sturmfluten und berichtet (M3).

Webcode: FG642342-183

Bauern in der Industriegesellschaft

Zwischen Tradition und Modernisierung

Bis um 1900 lebte der größte Teil der europäischen Bevölkerung von der Landwirtschaft. Das ist heute ganz anders: In den europäischen Industrieländern ist, je nach Industrialisierungsstand, die Zahl der Bauern viel geringer. In Deutschland verdienen z. B. nur noch etwa 2 Prozent der Bevölkerung ihren Lebensunterhalt in der Landwirtschaft. Zusammen mit der Ernährungswirtschaft ergibt sich jedoch die bedeutende Zahl von 4,5 Millionen Arbeitsplätzen allein in Deutschland. Immer modernere Geräte und Anbaumethoden ließen die Erträge in der Landwirtschaft stärker ansteigen als in vielen anderen Wirtschaftszweigen. Dennoch sind die Bauern heute wie im Mittelalter von vielen äußeren Bedingungen abhängig: Trockenheit oder Unwetter gefährden z. B. immer noch eine ganze Ernte.

Heute werden in der Landwirtschaft zunehmend Maschinen eingesetzt. Die Betriebe werden immer größer. Probleme zeigen sich bei der Verwendung von Pestiziden (Giftstoffen), der Massentierhaltung (BSE-Krise, Maul- und Klauenseuche, Arzneimittel) und beim Einsatz der Gentechnik*.

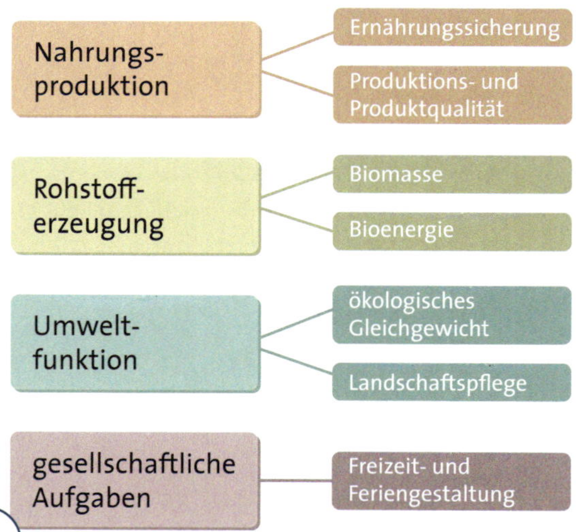

M1

Aufgaben der modernen Landwirtschaft

Webcode: FG642342-184

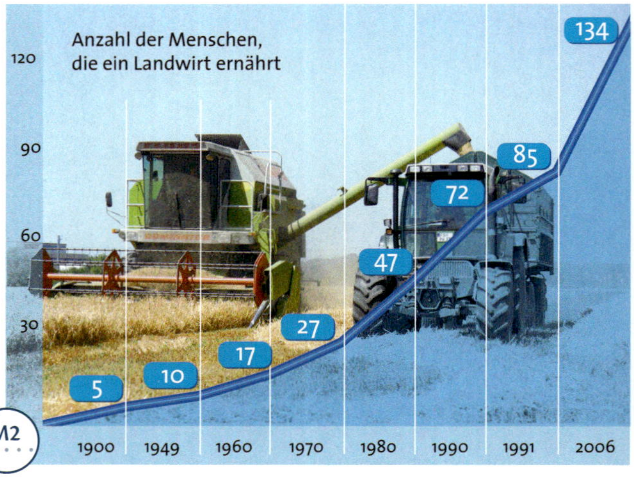

M2

Arbeitskraft eines Landwirts von 1900 bis 2006

M3

Milchkühe werden in einem Melkkarussell gemolken, Foto, 2008

1 a) Beschreibe M2.
b) Formuliere die Hauptaussage des Schaubildes.

2 Erläutere mithilfe des Darstellungstextes, M1, M2 und M3, inwiefern bäuerliche Familien in der Industriegesellschaft zwischen Tradition und Modernisierung leben.

3 Vergleicht in einer Gesprächsrunde das Leben in der modernen Landwirtschaft mit dem Leben mittelalterlicher Bauern.

Bäuerliches Leben

	um 800	um 1200	2006
Aussaat	100 kg	100 kg	100 kg
Gesamtertrag	150 kg	300 kg	1000 kg
Ertrag zum Verbrauch nach Abzug der Saatmenge für das neue Jahr	50 kg	200 kg	900 kg

M1 **Aussaat und Ernteertrag von Getreide**

Überprüfe, was du kannst

Sachkompetenz

1 Kläre die folgenden Begriffe: Grundherrschaft/Meierhof (S. 178–179), bäuerliche Arbeitsteilung (S. 172), Recht und Weistum (S. 174–175, Dreifelderwirtschaft (S. 180).

2 Stelle einen Zusammenhang zwischen Technikeinsatz, Bevölkerungsentwicklung und Natur in der mittelalterlichen Landwirtschaft her (S. 180 f.). Ziehe M1 mit heran.

Methodenkompetenz

3 Sucht nach Informationen über das „jütische quergeteilte Geesthardenhaus" und analysiert es mithilfe der Methodenschritte. Nutzt das Internet und Lexika.

Selbst- und Sozialkompetenz

4 Beurteile die folgende These: In der Rechtsordnung der Bauern im Mittelalter spielte die Dorfgemeinschaft eine unbedeutende Rolle.

5 Bewerte anhand der Informationen auf S. 184 und M1 die „Licht- und Schattenseiten" der modernen Landwirtschaft.

6 **Partner- oder Gruppenarbeit:** Beschafft euch weitere Informationen über die gegenwärtige Landwirtschaft in Schleswig-Holstein. Nehmt die Methode „Das Internet nutzen" auf S. 93 zu Hilfe (z. B.: www.bauernverbandsh.de).

seit 6. Jahrhundert
Entstehung der Grundherrschaft

seit etwa 750
Einführung der Dreifelderwirtschaft

seit etwa 800
Einführung von Kummet und Räderpflug

11.–14. Jahrhundert
Anstieg der Bevölkerung

500 600 700 800 900 1000 1100 1200 1300 1400 1500

MITTELALTER

Die Lebenswelt des Adels

Wissen • Methoden anwenden • Beurteilen und Handeln

Am Ende dieses Unterkapitels kannst du

- die mittelalterliche Burg in ihren verschiedenen Funktionen beschreiben
- die Rollenverteilung zwischen adligen Männern und Frauen darstellen
- den Niedergang des Rittertums im späten Mittelalter begründen
- „Ritterbilder“ unter der Fragestellung nach Klischee und Wirklichkeit unterscheiden und bewerten
- **Methode** Symbole und Gesten deuten

seit 12. Jahrhundert
Entstehung des Ritterstandes

500 600 700 800 900 1000 1100 1200 1300 1400 1500

MITTELALTER

Der Adel – Verwandtschaft und Herrschaft

Leben ohne den Schutz des Staates?

In unserer heutigen Gesellschaft sind die Rechte jedes Einzelnen durch die Verfassung und die Gesetze des Staates geschützt. Das bedeutet z. B., dass jeder Mensch, wenn er Opfer eines Diebstahls wird, auf die Hilfe der Polizei vertrauen und sein Recht vor einem Gericht einklagen kann. Viele Staaten unterstützen auch die Menschen, die nicht für ihren eigenen Unterhalt aufkommen können. Was aber taten die Menschen im Mittelalter, als es einen Staat im heutigen Sinne noch nicht gab? Um die Rechte und Bedürfnisse der eigenen Person geltend zu machen, zählten sie auf die Unterstützung der Gruppen, in denen sie lebten: ihre Verwandtschaft, aber auch die Angehörigen einer Pfarrei, einer Handwerker- oder Kaufmannsvereinigung.
Die Verwandtschaft war eine Hilfsgemeinschaft, die aus mehreren Familien* bestand. Wenn einem Familienmitglied Unrecht zugefügt wurde, traten die Verwandten auf und übten Rache. Oft beschworen sie auch die Unschuld einer beklagten Person aus ihrer Gruppe.
Die Mehrheit der Verwandtengruppen bildete die bäuerliche Bevölkerung, der eine kleinere Anzahl adliger Familien gegenüberstand. Trotz ihrer geringen Zahl verfügten die adligen Familien über große Macht, denn sie waren die Grundherren. Sie besaßen den Boden, forderten Abgaben von den Bauern und sprachen Recht.

Adel und Herrschaft

Adlig zu sein bedeutete im Mittelalter, einer gegenüber den Bauern und später den Stadtbürgern hervorgehobenen Gruppe anzugehören. Ursprünglich hatte der König diese Gruppe aufgrund ihrer Verdienste im Krieg herausgehoben. Ihre Vormachtstellung untermauerte sie mit der Behauptung, göttlicher Abstammung (Geblütsadel) zu sein. In der fränkischen Zeit entstand aus der Königsgefolgschaft ein Dienstadel. Adlige und ihre Familien wurden mit Vorrechten ausgestattet: die Grundherrschaft, die Gerichtsbarkeit und die Vogteirechte (z. B. als königliche Verwalter über Grundherrschaften und königliche Bischofs- und Klosterkirchen). Die Herrschaft über „Land und Leute“ bildete die Basis ihrer Macht.
Adelsfamilien waren im frühen Mittelalter noch sehr mobil, weil sie in allen Teilen des Reiches Verwaltungsaufgaben übernahmen. Etwa im 11. Jahrhundert gelang es einigen Adelsfamilien, eigene Herrschaftsgebiete wie z. B. Grafschaften und Herzogtümer* aufzubauen. Damit wurden aus adligen Verwandtengruppen Herrschaftsgruppen, die ihre Macht nun von einem festen Wohnsitz ausübten und meist eine Stammburg erbauten. Zu dieser Zeit wurde es üblich, einen Familiennamen und ein Wappen zu führen und den Herrschaftssitz nach dem Ort ihrer Stammburg oder einem adligen Vorfahren zu benennen.

1 Erläutere anhand des Darstellungstextes (linke Spalte) die Stellung des Einzelnen in der mittelalterlichen Gesellschaft.

2 Erarbeite mithilfe des Darstellungstextes (rechte Spalte) den Zusammenhang von Verwandtschaft und Herrschaft bei den Adligen.

3 Schildere deinen Eindruck von M1.

4 Erörtere, welche Rolle Verwandtschaftsbeziehungen heute spielen. Denke an die Schule, die Wohnungs- und Arbeitsplatzsuche, die Besetzung politischer Ämter usw.

M1

Neujahrsempfang beim Herzog von Berry,
Kalenderminiatur, Anfang des 15. Jh.
Der Gastgeber trägt eine blaue Robe und Pelzmütze. Der Bildteppich an den Wänden des Saales stellt Szenen aus dem Trojanischen Krieg dar.

Was war das Lehnswesen?

Bilder als Spuren mittelalterlicher Geschichte

Haben wir es auf der rechten Seite mit mittelalterlichen „Comic-Bildern" zu tun? Dieser Eindruck könnte beim Betrachten der Abbildungen entstehen. Tatsächlich aber handelt es sich um Illustrationen aus dem sogenannten Sachsenspiegel, einer Rechtssammlung, die im 13. Jahrhundert von dem Sachsen Eike von Repgow niedergeschrieben wurde. Der Sachsenspiegel ist eine wichtige Quelle für unser Verständnis der mittelalterlichen Königsherrschaft. Anschaulich zeigen die Bilder, an welche Regeln sich die Zeitgenossen zu halten hatten und wie sie sich die Beziehungen zwischen König und Adel, auch das Verhältnis zwischen Bauern und Grundherrn, vorstellten. Der Zeichner verwendete bestimmte Gegenstände immer wieder.

Herrschaft unter Adligen

Im Mittelalter rechtfertigte der Herrscher seine Macht mit der Wahl und Erhebung zum König durch die adlige Führungsschicht. Wie aber konnten die Könige sicherstellen, dass ihre Macht im ganzen Reich anerkannt wurde? Diese Frage war für die Gesellschaft im Mittelalter entscheidend, denn der König konnte seine Herrschaft eigentlich nur dort durchsetzen, wo er anwesend war, Entscheidungen traf und Recht sprach. Anders als in heutigen demokratischen Staaten gab es damals keine schriftliche Verfassung, die festlegte, wie die politische Macht verteilt war und wie Amtsträger ausgewählt wurden. Die Königsboten übten zwar eine gewisse Kontrolle aus, aber sie konnten das Land nicht verwalten und die Anweisungen des Königs, z. B. gegenüber den Grafen, nicht dauerhaft durchsetzen. Denn meistens ließen sich die reichen Grundbesitzer nicht in ihre Grundherrschaft hineinreden. Eine Gruppenbindung, wie sie unter adligen Verwandten bestand, gab es unter fremden Herren nicht. Der König band die Adligen durch einen Eid an seine Person und begründete so ein System „personaler Herrschaft". Seit dem 8. Jahrhundert entstand daraus das sogenannte Lehnswesen. Für dieses Herrschaftsverhältnis unter Adligen verwenden Historiker auch den Begriff Feudalismus (lat. feudum = Lehen). Aus den Herrschaftsrechten der Adligen entstanden im Laufe der Zeit Territorien*.

M1

Lehnsherr und Vasall – Szenen aus dem Sachsenspiegel

Mit folgenden Schilderungen erklärt der Schulbuchverfasser die Abbildungen in M2:

A Die Abbildung zeigt die Wegnahme des Grundstücks. Der Herr zündet das Haus des Vasallen mit einer Fackel an. Er zieht die Hand zurück und nimmt die Einkünfte an sich. Der Vasall bietet Ähren an. Rechts: die grüne Gabel am Hals des Vasallen; der Herr übergibt einen Handschuh.

B Ein Lehnsmann bittet um Lehenserneuerung. Für die Mannschaft benötigt er beide Hände. Mit der vom Zeichner gemalten dritten Hand verweist er auf die hinter ihm stehenden Zeugen.

C Innerhalb von Jahr und Tag muss der König das Fahnenlehen weitergeben. Die Frist ist bereits abgelaufen: ein Jahr = LII (52) + (IIIIII) 6 Wochen + 3 Tage (die Sonnenscheibe steht unter dem 3. Strich). Die beiden Fürsten versuchen, dem König die Lehnsfahne abzunehmen.

D Der sitzende König verleiht das Fahnenlehen und das Zepterlehen.

E Ein Geistlicher und eine Frau erhalten ein Reichsgut als Zepterlehen. Sie werden damit heerschildfähig*. Links nehmen beide eine weitere Belehnung (Unterbelehnung) vor.

F Links und rechts sitzen zwei Fürsten, neben ihnen das Wappenschild. Der Vasall lehnt das Lehnsangebot des Fürsten links ab und nimmt rechts das Fahnenlehen entgegen.

Verfassertext

1 Ordne die Erläuterungen A bis F aus M1 den Abbildungen in M2 zu.

2 Beschreibe die Vorgänge in M2 genau. Kläre dabei die folgenden Begriffe: Lehnsherr, Lehnsmann, Vasall, Fahnenlehen, Zepterlehen, Mannschaft, Treueid, Unterbelehnung. Nimm den Begriffskasten und das „Zeichensprache-Lexikon" (S. 190) zu Hilfe.

3 Erkläre mithilfe des Darstellungstextes und des Kastens, wie das Lehnswesen entstand.

Webcode: FG642342-188

M2

Szenen aus dem Lehnsrecht, Illustrationen aus dem Sachsenspiegel, 13. Jh.

Begriffe und Daten

Lehnswesen

Das Lehen war ein vom Herrn an den Lehnsmann (Vasall) lebenslang geliehenes Gut (lat. beneficium), für das der Vasall dem Herrn Dienste zu leisten hatte. Lehnsherr und Vasall begaben sich in ein gegenseitiges Pflicht- und Treueverhältnis: Der Herr nahm den Vasallen unter seinen Schutz, verlangte dafür aber im Frieden Rat (lat. consilium) und im Kriegsfall militärische Hilfe (lat. auxilium). Als Gegenleistung belohnte der Herr den Vasallen mit seinem Schutz und einem Lehen. Das Lehen konnte Land sein, aber auch ein Amt oder ein bestimmtes Recht. Grafen, Markgrafen, Herzöge, Bischöfe und Äbte waren Vasallen des Königs (Kronvasallen), die Ämter in der Reichsverwaltung ausübten.

Die Übergabe des Lehens bestand aus zwei Teilen:

1. Mannschaft: Der Vasall gab seine zusammengelegten Hände in die Hände des Herrn; der umschloss sie.
2. Lehnseid des Vasallen: Der Vasall verpflichtete sich zu Treue und Hilfe.

Danach wurde das eigentliche Lehen übergeben.

Die Kronvasallen konnten Königsgüter, Ämter und Eigenbesitz an kleinere Vasallen weitergeben, die dann ihrem unmittelbaren Lehnsherrn, aber nicht mehr dem König zu Treue verpflichtet waren.

Symbole und Gesten deuten

Ohne Worte

Auf mittelalterlichen Bildern sind oft Wappen, Fahnen oder auch Schwerter zu sehen, die wir einfach als Gegenstände wahrnehmen; Menschen werden mit Gebärden und Gesten gezeigt, die uns heute nichts, zumindest nichts Besonderes, sagen. Den mittelalterlichen Betrachtern vermittelten sie allerdings ganz bestimmte Bedeutungen und Botschaften. So steht die Fahne des Lehnsherrn hier für das Stück Land, das übergeben wird. Sie wird damit zum Symbol. Das ist ein Zeichen mit einer bestimmten Bedeutung. Auch die Gesten sind Teil dieser Zeichensprache. Viele haben sich bis in die Gegenwart hinein erhalten, z. B. der erhobene Zeigefinger.

M1

Die Belehnung geistlicher und weltlicher Fürsten, Abbildung aus dem Sachsenspiegel, 13. Jh.

1 Deute M1 mithilfe der Arbeitsschritte und M2.

2 Übe die Methode an M2, S. 189.

Arbeitsschritte

1. Schritt: Einzelne Elemente beschreiben

- Was ist dargestellt (Personen, Gegenstände)? In welchen Positionen (Haltungen), in welchen Bewegungen sind sie zu sehen?
- Wie lässt sich die Situation beschreiben?
- Was erscheint merkwürdig?

2. Schritt: Zusätzliche Informationen heranziehen

- Welche Hinweise gibt die Bildunterschrift?
- Welche Abbildungen gibt es, die Vergleichbares, Ähnliches zeigen? Welche Aussagen werden ihnen zugeschrieben?
- Welche Bedeutung würdest du der entsprechenden Geste, Gebärde, Handlung oder auch dem Gegenstand heute zuordnen?

3. Schritt: Bedeutung der Bildelemente entschlüsseln

- Welche Gegenstände oder Handlungen „sprechen für sich selbst", kannst du also ohne Probleme erschließen? Was „sagen" sie aus?
- Welche scheinen wichtig zu sein für die Aussage des Bildes? Woran erkennst du es?
- Inwiefern passen sie zu der Gesamtsituation, oder wirken sie eher künstlich, aufgesetzt?

4. Schritt: Eine Gesamtdeutung formulieren

- Welche Einzelaussagen ergeben sich aus den Symbolen und Gesten?
- Welche Gesamtaussage lässt sich formulieren? Gibt es mehrere Deutungen?

M2

Kleines „Zeichensprache-Lexikon" des Mittelalters

Ähren anbieten: Bereitschaft, das Lehnsverhältnis fortzusetzen
Mit dem Zeigefinger auf jemanden zeigen: Geste der Ermahnung, des Benennens
Fahne (halten, übergeben): Herrschafts- und Lehnssymbol; Fahnenlehen: Lehen an einen Fürsten
Gabel am Hals: Drohung, das Lehen wegzunehmen
Hand schräg nach unten geführt: Geste der Erklärung
Handschuh: Eigentumsübertragung
Kniefall: Geste der Huldigung und Unterwerfung
Kreuz: Hauptsymbol des Christentums; als Zeichen der Weltherrschaft des Christentums gedeutet
Krone: Zeichen königlicher Macht
Kugel, Reichsapfel: Zeichen monarchischer Herrschaft, Kugel = Erde
Schwert: Zeichen der Macht und der strafenden Gerechtigkeit
Wappen: schildförmiges, grafisch festgelegtes Symbol, zuerst während der Kreuzzüge verwendet; Zeichen für Erblichkeit der Lehen
Zeigefinger nach unten: Geste des Zeigens
Zepter: Herrschaftssymbol; Zepterlehen: Lehen an Geistliche

Die Burg – mehr als ein festes Haus

Ein Wohnsitz für Adlige

Während die Bauern in hölzernen Häusern wohnten, lebten die Adligen meistens in einem festen Haus aus Stein, einem „Sitz“, der im Mittelalter die Lebensform des Adels kennzeichnete.

Nach innen bot das „feste Haus“ mit Mauern und Türmen dem adligen Hausherrn, seiner Familie und seinen Bediensteten Schutz. Nach außen wirkte es als Zentrum der Grundherrschaft, also der Herrschaft über Land und Leute. Im Mittelalter gab es in Deutschland schätzungsweise 15 000 bis 20 000, in Frankreich sogar 40 000 Burgen.

„Die“ Burg gab es nicht

Der Höhepunkt der Burgbauwelle war im 12. Jahrhundert. Aber die Anfänge liegen weiter zurück. Im frühen Mittelalter hatten die Adligen nur auf befestigten Herrenhöfen gelebt. Als dann im 9. und 10. Jahrhundert Normannen und Ungarn in Mitteleuropa einfielen, ließen die Adligen zum Schutz auf Anhöhen und in der Umgebung von Wasser sogenannte Fluchtburgen errichten. Ein Holzzaun (Palisade), ein paar Holzhäuser – mehr war es anfangs nicht. Erst seit dem 11. Jahrhundert wurden aus Fluchtburgen steinerne Wohnburgen für die Adelsfamilien. Die Erbauer der Burgen nutzten die natürlichen Voraussetzungen. Wo es Berge gab, z. B. im Thüringer Wald oder am Rhein, finden wir Höhen- oder Felsenburgen. Eine Gipfelburg befindet sich auf dem höchsten Punkt eines Berges. Eine Spornburg liegt an einem Bergvorsprung, der von einer Seite aus gut zu erreichen ist. Wasserburgen stehen am Rande von Seen oder Flüssen.

Der Bergfried, Hauptturm der Burg, galt lange Zeit als letzter Zufluchtsort. Neuere Untersuchungen zeigen nun, dass Bergfriede bewohnbar, aber kaum wehrhaft waren: Nur wenige verfügten über Schießscharten, Gusserker oder Kampfplattformen.

Lesetipp

Georges Duby, Die Ritter, München (dtv) 2005, 3. Aufl. Spannendes Sachbuch; Erzählung aus der Sicht des Ritters Arnould.

M1

Ritterschlag, Buchmalerei, 1483. Mit 14 Jahren konnte ein junger Mann als Knappe „Auszubildender“ bei einem Ritter werden und mit 21 selbst den Ritterschlag erhalten.

Wer lebte auf einer Burg?

Wie viele Menschen im Mittelalter auf Burgen lebten, ist schwer zu sagen. Vermutlich waren es wohl etwa fünf Prozent der Bevölkerung, zu denen adlige Herren und Damen, Ritter und Edelfrauen, Knappen, Knechte und Mägde zählten.

Die Unterschiede im Wohnkomfort waren groß. In der Wartburg finden wir einen großen Palas, in dem sich Küchen, Vorratsräume, ein prächtiger Rittersaal für Feste und sogar beheizbare Schlafgemächer befanden. Andernorts gab es nur ein bescheidenes Steinhaus für den Ritter und seine Familie. Und in vielen Burgen hausten nur einige wenige bewaffnete Krieger mit Gefolge.

Die Adligen und Ritter, die auf einer Burg lebten, waren stets von einer Grundherrschaft abhängig, die zur Burg gehörte und sie versorgte. Oft war die Grundherrschaft aber so klein, dass die Abgaben der Bauern gerade für den Lebensunterhalt des Grundherrn reichten.

Manchmal wohnten mehrere verwandte adlige Familien auf einer Burg. Die Burg Eltz z. B. wurde 1268 unter drei Nachkommen aufgeteilt und fortan als Ganerbenburg, d. h. als Gemeinschaftserbe, weitergeführt.

M2

Die Wartburg, Foto, 1991.
Die Wartburg im thüringischen Eisenach wurde 1999 zum Weltkulturerbe der Menschheit erklärt. Sie entstand im 11. Jahrhundert als hölzernes Befestigungswerk und wurde im 12. Jahrhundert als steinerne Anlage ausgebaut. Die Wartburg diente den Thüringer Landgrafen als Herrschaftssitz. Wolfram von Eschenbach und Walther von der Vogelweide hielten sich hier auf. Martin Luther übersetzte auf der Wartburg die Bibel ins Deutsche.

M3

Rittersaal auf Burg Runkelstein im Sarntal, um 1400 erbaut, Foto, 1998

M4

Sehen und gesehen werden

Der Burgenforscher Joachim Zeune schrieb 1997:

Mittlerweile begreifen wir die mittelalterliche Burg als einen Mehrzweckbau, dessen militärische Bedeutung wir ... spürbar reduzieren müssen. Für den mittelalterlichen Menschen war die Burg das sichtbare Zentrum einer Herrschaft: Wer die Burg besaß, hatte auch die Herrschaft inne. Von einer Burg aus wurde das zugehörige Land verwaltet, regiert und befriedet. Zur Burg gehörte auch ein Rechtsbezirk ... Die Burgendichte veranschaulichte, wie intensiv eine Herrschaft die Gegend durchdrungen und befriedet hatte ... Die herausragende gesellschaftliche Stellung eines Landbesitzers und Landherrn ließ sich in der Tat nicht besser demonstrieren als durch eine Burg, die sich weithin sichtbar über das Tal und das Umland erhob. Sehen und vor allem Gesehenwerden spielten bei der Wahl des Burgstandorts eine ganz wesentliche Rolle.

Joachim Zeune, Steinerne Symbole der Macht, in: Damals, 8. Jg., 1997, S. 13 f.

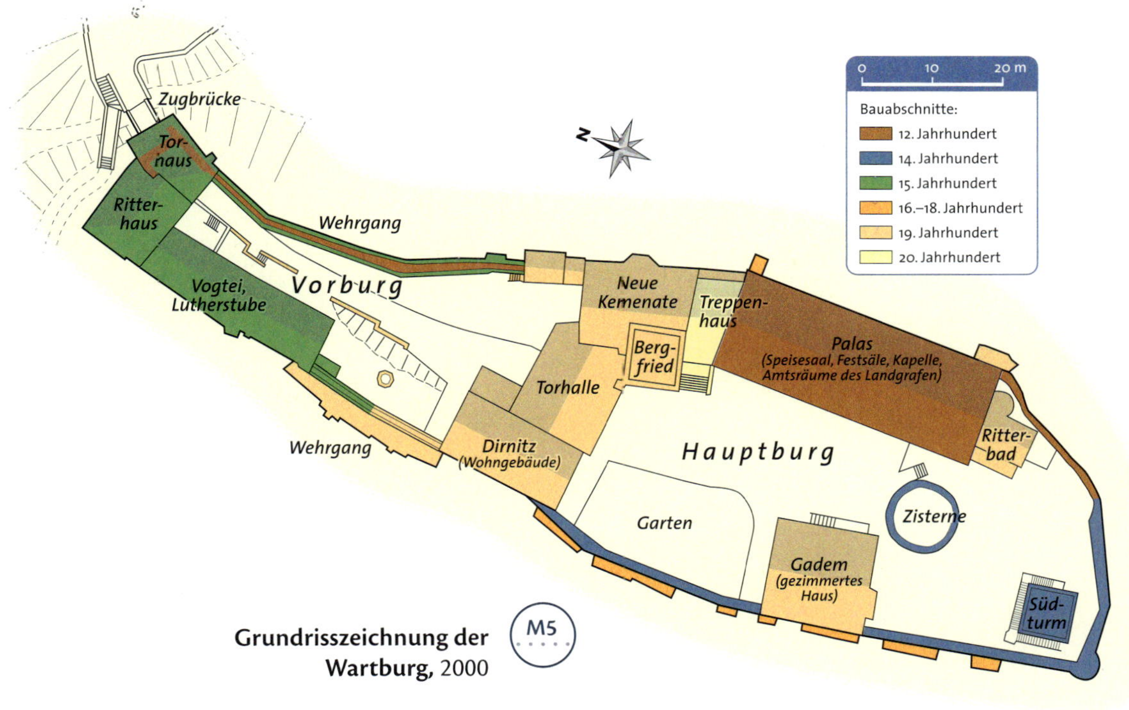

Grundrisszeichnung der Wartburg, 2000 M5

Recherche

Burgen in Schleswig-Holstein?

Diese Frage kannst du in einer Internetrecherche überprüfen. Nimm dazu die Arbeitsschritte der Methodenseite zur Internetnutzung S. 93 zu Hilfe. Arbeitet in Gruppen, tragt eure Ergebnisse vor und vergleicht sie.

Stellt Tipps für Exkursionen zu ausgewählten Burgen zusammen.

Begriffe und Daten

Burg

Die mittelalterliche Burg war Wohnsitz, Schutzbau und Herrschaftsort der Adligen. Seit dem 12. Jahrhundert wurden die Holzbauten von Steinhäusern abgelöst. Die Versorgung der Burgbewohner erfolgte vorwiegend durch Leistungen aus der Grundherrschaft und durch Eigenwirtschaft.

Ritter

Ritter waren adlige Reiterkrieger. Als Gruppe entstanden sie in den Kriegen des 9./10. Jahrhunderts. Seit dem 12. Jahrhundert bildeten sie einen Stand mit eigenen Idealen: Treue und Gefolgschaft (Kriegsdienst) gegenüber dem Herrn; Schutz der Kirche und der Armen; Minnedienst, der eine kultivierte Lebensart verlangte.

1 Stelle dir vor, du planst einen Burgenbesuch mit der Klasse. Schreibe deine Erwartungen auf. Berücksichtige M1 und M3.

2 Betrachte M2 und M5: Identifiziere mithilfe des Grundrisses M5 möglichst viele Teile der Burg.

3 Vermute, wer sich zu welchem Zweck in den einzelnen Teilen der Wartburg aufgehalten hat.

4 Ordne die Wartburg einem Burgtyp (siehe Darstellungstext S. 191) zu. Begründe deine Antwort.

5 **Recherche:** Sammle Informationen zur Entstehung und Geschichte der Wartburg. Suche im Internet z. B. unter den Suchbegriffen „Wartburg Eisenach".

6 „Die Burg ist ein Zeichen für Frieden und Recht!" Erläutere diese These mithilfe der Darstellungstexte und M4. Belege deine Aussage und nimm Stellung.

Webcode: FG642342-193

Rollenverteilung auf der Burg

Ehe und Familie

In Adelskreisen war die Ehe keine Angelegenheit der Brautleute, sondern eine des Familienverbandes. Rein rechtlich konnte der angehende Ritter im Alter von etwa 14 Jahren, wenn er als heiratsfähig galt, auch ohne die Zustimmung des Vaters eine Ehe eingehen. Er musste allerdings mit seiner Enterbung rechnen.

Die Partnerwahl hatte wenig mit Glück und Liebe zu tun, sondern mehr mit Standesgleichheit, Heiratspolitik und Mitgift. Eheschließungen mit Bauern oder Bürgern werteten den sozialen Stand des gesamten Familienverbandes ab. Umgekehrt konnte eine Verbindung des angehenden Ritters mit einem Grafengeschlecht zu einer Standeserhebung führen. In der Praxis ist vorstellbar, dass bei der Partnerwahl immer Rat und Zustimmung der Eltern, des Familienverbandes oder auch des Lehnsherrn eingeholt wurde. Das musste jedoch nicht bedeuten, dass gegenseitige Zuneigung der Brautleute keine Rolle spielte. Auch konnte sie im Laufe der Ehe entstehen. Über diesen persönlichen Bereich ist in den Quellen nur wenig zu finden.

Die Frau war zum Zeitpunkt der Eheschließung im Allgemeinen zwischen 14 und 16 Jahren, der Mann nicht selten doppelt so alt. Rechtlich unterstand die Frau dem Ehemann. Quellen aus dem 14. und 15. Jahrhundert berichten jedoch auch von eigenständigen Ehefrauen.

Liebe, Minne, Minnedienst

In adligen Ehen blieb für die Liebe zwischen den Partnern oft wenig Raum. So wird in zeitgenössischen Quellen zwischen einer „weltlichen Liebe“ – der des Herzens – und einer „Liebe der Pflicht“ – zu den Eltern, den Geschwistern, der Ehefrau – unterschieden.

Die Ehe war aus christlicher Sicht göttlichen Ursprungs und vor allem durch die Treue der Partner begründet. Um das Verhältnis zwischen Mann und Frau geht es auch in der Liebesdichtung des Mittelalters, dem Minnesang (Minne = idealisiertes Liebeswerben, hohe Tugend des strebenden und dienenden Ritters): Ein Ritter verehrt eine adlige Herrin, kämpft auf Turnieren für sie und bemüht sich – letztlich erfolglos – um ihre Gunst. Der realen Welt der Kriege, der Gewalt und der Zerstörung wurde hier eine idealistische Welt der Höflichkeit, der Zurückhaltung und der reinen, unerfüllten Liebe entgegengesetzt. Vor allem der heranwachsende Ritter versuchte, die Gunst der Herrin zu erringen, indem er sich besonders „ritterlich“ benahm und ihr „diente“. So sind die Lieder der Minnesänger voll von Sehnsucht und Klagen über unerfüllte Liebe. Und doch galten – wie auch in der Ehe – für Männer und Frauen unterschiedliche Maßstäbe: Während der Ritter mit seinen Erfolgen prahlen konnte, setzte die Frau mit einem Liebesverhältnis ihre Ehre und ihr Erbrecht aufs Spiel.

M1

Elfenbeinkästchen, um 1470. Das Kästchen zeigt ein Ritterturnier. Es gab mehrere Turnierformen: Die „Buhurt“ war ein Kampf zweier Rittergruppen mit Lanzen. Der „Tjost“ war ein Zweikampf Ritter gegen Ritter.

M2

Wie wurden die Kinder adliger Familien erzogen?

Im 13. Jahrhundert dichtete Gottfried von Straßburg das Versepos „Tristan und Isolde". Am Beispiel des vorbildhaften Ritters Tristan schilderte er die Erziehung zum Ritter:

2A Nachdem das Kind getauft, nach christlicher Sitte des Heils teilhaftig, nahm die tüchtige Marschallin ihren lieben Sohn wieder in liebevolle Pflege … So hielt sie es mit ihm, bis er sein siebentes Jahr erreichte, wo er in Rede und Umgangsformen genügend verständig war. Da führte ihn sein Vater, der Marschall, zu einem gebildeten Mann. Mit diesem sandte er ihn der Sprachen wegen in fremde Länder … Neben seinem Studium der Bücher und Sprachen beschäftigte er sich viel mit allen Arten des Saitenspiels … Daneben lernte er auch nach ritterlicher Sitte mit Schild und Speer recht reiten … Fechten, schweren Ringkampf, Weitsprung, Um-die-Wette-Laufen, Speerwerfen, all das konnte er mit seiner Kraft vorzüglich. Auch sagt uns die Geschichte, dass niemand so meisterlich wie er pirschen und jagen konnte. Die höfischen Gesellschaftsspiele kannte er gut und beherrschte sie … Er kam in sein 14. Jahr, da ließ ihn der Marschall wieder heimkehren und ständig fahren und reiten, damit er Land und Leute und dessen Sitten kennen lernte.

Am Beispiel der Königstochter Isolde, die von Tristan geliebt und verehrt wurde, erfahren wir im selben Epos etwas über die Erziehung adliger Mädchen:

2B Das schöne Mädchen beherrschte … Französisch und Latein und konnte auf welsche[1] Art ganz vorzüglich Fiedel spielen …, auch sang das begabte Mädchen mit einer süßen Stimme. In allem, was sie sonst noch konnte, half ihr der Lehrer und förderte sie nach Kräften.
Daneben unterwies er sie in einem Gegenstand, den wir die Sittenlehre nennen, die Kunst, die feinen Anstand lehrt. Damit sollten sich alle Frauen in ihrer Jugend befassen … Diese Lehre umfasst die Welt und Gott zugleich. Sie lehrt in ihren Geboten, Gott und der Welt zu gefallen; sie ist die Nährmutter aller edlen Herzen, damit sie Kraft und Leben in dieser Lehre finden. Denn weder Gut noch Ehre können sie besitzen, wenn es die Ethik sie nicht lehrt. Damit beschäftigte sich die junge Königin am meisten … Sie wurde dadurch wohlgebildet, schönen und reinen Sinnes und ihr Benehmen war lieblich.

M2A und M2B: Gottfried von Straßburg, Tristan und Isolde, hg. von Günter Kramer, Berlin (Verlag der Nationen) 1970, S. 94 ff.

[1] französische

M3

Die Dame gibt einen Korb, Buchmalerei aus einer Liedersammlung, 14. Jh. Kristian von Hamle besingt die Situation, wie er mit einer Korbwinde zu seiner Geliebten wollte. Die adlige Dame ließ ihn bis zum Morgen hängen, damit der ganze Hof ihn sehen konnte.

1 Erarbeite anhand des Darstellungstextes, in welchem Verhältnis Liebe, Ehe und Familie in der mittelalterlichen Adelsgesellschaft zueinander standen.
2 Erkläre: Minnedienst als ritterliche Pflicht.
3 Beschreibe die Frauenrolle in der Adelsgesellschaft.
4 Kläre die heutige und die mittelalterliche Bedeutung folgender Redewendungen: „sich ritterlich benehmen", „jemanden ausstechen", „sich einen Korb holen" (Darstellungstext, M1 und M3).
5 Vergleiche mithilfe von M2A und M2B die Erziehung der beiden Kinder. Lege eine Tabelle an.
6 Erörtert in der Klasse: Leben auf der Burg – Ideal und Wirklichkeit.

Webcode: FG642342-195

Das Ritterleben – Lebensform ohne Zukunft?

Warum ein Stand Ansehen und Macht verlor

Von Kopf bis Fuß gerüstete Ritter gehören fest zu unserer Vorstellung vom Mittelalter. Doch die Ritterschaft entstand erst allmählich aus Grund besitzenden Adligen und Dienstmannen, die für ihren Herrn kämpften (Reiterkrieger). Im Hochmittelalter wurde aus den spezialisierten Reiterkriegern ein neuer Berufsstand: der Ritterstand. Tüchtigkeit im Kriegshandwerk, Treue gegenüber dem Herrn und „höfisches" Benehmen werteten die Ritter gegenüber den Bauern auf.

Seit dem 14. Jahrhundert jedoch begann sich dies zu wandeln: Die Burg als Lebensort verlor ihre Bedeutung. Der Adel zog talwärts in helle, bequeme Schlösser, und die neu entstehenden Städte wurden zum begehrten Lebensraum. Für die Ritter schien es in der Gesellschaft keine Aufgabe mehr zu geben. Neue Waffen, durch die ihre Dienste überflüssig wurden, und der wirtschaftliche Abstieg machten ihnen zu schaffen. Um ihren Lebensunterhalt zu verdienen, zogen nun viele plündernd durch das Land, zwangen Bauern und Handwerkern Schutzdienste auf oder erpressten Zölle von durchreisenden Kaufleuten. An die Stelle der Bewunderung des Ritterstandes traten Verachtung und Schrecken gegenüber dem „Raubrittertum".

M2

Leben auf der Burg

Der Ritter Ulrich von Hutten schrieb 1518 in einem Brief an einen reichen Nürnberger Kaufmann über das Leben auf Burg Steckelberg, wo er geboren war und lebte:

Die uns ernähren, sind bettelarme Bauern, denen wir unsere Äcker, Weinberge, Wiesen und Wälder verpachten. Der einkommende Ertrag ist, gemessen an der aufgewandten Mühe, geringfügig ...
Sodann müssen wir uns in den Dienst eines Fürsten stellen, von dem wir Schutz erhoffen. Wenn ich das nicht tue, glaubt jeder, er könne sich alles gegen mich erlauben ...
Die Burg selbst ... ist nicht als angenehmer Aufenthalt, sondern als Festung gebaut. Sie ist von Mauern und Gräben umgeben, innen ist sie eng und durch Stallungen für Vieh und Pferde zusammengedrängt. Daneben liegen dunkle Kammern, vollgestopft mit Geschützen, Pech, Schwefel ...
Überall stinkt es nach Schießpulver; und dann die Hunde und ihr Dreck ... Reiter kommen und gehen, darunter Räuber, Diebe und Wegelagerer. Denn fast für alle stehen unsere Häuser offen, weil wir nicht wissen, was das für Leute sind, oder uns nicht groß danach erkundigen. Man hört das Blöken der Schafe, das Brüllen der Rinder ...
Der ganze Tag bringt vom Morgen an Sorge und Plage ... Äcker müssen bestellt, gepflügt und umgegraben werden ..., man muss eggen, säen, düngen, mähen ... Wenn aber einmal ein schlechtes Ertragsjahr kommt, wie in dieser mageren Gegend meistens, dann haben wir fürchterliche Not und Armut.

Zit. nach Arno Borst, Lebensformen im Mittelalter, Frankfurt a. M. u. a. (Ullstein) 1979, S. 173 ff.

M1

Eppelein auf der Flucht, Buchmalerei, 14. Jh. Eppelein von Gailingen machte als Raubritter die Umgebung von Nürnberg unsicher. Er konnte mehrfach dem Kerker entkommen, wurde aber 1381 erneut gefangen genommen und hingerichtet.

M4

Ritter rauben und plündern in einem Dorf, Ausschnitt aus einer Zeichnung aus dem Hausbuch des Fürsten Waldburg-Wolfegg, um 1470

M3

Neue Waffen gegen ritterlichen Kampf

Der Militärhistoriker John Keegan schrieb 1995 über die Folgen, die aus der Einführung der Armbrust resultierten:

Mit einer Armbrust ausgerüstet, konnte ein Soldat ohne das lang währende Erlernen des Waffenhandwerks ... töten, ohne sich selbst in Gefahr zu begeben. Was für den Armbrustschützen galt, galt für den Gewehrschützen in noch höherem Grade. Seine Kampfesweise schien ebenso feige und darüber hinaus laut und schmutzig zu sein, ohne dass Muskelkräfte erforderlich waren. So konnte der Biograf von Louis de la Tremouille, einem Krieger des 16. Jahrhunderts, die Frage stellen: „Welchen Nutzen haben noch die Waffenkünste der Ritter, ihre Kraft, ihre Ausdauer, ihre Disziplin und ihr Streben nach Ehre, wenn derartige (Pulver-)Waffen im Krieg zum Einsatz kommen?"

John Keegan, Die Kultur des Krieges, übers. v. Karl A. Klewer, Berlin (Rowohlt) 1995, S. 472.

Vorschlag für eine Gruppenarbeit

1 a) Führt in Kleingruppen eine Internetrecherche zum Thema „Ritter im Mittelalter – Aufstieg und Niedergang" durch. Teilt euch das Thema auf, zum Beispiel in folgende Bereiche:
- Wie entstand das Rittertum?
- Wie wurde man Ritter?
- Wo und wie lebten die Ritter?
- Welche Rolle spielten die Frauen der Ritter?
- Wie und warum führten Ritter Kriege?
- Was waren Ritterorden?
- Warum ging der Ritterstand unter?
- Gibt es heute noch Ritter?

Internettipp: www.dhm.de/ausstellungen/eisenkleider/start.htm; www.wikipedia.org/wiki/Ritter.de

b) Präsentiert eure Ergebnisse (z. B. Referat, Broschüre, Wandzeitung).

2 Beurteilt gemeinsam die Ergebnisse eurer Recherche und überlegt Verbesserungen und Alternativen.

1 Ordne mithilfe des Darstellungstextes den Brief M2 historisch ein: Finde heraus, ob er in die Blüte- oder in die Verfallszeit des Ritter- und Burgenlebens gehört. Belege deine Aussagen mit Stellen aus diesem Text.

2 Beschreibe M4 und vergleiche mit dem Ideal des Ritterbildes (siehe S. 194 – 195).

3 Erläutere mithilfe von M3, welche Auswirkungen die Entwicklung der Waffentechnik auf die Lage der Ritter hatte.

4 Die Ritter sind als „Dinosaurier des Mittelalters" bezeichnet worden. Erläutert diese Bezeichnung und diskutiert, ob sie zutreffend ist.

„Ritterbilder" – zwischen Klischee und Wirklichkeit

M1

„Ritter sind ritterlich, edel und gut"

Aus einem Internettext zur Ausstellung des Landesmuseums Koblenz zum Thema „Der Mythos vom edlen Ritter" (2008):

Ritter sind ritterlich, edel und gut. Als wahre Helden verteidigen sie die Armen und Schwachen und dienen Gott und der Kirche demütig und treu. Sie reiten in ihren Rüstungen auf schönen Pferden durch die Lande, immer auf der Suche nach einer Bewährungsprobe, in der sie ihre Tugend vervollkommnen können. So oder ähnlich schaut das Bild des mittelalterlichen Ritters aus. Dieses Idealbild stammt aus den Artusromanen, die im 11. Jahrhundert von Frankreich aus in ganz Europa eine verfeinerte höfische Kultur propagierten. Doch dieses auch im deutschen Sprachraum von Dichtern wie Wolfram von Eschenbach besungene Ideal hatte häufig nur wenig mit der Realität gemein. Vielmehr entwirft die höfische Literatur wohl eher ein Gegenbild zu den tatsächlich oft rauen Sitten des wirklichen Lebens.

Im Gegensatz zum Ritterbild, das in den mittelalterlichen Artusromanen entworfen ist, waren Ritter zunächst einmal Berufskrieger. Als schwere gepanzerte Reiter hatten sie im Hochmittelalter entscheidende militärische Bedeutung. Doch die offene Feldschlacht mit Hunderten von Rittern war eher die Seltenheit. Die Kosten hierfür waren zu hoch und eine Niederlage zu gefährlich. Stattdessen verfolgte man lieber eine Zermürbungstaktik: Gegnerische Ortschaften wurden überfallen, Felder verwüstet und Verkehrswege zerstört. Den Hauptschaden trug so die ländliche Bevölkerung …

Und auch das Turnier war keineswegs eine so edle Veranstaltung, wie man sie heute vor Augen hat: Trotz vereinbarter Regeln gab es häufig Tote, weshalb die Kirche bis zum Beginn des 14. Jahrhunderts immer wieder Verbote gegen das Turnierwesen aussprach. Erst im 14. Jahrhundert wandelte sich das Turnier zu einer sportlichen Veranstaltung mit strengem höfischen Zeremoniell.

www.g-geschichte.de/Ausstellungen-Reportagen/Der-Mythos-vom-edlen-Ritter.html

M2

Turnierreiter bei Ritterfestspielen, Foto, 2001

Partnerarbeit:

1 a) Beschreibt M2 und erörtert, ob es sich bei der Abbildung um eine klischeehafte Darstellung des Rittertums handeln könnte. Klärt dazu den Begriff „Klischee".
b) Untersucht die Seiten 191 bis 197 unter der Fragestellung, welche „Bilder" des Ritterlebens in diesem Unterkapitel vermittelt werden. Haltet eure Ergebnisse in Stichworten fest.
c) Analysiert M1, indem ihr herausarbeitet, welches „Bild" vom Ritter in diesem Text dargestellt ist.
d) Vergleicht eure Ergebnisse zu den „Ritterbildern" aus den Aufgaben a), b) und c). Notiert Übereinstimmungen und Unterschiede. Berichtet in der Klasse.

2 Setzt euch in einer Gesprächsrunde mit der Bedeutung von „Ritterbildern" in der Gegenwart auseinander.

Webcode: FG642342-198

Die Lebenswelt des Adels

M1

Vertreter der mittelalterlichen Gesellschaft, französische Buchmalerei aus der zweiten Hälfte des 13. Jh.

Überprüfe, was du kannst

Sachkompetenz

1 Kläre die folgenden Begriffe: Burg (S. 191–193), Ritter (S. 193, 196–198), Minne (S. 194).

2 Beschreibe die Rollenverteilung zwischen adligen Männern und Frauen (S. 194–195).

Methodenkompetenz

3 Analysiere M1 mithilfe der Methoden „Ein Bild als Quelle I“ (S. 82 f.) und „Symbole und Gesten deuten“ (S. 190).

Selbst- und Sozialkompetenz

4 Beurteile die folgende These: Für den Untergang des Rittertums ist der Wandel in der Waffentechnik verantwortlich.

5 „Wäre der Bauer nicht, es wäre mit dem Ritterleben bald vorbei.“ – Gestaltet ein Streitgespräch über die Rollen der bäuerlichen und der ritterlichen Gesellschaft im Mittelalter.

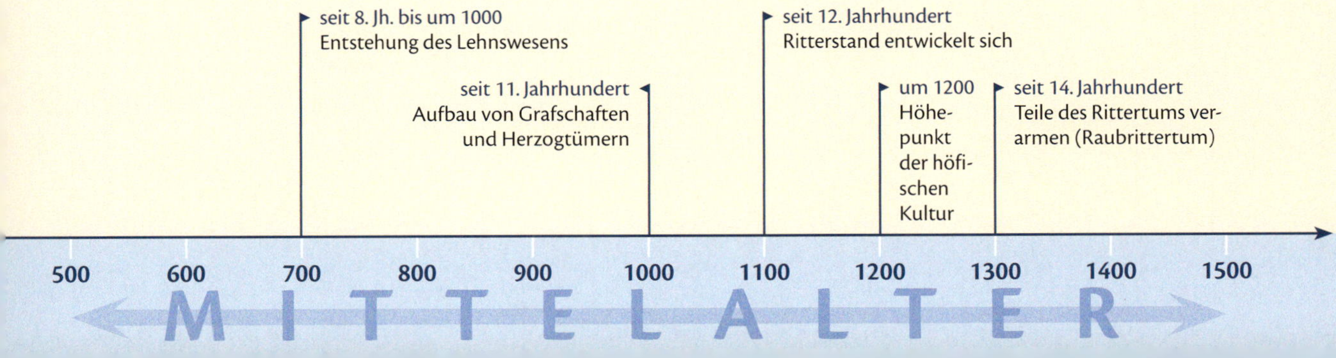

Lebenswelt Kloster

Wissen • Methoden anwenden • Beurteilen und Handeln

Am Ende dieses Unterkapitels kannst du

- die Entstehung des Mönchtums und dessen Verbreitung in Europa beschreiben
- am Beispiel der Benediktregel Merkmale des Klosterlebens darstellen
- die kulturelle, wissenschaftliche und wirtschaftliche Bedeutung der Klöster erklären
- eine begründete Stellungnahme zur „Lebenswelt Kloster“ formulieren
- Merkmale der mittelalterlichen Gesellschaft nennen

seit 11. Jahrhundert
Aufbau von Grafschaften
und Herzogtümern

seit 6. Jahrhundert
Gründung von Orden
und Klöstern in Europa

500 600 700 800 900 1000 1100 1200 1300 1400 1500

MITTELALTER

Das Kloster: Beten und Arbeiten

Leben in der Abgeschiedenheit

Erstmals im 3. Jahrhundert suchten Christen in der Einsamkeit einer kargen Landschaft den Weg zu Gott: In der ägyptischen Wüste wollten sie sich allein ihrem Glauben hingeben. Später schlossen sich manche dieser Einsiedler zusammen, um sich gegenseitig zu helfen. Aus diesen Lebensgemeinschaften entstanden Klöster – oft in der Einöde und in schwer zugänglichen Felsmassiven gelegen. In Europa entstanden die ersten Klöster, als sich mit der Völkerwanderung das Christentum ausbreitete. Im 6. Jahrhundert entwickelte der italienische Abt Benedikt von Nursia (gest. um 547) eine Ordensregel*, die für Mönche wie Nonnen gleichermaßen galt. Die Benediktusregel wurde zur Grundlage fast aller klösterlichen Gemeinschaften im Mittelalter. Als im 7. Jahrhundert irische Mönche vom äußersten Westen Europas aufbrachen und im Frankenreich zahlreiche Klöster gründeten, veränderte sich das Bild der Mönche und Nonnen in der Gesellschaft. Die irischen Mönche lehrten nämlich, dass man jede Sünde durch fromme Werke wiedergutmachen müsse, sonst drohten Strafen im Jenseits. Mönche und Nonnen hatten nach der kirchlichen Lehre dabei eine besondere Stellung: Sie konnten durch Gebete die Sünden büßen, die die Menschen außerhalb des Klosters begingen.

Klöster in Schleswig-Holstein?

Im Raum nördlich der Elbe entstanden erst im 12. Jahrhundert die ersten Klöster. Etwa 40 wurden in dieser Region gegründet. Im 16. Jahrhundert endete die Zeit der Klöster durch die Reformation, in der sich – angeführt durch den Reformator Martin Luther – die „Protestanten“ von der katholischen Kirche abspalteten. Von den Klöstern blieben im Raum Schleswig-Holstein nur vier Stifte übrig, in denen unverheiratete adlige Damen leben. Die meisten Gebäude verfielen, wurden abgerissen, teilweise auch als Abbruchmaterial für den Bau landesherrlicher Schlösser verwendet. Von der reichen Ausstattung der Klöster ist manches in den Kirchen erhalten geblieben. Forscher der Universität Kiel arbeiten zurzeit an einem „Klosterbuch“ für Schleswig-Holstein und Hamburg, in dem die Klostergeschichte aufgearbeitet und festgehalten werden soll.

M1

Das christliche Mönchtum im Mittelalter

Der Historiker Arnold Bühler schrieb 2004:

Schon der mittelalterliche Mönch war ein Selbstdarsteller. Durch Habit [Kleidung, Äußeres] und Lebensweise stellte er sich sichtbar außerhalb der weltlichen Gemeinschaft und wollte doch aller Welt demonstrieren, dass er auf dem Weg zu Gott ein Stück weiter sei als die anderen ... Wenn das formale Bekenntnis zu Christus, durch die Taufe und den Empfang der Sakramente [Weihehandlung, z. B. die Taufe] ritualisiert, die Norm war, bedurfte es neuer Wege, um sich persönlich für das Heil zu qualifizieren. Diese Wege beschritten Männer und Frauen durch striktere Askese [streng enthaltsame Lebensweise zur Verwirklichung religiöser oder sittlicher Ideale], intensiveres Gebet und entschiedenere Weltabkehr, als die allgemeine Kirche ihren Gläubigen abverlangte. Damit fassen wir ein zweites Wesensmerkmal des christlichen Mönchtums. Mönchsein bedeutet nicht nur Zivilisationskritik und Weltentsagung, sondern – eben dadurch – auch Kritik an der Kirche ... Es ist daher nicht verwunderlich, dass die schärfsten Kirchenkritiker und entschlossensten Kirchenreformer im Mittelalter – bis hin zu dem Augustinermönch Martin Luther – Mönche waren.

Arnold Bühler, Von Dorf und Stamm zu Stadt und Staat – Zur Sozialgeschichte Europas, in: Arnold Bühler u. a., Das Mittelalter, Stuttgart (Theiss) 2004, S. 42.

M2

Kloster Maria Laach in der Eifel, entstanden im 11./12. Jh., Foto, 1995

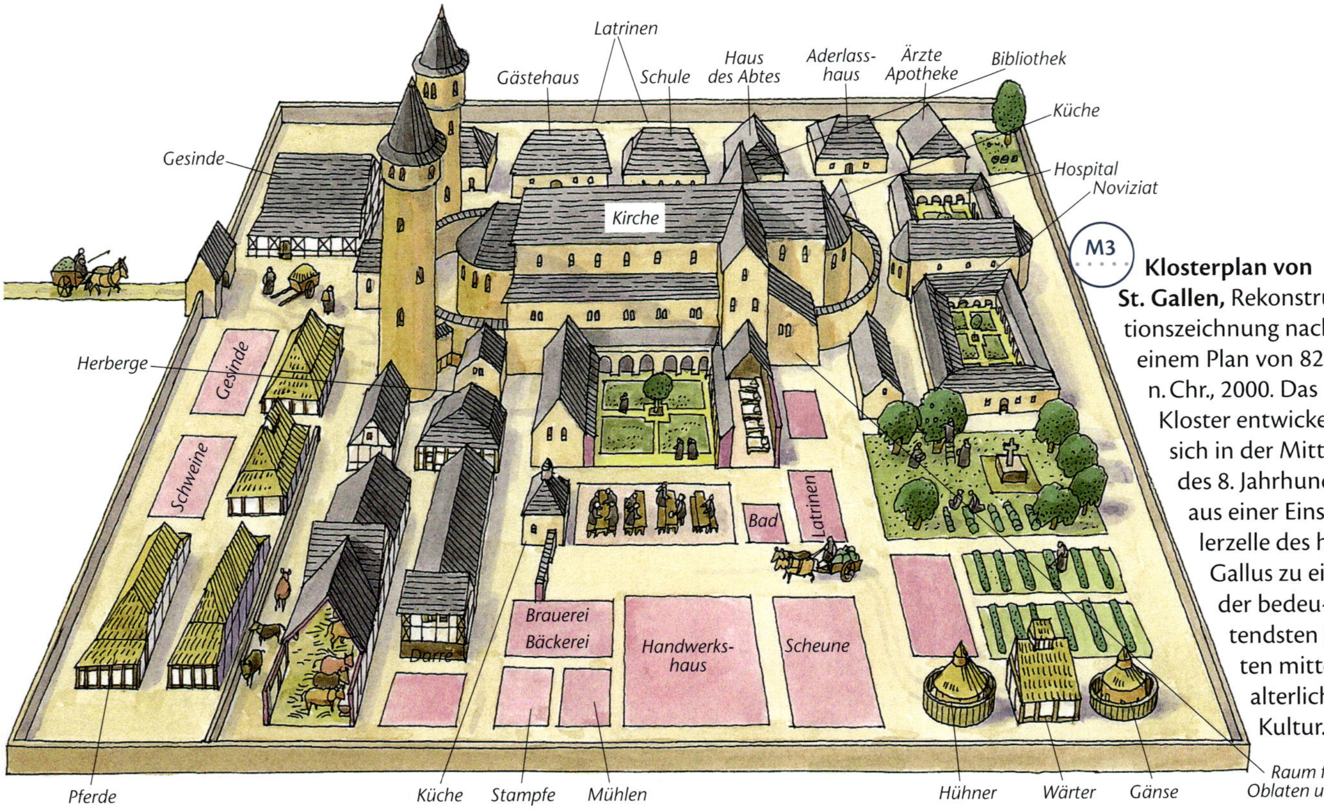

M3 **Klosterplan von St. Gallen,** Rekonstruktionszeichnung nach einem Plan von 820 n. Chr., 2000. Das Kloster entwickelte sich in der Mitte des 8. Jahrhunderts aus einer Einsiedlerzelle des hl. Gallus zu einer der bedeutendsten Stätten mittelalterlicher Kultur.

M4

Aus der Benediktusregel

Die Regel des Benedikt von Nursia (gest. um 547) galt für Mönche und Nonnen. In ihr finden sich folgende Kapitel:

33. Vom Eigentum: Keiner wage es, ohne Erlaubnis des Abtes … etwas zu eigen zu besitzen, durchaus nichts, weder Buch noch Tafel, nein, überhaupt nichts. Alles sei allen gemeinsam …

48. Von der täglichen Handarbeit: Müßiggang ist ein Feind der Seele. Deshalb sollen sich die Brüder beschäftigen: zu bestimmten Zeiten mit Handarbeit, zu bestimmten anderen Stunden mit heiliger Lesung. Wenn die Ortsverhältnisse oder die Armut fordern, dass sie das Einbringen der Ernte selbst besorgen, sollen sie deswegen nicht missmutig werden. Sie sind nämlich erst wahre Mönche, wenn sie von der Arbeit ihrer Hände leben …

66. Von der Anlage des Klosters: Wenn möglich, ist das Kloster so anzulegen, dass alles Notwendige, nämlich Wasser, Mühle, Garten und die verschiedenen Werkstätten, sich innerhalb der Klostermauern befinden. So brauchen die Mönche nicht draußen herumzulaufen, was für ihre Seelen durchaus nicht zuträglich ist.

Zit. nach James Hogg, Die geheimnisvolle Welt der Klöster, Augsburg (Weltbild) 1998, S. 45.

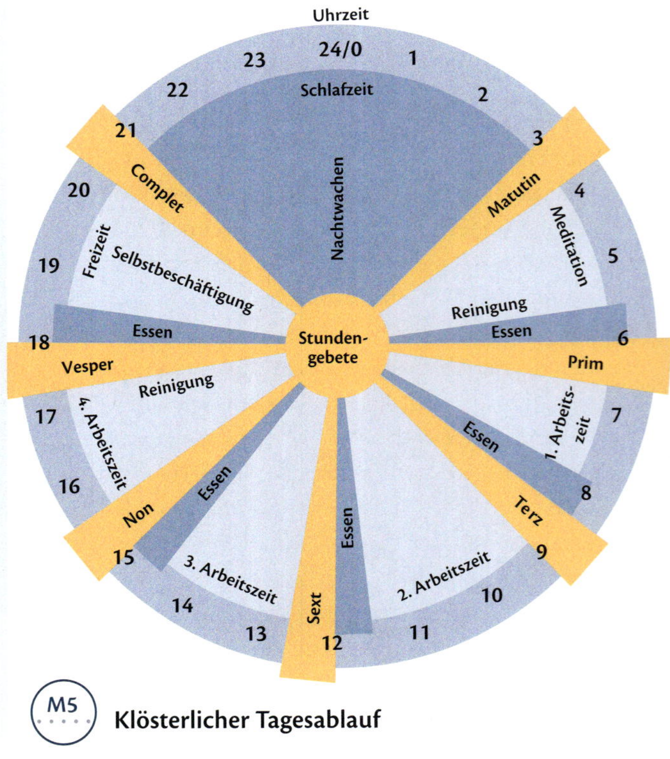

M5 **Klösterlicher Tagesablauf**

M6 Ein ganzes Leben im Kloster verbringen?

Auszüge aus Interviews, die die Theologin Christiane Boeck 1996 mit Nonnen geführt hat:

Isa, 76 J., mit 33 Jahren in den Orden eingetreten, später Leiterin einer katholischen Mädchenschule. Vorher: Filmschauspielerin.

Als ich mich dem Orden annäherte, war es mir vollkommen egal, was er aus mir machen würde. Da wurde mir dieser Lehrerberuf sozusagen aufgedrückt. Ich habe ihn aus reinem Gehorsam angenommen, nicht aus Neigung ... Ich konnte ja wirklich nichts, als ich mich mit 30 Jahren beim Orden meldete ..., sicher war ich ihnen nicht ganz geheuer wegen meiner sehr anderen geistigen und bildungsmäßigen Herkunft ...

Bei dem Schrei nach dem alternativen Leben denke ich, die Ordensexistenz sei ein solcher Entwurf. Im Ordensleben geht es nicht um Karriere, auch nicht um Geld oder Besitz, nicht um Herrschaftsausübung, sondern es geht ganz schlicht um den Dienst, und zwar an Menschen, die diesen Dienst brauchen.

Barbara, 58 J., macht keine weiteren Angaben.

Natürlich fände ich es schön, wenn viele junge Frauen kämen, aber die Zeiten sind vorbei, erstens sind die Familien kleiner – früher gehörte es in kinderreichen Familien fast dazu, dass eine Tochter ins Kloster ging –, zweitens schwindet der Glaube ... Außerdem haben Frauen heute auch außerhalb des Klosters jede Menge Möglichkeiten, leitende Stellungen zu erreichen, und früher mag der Gedanke an eine Art Klosterkarriere sicher auch mitgespielt haben.

Hedwig, 49 J., mit 20 Jahren dem Orden der Missionsbenediktinerinnen beigetreten. Vorher: Apothekerin.

Für meine eigenen Erfahrungen hat der Religionslehrer eine wichtige Rolle gespielt, als wir in ein Benediktinerkloster zu Einkehrtagen gingen. Völlig unvorstellbar, drei Tage zu schweigen, sich „Gott auszusetzen“, wie es hieß! Das ist nicht so ganz gelungen, aber immerhin habe ich es doch als eindrucksvoll in Erinnerung.

Wobei ich auch glaube, es hat sehr viel an Abenteuerlust mitgespielt ... Hawaii in der Nähe, und dass Mission etwas mit Löwen und Urwald zu tun hat – Ausland, das war mir klar.

Zit. nach Christiane Boeck, Selbstbewusst im Kloster, 1996. Geringfügig geänderte Neuausgabe: Christiane Boeck, Himmlische Schwestern. Nonnen heute: Zehn Porträts, Leipzig (Evangelische Verlagsanstalt) 2007, S. 31 f., 43, 116, 145.

Begriffe und Daten

Mönchtum/Orden

Seit der Spätantike zogen sich Männer und Frauen als Mönche (lat. monachus = einsam lebend) und Nonnen (ägypt. nonnis = unversehrte Jungfrau) in Klöster zurück, um dort Gott zu dienen und nach festen Regeln gemeinsam zu leben. Mönche und Nonnen sind der Klosterleitung, dem Abt oder der Äbtissin, zu Gehorsam verpflichtet, sie heiraten nicht und verzichten auf persönlichen Besitz. Im Laufe der Geschichte entwickelten sich verschiedene Mönchsgruppen, die sogenannten Orden: z. B. Benediktiner, Zisterzienser oder Franziskaner, die sich auch in ihrer Ordenstracht voneinander unterscheiden. Mönche und Nonnen legen beim Eintritt ins Kloster das Gelübde ab, ihr Leben lang einer schriftlich überlieferten Ordensregel zu folgen.

Benediktinerregel

Auf den Ordensgründer Benedikt von Nursia zurückgehende Klosterregel, die sich erfolgreich im abendländischen Mönchtum durchsetzte. Sie fordert u. a. die Abkehr vom weltlichen Leben zum Streben nach Vollkommenheit, Arbeit zur Existenzsicherung sowie „heilige Lesungen“.

1 Berichtet ausgehend von M2 von euren Kenntnissen über Klöster und das Klosterleben.

2 Erarbeite mithilfe des Darstellungstextes und M1,
a) warum Klöster entstanden, b) wie sie sich in Europa verbreiteten und c) welche Merkmale des Mönchtums genannt werden.

3 „Ora et labora“ (Bete und arbeite): Erkläre, wie diese Forderungen in einer Klosteranlage und im Klosterplan sichtbar werden (M2, M3).

4 a) Notiere, welche Ziele Benedikt von Nursia mit den Regeln in M4 erreichen wollte.
b) Nimm dazu begründet Stellung.

5 a) Beschreibe den Tagesablauf eines Mönchs (M5).
b) Vergleiche mit deinem Tagesablauf.

6 Immer mehr Menschen verbringen heute ihre Ferien im Kloster und nehmen am Leben der Mönche bzw. Nonnen teil. Wie erklärst du dir das?

7 Nimm zu den Äußerungen in M6 Stellung.

8 **Recherche:** Erkunde, ob bzw. wo es in Schleswig-Holstein noch eine erhaltene Klosteranlage gibt.

Webcode: FG642342-203

Das Kloster – mehr als ein religiöser Ort

Mönche als Unternehmer

Die Frauen- und Männerklöster des Ordens der Zisterzienser (gegründet 1098 n. Chr. von dem Abt Bernhard von Clairvaux) gehörten zu den erfolgreichsten Wirtschaftsbetrieben in Europa. Sie erbrachten große Leistungen auf dem Gebiet der Waldrodung sowie der Ent- und Bewässerung. Auch verbreiteten sie neue Methoden der Landwirtschaft (Dreifelderwirtschaft) und des Handwerks in Europa. „Gebt diesen Mönchen ein ödes Moor oder einen wilden Wald, lasst dann einige Jahre vergehen, und ihr werdet nicht nur schöne Kirchen, sondern auch menschliche Siedlungen dort errichtet sehen", musste ein scharfer Gegner der Zisterzienser im Jahre 1188 bewundernd zugestehen.

Der Hof des Klosters war ein Wirtschaftshof voller Leben – und das hieß auch: Lärm, Schmutz und Gestank. Je größer die Grundherrschaft des Klosters, desto wahrscheinlicher war es, dass auch Laien, d. h. Frauen und Männer, die kein Gelübde abgelegt hatten, im Klosterbetrieb beschäftigt wurden. Über das Leben dieser Menschen wissen wir nur wenig. Manche banden sich aus religiösen Gründen an das Kloster, andere sahen in ihm einen Arbeitgeber, der sich kaum von einem adligen Grundherrn unterschied.

Der französische Mönch Jean de Vignay übersetzt ein Buch, französische Buchmalerei, 15. Jh.

M1

Bildungschancen für Männer und Frauen

Im Mittelalter gab es kein vergleichbares Informationsangebot, wie wir es heute kennen. Die Menschen waren, da nur wenige von ihnen lesen und schreiben konnten, auf mündlich vermittelte Informationen angewiesen oder wandten sich an Nonnen und Mönche. Die Klöster hatten sich nämlich im Laufe des 9. und 10. Jahrhunderts zu „Bildungszentren" entwickelt.

Für Mädchen und Frauen war das Kloster die einzige Möglichkeit, sich wissenschaftlich oder künstlerisch zu betätigen. Viele traten auch ins Kloster ein, um einer Zwangsheirat zu entgehen oder, wenn sie unverheiratet blieben, um versorgt zu sein. Predigt und Oberaufsicht in den Frauenklöstern behielten sich jedoch die männlichen Ordensmitglieder vor, sodass die Eigenständigkeit der Nonnen begrenzt war.

Die Klöster gründeten eigene Schulen, in denen Kinder für die Aufgaben im Orden ausgebildet wurden. Über Jahrhunderte hinweg waren Klosterschulen die einzigen Bildungseinrichtungen. Deshalb brachten viele Adlige ihre Kinder dort unter, auch wenn diese später gar nicht ins Kloster eintreten sollten.

Forschungszentrum Kloster

Mönche und Nonnen zählten – neben heilkundigen Frauen (z. B. Hebammen), Badern, Barbieren, Chirurgen und herumziehenden Gauklern – zu den Fachleuten, die im Mittelalter um medizinische Hilfe und Rat gefragt wurden. Denn in den Klosterbibliotheken wurden nicht nur Schriften mit antiken Heilverfahren aufbewahrt, sondern Mönche und Nonnen konnten auch den großen medizinischen Erfahrungsschatz nutzen, der über Jahrhunderte hinweg innerhalb der Klostermauern entstanden war. Die Nonne Hildegard von Bingen beschäftigte sich z. B. mit der aus der Antike stammenden „Säftelehre". Danach bewirkte die ausgewogene Mischung der vier Säfte (Blut, Schleim, rote Galle, schwarze Galle), dass ein Mensch gesund war. Aus einer Störung dieser Mischung entstand die Krankheit. Hildegard, die ihr Wissen in zahlreichen Büchern festhielt, beschrieb den Heilungsprozess als einen Vorgang, der Körper und Seele, Verstand und Gefühl erfasste. Erst mit einer „Umkehr", d. h. der Änderung seiner Lebensweise, könne der Patient seine Krankheit bekämpfen.

M2

Hildegard von Bingen mit ihrem Sekretär, dem Mönch Volmar, bei der Niederschrift ihrer Visionen,
Buchmalerei, um 1220

M3

Zeitplanung und Klosterleben

Der Historiker Klaus Schreiner urteilte 1982 über die wirtschaftlichen Erfolge der Zisterzienser:

Zur Weltentsagung der Zisterzienser gehörten auch der gewissenhafte Umgang mit der Zeit, strenge Arbeitsdisziplin sowie das Bemühen, mit haushälterischer Vernunft Wirtschaftsabläufe zu planen und zu kontrollieren. Ökonomischer Umgang mit der Zeit unterschied die Zisterzienser vom Adel, dem Termindruck und Zeitplanung fremd waren, weswegen denn auch seine Tanz- und Turnierspiele als „tumpheit" und „velorn zit" kritisiert wurden. Sprechen war während der Arbeit nur dann erlaubt, wenn es um die Arbeit selbst ging ... Waren Prior oder Subprior[1] gehalten, während der Arbeit die Beichte abzunehmen, sollte der Zuspruch nicht viel Zeit in Anspruch nehmen und deshalb auch im Stehen erfolgen. Die Arbeit durch Ruhepausen zu unterbrechen, war untersagt. Nur aus einem dringenden Bedürfnis durften sich Mönche und Laienbrüder von der Arbeit entfernen.

Zusammengestellt nach Klaus Schreiner, Zisterziensisches Mönchtum und soziale Umwelt, in: Die Zisterzienser. Ordensleben zwischen Ideal und Wirklichkeit, Ergänzungsband, Köln (Rheinland Verlag) 1982, S. 79 ff.

[1] Klostervorsteher und sein Stellvertreter

Biografie

Hildegard von Bingen

Hildegard wurde 1098 als zehntes Kind adliger Eltern geboren. Mit acht Jahren wurde sie der Benediktineräbtissin Jutta von Spanheim zur Erziehung anvertraut. 1113/14 trat sie dem Benediktinerorden bei und wurde nach Juttas Tod Äbtissin. 1141 begann sie damit, ihre 26 Visionen („Göttliche Offenbarungen") aufzuschreiben. 1142/52 organisierte sie den Bau des Klosters Rupertsberg bei Bingen und siedelte dorthin um. Sie unternahm vier große Predigtreisen. Ihre Schriften sind geprägt von der Tradition der Klostermedizin, von Volkswissen und von antiken Überlieferungen. Bis heute finden ihre Erkenntnisse über natürliche Heilmethoden und ihre Ernährungslehre Anerkennung. Dagegen ist der Sinn ihrer Visionen nur zum Teil erforscht und bekannt.

M4

Die Bedeutung des mittelalterlichen Klosters

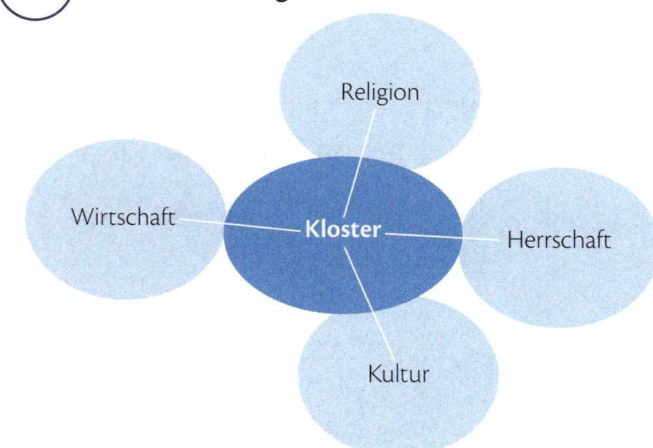

1. „Mönche als Unternehmer": Prüfe diese Aussage am Beispiel der Zisterzienser (Darstellungstext linke Spalte, M3).
2. Klöster waren Bildungs- und Forschungszentren des Mittelalters. Erläutere und begründe diese These (Darstellungstext rechte Spalte, M1).
3. Ordne die Leistung Hildegard von Bingens in den Rahmen des Klosters als Bildungs- und Forschungszentrum ein.
4. Schreibe deine Kenntnisse zu den in M4 aufgeführten Begriffen auf (siehe S. 204–205).
5. Nehmt Kontakt zu einer Klosterschule auf und stellt Fragen, die euch interessieren.

Webcode: FG642342-205

Die mittelalterliche Gesellschaft

Was ist eine „Ständegesellschaft“?

Bis heute finden Wissenschaftler immer neue Begriffe, um die Unterschiede und Gemeinsamkeiten zwischen einzelnen Gruppen unserer Gesellschaft zu beschreiben. Schon im frühen Mittelalter, als die meisten Menschen entweder Bauern oder Adlige waren, versuchte man, den Aufbau der Gesellschaft zu erklären. Dabei herrschte zunächst die aus der Antike überlieferte Auffassung vor, dass die Gesellschaft in zwei Gruppen, die „Herren“ und die „Knechte“, geteilt sei. Aus dieser Vorstellung entwickelten die Gelehrten – meist Geistliche – seit dem 11. Jahrhundert ein neues Bild der Gesellschaft. Darin gab es drei sogenannte Stände: den Klerus* (= Geistliche), den Adel und die Bauern. Diese Dreiteilung der Gesellschaft in Stände blieb bis zum Ende des Mittelalters bestimmend. Was genau bedeutet das Wort „Ständegesellschaft“? Welche Gruppen der Gesellschaft gehörten dazu und welche nicht? Gab es Kritik an der Ständegesellschaft?

M1

Dreiständebild, Holzschnitt, 1488. Die Kommentare lauten: Tu supplex ora (Du bete demütig!), Tu protege (Du schütze!) und Tuque labora (Und du arbeite!).

M2

Stände von Natur aus?

In einer französischen Chronik zum Jahr 1381 fand sich folgender Aufruf eines Priesters an die Bauern:

Ihr braven Leute, die Dinge können nicht gutgehen in England und werden nicht gutgehen, bis es so weit ist, dass aller Besitz gemeinsam wird und es weder Bauern noch Edelleute gibt und wir alle eins sind. Aus welchem Grund sind die, die wir Herren nennen, größere Meister als wir? … Warum halten sie uns in Knechtschaft? Und wenn wir alle von einem Vater und einer Mutter, Adam und Eva, abstammen, inwiefern können sie behaupten und beweisen, dass sie mit besserem Grund als wir Herren sind? Höchstens damit, dass sie uns erbringen und erpflügen lassen, was sie ausgeben.

Jean Froissart, Chroniques II, 212, hg. v. Gaston Raynaud, Paris, 1897, S. 94 ff., übers. v. W. Schwartzkopff.

Begriffe und Daten

Ständegesellschaft

Im Mittelalter bestimmte die Geburt, zu welchem Stand ein Mensch gehörte. Seit dem 11. Jahrhundert wurde die Gesellschaft nach der „Dreiständelehre“ eingeteilt. Zu keinem Stand gehörten z. B. Arme und Tagelöhner. Die Zugehörigkeit zu einem Stand bestimmte über die Rechte des Einzelnen, den Zugang zu Berufen und die Bildungsmöglichkeiten. Wichtigstes Merkmal einer ständischen Gesellschaft ist die große politische, soziale und rechtliche Ungleichheit zwischen den einzelnen Ständen.

1 Beschreibe M1 und fasse die Bildaussage zusammen. Achte auf die Bildelemente, ihr Größenverhältnis, ihre Bedeutung und auf Inschriften.

2 Erläutere mithilfe des Darstellungstextes und des Kastens den Begriff „Ständegesellschaft“.

3 Ordne den Ständen in M1 folgende Begriffe zu: Schutz, Arbeit, Wirtschaft, Gebet, Politik, Religion.

4 Arbeite die Kritikpunkte an der Ständegesellschaft in M2 heraus. Was fordert der Priester?

Lebenswelt Kloster

M1

Der König besucht ein Kloster

Der Mönch Ekkehard war im 11. Jahrhundert Chronist des Klosters St. Gallen. Er berichtete über einen weihnachtlichen Besuch König Konrads I.:

Den dritten und letzten Tag seines Besuchs beendete er [Konrad] mit einem Fest, nachdem er dem Kloster zuvor einige Güter geschenkt hatte, „damit unsere eingeschriebenen Brüder zum Entgelt für unser gestriges Mahl ... auch zu meinem Gedächtnis üppiger schmausen sollen". Während der Mahlzeit wurden nahezu sämtliche Klosterregeln gebrochen: Das Schweigegebot wurde missachtet, und niemand hörte dem Vorleser zu; Wild und Fleisch wurden aufgetischt und sogar Gaukler, Tänzer und Musikanten sollen aufgetreten sein. Das mochte strengeren Mönchen missfallen. „Der König ... schaute auf die gesetzteren Brüder und lachte über einige von ihnen, denn da ihnen alles neu war, verzogen sie ihre Mienen."

Zit. nach Gerd Althoff/Hans-Werner Goetz/Ernst Schubert (Hg.), Menschen im Schatten der Kathedrale, Darmstadt (Wissenschaftliche Buchgesellschaft) 1998, S. 153.

M2

Christliche Klostersiedlung aus dem 7. Jh. n. Chr. auf der Insel Skellig Michael vor Irland, Foto, 1987. Die bienenkorbartigen Mönchszellen wurden im 9. Jh. n. Chr. errichtet.

Überprüfe, was du kannst

Sachkompetenz

1 Kläre die folgenden Begriffe: Kloster (S. 201–202), Mönchtum/Orden (S. 203), Benediktinerregel (S. 201–202).

2 Beschreibe, wie das Mönchtum entstand und sich in Europa verbreitete (S. 201–202).

3 Vergleiche M2 mit M2, S. 201. Gehe besonders auf die Klosteranlage und die Lebensbedingungen der Mönche ein.

4 a) Kläre den Begriff Ständegesellschaft (S. 206).
b) Nenne Kritikpunkte an der Ständegesellschaft.

Methodenkompetenz

5 Erschließe M1 mithilfe der Methode „Schriftliche Quellen untersuchen" (S. 115).

Selbst- und Sozialkompetenz

6 Stelle zusammenfassend die Bedeutung des mittelalterlichen Klosters dar (S. 201–205).

7 Erörtert in einer Gesprächsrunde die Frage, ob das „Kloster als Lebenswelt" heute für uns noch von Bedeutung sein könnte.

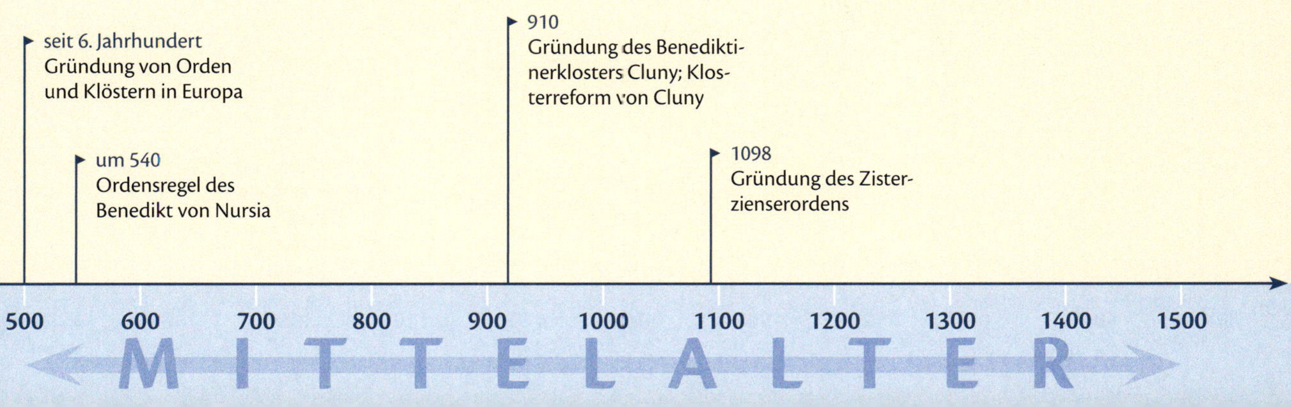

Leben in der mittelalterlichen Stadt

Wissen • Methoden anwenden • Beurteilen und Handeln

Am Ende dieses Unterkapitels kannst du

- den Vorgang der Städtegründungen seit dem 11. Jahrhundert beschreiben
- die Zusammensetzung der Stadtgesellschaft erläutern
- Merkmale der Stadtwirtschaft nennen und die Bedeutung des Marktes begründen
- Stadtherrschaft und Entstehung der städtischen Selbstverwaltung darstellen
- einen Vergleich zwischen der mittelalterlichen Stadt und der gegenwärtigen Stadtentwicklung vornehmen
- **Methode** Einen erzählenden Text schreiben

um 1000
Beginn der Städtegründungen

13. Jahrhundert
zahlreiche Städtegründungen in Mitteleuropa

500 600 700 800 900 1000 1100 1200 1300 1400 1500

MITTELALTER

Von der Siedlung zur Stadt

Annäherung an die mittelalterliche Stadt

Wer sich am Ende des Mittelalters nach langer Reise einer Stadt näherte, konnte schon aus der Entfernung an einigen Merkmalen erkennen, dass es sich nicht um eine dörfliche Siedlung handelte: Mehrere Kirchtürme überragten alle anderen Gebäude. Eine Mauer mit Befestigungstürmen und einem Wassergraben umgab die Stadt. Bis zu den Stadttoren führten nur unbefestigte Wege, im Inneren der Stadt dagegen gab es schon einige gepflasterte Straßen, zumindest am Marktplatz und um die Kirchen herum. Steinhäuser waren auch um 1400 selten zu finden, die meisten Stadtbewohner lebten in Holzbauten, manchmal waren das nicht mehr als windschiefe Katen.

Zeitgenössische Abbildungen von spätmittelalterlichen Städten zeigen meistens etwas Fertiges und in sich Abgeschlossenes. Tatsächlich aber war die mittelalterliche Stadt eigentlich nie „fertig“. Ständig wurde gebaut, erneuert, ersetzt – über Generationen entstanden Kirchen, Rathäuser, Wohngebäude oder auch große Speicher. In der Geschichtswissenschaft wird die mittelalterliche Stadt auch „Großburg“ genannt, deren Bewohner „burgari“ (althochdeutsch = Burgverteidiger) hießen.

Wo entstanden Städte?

Städte als Siedlungsform gab es bereits einige tausend Jahre vor den Stadtgründungen in Europa, z. B. im Vorderen Orient, in Indien und in China. In Mittel- und Westeuropa entwickelten sich im frühen Mittelalter die Reste römischer Städte wieder zu Siedlungsplätzen. Und seit dem 11. Jahrhundert kam es überall zu zahlreichen Stadtgründungen. Die Stadtgründer waren Könige, Herzöge und Bischöfe, die wirtschaftliche Mittelpunkte schaffen wollten. Ihre Städte gründeten sie deshalb an Orten, an denen bereits Warenaustausch und Handel stattfanden: an Flüssen, Kreuzungen von Handelswegen, in der Nähe von Pfalzen, Burgen und Klöstern. Ein wichtiger Grund für die Entstehung von Städten war der Markt. Einen Markt abhalten durften jedoch nur die Orte, denen der Stadtherr ein besonderes Recht (Privileg*) verliehen hatte: das Marktrecht.

Die Städte belebten Handwerk und Handel in der Region und brachten so ihren Gründern finanzielle Vorteile aus Abgaben und Steuern. Aber auch für die Handwerker und Kaufleute selbst hatte die Stadt offensichtlich Vorteile: Sie fanden für ihre Waren in der Stadt bessere Absatzmöglichkeiten und wurden durch den Stadtherrn geschützt.

M1

Ansicht der Stadt Flensburg, Kupferstich von Franz Hogenberg, 1588. Auf Initiative des Kölner Theologen Georg Braun erschien in der Zeit zwischen 1572 bis 1618 das Werk „Städte der Welt“, eine der umfangreichsten Sammlungen von Stadtansichten der Frühen Neuzeit.

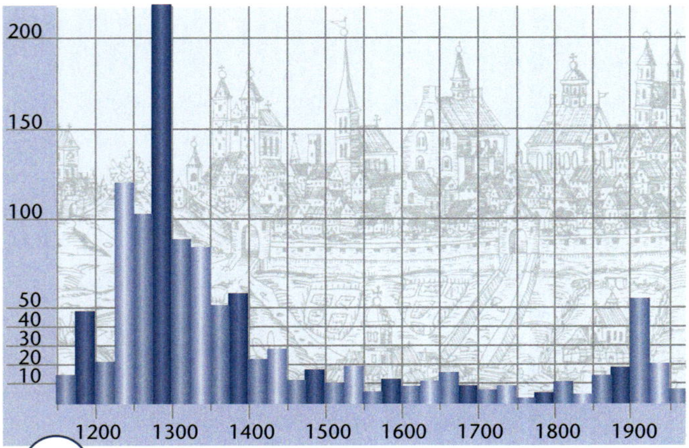

M2 Stadtgründungen in Mitteleuropa (1150–1950)

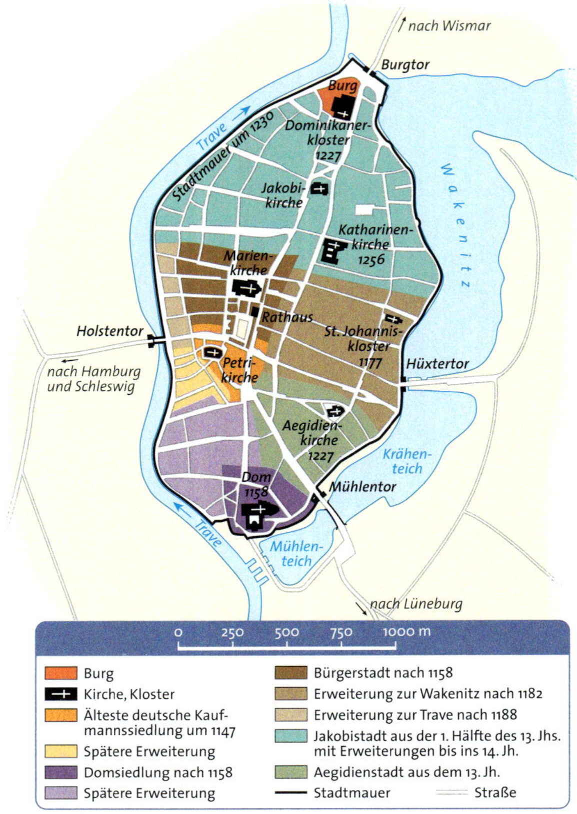

M4 Lübeck im Spätmittelalter

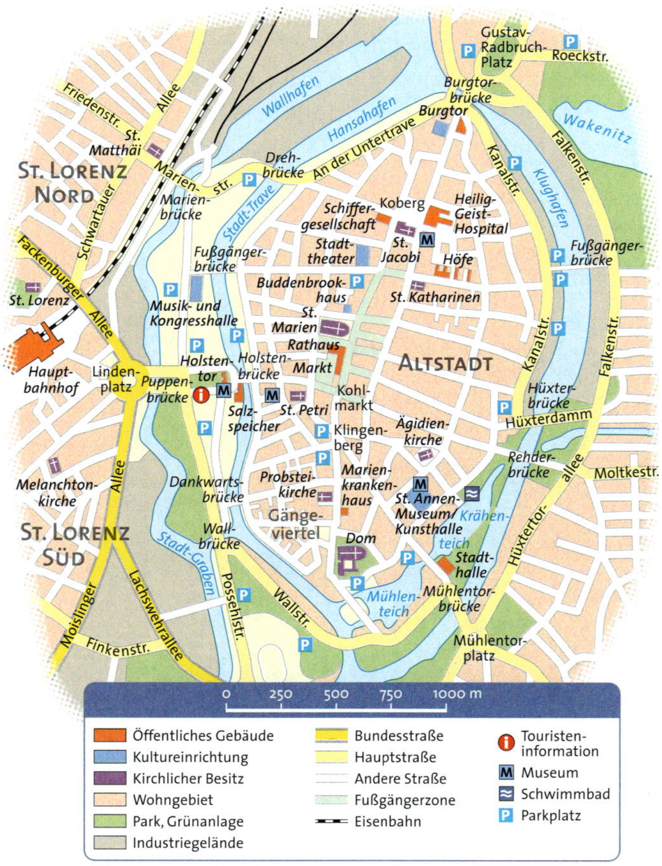

M3 Innenstadt von Lübeck 2007

Begriffe und Daten

Städtegründungen

In einer Phase starken Bevölkerungswachstums kam es seit dem 11. Jahrhundert zu zahlreichen Städtegründungen – mit einem besonders starken Schub im 13. Jahrhundert im mitteleuropäischen Raum. Städtegründer waren zumeist Herrschaftsträger (Könige, Herzöge, Bischöfe), die mit den Gründungen politische und wirtschaftliche Ziele verfolgten.

Stadtrecht

Durch die Verleihung des Stadtrechts an eine Siedlung schuf der Stadtgründer einen eigenen Rechtsbezirk. In der Gründungsurkunde wurden die in der Stadt geltenden Privilegien, z. B. das Recht, einen Markt abzuhalten, sowie Rechtsgrundsätze für das Zusammenleben der Bürger und die Pflichten gegenüber dem Stadtherrn festgelegt.

M5

Die Gründung des Marktortes Freiburg

Der Herzog von Zähringen verlieh den Bürgern von Freiburg i. Brsg. in einer Urkunde von 1120 folgende Rechte:

Kundgetan sei allen, den zukünftig und den gegenwärtig Lebenden, dass ich, Konrad, an dem Ort, der mein Eigengut ist, nämlich Freiburg, einen Markt gegründet habe im Jahre des Herrn 1120. Nachdem also von überallher angesehene Kaufleute zusammengerufen worden sind, habe ich auf der Grundlage einer Schwurvereinigung verfügt, diesen Markt einzurichten und auszubauen.

Darauf habe ich einem jeden Kaufmann ... ein Grundstück zugeteilt, damit Häuser errichtet werden; und ich habe festgesetzt, dass von jedem Grundstück ein Schilling mir und meinen Nachkommen jährlich als Zins gezahlt werden soll, am Fest des heiligen Martin. Nun also sei allen kundgetan, dass ich auf Bitten jener die nun folgenden Privilegien eingeräumt habe ...

1. Allen, die meinen Markt besuchen, verspreche ich Frieden und sicheres Geleit innerhalb meines Besitzes und Herrschaftsbereichs.
2. Wenn einer von ihnen in diesem Gebiet beraubt werden sollte, so will ich die Rückerstattung des geraubten Gutes veranlassen oder selbst dafür zahlen.
3. Wenn einer meiner Bürger stirbt, so soll seine Frau mit ihren Kindern alles behalten, was auch immer ihr Mann hinterlassen hat.
4. Allen Kaufleuten erlasse ich den Zoll.
5. Meinen Bürgern will ich keinen anderen Vogt[1] oder Priester geben außer dem, welchen sie selbst gewählt haben.
6. Wenn sich unter meinen Bürgern eine Streitfrage erheben soll, so ist nicht nach meinem Ermessen oder dem ihres Vorstandes zu entscheiden, sondern ... nach dem gebräuchlichen ... Recht aller Kaufleute, insbesondere dem der Kölner ...
7. Jeder, der in diese Stadt kommt, darf sich hier frei niederlassen, wenn er nicht der Leibeigene irgendeines Herrn ist ... und diesen auch anerkennt als seinen Herrn ... Wer aber über Jahr und Tag in der Stadt gewohnt hat ..., genießt von da an sicher die Freiheit.

Zit. nach Friedrich Keutgen, Urkunden zur städtischen Verfassungsgeschichte, Berlin (Felber) 1901, Nr. 133, S. 117.

[1] Der Vogt leitete im Auftrag des Stadtherrn die Verwaltung und sprach Recht.

M6

Städtegründungen im norddeutschen Raum

1. **Partnerarbeit:** Erarbeitet anhand des Darstellungstextes S. 209, M1 und M4 a) Merkmale der mittelalterlichen Stadt, b) die Bedeutung des Marktes für die Stadtentstehung und c) Orte der Stadtentstehung.
2. Vergleiche M3 und M4. Halte die wesentlichen Veränderungen fest.
3. Liste stichwortartig auf, welche Privilegien Herzog Konrad der Stadt Freiburg zugestand. Schreibe dazu, welchen Gruppen der Bewohner sie zugute kamen (M5).
4. „Stadtluft macht frei" – untersuche anhand von M5, was diese Aussage bedeutet.
5. Vergleiche die Rechte der Stadtbürger mit der Lage der Bevölkerung auf dem Lande.
6. Beurteile die folgende These: Für die Entstehung von Städten im Mittelalter spielten wirtschaftliche Gründe keine bedeutende Rolle.
7. Beschreibe die Städtegründungen im norddeutschen Raum (M6). Beachte den zeitlichen Verlauf.
8. Notiere, welche Informationen M2 zu entnehmen sind. Stelle einen Bezug zu M6 her.

Die Stadtgesellschaft

Wer wohnte in der Stadt?

Wer vom Stadttor aus die engen Gassen der Stadt betrat, sah sofort, dass es ganz verschiedene Gruppen von Bewohnern gab. In der Nähe der Stadtmauer lagen viele Handwerksbetriebe, die – wie die Schmiede – mit offenem Feuer arbeiteten. Auch Bauernfamilien, Gärtner und Tagelöhner hatten sich hier niedergelassen. Die anderen Handwerker lebten oft dicht beieinander, und häufig siedelte jedes Handwerk in einem bestimmten Viertel. Daran erinnern uns heute noch Straßennamen wie Schustergasse oder Glockengießergasse. Die Handwerker mit ihren Familien, Gesellen und Lehrlingen stellten über die Hälfte der Stadtbevölkerung.

Je näher man dem Zentrum kam, desto ansehnlicher wurden Straßen und Häuser. Direkt am Marktplatz standen die prachtvollsten Häuser. Hier lebten die Grund besitzenden Adligen und reichen Kaufmannsfamilien, die sogenannten Patrizier. Sie fühlten sich den Adelsfamilien auf dem Land ebenbürtig. Der Anteil der Patrizier betrug weniger als ein Zehntel der Gesamtbevölkerung.

Die Geistlichen, Nonnen oder Mönche lebten in der Nähe der Kirchen oder in städtischen Klöstern. Sie waren der Anlaufpunkt für die Armen und Kranken, die oft keinen festen Wohnsitz hatten. Der Beruf der Gaukler und Spielleute, die an Markttagen auftraten, aber auch der Abortreiniger oder Henkersknechte wurde von den anderen Stadtbewohnern nicht anerkannt. Deshalb hießen sie „Unehrliche".

Frauen in der Stadtgesellschaft

Die Frauen waren die „andere Hälfte" der Stadtgesellschaft. Ihnen boten sich viele Möglichkeiten beruflicher Tätigkeit: als Kauffrauen, Webermeisterinnen, Seidenspinnerinnen, Weinhändlerinnen, Wäscherinnen oder Mägde. Die Rollenverteilung im privaten Bereich wurde mit Aussagen der Bibel begründet. Danach sollte der Ehemann „regieren" und die Ehefrau gehorchen. Wie im Adel blieb auch in der Stadtgesellschaft eine Liebesheirat meist ein Wunschtraum. Wie sollte sich auch ein Mädchen, das mit sieben Jahren verlobt und mit zwölf verheiratet wurde, gegen die Wahl der Familie durchsetzen? Manche Mädchen flohen aus dem elterlichen Zuhause und suchten anderswo Unterschlupf, oft in einem Kloster.

Ein „Einwohner" – ein „Bürger"?

In unserer Gesellschaft werden alle Menschen als „Bürgerinnen" und „Bürger" bezeichnet. Das war in der mittelalterlichen Stadt anders. Ihre Bewohner waren zwar von keinem Grundherrn abhängig, und für alle galt der Ausspruch „Stadtluft macht frei", aber sie verfügten nicht über die gleichen Rechte. Wer als „Bürger" in die Stadtgemeinde aufgenommen werden wollte, musste über Grundbesitz verfügen und ein Handwerk oder Handelsgeschäft ausüben. In einem Eid schwor er, regelmäßig Steuern zu zahlen, auf der Stadtmauer Wachdienste zu leisten und die Stadt notfalls gegen Angreifer zu verteidigen.

Neben den Bürgern mit den vollen Bürgerrechten gab es die sogenannten Einwohner. Sie hatten weder Grundbesitz, noch waren sie selbstständig. Zu ihnen gehörten Teile der Handwerker, Gesellen, Mägde, Knechte, Dienstboten und Tagelöhner. Sie durften sich meist nur auf Widerruf in der Stadt aufhalten. Bei Gefahren von außen konnten sie jedoch als zusätzliche Verteidiger sehr wichtig werden, um die Sicherheit der Stadt zu gewährleisten. Dann ließ der Rat der Stadt sie Treue und Gehorsam schwören. Auch jüdische Stadtbewohner waren vom Bürgerrecht ausgeschlossen.

Ein Patrizier mit seiner Familie,
Gemälde von Jean Bourdichon (um 1457–1521)

M1

M2

Eine Fleischerfamilie,
französische Buchmalerei, 14. Jh.

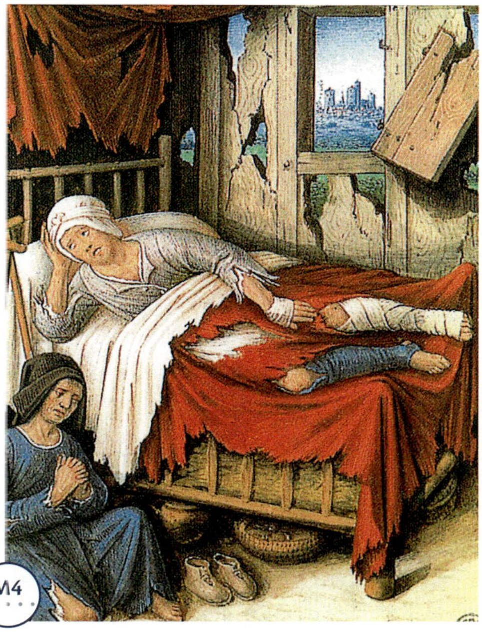

M4

Tagelöhner mit seiner Frau,
Gemälde von Jean Bourdichon (um 1457–1521)

M3

Bildung für alle?

Die Historikerin Edith Ennen schrieb 1994 über Mädchenbildung in den mittelalterlichen Städten:

In den … betrachteten Städten war in den bürgerlichen Kreisen kein großer Unterschied der Knaben- und Mädchenbildung festzustellen. Viele Frauen, vor allem Kauffrauen, konnten lesen, schreiben, rechnen und ihre eigenen oder des Ehegatten Geschäftsbücher führen. Aber seit etwa 1350 bahnte sich in den Städten eine Entwicklung an, von der die Mädchen ausgeschlossen blieben. Die Bürgersöhne besuchten in zunehmendem Ausmaß Universitäten in der weiten Fremde, in Italien und Frankreich, aber auch die Neugründungen … in Prag, Heidelberg, Köln, Erfurt, Wien, Leipzig usw. Die Universitäten überrundeten die klösterliche Gelehrsamkeit und Bildung. Sie durchbrachen die überlieferte ständische Ordnung, an ihnen konnten Bürger- und sogar Bauernsöhne studieren … Knaben- und Mädchenbildung gingen jetzt getrennte Wege … Die Frau verfügte hinfort nicht nur über keine politischen Rechte, sie besaß vielfach auch gar nicht mehr die Voraussetzung für eine politische Laufbahn (weil ihr die Voraussetzung eines Studiums fehlte). In der Geschichtsforschung wurde festgestellt, dass Ärztinnen nach 1500 weitgehend aus den Urkunden verschwinden.

Edith Ennen, Frauen im Mittelalter, 5. Aufl., München (C. H. Beck) 1994, S. 194 f.

Begriffe und Daten

Patriziat

Patrizier waren Angehörige der städtischen Oberschicht im mittelalterlichen Europa. Zum Patriziat gehörten einflussreiche bürgerliche und adlige Familien, meistens Kaufleute und Großgrundbesitzer. Die Patrizier fühlten sich den Adelsfamilien auf dem Land ebenbürtig. Bis ins 14. Jahrhundert waren nur die Patrizier berechtigt, hohe städtische Ämter zu bekleiden und sich in den Rat der Stadt wählen zu lassen. Der Anteil der Patrizier betrug in den meisten Städten nicht mehr als 5 bis 10 Prozent der Gesamtbevölkerung.

1 Beschreibe M1, M2 und M4 und vergleiche. Beachte die Personen und die Einrichtung der Räume.
2 Untersuche anhand von M3 die Bildungschancen der Frauen im Mittelalter.
3 Kläre die Begriffe „Bürger", „Einwohner" und „Patriziat" (Darstellungstext, Kasten).
4 Beurteile die folgende Behauptung: Bürgerrechte im Mittelalter und heute gleichen sich.

Webcode: FG642342-213

Die jüdische Gemeinde

Eine Stadt in der Stadt

Die Juden lebten – wie andere Fremde oder viele Handwerkergruppen – innerhalb der Stadt in einer Straße oder einem Viertel zusammen. Sie bildeten eine eigene Gemeinde mit einem Bürgermeister und einer eigenen Rechtsprechung. Im Laufe des Mittelalters entstanden vielerorts um jüdische Viertel Mauern und Tore, aber erst seit dem 16. Jahrhundert bezeichnete man sie als „Gettos“. Die Juden waren weitgehend in die Gemeinde integriert, benutzten die Sprache ihrer Umgebung und beteiligten sich an gemeinschaftlichen Aufgaben wie der Stadtverteidigung. Eheschließungen zwischen Juden und Christen waren allerdings verboten.

Weil den Juden viele Tätigkeiten aufgrund ihrer geringeren rechtlichen Stellung verwehrt wurden, arbeiteten die meisten als Kleinhändler, Lumpensammler und Geldverleiher gegen Zins (was wiederum Christen untersagt war). Innerhalb der jüdischen Gemeinde übten sie dagegen verschiedene, auch handwerkliche Berufe aus: z. B. Lehrer, Rabbiner oder Krankenpfleger. In großen jüdischen Gemeinden gab es Bäcker, Schneider und Metzger, die aufgrund des großen Bedarfs unter den jüdischen Stadtbewohnern vom Verkauf ihrer Produkte leben konnten. Zu den Einrichtungen höherer Bildung hatten Juden keinen Zutritt. Einzig als Ärzte durften sie praktizieren, weil dieser Beruf zunächst keine Ausbildung an einer Universität erforderte.

Südliche Hälfte des jüdischen Viertels in Köln um 1349

M1

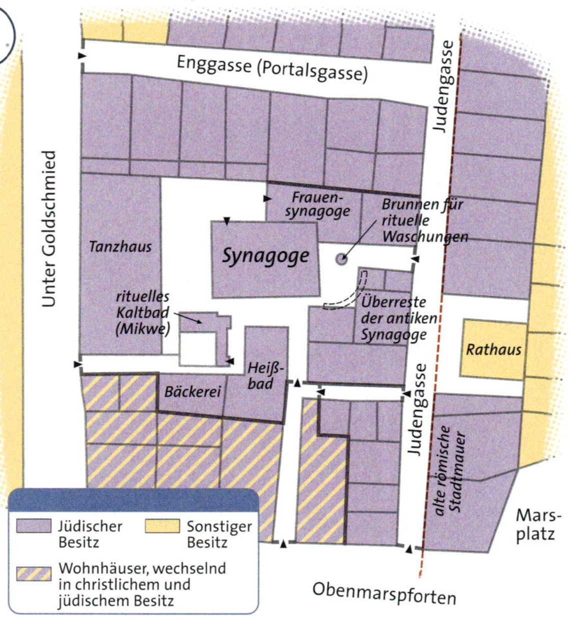

Die Vertreibung der Juden

Seit dem 11. Jahrhundert verschlechterte sich die Beziehung zwischen jüdischen und christlichen Stadtbewohnern. Die Motive für die Spannungen waren vielschichtig. Im Rahmen des ersten Kreuzzugs* wurden vonseiten des Papstes und der Kreuzfahrer die Juden als Feinde des Heiligen Landes gebrandmarkt. Theologen warfen ihnen vor, Jesus nicht als Erlöser anzuerkennen, und bezeichneten Menschen jüdischen Glaubens als „Christusmörder“. Hohe Vertreter der Kirche versuchten 1215 erstmals, die Trennung von Christen und Juden durchzusetzen. Mitte des 12. Jahrhunderts kamen – von England aus – Mordbeschuldigungen auf: Juden wurde vorgeworfen, Kinder für rituelle Zwecke getötet zu haben. Als 1348 die Pest von Südfrankreich aus durch ganz Europa wütete, wurde den Juden fälschlicherweise nachgesagt, sie hätten Brunnen und Quellen vergiftet und dadurch die verheerende Seuche ausgelöst. In der Folge kam es in vielen Städten Europas zu gewaltsamen Angriffen gegen Juden, zu Vertreibungen und zur Vernichtung jüdischer Gemeinden. Viele von ihnen fanden in Osteuropa eine neue Heimat.

Jüdisches Leben in Norddeutschland

Die früheste Ansiedlung von Juden im norddeutschen Raum ist im 11. Jahrhundert in Goslar nachweisbar. Unter den Kaufleuten und Fernhändlern, die wegen des Silbererzabbaus nach Goslar kamen, befanden sich auch Juden. Urkundlich erwähnt wird eine jüdische Gemeinde im Jahre 1252. Im 13. und 14. Jahrhundert lebten Juden in etwa 40 Orten Norddeutschlands. Sie durften nicht das Bürgerrecht erwerben und waren zu öffentlichen Ämtern nicht zugelassen. Seit dem 12. Jahrhundert wurden sie gezwungen, Judenhüte zu tragen und ihre Kleidung mit drei gelben Ringen zu kennzeichnen. Als „ungläubige“ und dazu „fremde“ Minderheit galt für sie ein Sonderrecht, das sogenannte Judenrecht. In Schleswig-Holstein sind jüdische Gemeinden seit dem Ende des 16. Jahrhunderts nachweisbar. So wurde ihnen 1584 die Berechtigung eingeräumt, in Altona und Ottensen zu wohnen, 1630 in Glückstadt und 1650 in Friedrichstadt. Teilweise standen ihnen Sonderrechte zu wie die niedere Gerichtsbarkeit in Altona und die öffentliche Ausübung ihrer Religion.

M2 Sie sprechen viele Sprachen

Aus einem Bericht des islamisch-persischen Postmeisters und Geografen Ibn Chordadbeh über jüdische Kaufleute (um 850 n. Chr.):

Diese Kaufleute sprechen persisch, romanisch, arabisch, fränkisch, spanisch und slawisch. Sie reisen vom Abendland nach dem Morgenland und vom Morgenland nach dem Abendland, bald zu Wasser, bald zu Land. Sie bringen aus dem Abendland Eunuchen, Sklavinnen, Knaben, Seide, Pelzwerk und Schwerter. Sie begeben sich im Lande der Franken aufs Meer und fahren nach Farama [bei Port Said], dann zu Lande nach Kolzum [Sues] und Dschedda [Hafen von Mekka]; von da gehen sie nach Sind [Provinz in Pakistan], Indien und China. Bei der Rückreise nehmen sie Moschus, Aloe, Kampfer, Zimt und andere Erzeugnisse des Ostens mit und kommen wieder [zum Mittelmeer]. Einige begeben sich nach Konstantinopel, um dort Ware zu verkaufen, andere segeln nach dem Lande der Franken.

Zit. nach Regesten zur Geschichte der Juden im fränkischen und deutschen Reiche bis 1273, hg. von Julius Aronius, Berlin (Simion) 1902, Nr. 113, S. 50.

Begriffe und Daten

Grundlagen der jüdischen Religion

Das Judentum ist die älteste monotheistische Religion. Nach jüdischem Glauben hat sich Gott, der Schöpfer der Welt, dem jüdischen Volk in besonderer Weise zugewandt. Mit den Stammvätern der Juden – Abraham, Isaak, Jakob – und mit Moses als Stellvertreter für das Volk der Juden hat Gott einen Bund geschlossen. Die Heilige Schrift der Juden ist die Thora (hebr. = Lehre). Das sind die fünf Bücher Mose, die dem Volk der Juden von Gott übergeben wurden. Abschnittweise wird im Laufe eines Jahres der gesamte Text der Thora im Gottesdienst gelesen. Neben der Thora ist der Talmud das wichtigste Buch der jüdischen Religion. Er ist eine Sammlung von Bräuchen, Lebensregeln, Gleichnissen und verbindlichen Religionsgesetzen der Juden. Der Ort des jüdischen Gottesdienstes und des Gebets ist die Synagoge.

Webcode: FG642342-215

M3 Kaiserliches Privileg für Juden

Kaiser Friedrich I. (1152–1190) stellte 1157 die Juden in Worms und anderen Städten unter seinen Schutz:

Allen Bischöfen, Äbten, Herzögen, Grafen ... möge bekannt sein, dass wir den Juden von Worms ... die Erlasse unseres Urgroßvaters, des Kaisers Heinrich ..., bestätigen durch ein Gesetz, das immer gelten soll:

1. Wir wollen, dass sie wegen aller Rechtssachen nur uns berücksichtigen müssen und bestimmen, dass weder Bischof, ... Graf, Schultheiß[1] noch überhaupt sonst jemand ... wegen irgendeiner Streitsache ... infolge eines Rechtsfalles mit ihnen oder gegen sie verhandelt ...

2. Von den Sachen, die sie nach Erbrecht besitzen in Form von Grundstücken, Gärten, Weinbergen, Äckern, Knechten ..., soll sich keiner vermessen, irgendetwas wegzunehmen ...

3. Sie sollen die freie Befugnis haben, in der ganzen Stadt mit jedermann Silber zu wechseln ... Innerhalb des Gebietes unseres Reiches dürfen sie frei und friedlich umherziehen, um ihre Geschäfte und ihren Handel auszuüben ...

4. Wenn jemand gegen einen von ihnen einen Plan ausheckt oder ihn tötet, so sollen beide, Ratgeber und Mörder, zwölf Pfund Gold an das Schatzamt des Königs zahlen.

Quellen zur deutschen Verfassungs-, Wirtschafts- und Sozialgeschichte bis 1250, ausgew. und übers. von Lorenz Weinrich, Darmstadt (Wissenschaftliche Buchgesellschaft) 1977, S. 241 ff.

[1] Der Gerichtsherr, den der Bischof von Worms eingesetzt hat.

1. Beschreibe mithilfe des Darstellungstextes (linke Spalte) und M1 die Rolle der Juden in der Stadt. Unterscheide nach ihrer gesellschaftlichen und wirtschaftlichen Stellung.
2. Untersuche, wie der Autor von M2 die Rolle der jüdischen Kaufleute beschreibt und bewertet.
3. Liste anhand von M3 stichwortartig die Rechte auf, die den Juden zugesichert wurden.
4. Nenne mithilfe des Kastens die wichtigsten Merkmale der jüdischen Religion.
5. Stelle anhand des Darstellungstextes (rechte Spalte) die Lage der Juden im Mittelalter dar. Berücksichtige den norddeutschen Raum.
6. Nimm zu den Motiven und Gründen der Judenverfolgung Stellung.

Die Stadtwirtschaft

Der Markt – zentraler Ort der Stadt

An Markttagen herrschte in der Stadt ein buntes Treiben. Und doch hatte alles seine Ordnung: Vielerorts wurde ein eigener Marktfriede ausgerufen, um einen ruhigen Handel zu gewährleisten. So war es z. B. verboten, Waffen zu tragen. Marktordnungen regelten den Geschäftsbetrieb, etwa durch Preisfestsetzungen und Vorschriften zur Qualität der angebotenen Produkte. Auf diese Weise sollten die mittelalterlichen Käufer vor Übervorteilung und Betrug geschützt werden. Für die Menschen des Mittelalters waren die städtischen Märkte etwas Neues, denn mit der Entstehung und Ausbreitung der Städte war die Anzahl der Menschen so stark angestiegen, dass ihr Bedarf zunehmend mit Produkten der Bauern aus der Umgebung gedeckt werden musste. Die Handwerker der Stadt waren damit beschäftigt, Geräte für den Haushaltsbedarf herzustellen. Andere Waren, z. B. Seidenstoffe oder Gewürze aus China, bezogen die Großkaufleute aus dem Fernhandel und verkauften sie über Händler auf den Märkten weiter. So bildete sich unter Bauern, Handwerkern und Kaufleuten eine „Arbeitsteilung“ heraus.

Handwerk und Zünfte

Seit Beginn des 12. Jahrhunderts schlossen sich in den Städten Europas viele Handwerker und einige Handwerkerinnen zu Zünften zusammen. Die Zunftmitgliedschaft wurde bald darauf für alle Angehörigen eines Handwerks zur Pflicht. Es herrschte Zunftzwang. Die Zunft regelte alle Fragen, die die Arbeit betrafen: z. B. welche Qualität ein bestimmter Stoff haben musste, wie teuer ein Brot sein durfte oder wie viele Meter Leinen ein Weber weben durfte. Auch erließ sie Vorschriften für die Lehrlingsausbildung. Vor allem waren die Zünfte bestrebt, Konkurrenz auszuschalten. Die Aufnahme neuer Mitglieder wurde streng überwacht und eng begrenzt. So hatten viele Gesellen kaum eine Chance, sich als Meister selbstständig zu machen. Nichtbürger, z. B. Juden, waren generell ausgeschlossen. In vielen Zünften waren zwar nur Männer zugelassen, aber Witwen durften in der Regel die Tätigkeit ihres Mannes weiterführen.
Eine Zunft war mehr als nur ein Berufsverband. In Zunfthäusern traf man sich zu Festen. Geriet ein Mitglied durch Krankheit oder Tod eines Angehörigen in Not, half die Zunft. Gemeinsam sah man die „Zünftler“ bei kirchlichen Prozessionen durch die Stadt marschieren. Wurde die Stadt angegriffen, übernahm jede Zunft bestimmte militärische Aufgaben.

Markttreiben in einer flämischen Stadt,
Ölgemälde von Pieter Aertsen (um 1509–1575), Mitte 16. Jh.

M1

M2

Aufgaben und Interessen der Zünfte

Auszug aus dem Amtsbrief der Kölner Garnmacherinnen vom 14. April 1397:

1. Zum Ersten, welche Person oder Magd das Garnamt [genehmigtes Handwerk] in Köln lernen will, die soll vier Jahre dienen und nicht weniger, damit sie lerne, Kaufmannsgut zu machen und zu bereiten … Und sie soll sogleich dem Amt sechs Schilling für ihren Eintritt geben …

3. Weiterhin, wenn eine Person ihre vier Jahre gedient hat und sich … niederlassen will, um selbstständig zu arbeiten, so sollen die Frauen, die darauf vereidigt worden sind, ihre Arbeit prüfen …

5. Und welchem Mann seine Frau stirbt, der Mann darf das Amt mit seinem Gesinde weiter ausüben.

6. Weiterhin soll keine Frau mehr als eine Tochter mit ihrem Geld selbstständig machen …

8. Weiterhin soll keine Frau mehr Gesinde halten als drei Mädchen oder Lohnarbeiterinnen, die für sie arbeiten. Oder aber eine Tochter und zwei Mägde.

Zit. nach Peter Ketsch, Frauen im Mittelalter, Bd. 1, Düsseldorf (Schwann-Bagel) 1983, S. 173 f., sprachliche Vereinf. d. Verf.

M3

Mit zwölf Jahren in die Lehre

Ein Lehrvertrag aus dem Jahre 1404 lautete:

Ich, Johann Toynburch, Bürger zu Köln, tue allen Leuten kund, dass ich vermietet habe dem kunstfertigen Manne Adolf Bruwer, dem Goldschmied, meinen ehrlichen Sohn Tönis, der aus eigenem Willen das Handwerk der Goldschmiede acht Jahre lang in Köln erlernen und ihm treulich dienen will. Auch soll Meister Adolf meinem Sohn Kost geben, und ich, Johann, soll den Tönis die ganzen acht Jahre lang anständig kleiden. Und geschehe es, dass Tönis im ersten Jahr stürbe, so soll mir Meister Adolf acht Gulden von den sechzehn wiedergeben, die ich ihm zuvor gegeben habe. Weiter: Geschehe es, dass Tönis meinem Meister in diesen Jahren entliefe und auf eigene Rechnung das Handwerk zu treiben begänne, muss ich Meister Adolf eine Strafe von 42 Gulden zahlen.

Die Kölner Zunfturkunden bis zum Jahre 1500, Bd. 2, hg. v. Heinrich v. Loesch, Bonn (P. Hanstein) 1907, S. 221 f., bearb. d. Verf.

M4

Ein Zunftmeister kontrolliert zwei Handwerksgesellen bei der Anfertigung ihrer Meisterstücke, Buchmalerei, 1482

Begriffe und Daten

Markt
Ort zum Tausch oder Verkauf und Kauf von Waren, meist in der Mitte der Stadt gelegen.

Zunft
Verpflichtender Zusammenschluss der Handwerksmeister eines Berufs (Handwerkszweigs). Die Zunft regelte die Arbeitsverhältnisse, sicherte die wirtschaftliche Existenz der einzelnen Handwerker durch die Verhinderung von Konkurrenz und prägte auch die alltägliche Lebensführung.

1 **Partnerarbeit:** Beschreibt anhand von M1 das Marktgeschehen. Beachtet: Personen, Tätigkeiten, Produkte, Transportmittel und Atmosphäre.
2 Erkläre mithilfe des Darstellungstextes, warum der Markt das Zentrum der Stadt war.
3 Fasse Aufgaben und Interessen der Zunft zusammen (Darstellungstext, M2, M4).
4 Formuliere den Lehrvertrag (M3) mit deinen eigenen Worten.
5 Ein Bauer, ein Handwerker und ein Händler sprechen über Vor- und Nachteile des Marktes. Skizziert ein Gespräch und spielt es nach.

Webcode: FG642342-217

Die Hanse – nur ein Handelsbund?

Städtebünde und Fernhandel

Mit der Ausweitung des Handels in Europa seit dem 12. Jahrhundert gewannen für viele Fernhändler ihre Berufsvereinigungen, die Gilden, immer mehr an Bedeutung. Die Gilden wurden zu Fahrtgenossenschaften, in denen die Kaufleute neben ihrer Sicherheit auf Reisen auch ihre Handels- und Gewinnmöglichkeiten verbessern konnten. Aus einer solchen Fahrtgenossenschaft norddeutscher und nordwestdeutscher Kaufleute bildete sich 1358 die Deutsche Hanse. In der Hanse schlossen sich nicht mehr die Kaufleute selbst zusammen, sondern die Städte, aus denen sie stammten. Zeitweise gehörten 160 Städte zu dem Bündnis, das von der Hansestadt Lübeck aus geleitet wurde.

Passte eine solche Vereinigung in die „politische Landschaft“ der damaligen Zeit, in der Kaiser, Könige, Fürsten und Bischöfe über Grundbesitz herrschten und sich gegenseitig bekämpften? Welche Ziele hatte die Hanse und wie entwickelte sie sich?

Lesetipp

Boy Lornsen, Klaus Störtebeker, München (Bertelsmann) 1999. Spannender Roman über den berühmten Seeräuber Störtebeker, die Piraterie im Mittelalter und die Hanse.

Die Politik der Hanse

An den zentralen Handelsplätzen Nordeuropas baute die Hanse ein Netz fester Niederlassungen, die Hansekontore, auf. Das waren abgeschlossene Stadtviertel mit Lagerräumen und Hafenanlagen, Büros und Versammlungsräumen, Wohnhäusern und Kirchen. Seit 1358 trafen sich die Hansevertreter in unregelmäßigen Abständen zu Hansetagen. Dort verhandelte man über Fahrttermine und Ladegüter der großen Handelsschiffe („Koggen“) oder sprach mit ausländischen Herrschern über Zollvergünstigungen.

Die Hanse war nicht nur eine wirtschaftliche, sondern auch eine politische Macht. Sie schloss Bündnisse mit anderen Staaten, erhob Steuern und führte sogar Kriege, z. B. von 1361 bis 1370 gegen den dänischen König Waldemar IV., als der die Vorrechte der Hanse aufheben wollte. Im Frieden von Stralsund musste Waldemar zugestehen, dass zukünftig der dänische König nur mit Zustimmung der Hanse gewählt werden durfte.

Im 16. Jahrhundert ging es mit der Hanse abwärts, denn Engländer und die Holländer beherrschten zunehmend den Nord- und Ostseehandel. Auch die aufflammenden Interessengegensätze der Einzelstädte führten zu einer Schwächung des Bündnisses. Auf dem letzten Hansetag 1669 waren nur noch sechs Städte vertreten, darunter Hamburg, Bremen und Lübeck.

M1

Die Kogge, das Handels- und Kriegsschiff der Hanse im 14./15. Jahrhundert, Modellnachbau, 20. Jh. Eine Kogge fasste ca. 200 t Fracht (zum Vergleich: ein Fuhrwerk trug ca. 2 t); sie war erheblich größer als andere Frachtschiffe.

M2

Über die Ziele der Hanse

1469 schrieb die Hanse an den englischen Kronrat:

Die Hansa Theutonica [deutsche Hanse] ist ... ein festes Bündnis von vielen Städten, Orten und Gemeinschaften zu dem Zwecke, dass die Handelsunternehmungen zu Wasser und zu Land den erwünschten und günstigen Erfolg haben und dass ein wirksamer Schutz gegen Seeräuber und Wegelagerer geleistet werde, damit nicht durch deren Nachstellungen die Kaufleute ihrer Güter und ihrer Werte beraubt würden.

Zit. nach Philippe Dollinger, Die Hanse, 5. Aufl., Stuttgart (Kröner) 1998, S. 549.

M3 Handelswege und Waren in Europa um 1400

M4 Die Hanse: Frühe Einigung Europas?

Aus einem Zeitungsbericht über die Rede des Lübecker Bürgermeisters Boutellier anlässlich der Eröffnung des 15. Internationalen Hansetages 1995 in Soest:

Michael Boutellier erinnerte daran, dass die europäische Idee aufs Engste mit der Hanse verbunden war und auch ist. Europäische Union und hanseatische Tradition stünden füreinander ein. Westeuropa brauchte Osteuropa. Jahrhundertelang habe in Westeuropa Nachfrage nach Ostwaren bestanden, und umgekehrt habe der Osten Tuche, handwerkliche Produkte und immer dringender Salz gebraucht. Diesen Güteraustausch bewirkte das hansische Fernhandelssystem. Es habe Nordwest- und Nordosteuropa aus seiner Randlage herausgeholt und die Lebensführung … den west- und mitteleuropäischen Standards angeglichen.

Leine-Deister-Zeitung vom 17. Juni 1995.

1 Stelle mithilfe von M2 und des Darstellungstextes links fest, warum die Hanse gegründet wurde und welche Ziele sie hatte.

2 Erarbeite den Zusammenhang zwischen den wirtschaftlichen und politischen Zielen der Hanse (Darstellungstext). Ziehe M1 heran.

3 Erarbeite anhand von M3 Handelswege und Warenströme der Hanse.

4 Schreibe mit deinem Partner ein Streitgespräch über die Vor- und Nachteile des Fernhandels zu Land und zu Wasser. Denke dabei auch an die Beladezeiten und den Transport zum Kunden.

5 Begründe anhand von M4, warum die Hanse mit der Einigung Europas in Verbindung gebracht wird.

6 Informiere dich über die Autokennzeichen HH, HB, HL und HRO und erkläre die Zusätze zu den Städtenamen.

Webcode: FG642342-219

Der Kampf um die Stadtherrschaft

War die Macht des Stadtherrn unbegrenzt?

Die frühen mittelalterlichen Städte wurden von ihrem weltlichen oder geistlichen Stadtherrn regiert. Der Bischof oder der Herzog legte die Regierung der Stadt in die Hände eines Vogts oder Burggrafen, der meist in der Stadt wohnte. Als die Patrizier und viele Handwerker im Laufe des 11. und 12. Jahrhunderts zu großem Reichtum gelangten, stellten sie die Alleinherrschaft des Stadtherrn immer häufiger infrage. Nach zahlreichen Auseinandersetzungen gelang es in fast allen Städten des Reiches, einen Rat als Stadtregierung einzusetzen. Ratsmitglieder waren Patrizier, die auch den Bürgermeister wählten.

Begriffe und Daten

Städtische Selbstverwaltung

Die städtische Selbstverwaltung beinhaltet heute das Recht, über Angelegenheiten, die die Stadt betreffen, selbst zu entscheiden, z. B. über Finanzen, Verkehrsmittel oder Schul- und Krankenhausbau. Die Bürgerinnen und Bürger wählen das Stadtparlament (Stadtrat) und entscheiden über das Amt des Bürgermeisters. Der Ursprung der städtischen Selbstverwaltung liegt 1. in den Befreiungskämpfen der Patrizier gegen die Stadtherren und 2. in den Kämpfen der Zünfte gegen die Patrizier um die Beteiligung an der „Stadtregierung".

Die Zünfte fordern Teilhabe an der Macht

Solange die Auseinandersetzungen in der Stadt gemeinsam gegen den Stadtherrn geführt wurden, brachen Interessenunterschiede zwischen Patriziern und Handwerkern nicht offen aus. Im Laufe des 14. Jahrhunderts jedoch forderten die Zünfte in vielen Städten immer schärfer, die Vorherrschaft der Patrizier zu beenden. Denn die Zünfte hatten sich zu einem wichtigen Bestandteil städtischen Lebens entwickelt. Die Handwerker zahlten Steuern, beteiligten sich an den Löscharbeiten, wenn es brannte, und trugen die Hauptlast bei der Verteidigung der Stadt. Viele Zunftmeister waren reich geworden und wohnten in stattlichen Häusern. Darüber gab es bald Unmut unter den Handwerkern. So kam es in der zweiten Hälfte des 14. Jahrhunderts in norddeutschen Städten zu Unruhen, wie 1365/66 in Bremen, 1374/80 in Braunschweig, 1380/84 in Lübeck. Neben den Handwerksmeistern fühlten sich z. B. auch Krämer, Brauer und Schiffer zu wenig in ihrem Rang geachtet. In Lübeck kam es 1380 zum ersten Aufstand der Knochenhauer, die durch den Viehhandel und die Fleischproduktion zu den begüterten und angesehenen Handwerkern gehörten. Sie forderten eine Befreiung von der Ratsvormundschaft für ihre Verkaufsstände. Der Rat kam ihnen entgegen, garantierte die Verbesserungen aber nicht. Ein Umsturzversuch, an dem auch die Knochenhauer stark beteiligt waren, scheiterte 1384 am Widerstand der starken Kaufmannschaft.

M1 Die Entstehung der städtischen Selbstverwaltung

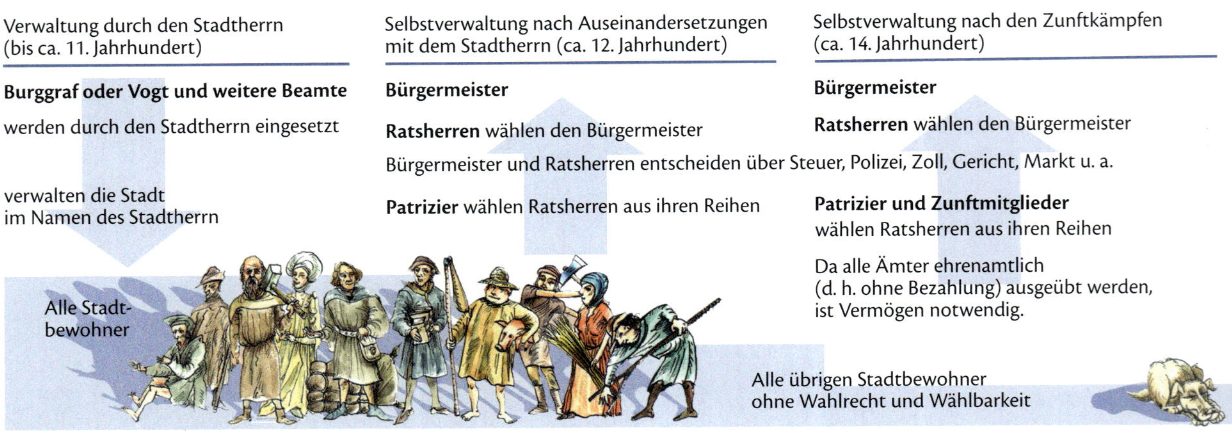

M2

Ein Konflikt in Köln

Der Abt Lampert von Hersfeld (vor 1028–nach 1081) schilderte den Aufstand der Kölner Bürger gegen den Stadtherrn, Erzbischof Anno 1074:

Der Erzbischof feierte das Osterfest in Köln, und bei ihm war der Bischof von Münster ... Als nun die Osterfeiertage beinahe vorüber waren und dieser sich anschickte abzureisen, erhielten die Hausbediensteten des Erzbischofs den Befehl, ein geeignetes Schiff für seine Reise zu besorgen. Nach Besichtigung aller Schiffe beschlagnahmten sie eines, das einem sehr reichen Kaufmann gehörte ... Darauf rannten die Knechte schleunigst zu dem Schiffseigner, meldeten den Vorfall und fragten, was sie tun sollten. Dieser hatte einen erwachsenen Sohn ... Der lief mit seinen Knechten und jungen Leuten ... in fliegender Eile zu dem Schiff und verjagte die Diener des Erzbischofs ... mit Gewalt. Als darauf der Stadtvogt zum Eingreifen heranrückte ..., wehrte er auch diesen mit der gleichen Unerschrockenheit ab ... Schon entsteht Einverständnis, den Erzbischof nicht nur aus der Stadt zu jagen, sondern ihn, wenn möglich, unter allen Martern abzuschlachten ... Der Erzbischof entschließt sich zur Flucht, kehrt aber nach vier Tagen mit einem Heer zurück. Als die Kölner das sahen ..., schickten sie ihm Boten entgegen und baten um Frieden ... In dieser Nacht flohen mehr als sechshundert der wohlhabenden Handelsherren aus der Stadt und begaben sich zum König, um ihn um sein Einschreiten gegen das Wüten des Erzbischofs zu bitten.

Lampert von Hersfeld, Annalen, neu übers. von Adolf Schmidt, Darmstadt (Wiss. Buchges.) 2000, S. 237 ff.

M3

Städte und König – Verbündete?

Der Historiker Fritz Rörig schrieb 1955 über das Verhältnis zwischen König und Städten im 11. Jahrhundert:

Für den König boten die Städte die Möglichkeit, den unmittelbaren Reichsuntertanenverband[1] ... zu zuverlässigen Stützen der königlichen Gewalt zu gewinnen. Für die Städte wiederum war ein starkes Königtum der sicherste Schutz gegen Überspannung der städteherr(schaft)lichen Ansprüche, gegen fürstliche Versuche, das Reich und damit das Wirtschaftsgebiet des städtischen Fernhandels durch Zollschranken willkürlich zu zerreißen.

Fritz Rörig, Die europäische Stadt und die Kultur des Bürgertums im Mittelalter, 2. Aufl., Göttingen (Vandenhoeck & Ruprecht) 1955, S. 29.

[1] Zum Beispiel Reichsritter, Reichsstädte, die dem König unmittelbar unterstanden und nur ihm Steuern zahlten.

M4

Beim Stadtherrn, einem Bischof: ein Patrizier, ein Bürger, ein Bauer,
Ausschnitt aus einer Buchmalerei, 1500

1 Erarbeite anhand von M2 Ursachen, Verlauf und Ergebnis des Kölner Konflikts. Welche Position nimmt der Autor ein?

2 Beschreibe mithilfe von M3 die Beziehungen zwischen Stadtherrn, Patriziern und Reichsgewalt (König). Ziehe M2 mit heran.

3 Erläutere anhand von M1 die Entstehung der städtischen Selbstverwaltung.

M5

Die Zunftkämpfe in Braunschweig

Der Historiker Reinhard Barth schrieb 1976 über die Auseinandersetzungen in Braunschweig im Jahr 1374:

Nach einer missglückten Fehde, die Herzog Ernst von Braunschweig und seine Stadt gegen den Erzbischof von Magdeburg unternommen hatten, musste die Stadt ein Lösegeld von 4000 Mark zahlen. Damit war die Verschuldung Braunschweigs auf fast 10 000 Mark angestiegen. Nach Meinung des Rats ließ sich die Lösegeldsumme nicht anders als durch Sondersteuern aufbringen. So berief er am 17. April 1374 die Zunftmeister zu sich und schlug ihnen eine Kornsteuer vor. Die Zunftmeister schienen zum Teil zur Einwilligung bereit, wollten aber erst noch die Meinung ihrer Organisationen einholen. Schon während der Sitzung war eine Volksmenge zusammengelaufen, die sich jedoch noch ruhig verhielt. Als aber die Gildenmeister nach der Ratssitzung in eine gleichzeitig tagende Versammlung der Schuster und Gerber hinüberwechselten und dort berichteten, brach der Aufruhr los. Es kam zu Plünderungen und Gewalttaten. Sechs Ratsmitglieder wurden am selben Tag getötet ... Zwei weitere Ratsleute wurden am 21. April nach kurzem Verfahren enthauptet. Angehörige der führenden Geschlechter verließen teils freiwillig, teils gezwungen die Stadt. Ihr Vermögen wurde eingezogen. Noch in der ersten Woche des Aufruhrs trat ein neuer Rat nur aus Handwerkern zusammen. Die Vertriebenen suchten sofort die Hansestädte für sich zu gewinnen und brachten es dahin, dass im Sommer 1375 Braunschweig aus der Hanse ausgeschlossen wurde. Die Verhandlungen über die Rückkehr der Vertriebenen zogen sich bis 1402 hin.

Reinhard Barth, Argumentation und Selbstverständnis der Bürgeropposition in städtischen Auseinandersetzungen des Spätmittelalters, Köln/Wien (Boehlau) 1976, S. 121 f., S. 170, bearb. d. Verf.

M6

Vertreter der Zünfte betreten die Ratsstube, Buchmalerei aus dem Zunftehrenbuch der Stadt Augsburg, 14. Jh.

4 Erarbeite anhand von M5 und M7 Ausbruch, Verlauf und Ende der Zunftkämpfe und bewerte die Position der Braunschweiger Zünfte.

5 Beschreibe M4 und M6 und vergleiche, wie die Künstler jeweils die Machtverhältnisse darstellten.

6 Entwirf eine Zeitungsnachricht: Aufstand in Braunschweig!

M7

Die Braunschweiger Zünfte erklären ihr Vorgehen

Kurz nach der Vertreibung der Patrizier 1374 verdichteten sich in Braunschweig die Informationen über den Ausschluss der Stadt aus der Hanse. Die Meister der Bäckerzunft von Braunschweig schrieben aus diesem Anlass einen Brief an die Bäckerzünfte in Lüneburg, Hamburg und Lübeck:

Wisst nun aber, liebe Freunde, dass alle Zünfte und die gesamte Bürgerschaft in Braunschweig in außergewöhnlichem Maße von dem früheren Rat beschwert und bedrückt worden sind, indem seine Mitglieder uns und anderen Zünften und der gesamten Bürgerschaft gegenüber oftmals große Willkür gezeigt haben und uns in vielen Dingen nicht zu unserem Recht verhalfen. Auch wurden wir und die gesamte Bürgerschaft vom Rat in übler Weise bevormundet; denn die Ratsherren hatten viele Jahre lang durch Sondersteuern und städtische Grundsteuern viel Geld von uns eingenommen und hatten die Stadt trotzdem zu großem Schaden und in große Schulden gebracht, was wir wohl beweisen können. Darüber hinaus hatte der Rat zuletzt den Zünften und der Bürgerschaft neue Abgaben und Pflichten auferlegt, die man von Laken, Korn, Herbergen, Wein, Bier, Kühen und anderem Vieh leisten sollte.

Zit. nach Die Chroniken der niedersächsischen Städte, Braunschweig, Bd. 1, 2. Aufl., Göttingen (Vandenhoeck & Ruprecht) 1968, S. 133 ff.

Webcode: FG642342-222

Kämpfe um die Stadtherrschaft – ein Rollenspiel

Die Ausgangssituation

Stellt euch vor, ihr würdet in einer Stadt im ausgehenden 14. Jahrhundert leben. Die Stadt ist reich, vor allem wegen ihrer Händler und der Textilherstellung. Die Mehrheit der Bürger sind Handwerker, die alle in Zünften organisiert sind. Die größte Zunft stellen die Weber. Da es sich um eine Reichsstadt handelt, untersteht sie keinem Stadtherrn, sondern dem Kaiser. Regiert wird sie vom Rat, in dem ausschließlich Patrizier sitzen. Als symbolisches Zeichen ihrer Macht verwahren sie die Schlüssel zu den Stadttoren. Es wird heftig und gewaltsam um die politische Macht bzw. das Recht, die Stadt zu regieren, gekämpft. Schließlich kommen die Vertreter der Zünfte, der Patrizier und des Kaisers zusammen, um einen Kompromiss zu finden.

Die Beobachter

Einige Schülerinnen und Schüler beobachten das Rollenspiel. Sie bewerten das Spiel und begründen jeweils ihre Meinung: Wurden die Personen „echt" gespielt? Entsprachen die Argumente der Situation in der mittelalterlichen Stadt?
Die Beobachter vergleichen die Berichte der Chronisten: Welcher Bericht hat das „Ereignis" am besten wiedergegeben?

Beobachterinnen und Beobachter

Rollenkarte 1

Die Patrizier

Sie werden angeführt von einem Fernhandelskaufmann. Die Patrizier wissen, dass sie die Zünfte nicht mehr gänzlich von der Macht ausschließen können. Trotzdem wollen sie deren Einfluss so gering wie möglich halten. Der Posten des Bürgermeisters ist ihnen besonders wichtig.

Rollenkarte 2

Die Versammlung der Zunftmeister

Sie wird angeführt vom Zunftmeister der Weber. Die Zunftmeister wissen nicht genau, wie viel Macht sie den Patriziern abringen können, und überlegen sich drei mögliche Ziele, unter anderem die Einrichtung eines „erweiterten Rates".

Rollenkarte 3

Die Vertreter des Kaisers

Der Kaiser braucht für einen Kriegszug Geld; das sollen die Städte über eine Sondersteuer von ihren Bürgern beschaffen. Da der patrizische Rat bislang nur zögerlich reagiert hat, sucht der kaiserliche Gesandte nun die Zusammenarbeit mit den Zünften.

Rollenkarte 4

Die Chronisten

Die Zunftkämpfe des 14. Jahrhunderts haben in vielen Orten das Interesse der städtischen Geschichtsschreiber geweckt. Einzeln oder zu zweit sind sie aus vielen anderen Städten herbeigeeilt, um über die Verhandlungen zu schreiben. Die Chronisten tragen ihre Berichte nach dem Rollenspiel vor.

Wirtschaft und Gesellschaft – das Beispiel Lübeck

Aufstieg zum Handelszentrum

Die Stadt Lübeck verdankt ihre Bedeutung als mittelalterliches Handelszentrum der sehr günstigen Lage an dem kürzesten Landweg zwischen Nord- und Ostsee – gelegen an der schiffbaren Trave. Ausgestattet mit Privilegien (Vorrechten) der Landesherren, wurde die Stadt im Laufe des Mittelalters zu einem Machtzentrum, zur Anführerin der Hanse und zur unbestrittenen Herrscherin über die Ostsee. Der Handel der Kaufleute im 11. und beginnenden 12. Jahrhundert war vor allem Luxushandel. Pelze und Wachs aus Osteuropa wurden gegen feines Salz, Silber und Tuche aus dem Westen getauscht. Ergänzend dazu wird auch angenommen, dass die Kaufleute auch Handel mit Hering betrieben, den es bereits von Rügen und Stettin aus nach Mitteleuropa gab. Als Massenfrachtgut wurde der Hering zusammen mit dem Lüneburger Salz bis ins 15. Jahrhundert zum Rückgrat des Lübecker Handels. Der von den Kaufleuten der Stadt gestellte Rat hatte die Aufgabe, die Handelswege zu sichern – vor allem gegen Überfälle auf den Handelsstraßen. Behinderungen des Handels gab es auch durch zahlreiche Zollstellen. Mithilfe ihrer Stadt versuchten die Kaufleute, durch Zollbefreiungsprivilegien den Handelsverkehr zu vereinfachen.

Kaufleute – Kern der Stadtgesellschaft

In Lübeck war der Anteil der Kaufleute an der Gesamtbevölkerung größer als in anderen Städten. Handwerk und Gewerbe waren der auch stadtherrschaftlich führenden Kaufmannschaft untergeordnet. In der Frühzeit Lübecks (11./12. Jahrhundert) waren die Kaufleute sogenannte Wanderkaufleute. Sie hatten zwar einen Stützpunkt in der Stadt, reisten aber noch selbst mit ihren Waren.

Aus Namenslisten mit den Herkunftsnamen ist erkennbar, dass die Zuwanderung von Lübecker Neubürgern vor allem aus Rheinland-Westfalen, Niedersachsen und dem Umland von Lübeck (Holstein, Lauenburg, Mecklenburg) erfolgte. Dabei handelte es sich vor allem um bereits vermögende Kaufleute, Kaufmannsgesellen und Handwerker. Schon im 13. Jahrhundert taten sich aktive und erfolgreiche Kaufmannsfamilien wie die Bardwik, Bocholt, Coesfeld, Vifhusen und Warendorp hervor. Rascher Aufstieg, aber auch schneller Abstieg und Verfall von Handelshäusern sind überliefert.

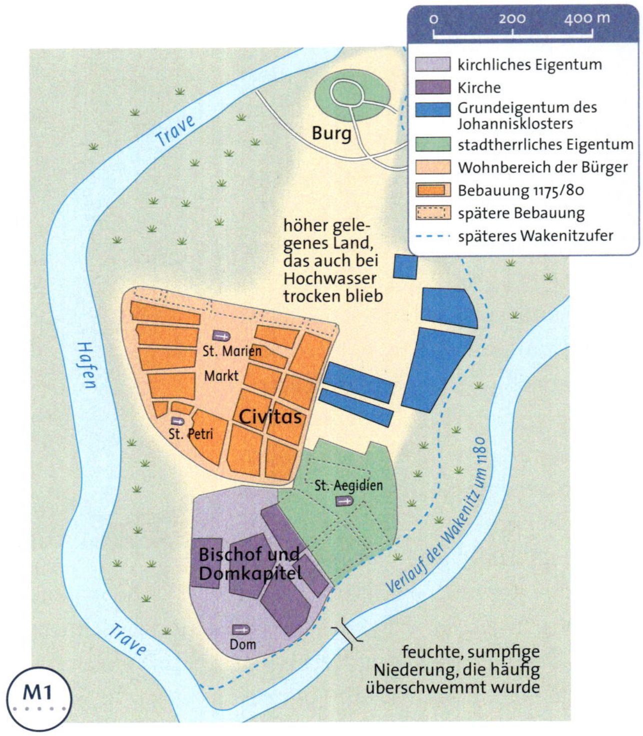

Lübeck, Rekonstruktion des Siedlungsbildes um 1175/80

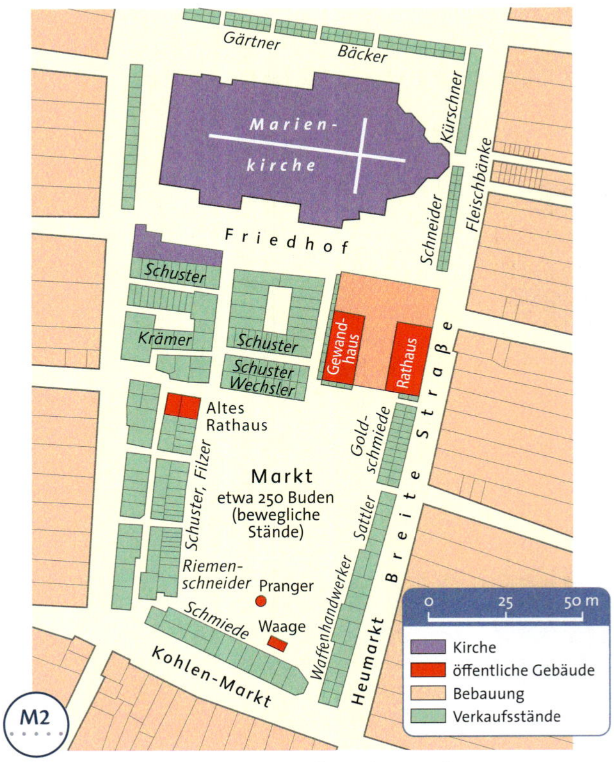

Der Markt von Lübeck, Anfang des 14. Jh.

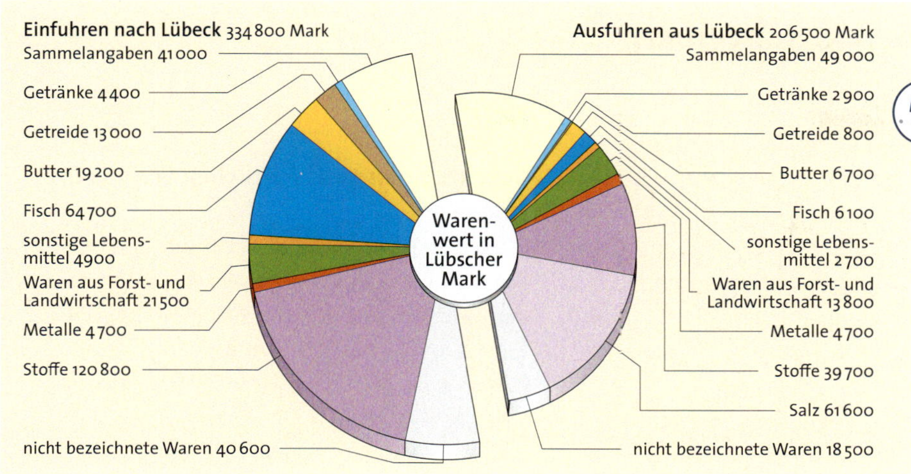

M3

Der Warenumschlag im Lübecker Hafen im Jahre 1368

M4

Das Lübecker Stadtsiegel von 1256. Vorn im Schiff steht der binnenländische Kaufmann, der für Fertigwaren aus dem Westen und aus den Niederlanden sorgte, hinten befindet sich der seefahrende Kaufmann, der Rohstoffe aus dem Norden lieferte und die skandinavischen Absatzmärkte erschloss. Originalgröße 9,5 cm.

M5

Der Lübecker Kaufmann, Titelbild (Montage) zum Begleitband einer Ausstellung in Lübeck von 1993

1 a) Beschreibe mithilfe des Darstellungstextes den Aufstieg Lübecks zum Handelszentrum.
b) Erläutere die Herkunft sowie die Bedeutung der Kaufleute für die Stadt.

2 Die Karte M1 wurde von Archäologen anhand von Ausgrabungsbefunden entworfen. Beschreibe die Ergebnisse und ziehe Schlüsse über die Machtverteilung des besiedelten Gebietes.

3 a) Liste die in M2 aufgeführten Berufsgruppen bzw. Handwerke auf und erläutere ihre Tätigkeiten.
b) Formuliere, welche Schlüsse sich über den Grundbesitz am Markt ziehen lassen.

4 a) Gewichte die Handelsgüter nach ihrem Wert (M3).
b) Vergleiche mit dem Darstellungstext.

5 **Partnerarbeit:** Analysiert M4. Nehmt die Methode „Eine Sachquelle untersuchen“ zu Hilfe.

6 Formuliere, was die Ausstellungsmacher mit ihrer Bildmontage möglicherweise aussagen wollten (M5).

Webcode: FG642342-225

Einen erzählenden Text schreiben

Lässt sich Geschichte erzählen?

Vielleicht hast du schon Texte gelesen, die historische Themen zum Inhalt haben. So gibt es z. B. über die Ägypter, die Griechen und die Römer Kinder- und Jugendbücher. Gemeinsam ist solchen Texten (Erzählungen oder Romanen), dass sie von Personen und Ereignissen handeln, die nicht unbedingt „historisch echt" sind. Aber sie enthalten Ereignisse, die sich so oder ähnlich hätten abspielen können.

Weil gerade über den Alltag der Menschen meistens wenig durch Quellen überliefert ist, können Erzählungen helfen, Menschen und Ereignisse anschaulich und lebendig zu machen. Geschichtserzählungen bergen aber die Gefahr in sich, dass sie schwer überprüfbar sind und deshalb sachlich verfälscht oder sogar falsch sein können. Daher ist es wichtig zu beachten, dass sie historisch zutreffend und einsichtig sind. Dazu müssen weitere Gesichtspunkte berücksichtigt werden, die du auf dieser Methodenseite erarbeiten und an Beispielen üben kannst. Aus der Arbeit im Deutschunterricht wirst du einiges sicherlich kennen.

M1

Einen Erzählkern im Ideennetz erweitern – Hilfe zu M3B

Arbeitsschritte

1. Schritt: Einen geschichtlichen Erzählkern finden
- Ideen sammeln, Ablauf der Geschichte überlegen
- den Erzählkern daraufhin prüfen, ob er von einem ungewöhnlichen Ereignis oder einer auffälligen Person oder Personengruppe handelt
- klären, ob der Erzählkern wichtige Elemente enthält, z. B. Was? (Ereignis), Wo? (Ort, Schauplatz) und Wer? (Personen, Figuren)

2. Schritt: Die Erzählung vorbereiten
- den Erzählkern in einem Netz von Ideen erweitern
- einen Erzählplan formulieren: Handlungsschritte notieren, Reihenfolge prüfen, Unwichtiges weglassen
- die Erzählperspektive wählen, z. B. Ich-Form

3. Schritt: Die Erzählung ausarbeiten
- einzelne Personen oder Gruppen auftreten lassen (personifizieren)
- Situationen und Ereignisse an einen bestimmten Ort oder an bestimmte Orte verlegen (lokalisieren)
- Spannung aufbauen (dramatisieren)
- unterschiedliche Meinungen, Positionen, Interessen darstellen
- historische Figuren, Ereignisse und Situationen sachgerecht darstellen und nicht verfälschen

4. Schritt: Die Erzählung beurteilen und überarbeiten
- Inhalt/Aufbau, Sprache/Sprachrichtigkeit und Erzählstil bewerten (Tabelle anlegen), z. B.: Ist die Überschrift passend gewählt? Ist die Handlung klar aufgebaut, verständlich, spannend? Ist die Wortwahl passend? Stimmen die geschichtlichen Elemente der Erzählung? Sind Abenteuer und Aktion nicht übetrieben dargestellt?

Themenvorschläge für eine historische Erzählung
- Der Bürgermeister und die Ratsherren von Lübeck treffen sich mit dem Grafen zu einem „Friedensgespräch".
- Auf dem Markt sind vor Kurzem gefälschte Maße und Gewichte aufgetaucht.

M2 **Denkgemälde auf den Schiffbruch des Bergenfahrers Hans Ben,** 1489, mit Übermalungen von 1584 und 1720

M3

Neuigkeiten in Lübeck

So könnten Zeitungsmeldungen gelautet haben, wenn es um 1500 schon Tageszeitungen gegeben hätte:

3A Fehde zwischen Lübeck und dem Schauenburger Landesherrn ausgebrochen

Nachdem einge Adlige, die mit dem Schauenburger Grafen in Konflikt lagen, in Lübeck Zuflucht gesucht hatten, wurde der Streit nun in die Stadt getragen. Als Graf Johann I. bei einem Besuch in Lübeck von dem Ritter Borchart Voet auf offener Straße verhöhnt wurde, fühlte sich der fürstliche Herr derart in seiner Ehre angegriffen, dass er seinem Kämmerer das Schwert entriss, den Ritter verfolgte und ihn erschlug. Damit hatte der Graf aber den Stadtfrieden gebrochen und befand sich nun selbst in größter Gefahr. Denn er wurde von den Bürgern verfolgt, verschanzte sich im Dom und wurde schließlich im Rathaus festgesetzt. Nachdem einige seiner Getreuen drohend vor dem Rathaus erschienen, versuchte der Graf sich aus einem Fenster abzuseilen, verletzte sich jedoch schwer, konnte aber von seinen Mannen noch aus der Stadt herausgeschafft werden. Das Bündnis zwischen den Lübeckern und den Schauenburgern war zerbrochen.

3B Gedenktafel eingeweiht

In der St. Marienkirche wurde gestern ein Denkgemälde für den Bergenfahrer Hans Ben eingeweiht. Er war mit seinem Schiff samt Besatzung am 30. Oktober 1489 auf der Fahrt zwischen Bergen und Lübeck südlich von Egersund untergegangen.

1 Gestalte nach dem Bericht M3A eine Geschichtserzählung. Nimm die Arbeitsschritte zu Hilfe. Du kannst zunächst auch einzelne Teile entwerfen, z. B. die Flucht des Grafen in der Stadt oder seine Befreiung.

2 Fertige nach M3B und der Abbildung M2 eine geschichtliche Erzählung an. Ziehe M1 heran. Vergleicht in der Klasse.

3 **Partnerarbeit:** Wählt aus den Themenvorschlägen (Kasten links) ein Thema aus und schreibt einen erzählenden Text zu dem Erzählkern.

Mittelalterliche Wurzeln der modernen Stadt?

Die Stadt – ein attraktiver Lebensraum

Auf den ersten Blick scheint es zwischen der mittelalterlichen und der modernen Stadt kaum einen Bezug zu geben. So überschaubar wie eine Stadt im Mittelalter sind heutige Städte und Großstädte meistens nicht. Auch lockt die Stadt heute nicht mehr mit der „Freiheit nach Jahr und Tag“. Dennoch zieht es weltweit viele Menschen in die Städte. Viele sehen in der Stadt das „Wohnmodell“ der Zukunft. In Europa wird die Entstehung der modernen Stadt in der Zeit des Mittelalters nach der Analyse des Sozialwissenschaftlers Max Weber (1864–1920) auf drei Schritte zurückgeführt:

1. Die mittelalterliche Stadt befreite die Menschen aus der Grundherrschaft und gab ihnen schrittweise mehr persönliche Rechte und politische Beteiligung in der Stadt.

2. Mit der Einrichtung von freien Märkten konnten die Bürger an Tausch, Kauf und Verkauf von Waren teilnehmen und wirtschaftlich aktiv werden.

3. Die Möglichkeit, anders als zum Beispiel in der Leibeigenschaft, in der Stadt ein privates, individuelles Leben führen zu können, war ein wichtiger Schritt zur sozialen Gleichberechtigung der Bürger.

Das Gefühl, gern in einer Stadt zu leben, wird häufig mit „Urbanität“ bezeichnet. Urbanes Leben entwickelt sich über einen längeren Zeitraum zu einer gemeinsam empfundenen „urbanen Kultur“ mit gemeinsamen Erinnerungen, die sich z. B. an Gebäuden, Denkmälern und anderen Zeugnissen der Stadtgeschichte zeigen.

M1

Städte unter der Erde, Computergrafik, 1990. Nach Vorstellungen japanischer Architekten könnten die Städte der Zukunft unterirdisch angelegt werden.

M2

Städtewachstum hat Folgen

Der südafrikanische Menschheitsforscher Phillip Tobias sagte 1998:

Der aufrecht gehende Mensch lebt seit fünf bis acht Millionen Jahren auf dem Planeten, die ersten Städte wurden erst vor rund 8000 Jahren gegründet. Bis vor 10 000, 15 000 Jahren waren alle Menschen Nomaden, sie waren Jäger und Sammler. Dann lernten sie, Tiere zu domestizieren und Früchte anzubauen. Von diesem Zeitpunkt an ließen sie sich dauerhaft an fest umrissenen Plätzen nieder ... Das Problem ist, dass die Stadtbevölkerung immer mehr zunimmt. Heute lebt jeder zweite Erdenbürger in einer Stadt, in den USA oder Westeuropa sind es sogar 75 bis 80 Prozent ... Die Großstadtbewohner leiden unter schlechter Luft, Lärm, optischer Reizüberflutung und unter dem Licht, das die Nacht zum Tag macht ... Bisher wurden die Städte fortwährend maschinenfreundlicher gestaltet. Wir müssen diesen Trend umkehren und die Städte menschenfreundlicher machen.

Spiegel-special-Gespräch: Norbert F. Pötzl fragt Phillip Tobias, in: Spiegel special, Nr. 12, 1998, S. 63 f., bearb. d. Verf.

1 Erarbeite mithilfe des Darstellungstextes, welche Verbindung zwischen der mittelalterlichen und der modernen Stadt gesehen werden kann. Berücksichtige den Begriff „Urbanität“.

2 Stelle anhand von M1 und M2 fest, welche Vorstellungen bzw. Meinungen über die Entwicklung der Städte vertreten werden und nimm dazu Stellung.

3 **Gruppenarbeit:** a) Erkundet, welche „Zukunftsprojekte“ in eurer Stadt diskutiert werden. Informationen gibt es beim Bauamt, den Parteien und dem Rat der Stadt.
b) Gestaltet aus euren Informationen (Texte, Abbildungen, Fotos) eine Wandzeitung oder eine kleine Ausstellung: „Unsere Stadt der Zukunft“.

Leben in der mittelalterlichen Stadt

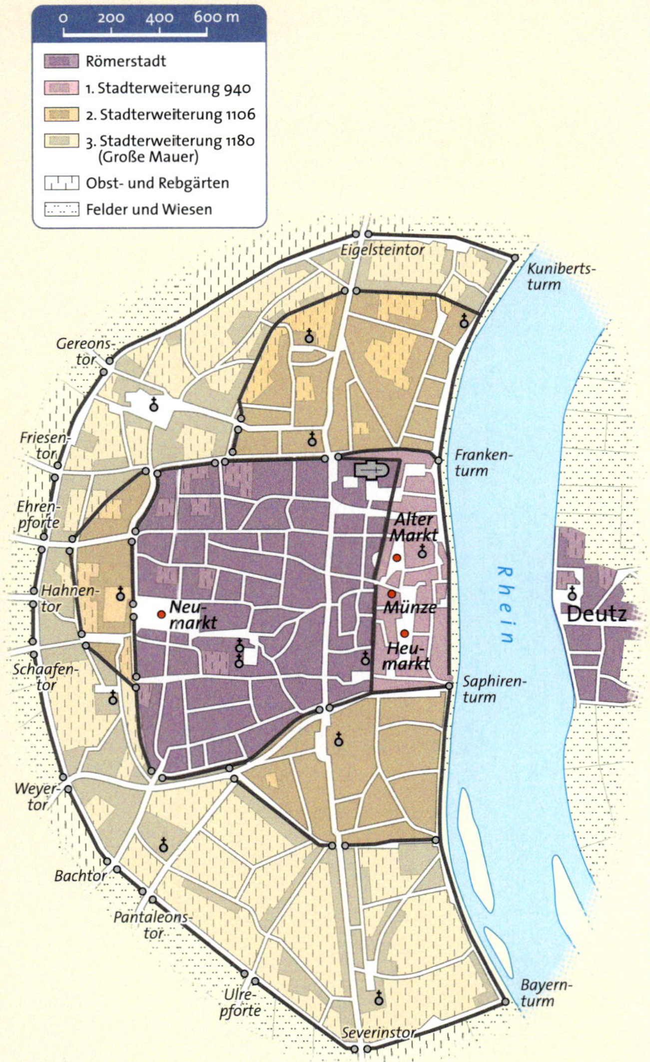

M1 **Grundriss der mittelalterlichen Stadt Köln**

Überprüfe, was du kannst

Sachkompetenz

1 Kläre die folgenden Begriffe: Städtegründungen (S. 209–211), Stadtrecht (S. 209–211), Patriziat (S. 212–213), Markt (S. 216–217), Zunft (S. 216 bis 217), Hanse (S. 218–219), städtische Selbstverwaltung (S. 220), Juden in der Stadtgesellschaft (S. 214–215).

2 Beschreibe M1 und notiere die Veränderungen in den einzelnen Phasen der Stadtentstehung Kölns. Vergleiche mit Lübeck (S. 210, M4).

3 **Partnerarbeit:** Legt eine Tabelle mit den Spalten Dorf, Burg, Stadt, Kloster an. Tragt in Stichworten die wesentlichen Merkmale zu den vier Lebenswelten ein und vergleicht eure Ergebnisse in der Klasse.

Selbst- und Sozialkompetenz

4 Erläutere und beurteile die folgende Aussage: Die europäische Stadt ist ein Kind des Mittelalters.

5 **Recherche:** Kennst du deine Stadt? Weißt du, wann und von wem deine Heimatstadt gegründet wurde? In der Stadtbücherei, dem Stadtmuseum oder dem Internet kannst du Einzelheiten herausfinden:
- Wie hieß der erste Stadtherr?
- Wann wurden die Stadtrechte verliehen?
- Wo wohnte der Stadtherr?
- Woher kommt der Name der Stadt?
- Wie sieht das Stadtwappen aus?

a) Sammelt Informationen zu diesen und weiteren Fragen.
b) Entwerft ein Stadtquiz und beantwortet die Fragen gegenseitig.

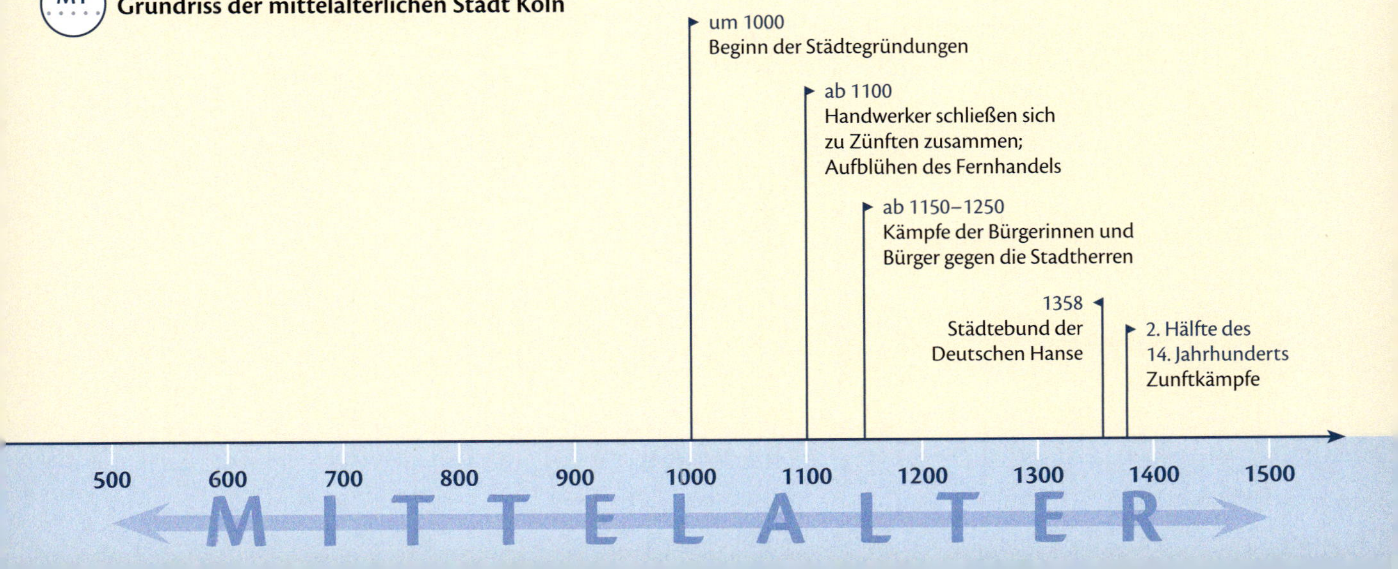

Herrschaft im mittelalterlichen Europa

Wissen • Methoden anwenden • Beurteilen und Handeln

Am Ende dieses Unterkapitels kannst du

- den Übergang vom Ostfränkischen Reich zum Deutschen Reich beschreiben
- Wahl und Krönung des Königs darstellen und seine Regierungsweise erläutern
- die Stellung des Kaisers im Reich und in der römischen Kirche darlegen
- die Machtverhältnisse zwischen Papst, König und Fürsten bewerten
- die Herrschaftsbildung in Europa am Beispiel der Wikinger darstellen
- **Methode** Ein Bild als Quelle II

Germanische Reichsgründungen nach dem Untergang des Weströmischen Reiches um 500 n. Chr.

Die Franken – vom Stamm zum Großreich

Die Franken gründen ein Reich

Als das Weströmische Reich in der Völkerwanderung zerfiel, entstanden auf seinem Gebiet mehrere Germanenreiche. Aber nur das Reich der Franken, die seit dem 3. Jahrhundert n. Chr. in Gallien eingedrungen waren, konnte sich dauerhaft behaupten. Zunächst waren die Franken Verbündete der Römer, doch König Chlodwig I. (482–511) aus der Familie der Merowinger gelang es, den letzten römischen Herrscher Galliens sowie die übrigen Frankenkönige auszuschalten und andere germanische Reiche zu besiegen. Durch seinen Übertritt zum Christentum gewann Chlodwig die Kirche als eine wichtige Herrschaftsstütze. Er schuf so die Grundlage für die Verschmelzung der germanischen und der christlich-römischen Kultur.

Missionare verbreiten den christlichen Glauben

Zwar breitete sich das Christentum seit der Taufe König Chlodwigs im Frankenreich aus, aber viele Menschen waren nur dem Namen nach Christen und verehrten weiterhin die alten Götter. Geistliche waren oft verheiratet, Luxus und weltliche Macht waren ihnen wichtiger als die christlichen Gebote. In irischen und englischen Klöstern dagegen lebten die Mönche in echter Frömmigkeit. Deshalb zogen viele von ihnen als Wanderprediger durch das Fränkische Reich, um dort die Kirche zu erneuern und Nichtchristen zu bekehren.
Der erfolgreichste Missionar* im Raum des heutigen Deutschlands war wohl der angelsächsische Benediktiner und Missionar Bonifatius (672/673–754). Er verbreitete den christlichen Glauben in Friesland, Hessen, Thüringen und Bayern. Ein dichtes Netz von Pfarreien, Klöstern und Bistümern stützte die fränkischen Herrscher bei der Durchsetzung ihrer Macht. Erfolgreich wie Bonifatius missionierte der Benediktinermönch und spätere Erzbischof von Hamburg-Bremen, Ansgar (um 801–865), in Schleswig, Dänemark und Schweden. Ansgar wurde 831 zum Bischof von Hamburg ernannt und leitete von dort aus weitere Missionsvorhaben im Norden.

1 Erarbeite aus M1 den Ursprung der Merowingerfamilie. Kläre „Heerkönigtum" und „Sakralkönigtum".

2 Erläutere mithilfe der Karte (linke Seite) und des Darstellungstextes Stationen der fränkischen Reichsbildung.

M1

Karriere bei den Merowingern

Der Historiker Josef Fleckenstein schrieb 1974 über die Entstehung des fränkischen Großkönigtums:

Unter den frühen fränkischen Kleinkönigen … hebt die Überlieferung die salfränkischen Könige hervor. Sie waren nach ihr älter und mächtiger als die anderen und gehörten einem einzigen Geschlecht an mit dem halb geschichtlichen, halb sagenhaften Stammvater Merowech: Der Sage nach geht die Verbindung des Geschlechts zu den Göttern zurück. Das merowingische Königtum ist also seiner Herkunft nach ein Sakral- [heiliges] und Kleinkönigtum. Mit der Eroberung beginnt es sich dann in ein Heerkönigtum zu verwandeln … Dabei gelang es einem dieser Könige, Chlodwig I., seine Mitkönige zu überflügeln … Er verdankte seine Machtstellung der Heerführerschaft … Sein Königtum erscheint als ein Heerkönigtum, war dies aber nicht allein; denn Chlodwig war schon als Sohn und Erbe eines Königs König geworden, das heißt: als Erbe königlichen Geblüts. So fließen bei ihm Heer- und Sakralkönigtum zusammen.

Josef Fleckenstein, Grundlagen und Beginn der deutschen Geschichte, Göttingen (Vandenhoeck & Ruprecht) 1974, S. 35 f., vereinf. d. Verf.

Straßennamen können erzählen

Anna und Carlo erkunden Straßennamen ihres Ortes.
Anna: „Merowinger" – das hört sich sehr fremd an. Lass uns im Lexikon nachschlagen.
Carlo: Und was bedeutet „Franken"? Hat das vielleicht etwas mit Frankreich zu tun? Ich weiß, dass Franken eine Region in Bayern ist – in der Gegend von Nürnberg und Würzburg.
Die Suche der beiden ist rasch erfolgreich.
Anna: Also, die Merowinger: Das war eine fränkische Königsfamilie im 5. bis 8. Jahrhundert n. Chr. Durch Eroberungen vergrößerten die Merowinger ihr Reich. Und was hast du zu den Franken gefunden?
Carlo: Die waren ein germanisches Volk, das aus vielen Kleinstämmen, wie z. B. den Salfranken, zusammengesetzt war. Der Name bedeutet eigentlich „die Freien" oder „kühne Krieger". Das Reich der Franken war das bedeutendste im Europa des frühen Mittelalters. Aber wie ist dieses Reich eigentlich entstanden?

Herrschaft im Frankenreich

Karl der Große

Im 7. Jahrhundert war die Herrschaft der Merowinger durch mehrere Reichsteilungen und Kriege der Familienmitglieder untereinander geschwächt. Die eigentliche Macht lag bei den Verwaltern der Königsgüter, den sogenannten Hausmeiern, die aus der Adelsfamilie der Karolinger stammten. Um aber selbst König zu werden, fehlte den Hausmeiern das königliche Blut. Erst der Hausmeier Pippin fand einen Weg: Er ließ sich 751 mit Zustimmung des Papstes von den Fürsten zum König erheben. Nach seinem Tod wurde das Reich zunächst unter den Söhnen Karl und Karlmann aufgeteilt. Als Karlmann 771 starb, stellte Karl (Regierungszeit: 768–814) die Einheit des Fränkischen Reiches wieder her.

Wie sicherte Karl seine Herrschaft in einem so großräumigen Reich? Heute gibt es in fast jedem Staat der Welt eine Hauptstadt mit einem Regierungssitz und Behörden, die die Regierung „vor Ort" vertreten. Wie aber regierte Kaiser Karl ein Reich, das keine Hauptstadt hatte? Wie erfuhren die Adligen und Bauern im Reich überhaupt von seiner Erhebung zum König? Wie setzte Karl Gesetze durch? Zu den ersten Aufgaben eines gewählten fränkischen Königs gehörte eine Reise durch das Reich*, um seinen Herrschaftsanspruch deutlich zu machen. Aber auch während seiner gesamten Regierungszeit waren der König und sein Gefolge auf Reisen. Im Jahre 775 legte der Königshof etwa 900 km zurück. Obwohl der König überall Anspruch darauf hatte, kostenlos verpflegt zu werden, plante er seine Reisewege nach der Lage der königlichen Güter. Karl der Große wählte z. B. die Pfalz in Aachen zu seinem bevorzugten Regierungssitz. Dieses Reisekönigtum bestand in Deutschland im ganzen Mittelalter fort.

Aus der Sicht des fränkischen Königshauses war Karl oberster Schützer der römischen Kirche und Herr über das christliche Europa. 799 war König Karl auf dem Höhepunkt seiner Macht. Geschichtsforscher vermuten, dass er sich zu diesem Zeitpunkt bemühte, seine Machtstellung mit dem Titel des römischen Kaisers („Imperator") bestätigen zu lassen. Am Weihnachtstag 800 erreichte er sein Ziel: In Rom krönte ihn Papst Leo III. zum Kaiser.

Von der Hofverwaltung zur Reichsverwaltung

Das Machtzentrum der fränkischen Könige lag seit dem frühen Mittelalter im Königshof. Zum Hof* gehörten neben der königlichen Familie die weltlichen und geistlichen Berater des Königs und eine große Zahl weiterer Gefolgsleute, bisweilen über 1000 Personen. Nach dem Vorbild der Hausämter an germanischen Königshöfen gab es wichtige Amtsträger:

- Der Kämmerer sorgte für Unterhalt und Unterbringung von Hof und Gefolge.
- Der Truchsess organisierte die Verpflegung.
- Der Mundschenk war für die Getränke zuständig.
- Der Marschall leitete den Stallbereich.
- Der Kanzler war der Vorsteher der Schreibstube.

Die Hofämter wurden unter den Karolingern zunehmend auf die Verwaltung des Reichs ausgedehnt. So übernahm der Kämmerer die Vermögensverwaltung des Königs, der Marschall konnte die Funktion des Heerführers ausüben. Um seine Herrschaft auch bei seiner Abwesenheit durchzusetzen, richtete Karl der Große Verwaltungsbezirke ein, die von einem Grafen geleitet wurden, der meist aus einer örtlichen Adelsfamilie stammte. Der Graf übte die hohe Gerichtsbarkeit* aus und rief im Kriegsfall zur Heeresfolge auf.

Begriffe und Daten

König

Adliger, der gegenüber den Herzögen (urspr. Heerführer, dann Anführer eines Stammes als dauerhaftes Amt, z. B. Stammesherzog) über die höheren Herrschaftsrechte verfügte. Die Ursprünge des Königtums liegen im „Heerkönigtum" (Heerführer).

Kaiser

Der höchste weltliche Herrschertitel in Europa entstand aus dem Namen Caesars. Mit der Kaiserkrönung Karls des Großen lebte die römische Kaiseridee wieder auf. Das Krönungsrecht lag beim Papst, der damit auf den weltlichen Bereich Einfluss nahm. Die mittelalterlichen deutschen Kaiser verbanden mit der Kaiserkrone den Herrschaftsanspruch über Italien und die Einflussnahme auf die Kirche.

M1

Die Pfalz zu Aachen, Rekonstruktionszeichnung.
A Königshalle (47 x 20 m); **B** Wohngebäude des Königs; **C** Torhalle mit Gerichtssaal; **D** achteckige Pfalzkapelle nach dem Vorbild der Kirche San Vitale in Ravenna; **E** Badehäuser und Schwimmbecken mit heißen Quellen; **F** Wohnhäuser für das Gesinde. Die Pfalzkapelle mit dem Thron Karls des Großen direkt gegenüber dem Hochaltar hat sich bis heute als Kern des Aachener Doms erhalten. In Aachen gab es bereits in der Antike eine Badeanlage für römische Legionäre.

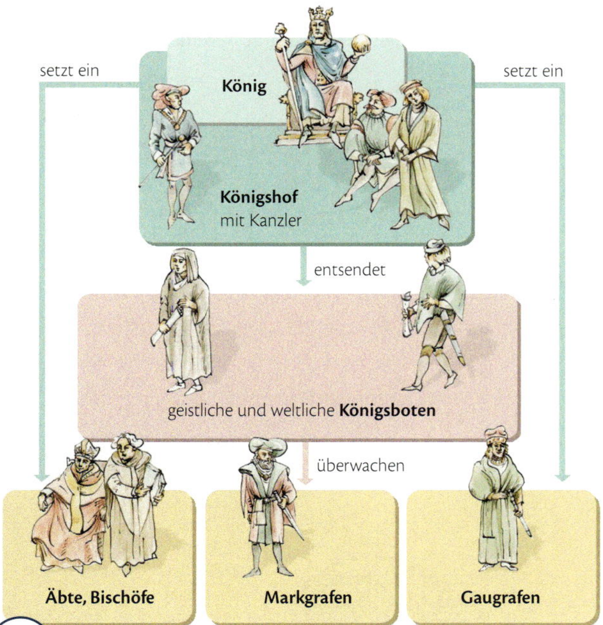

M2 **Die Verwaltung des fränkischen Großreiches**

M3

Kontrolle ist besser: die Königsboten

Über die Einrichtung der Königsboten (lat. missi dominici) hieß es in einer königlichen Rechtsverordnung von 802:

Kaiser Karl hat aus der Reihe seiner klügsten Großen die weisesten Männer ausgewählt, und zwar Erzbischöfe und andere Bischöfe und auch ehrwürdige Äbte sowie fromme Laien, und hat sie in sein gesamtes Reich abgeordnet, um allen Untertanen ... die Möglichkeit zu geben, nach Recht und Gesetz zu leben. Er befiehlt, dass sie sorgfältige Untersuchungen anstellen, falls irgendwo etwas anders als recht und gerecht verordnet sein sollte, und verlangt darüber Meldung: Denn er will dann mit Gottes Gnade für Verbesserung sorgen.

Cap. reg. Franc. I. Nr. 33, zit. nach Geschichte in Quellen, Bd. 2, hg. und übers. von Wolfgang Lautemann, 3. Aufl., München (bsv) 1978, S. 73.

1 Beschreibe anhand des Darstellungstextes das „Reisekönigtum". Notiere Vor- und Nachteile für den König.
2 Erarbeite aus M1 und dem Darstellungstext, welchen Zwecken die Pfalz von Aachen diente.
3 Erläutere mithilfe des Darstellungstextes, M2 und M3, wie das Karolingerreich verwaltet wurde.
4 **Recherche:** Karl der Große gilt als Förderer von Kunst und Kultur. Führt dazu in Partnerarbeit eine Recherche durch (Lexika, Geschichtsbücher, Internet). Berichtet in der Klasse.

Webcode: FG642342-233

Die Auflösung des fränkischen Großreiches

Reichsteilung im unruhigen Europa

Europa war um 1000 n. Chr. keine politische, kulturelle oder wirtschaftliche Einheit. Im Osten und Süden des Kontinents gehörten wichtige Teile zu anderen Kulturkreisen wie dem Islam und dem Byzantinischen Reich. Außerhalb Europas befanden sich hoch entwickelte Kulturen: im Vorderen Orient und in Nordafrika, in China, Indien, Japan und in Mittelamerika.

In Europa stellte sich nach dem Tod Karls des Großen 814 die Frage, ob die Einheit des fränkischen Großreiches künftig erhalten werden kann. Seinem Sohn, Ludwig dem Frommen (813/814–840), gelang es nur unter großen Mühen, die Reichseinheit zu erhalten. Zudem war er im Streit mit seinen Söhnen nicht stark genug, um eine von allen akzeptierte Nachfolgeregelung durchzusetzen. Als Ludwig I. 840 starb, kam es im folgenden Jahr zum kriegerischen Konflikt zwischen seinen drei Söhnen. Die Auseinandersetzung endete 843 mit der Teilung des Reiches im Vertrag von Verdun: Karl der Kahle erhielt das West-, Ludwig der Deutsche das Ost- und der älteste Sohn Lothar das Mittelreich sowie die Kaiserwürde. Nach Lothars Tod 855 teilten seine Brüder es unter sich auf. Die fränkischen Teilreiche wurden auch von außen durch häufige Überfälle der Wikinger, Beutezüge der Madjaren (Ungarn) und Sarazenen (Araber) im Mittelmeerraum geschwächt.

M1

Aufgliederung oder Staatswerdung?

In einer Darstellung über die Auflösung des fränkischen Großreiches hieß es 2004:

„Nationale" Momente spielten bei dieser Aufteilung überhaupt keine Rolle, und auch Deutschland oder Frankreich sind keinesfalls durch den Verduner Vertrag geschaffen worden. Wenn sich Karl der Kahle und Ludwig der Deutsche 842 in Straßburg gegenseitig Eide[1] in der Volkssprache leisteten – Ludwig in romanischer, Karl in germanischer, um jeweils von der Gegenseite verstanden zu werden –, dann zeigt sich darin zwar die sprachliche Vielfalt im Karolingerreich und die Mehrsprachigkeit der karolingischen Brüder, nicht jedoch das Werden der Nationen.

Der Vertrag von Verdun [843] bedeutete lediglich eine Aufgliederung des Großreiches in Zuständigkeitsbereiche ... Andererseits setzte mit Verdun eine Entwicklung ein, an deren Ende es ein französisches und ein deutsches Staatswesen gab.

Arnold Bühler, Harald Erhardt u. a., Das Mittelalter, Stuttgart (Theiss) 2004, S. 105.

[1] hier: Bündnisschwur Karls und Ludwigs gegen ihren Bruder Lothar

1 Beschreibe die Teilung des fränkischen Großreiches (Darstellungstext, M2). Lege eine Zeittabelle an.

2 Prüfe anhand von M1 die Aussage: Die Aufteilung des fränkischen Großreiches führte unmittelbar zur Entstehung eines deutschen und eines französischen Staates.

M2

Das Frankenreich 843 bis 887

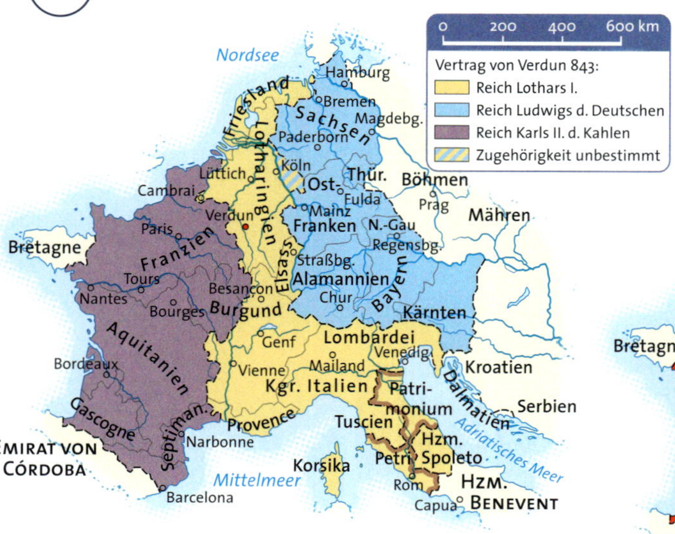

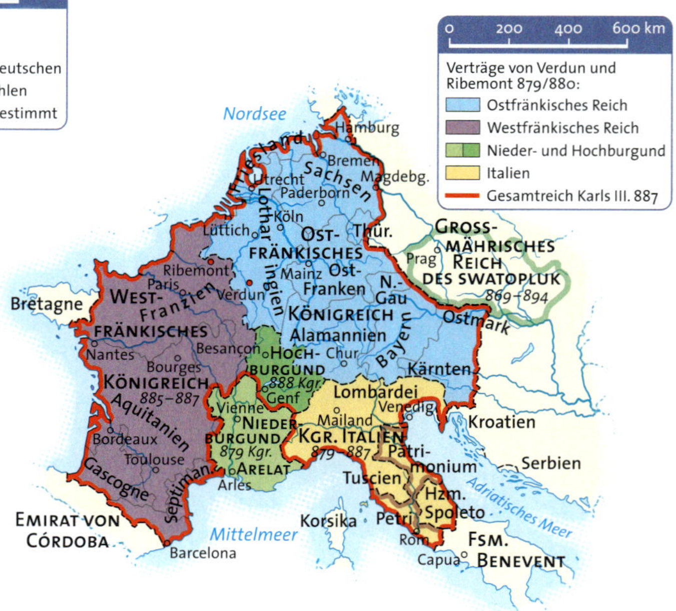

Die Entstehung des Deutschen Reiches

Herrschergeschichte in Schlagzeilen
So könnten im 10. Jahrhundert – wenn es schon Zeitungen gegeben hätte – Presseschlagzeilen gelautet haben (nach Ergebnissen der Geschichtsforschung):

M1

911: Der letzte Karolinger im Ostreich stirbt ohne Erben – Frankenherzog Konrad kann sich nicht als König durchsetzen! – Die Sachsen sind im Kommen!

919: Sachsenherzog Heinrich I., der mächtigste Stammesherzog, zum König der Franken und Sachsen erhoben! Heinrich sucht besseres Verhältnis zu den Stammesherzögen – für mehr Spielraum des „Reiches" nach außen gegen Ungarn und Slawen! Begriff des „Reiches der Deutschen" kommt in Mode – statt der Bezeichung „Fränkisches Reich".

7. August 936: Heinrichs Sohn Otto I. zum König gekrönt! Wie will der neue Herrscher die Reichsmacht auch gegenüber den Herzogtümern sichern?

965: Otto I. würdigt Leistungen seines Bruders Bruno, Erzbischof und Herzog! Die „Reichskirche" als wichtige Stütze der königlichen Macht – gegen die Stämme!

Die Insignien* seit dem 12. Jahrhundert: Reichskrone, Reichsapfel und Reichsschwert.
Der lateinische Spruch auf der Bildplatte der Krone lautet übersetzt: Durch mich regieren die Könige.

M2

M3

Wahl und Krönung Ottos I. zum König

Das Königtum war nicht erblich, sondern ein Wahlamt. Das sogenannte Geblütsrecht verschaffte Otto I. allerdings einen entscheidenden Vorteil: Er war bereits von seinem Vater, König Heinrich I. (919 bis 936), zum Nachfolger bestimmt worden. Obwohl Heinrich weitere Söhne besaß, wurde, abweichend vom fränkischen Brauch, nur ein Königssohn zum Nachfolger bestimmt. Der Ort der Krönung (Aachen) und die fränkische Tracht Ottos knüpften an die Tradition Karls des Großen an. Über das Zeremoniell am 7. August 936 berichtete der Mönch und Geschichtsschreiber Widukind von Corvey (um 925–nach 973):

1. Herzöge und Erste der Grafen setzen den neuen Herrscher auf einen im Säulenvorhof errichteten Thron, reichen ihm die Hände und geloben Treue gegen alle Feinde. So machen sie ihn zum König.
2. Otto betritt die Kirche in fränkischer Kleidung und wird vom Erzbischof von Mainz bis zur Mitte der Kirche geleitet. Dort stellt der Erzbischof „den von Gott erwählten, vom Herrn Heinrich einst designierten [vorbestimmten] und nun von allen Fürsten zum König gemachten Otto" dem wartenden Volk vor mit der Aufforderung, der Wahl, wenn sie ihm gefalle, zuzustimmen. Das Volk antwortet mit erhobener Hand und lauten Heilrufen.
3. Vor dem Altar, auf dem die königlichen Insignien bereitliegen, werden die Salbung und die Krönung gemeinsam von den Erzbischöfen von Mainz und Köln ausgeführt.
4. An die Weihe schließt sich die zweite Thronsetzung an, jetzt auf den Marmorthron Karls des Großen.
5. Beim abschließenden Krönungsmahl leisten die Herzöge symbolisch die Hofdienste (als Kämmerer, Truchsess, Mundschenk und Marschall).

Zusammengefasst nach Widukind von Korvei, Sachsengeschichte, II, 1–2, 7. August 936.

1 Erläutere anhand von M1 den Übergang vom Ostfränkischen Reich zum Deutschen Reich. Achte auf die Bedeutung der Reichskirche.
2 Kläre die Bedeutung der Insignien (M2).
3 Liste anhand von M3 die einzelnen Schritte der Erhebung zum König auf und notiere deren Bedeutung.

Webcode: FG642342-235

Wie die Könige regierten

Die Aufgaben des Königs

Wie Karl der Große mussten auch die späteren Könige ihre Regierungsgeschäfte möglichst „vor Ort“ ausüben, um ihre Herrschaft zu sichern. Das Leben dieser reisenden Könige, ihrer Frauen, Kinder und Bediensteten, oft mehrere hundert Personen, kann man sich als eine endlose Kette körperlicher Strapazen vorstellen.

Eine der wichtigsten Aufgaben des Königs war es, den Frieden zu bewahren. Er musste gegen äußere Feinde des Reiches das Heer anführen und den Schutz des Reiches sichern. Nur er durfte im Namen des Reiches Verträge schließen. Auch im Innern hatte er dafür zu sorgen, dass der Friede gewahrt wurde. Die ständigen Fehden erschwerten diese Aufgabe ungemein. Mit einem verkündeten Landfrieden* und Fehdeverboten* allein war es jedoch nicht getan. Erst der Aufbau einer Rechtsordnung mit funktionsfähigen Gerichten sorgte im Laufe der Jahrhunderte dafür, dass Geschädigte auf private Rache verzichteten, wenn sie auf Recht, Gesetz und Richterspruch vertrauen konnten.

In den von Geistlichen geschriebenen „Königsspiegeln“ werden die folgenden Eigenschaften hervorgehoben: Der König sollte fromm, gerecht, mildtätig und gnädig sein. Als „Gesalbter des Herrn“ hatte er die Aufgabe, die Kirche und das „Christenvolk“ zu schützen. Die Regierungsarbeit wurde von schriftkundigen Geistlichen und der königlichen Kanzlei unterstützt. Seit dem 11. Jahrhundert bildete sich eine neue Gruppe von Dienstleuten des Königs heraus: die Ministerialen*.

M2

Otto I. und seine Gemahlin Editha, Sandsteingruppe aus dem Magdeburger Dom, um 1250. Die runde Scheibe in der Hand Ottos zeigt den Erdkreis.

Biografie

Otto I. (912–973)

Amtsantritt: König 936, Kaiser 962

Vater: Heinrich I. (ca. 876–936), König: 919

Mutter: Mathilde (Ende des 9. Jh.–968), Tochter eines westfälischen Grafen

1. Heirat: 929 Editha (?–946), Tochter des angelsächsischen Königs. 946 Tod Edithas. 2 Kinder aus dieser Ehe.

2. Heirat: 951 Adelheid (931?–999), Tochter des Königs von Hochburgund, Witwe König Lothars von Italien. 4 Kinder aus dieser Ehe.

Familienpolitik: Durch Heiraten bzw. Einsetzung von Verwandten sind seit 949 alle deutschen Stammesherzogtümer mit der königlichen Familie verbunden.

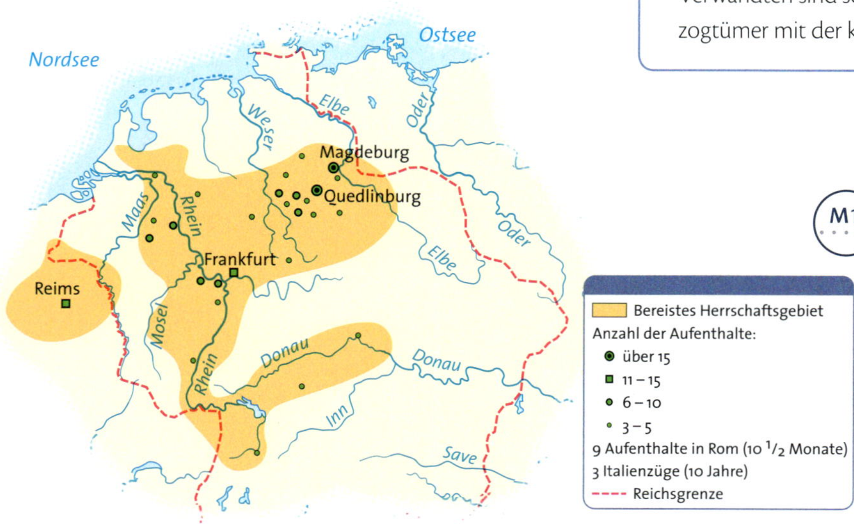

M1

Bereiste Herrschaftsgebiete und Aufenthalte Ottos I. Rekonstruierte Wegbeschreibungen der ohne festen Sitz regierenden Herrscher werden Itinerare (lat. Itinerarien: Wegebücher) genannt.

M3

König und Reich – wie Steuermann und Schiff?

Der Hofkaplan und Verfasser von Fürstenbiografien, Wipo (gestorben nach 1046), schrieb über den deutschen König Konrad II. (1024–1039), den Gesandte aus Pavia wegen einer Untat besänftigen wollten (6. Juni 1025):

Es war in der Stadt Pavia eine Pfalz ... Auf die Nachricht aber vom Tode Kaiser Heinrichs, des Vorgängers König Konrads, stürzten die Pavesen ... sofort unbedacht zu dem friedlichen Hof, brachen, weit bekannt durch Frechheit, die Mauern des Königs und zerstörten die ganze Pfalz bis auf den letzten Grundstein, damit ferner kein König innerhalb dieser Stadt eine Pfalz zu bauen befehle. Wegen dieser Dreistigkeit gab es lange eine große Auseinandersetzung zwischen dem König und den Pavesen. Die Pavesen sagten: „Wen haben wir denn beleidigt? Unserem Kaiser haben wir Treue und Ehre bis an sein Lebensende bewahrt; da wir nach seinem Tode keinen König hatten, werden wir nicht mit Recht angeklagt werden können, das Haus unseres Königs zerstört zu haben." Dagegen sagte der König: „Ich weiß, dass ihr das Haus eures Königs nicht zerstört habt, weil ihr zu der Zeit keinen hattet. Aber ihr seid nicht imstande zu leugnen, das königliche Haus zerbrochen zu haben. Wenn der König stirbt, bleibt das Reich, so wie das Schiff bleibt, dessen Steuermann fällt. Es waren öffentliche Gebäude, keine privaten ..." Solchermaßen wurden mehrfach Worte heftig gewechselt. Dann gaben die Gesandten den vergeblich gesuchten Frieden auf und gingen.

Zit. nach Joachim Leuschner, Das Reich des Mittelalters, Stuttgart (Klett) o. J., S. 12.

Die Kaiserpfalz Ingelheim, Rekonstruktionszeichnung. Die karolingische Pfalz am Rhein gilt als eine der bedeutendsten fränkischen Königspfalzen, die von Gebäuden, Palatium und Kirche beherrscht wird.

M4

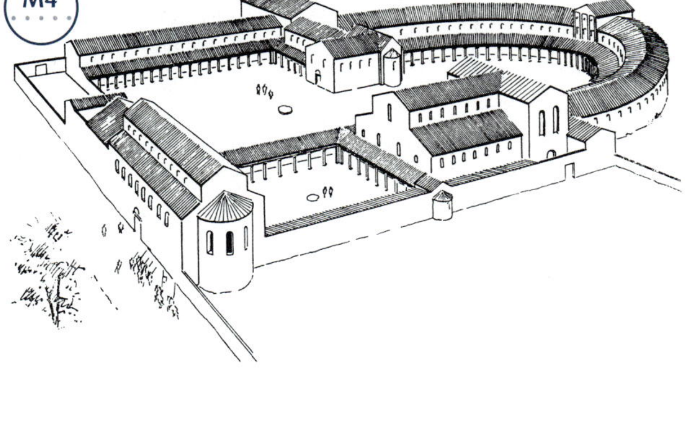

M5

Lebensmittel für die Kaiserpfalz

Nahrungsbedarf Karls des Großen und seines Gefolges (etwa 1000 Mann) am Beispiel der Kaiserpfalz Ingelheim (geschätzte Werte nach Ergebnissen der Geschichtsforschung):

Zu den benötigten Nahrungsmitteln gehören vor allem Fleisch, Getreide, Wein und Bier:

	Fleisch	Getreide	Wein
je Mann und Tag	2 kg	2 kg	3 l
1000 Mann in 10 Tagen	20 000 kg	20 000 kg	30 000 l

Um 800 wurden aus den Schlachttieren (Schweine und Schafe) nur je 10 kg Fleisch gewonnen. Eine große Pfalz wie Ingelheim hatte wohl nicht mehr als 2000 Schlachttiere. Zur Pfalz gehörten etwa 1000 ha Ackerland. Für 20 000 kg Getreide mussten etwa 400 ha Getreide angebaut werden. Der Ernteertrag an Getreide betrug um 800 etwa das 1,5-Fache der Aussaatmenge (heute etwa das 25-Fache). Aussaatmenge 1 dz je ha: Erntemenge 1,5 dz je ha; verfügbares Getreide abzüglich der Aussaat fürs nächste Jahr je ha 0,5 dz = 50 kg.
Maximal dürften 30 Fässer zu je 1000 l Wein/Bier zur Verfügung gestanden haben.

Nach Gustav A. Süß, Versorgung und Wirtschaften auf der Pfalz, in: Praxis Geschichte, H. 2, 1988, S. 20 f.

1 Erarbeite anhand des Darstellungstextes Regierungsweise und Aufgaben mittelalterlicher Könige.
2 Ziehe am Beispiel Ottos I. (M1) Schlüsse aus den bereisten Gebieten und Aufenthalten auf die Machtzentren bzw. „Randgebiete" im Reich.
3 a) Beschreibe M2.
b) Stelle fest, welcher Machtanspruch bei Otto I. deutlich wird.
4 Prüfe die Lebensdaten Ottos I. unter der Frage nach dem Alter bei Heirat und Regierungsantritt (Kasten).
5 Untersuche M3. Nimm die Methode „Schriftliche Quellen untersuchen" (S. 115) zu Hilfe.
6 Formuliere, ausgehend von M4, Fragen, die durch die Ausgrabungen nicht beantwortet werden.
7 Berechne anhand von M5, wie lange die Vorräte für Karl und sein Gefolge reichten.

Webcode: FG642342-237

Krönung eines Kaisers

Kaiser und Papst – nicht ohne Konflikte

Das Kaisertum Karls des Großen war vor allem eine Vor- bzw. Oberherrschaft über andere Könige und Völker gewesen. Obwohl Karl noch im Jahr 813 ohne Mitwirkung des Papstes seinen Sohn Ludwig zum Mitkaiser erhoben hatte, blieb das Kaisertum dennoch von Rom und dem Papsttum abhängig. Ende des 9. Jahrhunderts beanspruchte der Papst die Kaiserkrönung als kirchliches Vorrecht.

Mit seiner Krönung zum Kaiser im Jahr 962 erneuerte Otto I. das karolingische Kaisertum. Der deutsche König besaß als Rechtsnachfolger des fränkischen Königs und als Herrscher über die drei Königreiche Deutschland, Italien und Burgund die Anwartschaft auf das Kaisertum. Dazu waren jedoch Salbung und Krönung durch den Papst erforderlich. Das erneuerte Kaisertum Ottos I. fand seinen Ausdruck in einem kaiserlichen Schutzprivileg für die römische Kirche und in einem Treueversprechen des Papstes Johannes XII. Als der Papst jedoch sah, dass sich Otto I. in Italien durchsetzte und seinen Einfluss festigen konnte, schloss er sich mit Ottos Gegnern zusammen. Deshalb ließ der Kaiser ihn im November 963 absetzen und setzte einen neuen Papst, Leo VII., ein. Den König von Italien, Berengar II., nahm er gefangen. Als Otto im Sommer 972 Italien verließ, stand er auf dem Höhepunkt seiner Macht. Kurz darauf, am 7. Mai 973, starb er.

Was das Kaisertum tatsächlich beinhaltete, ist nicht leicht zu bestimmen. Es brachte dem König keine unmittelbare Erhöhung der Macht, wohl aber einen Zuwachs an Ansehen und Würde. Die Oberherrschaft über das „Abendland" hatte er auch nie erreicht, erhob aber den Anspruch darauf. Einerseits war er als „Stellvertreter Christi" zum Schutz der Christenheit verpflichtet und setzte die Päpste und Bischöfe ein und ab. Andererseits leistete er als „Sohn der römischen Kirche" bei Zusammentreffen mit dem Papst den symbolischen Zügel- und Bügeldienst. Das heißt, er ordnete sich symbolisch dem Papst unter, indem er ihm den Steigbügel hielt und anschließend dessen Pferd am Zügel führte.

Doch die gegenseitigen Ansprüche, in weltlichen bzw. geistlichen Angelegenheiten mitzubestimmen, sollten im 11. Jahrhundert zu schweren Konflikten zwischen Päpsten und Kaisern führen.

M1

Himmel, Heilige und die Kaiserfamilie Ottos I. mit Christus, Elfenbeinschnitzerei, 10. Jh.
Christus in der Mitte, oben zwei Engel, rechts und links die beiden Heiligenfiguren Maria und Mauritius, Schutzpatron des von Otto I. gegründeten Erzbistums Magdeburg. Unten: der Kaiser, sein Sohn und die Kaiserin.

M2

Eine Kaiserkrönung in Rom

Der sogenannte Salische Kaiserordo aus der Mitte oder der zweiten Hälfte des 11. Jahrhunderts wurde in einer Handschrift des 14. Jahrhunderts überliefert. Er vermittelt – trotz mancher Ungenauigkeiten – einen Eindruck vom Zeremoniell der Kaiserkrönung in Rom:

(1) Zu gegebener Zeit der Kaiserkrönung in Rom wird der Kaiser in ein mit Gold und kostbaren Edelsteinen durchwirktes Seidengewand gekleidet und hat an den Händen zwei seidene Handschuhe; (er trägt) das Schwert umgegürtet und die goldenen Sporen. Auf dem Haupt trägt er das Diadem, in der Rechten das Zepter und hat an einem Finger einen Bischofsring; in der Linken hat er den goldenen Reichsapfel.

(2) Dann stützt der Papst den Kaiser zur Rechten und der Erzbischof von Mailand zur Linken; und dann werden dem Kaiser das Kreuz mit dem Holz vom Kreuze Christi im Innern und die Lanze des hl. Mauritius vorangetragen, und so schreitet der Kaiser zur Kirche (St. Peter), wo er gekrönt werden soll. Und es wird die Messe begonnen, und vor dem Evangelium wird der Kaiser gesalbt und geweiht.

(3) Nach der Messe schreitet der Kaiser zu seinem Palast und speist. Nach dem Mahl wird der Kaiser mit einem grünen Gewand bekleidet und ihm die weiße Mitra mit dem Reif des Patrizius darüber aufs Haupt gesetzt, und er schreitet zur Vesperzeit zur Kirche.

(4) Am anderen Tage nimmt der Papst vom Altar des hl. Petrus die römische Krone und setzt sie dem Kaiser aufs Haupt, und dieser schreitet zu den Stufen der Treppe, wo der Senat steht (vor St. Peter).

(5) Danach besteigt er sein Pferd und reitet durch alle Straßen und wird von allen mit lauter Stimme begrüßt, und wenn er vor der Constantinskirche angekommen ist, empfangen den Kaiser dort die 16 Scholen (Bezirke Roms), und er betritt mit wunderbarer Fröhlichkeit die Kirche und hört die Messe.

(6) Am dritten Tage begibt sich der Gekrönte zum hl. Paulus (Kirche S. Paolo fuori le mura).

(7) Am vierten Tage geht der Gekrönte von der Bethlehemkirche zur Jerusalemkirche.

(8) An den anderen drei Tagen feiert er mit dem Papst eine Synode [Zusammenkunft], um die Vernachlässigungen der heiligen Ordnungen zu verbessern; schließlich verhandelt er mit den Kundigen über die Ordnung der Res publica (öffentliche Angelegenheiten).

Zit. nach Joachim Leuschner, Das Reich des Mittelalters, Stuttgart (Klett) o. J., S. 13 f.

M3

Das Zeremoniell der Kaiserkrönung, dargestellt im „Buch zu Ehren des Kaisers" des Petrus von Eboli (1197). Der König reitet in Rom ein. Ohne Herrschaftszeichen wird er vom Papst empfangen. Danach folgen die Rituale der Handwaschung, der Salbung und die Verleihung von Schwert, Mantel, Zepter, Ring und Krone.

1 a) Beschreibe anhand des Darstellungstextes das Verhältnis zwischen Kaiser und Papst.
b) Halte fest, worin die „Interessenverflechtung" bestand.

2 Erarbeite an M1 und M3 die jeweilige Stellung des Kaisers aus der Sicht der Künstler.

3 Vergleiche die einzelnen Phasen des Rituals der Kaiserkrönung in M2 und M3. Lege eine Tabelle an.

Papst, Kaiser und Fürsten streiten um die Macht

Wer sitzt neben wem?

Gipfeltreffen in Mainz 1184: Kaiser Friedrich I. Barbarossa (1152–1190), der Herrscher des Heiligen Römischen Reichs, hat zum Hoffest geladen und alle Fürsten sind gekommen. Doch so feierlich und prächtig alles scheint – das Fest wird zur Bühne eines Machtkonflikts, in dessen Mittelpunkt ein Stuhl steht. Der Abt von Fulda verlangt nämlich, auf dem linken Stuhl neben dem Kaiser zu sitzen – ein altes Recht der Fuldaer Äbte, wenn der Kaiser in Mainz weilte. Doch auf dem umstrittenen Platz sitzt bereits der Kölner Erzbischof. Der steht zwar auf, als Friedrich ihn darum bittet, aber er beklagt sich, dass sein langjähriger Dienst am Reich und sein Alter so gering geachtet werden. Als er schließlich droht, die Versammlung zu verlassen, schließen sich ihm sein Bruder, der Pfalzgraf bei Rhein, und andere mächtige Fürsten an. Sie stehen als Lehnsleute in einem Treue- und Schutzverhältnis zu ihm und wollen die öffentliche Kränkung nicht hinnehmen. Mit Mühe kann Friedrich sie umstimmen und die – sicherlich beabsichtigte – Auseinandersetzung verhindern, indem er dem Fuldaer Abt befiehlt, dem Erzbischof von Köln den „höheren" Stuhl zu überlassen.

M1

Kaiser Otto III. (983–1002),
Illustration aus einem Evangeliar*, um 1000

Spielregeln zeigen Machtverhältnisse

So ein Aufheben wegen eines Sitzplatzes? Vielleicht wundert dich das Verhalten der Staatsmänner, die bei dem Fest versammelt waren. Im Mittelalter gehörte es aber zu den politischen „Spielregeln", die eigene Macht zu demonstrieren und in Szene zu setzen. Zum Beispiel waren das Geben und Annehmen kostbarer Geschenke Gesten, die gute Beziehungen zwischen zwei Personen und die damit verbundenen Pflichten bekräftigten. Das galt auch für die Beendigung eines Konflikts: Der Kniefall, der als freiwillige Handlung vorgespielt wurde, war Ausdruck der Unterwerfung unter den Gegner. Damit solche Auftritte wirkungsvoll waren und zu Gesprächsthemen bei Tafelrunden, Jagdgesellschaften und Burgfesten wurden, fanden sie in der Öffentlichkeit statt. Wer gegen die politischen Spielregeln verstieß, wurde bestraft, oft sogar mit Waffengewalt. Auf mittelalterlichen Abbildungen sind weltliche und geistliche Herrscher und, manchmal, einflussreiche Frauen in Szene gesetzt worden oder haben sich bewusst in einer bestimmten Weise darstellen lassen.

Die Kirche erinnert an ihre Weltordnung

Bis zur Jahrtausendwende hatten es die Könige für selbstverständlich erachtet, in ihrem Reich über kirchliche Angelegenheiten zu entscheiden und frei gewordene Kirchenämter, z. B. Bischofsstühle, neu zu besetzen. Widerstand gegen dieses Verfahren regte sich nur selten, da die Kirche häufig Vorteile daraus zog. Selbstverständlich war diese Form der Ämtervergabe jedoch nicht und sie war kirchenrechtlich auch nicht zulässig. Seit dem 11. Jahrhundert äußerten einzelne Kleriker* Kritik an dieser Praxis. Sie behaupteten, dass die päpstliche Macht über der weltlichen stehe, und stießen damit eine Reformbewegung an, deren geistiges Zentrum das französische Kloster Cluny war. Sie stellte im Wesentlichen drei Forderungen:

- Nicht nur die Bischöfe, sondern auch alle Priester sollten unverheiratet bleiben.
- Der Kauf und Verkauf von kirchlichen Ämtern sollte verboten werden.
- Geistliche sollten nicht mehr von Laien* in ihre Ämter eingesetzt werden.

M2

Kaiser oder Papst: Wer steht höher?

Aus den „Taten Kaiser Friedrichs I.", aufgeschrieben von Rahewin, einem bischöflichen Kaplan und Notar, im Oktober 1157:

Sie [die Fürsten des Reiches] wussten, dass von einigen Römern verwegenerweise behauptet wurde, dass unsere Könige die kaiserliche Gewalt in Rom und das italienische Königreich bisher durch Schenkung der Päpste besessen hätten, was diese nicht nur in Worten, sondern auch in Schriften und Bildern darstellten und den Nachkommen überlieferten. So steht über Kaiser Lothar im Lateranpalast über einem derartigen Bild geschrieben:

Rex venit ante fores, iurans prius Urbis honores,
Post homo fit papae, sumit quo dante coronam.[1]

Den Fürsten hatte dieses Bild und diese Überschrift, davon ihm, als er in einem früheren Jahr bei Rom war, durch die Getreuen des Reiches berichtet worden war, heftig erregt, und nach einer freundschaftlich verlaufenen Auseinandersetzung mit dem Papst hatte er von Hadrian, wie ich weiß, das Versprechen erhalten, dass Schrift und Bild gleichermaßen entfernt werden sollten, damit nicht eine solche nichtige Sache den obersten Männern der Welt Stoff zu Streit und Zwietracht geben könnte. – Dies alles zusammen wurde jetzt vorgebracht. Als unter den Großen des Reiches Lärm und Aufruhr über eine so ungewöhnliche Botschaft mehr und mehr anwuchs, soll einer der Legaten[2], als ob er gleichsam zum Feuer noch das Schwert fügen wollte, gerufen haben: „Von wem hat er's denn, wenn er das Imperium[3] nicht vom Herrn Papst hat?" Wegen dieses Ausrufs steigerte sich der Zorn so sehr, dass einer von ihnen, nämlich Otto, der Pfalzgraf von Bayern, wie es heißt, mit gezücktem Schwert den Nacken des Kardinals tödlich bedrohte. Aber Friedrich trat mit der Autorität seiner Gegenwart dazwischen und beschwichtigte den Tumult.

Otto von Freising-Rahewin, Gesta Friderici I. imperatoris 3, 10, zit. nach Joachim Leuschner, Das Reich des Mittelalters, Stuttgart (Klett) 1963, S. 21 f.

[1] Übersetzung aus dem Lateinischen: Der König kommt vor die Tore und beschwört zuerst Roms Rechte; dann wird er Vasall des Papstes und empfängt die Krone, die dieser ihm gibt.
[2] hoher Abgesandter des Papstes
[3] Amtsgewalt

M3

Papst und Kaiser, Buchmalerei, 14. Jh.

1 Lies den Darstellungstext.
a) Formuliere die politischen Spielregeln, die beim Hoffest in Mainz praktiziert wurden. Welchen Zweck sollten sie erfüllen?
b) Erläutere, was der Vorfall in Mainz über das Verhältnis zwischen den Fürsten im Reich und dem Kaiser aussagt.
c) Stelle fest, welcher Streit sich zwischen Reich und Kirche anbahnte.

2 Beschreibe M1 und M3 und erläutere, welche Informationen du über die abgebildeten Personen erhältst.

3 Vergleiche in M1 und M3, wie die Machtverhältnisse dargestellt sind.

4 Untersuche M2 mithilfe der Methode „Schriftliche Quellen untersuchen" (S. 115).

5 **Partnerarbeit:** Vergleicht anhand der Seiten 236 bis 241 Wunsch und Wirklichkeit des päpstlichen Anspruchs auf eine Vorrangstellung gegenüber dem Kaisertum.

Ein Bild als Quelle II: Analyse und Vergleich

Bilder befragen

Im Mittelalter konnten die meisten Menschen nicht lesen, viele Dinge wurden deshalb in Bildern mitgeteilt. Von den meisten Bildern gab es nur das Original, z. B. ein Altargemälde, eine Wandmalerei, ein Mosaik, ein Wandteppich oder eine Buchmalerei. Nur manchmal wurden Kopien angefertigt, wie bei der Buchherstellung oder bei Holzschnitten und Kupferstichen.

M1

Karl der Große und Papst Leo III. empfangen von Petrus ihr Amt, Mosaik aus dem päpstlichen Regierungssitz in Rom (Lateranpalast), 799/800

Arbeitsschritte

1. Schritt: Einzelheiten der Bilder erfassen

Analysiere jedes Bild zunächst einzeln. Ziehe ggf. die Arbeitsschritte „Ein Bild als Quelle I" auf S. 82 f. heran. Notiere deine Ergebnisse zu den Bildern.

a) Zu Bildinhalt, Form und Aufbau des Bildes:
- Welchen Eindruck vermittelt das Bild?
- Welches Thema bzw. welcher Inhalt lässt sich erschließen?
- Welche Personen und Gegenstände sind zu sehen?
- Wo befinden sie sich?
- Wie ist das Bild aufgebaut?
- Welche Farben werden verwendet?

b) Zum Gegenstand und zur Geschichtlichkeit des Bildes:
- Welches Material und welche künstlerische Technik wurden verwendet?
- Für welchen Ort (Zweck) war das Bild bestimmt?
- Welchen Bezug zu Personen oder Ereignissen zeigt das Bild?
- Vermittelt das Bild einen realistischen, verklärenden oder verfälschenden Eindruck?
- Welche Wirkung könnte das Bild auf die Zeitgenossen gehabt haben?

c) Zur Aussage des Bildes:
- Was wollte der Künstler mit seiner Darstellung ausdrücken?
- Ergreift er mit seinem Werk Partei für eine bestimmte Person oder Auffassung?
- Lassen sich die Bildaussagen durch andere Quellen (Gegenstände, Texte, Bilder) bestätigen oder ergänzen bzw. korrigieren?

2. Schritt: Gemeinsamkeiten und Unterschiede der Bilder herausarbeiten

Notiere Übereinstimmungen und Unterschiede zu a) Bildinhalt, Form und Aufbau, b) Gegenstand und Geschichtlichkeit und c) zur Aussage der Bilder. Hilfreich ist eine tabellarische Übersicht.

3. Schritt: Gesamtaussage vergleichen

- Welche Gemeinsamkeiten in den Bildaussagen lassen sich erkennen?
- Worin unterscheiden sich die Aussagen der jeweiligen Bilder?
- Lassen sich die unterschiedlichen Aussagen erklären?

Hinweise zu den Bildern M1 und M2

M1 Das Mosaikbild dürfte noch vor 800 im Auftrag des Papstes entstanden sein. Am Thron des Apostels Petrus knien der fränkische König Karl und Papst Leo III. Petrus überreicht Karl eine Fahnenlanze und streift Leo das Pallium über den Kopf, einen schalartigen wollenen Streifen, der als Zeichen der Papstwürde (auch Erzbischofwürde) um die Schultern gehängt wurde. Die lateinische Unterschrift unter der Szene lautet übersetzt: Heiliger Petrus, spende dem Papst Leo Leben und dem König Karl Sieg.

M2 Das Krönungsbild zeigt im oberen Teil rechts und links zwei schwebende Engel, unten stehen zwei Heilige (die heiliggesprochenen Bischöfe Ulrich von Augsburg und Emmeram von Regensburg). Sie stützen den neuen Herrscher und führen ihn zu Krönung und Salbung. In der Mitte sind Heinrich II. und über ihm in einer Mandorla, einem mandelförmigen Heiligenschein, Christus dargestellt, der Heinrich die Krone aufs Haupt setzt. Der König ragt in die Madorla hinein. Dem König werden von den beiden Engeln Lanze und Schwert überreicht.

M2

Heinrich II., der Heilige (1002–1024). Krönungsbild aus dem Sakramentar, einem (Altar-)Buch für die Messe, das Heinrich II. zwischen 1002 und 1014 im Reichskloster Sankt Emmeram zu Regensburg für den Bamberger Dom anfertigen ließ.

M3

Sieh, von Gott gekrönt ...

Die Verse aus dem Krönungsbild M2 lauten in deutscher Übersetzung:

Sieh, von Gott gekrönt und beschenkt wird der
fromme König Heinrich, der durch den
Stamm seiner Ahnen dem Himmel nahe ist.
Ulrich[1] möge Herz und Taten dieses Königs segnen,
Emmeram[2] ihm süßen Trost gewähren.
Der Sorge wehrend übergibt ihm der Engel
die (Heilige) Lanze,
der andere rüstet ihn, der Schrecken verkünden
wird mit dem Schwert.
Mildtätiger Christus, gib langes Leben
deinem Gesalbten,
auf dass er dir ergeben nicht verliere den
Nutzen der Zeit.

Zit. nach Arnold Bühler u. a., Das Mittelalter, Stuttgart (Theiss) 2004, S. 120.

[1] Heiliger; Bischof im 10. Jh., verteidigte Augsburg beim Ungarneinfall (955)
[2] Heiliger, fränkischer Wanderbischof im 8. Jh.

1 Analysiere M1 und M2 mithilfe des 1. Arbeitsschrittes. Ziehe die Hinweise (Kasten) und das Lexikon „Symbole" (S. 190) mit heran.
2 Vergleiche beide Abbildungen nach Arbeitsschritt 2.
3 Formuliere die Gesamtaussagen zu beiden Abbildungen und vergleiche (3. Arbeitsschritt).
4 Prüfe anhand von M3, ob die Verse aus dem Krönungsbild deine bisherige Interpretation ergänzen können.
5 Übe die Bildanalyse an M1, S. 240.
6 **Partnerarbeit/Recherche:** Vergleicht die Abbildungen M1 und M2 mit heutigen „Herrscherbildern".

Was war der „Investiturstreit"?

König Heinrich IV. unter dem Kirchenbann

Die Könige Heinrich II. (1002–1024) und Heinrich III. (1039–1056) unterstützten die Kirchenreform. Heinrich IV. (1056–1106) jedoch lehnte sie ab. Er argwöhnte, dass seine Macht eingeschränkt werden sollte. Als er in Mailand, das zum Reich gehörte, gegen den Willen von Bevölkerung und Papst einen Erzbischof einsetzte, drohte Papst Gregor VII. (1073–1085) ihm mit der härtesten Strafe: dem Kirchenbann*. Daraufhin gerieten Heinrich IV. und viele deutsche Bischöfe in Konflikt mit dem Papst. Im Januar 1076 forderten sie ihn auf, von seinem Amt zurückzutreten. Doch Gregor machte seine Drohung wahr: Er bannte Heinrich IV. und erklärte alle ihm geleisteten Treue- und Hilfeversprechen für ungültig.

Eine bislang undenkbare Situation: Die Vertreter Gottes auf Erden erklärten sich gegenseitig für abgesetzt! Da der König unter Bann stand, war er von den Sakramenten, wie z. B. dem Abendmahl, und aus der Gemeinschaft der Christen ausgeschlossen. Das bedeutete, dass es allen Christen strengstens verboten war, mit ihm zu reden oder ihm zu helfen. Fürsten und Bischöfe* schwankten zwischen Gehorsam, Treue gegenüber ihrem König und der Hoffnung, die Lage zu ihrem eigenen Vorteil nutzen zu können. Im Herbst 1076 stellten sie Heinrich IV. ein Ultimatum: Wenn er nicht innerhalb eines Jahres vom Kirchenbann gelöst wäre, würden sie einen neuen König wählen.

M1

Der König schenkt einem Abt ein Kloster, Buchmalerei, Mitte 11. Jh.

Der „Gang nach Canossa" – Ende des Konflikts?

Heinrichs Thron wankte. Er wusste, dass nur eine angemessene Buße ihn von dem Bann befreien konnte. Deshalb entschloss er sich, noch im Winter mit seiner Familie die Alpen zu überqueren, um Gregor VII. aufzusuchen. Dieser war inzwischen auf dem Weg in das Zentrum des Reiches, um eine Lösung des Konflikts herbeizuführen und möglicherweise den Sturz Heinrichs zu besiegeln. Als er von dem Zug Heinrichs hörte, vermutete er eine kriegerische Absicht und verschanzte sich auf der Burg Canossa in Oberitalien. Die Burgherrin, Markgräfin Mathilde von Tuszien, war nicht nur eine treue Anhängerin des Papstes, sondern auch die Tante Heinrichs IV. Deshalb trat sie mehrfach als Vermittlerin zwischen König und Papst auf. Am 25. Januar erschien Heinrich IV. im Büßergewand vor der Burg. Drei Tage lang musste er dort warten, bis Gregor VII. nach Verhandlungen mit Mathilde und dem zufällig anwesenden Abt von Cluny, Heinrichs Taufpaten, den Bann löste.

Die Ereignisse von Canossa beendeten den Konflikt zwischen dem Papst und der weltlichen Macht aber nicht: Einige deutsche Fürsten verbündeten sich erneut mit dem Papst gegen den König und wählten 1077 einen Gegenkönig. Heinrich IV. jedoch konnte seine Gegner schließlich mit Waffengewalt besiegen und ließ einen Gegenpapst wählen, der ihn 1084 zum Kaiser krönte. Gregor VII. floh und starb wenig später.

Erst 1122 wurde ein Kompromiss ausgehandelt: das Wormser Konkordat. Darin wurde das Verfahren für die Investitur geregelt: Ein Bischof hatte danach sowohl weltliche als auch geistliche Aufgaben, da er Besitz und Sakramente der Kirche verwaltet. Die weltlichen Herrschaftsrechte übertrug ihm der König, die geistlichen Aufgaben wurden ihm von der Kirche durch die Weihe zugeführt.

Begriffe und Daten

Investitur

Als Investitur (von lat. investire = bekleiden) wird die feierliche Einsetzung von hohen Geistlichen in ihr Amt im Mittelalter bezeichnet.

M2

Über die Erneuerung der Kirche

Unter dem Titel „Dictatus papae“ stellte Papst Gregor VII. im Jahr 1075 kirchenrechtliche Grundsätze auf:

1. Einzig und allein von Gott ist die römische Kirche gegründet …

3. Er [der Papst] ganz allein kann Bischöfe absetzen und auch wieder einsetzen …

7. Nur er darf, wenn es die zeitliche Notwendigkeit verlangt, neue Gesetze erlassen, neue [Kirchen-] Gemeinden gründen …, ein reiches Bistum teilen und arme zu einem einzigen zusammenlegen.

8. Nur er verfügt über die kaiserlichen Insignien.

9. Alle Fürsten haben die Füße einzig und allein des Papstes zu küssen …

12. Der Papst kann Kaiser absetzen …

18. Sein Entscheid kann von niemandem aufgehoben werden, er selbst aber kann Urteile aller anderen … aufheben.

19. Über ihn [den Papst] besitzt niemand richterliche Gewalt …

26. Wer nicht mit der römischen Kirche übereinstimmt, kann nicht als katholisch[1] gelten.

27. Er kann Untertanen vom Treueid gegen unbillige [Herrscher] entbinden.

Zit. nach Geschichte in Quellen, Bd. 2, hg. und übers. v. Wolfgang Lautemann, 3. Aufl., München (bsv) 1978, S. 291 f.

[1] zur ganzen christlichen Kirche gehörig

M3

Der Investiturstreit aus heutiger Sicht

Der Historiker Gert Althoff urteilte 1998:

Man kann wohl … sagen, dass im Fall Heinrichs IV. und seiner zahlreichen unterschiedlichen Gegner die mittelalterliche Gewohnheit, auf dem Verhandlungswege Kompromisse zu finden, deutlich an ihre Grenzen gelangt war. Zwei Hauptprobleme lassen sich … erkennen: Zum einen gelang es nicht, Vermittler zu finden, die über genügend Autorität verfügten, Kompromisse auch durchzusetzen. Zum anderen … scheint Heinrich IV. häufiger als andere Herrscher die Regeln der Konfliktbeilegung missachtet und gebrochen zu haben. Aus diesem Grund durchsetzte Misstrauen grundsätzlicher Art das gesamte Feld der Beratung und der Kommunikation.

Gert Althoff u. a. (Hg.), Menschen im Schatten der Kathedrale, Darmstadt (Wissenschaftliche Buchgesellschaft) 1998, S. 88.

M4

Heinrich IV. (1056–1106) bei der Markgräfin Mathilde (1052–1115), Buchmalerei, 1114/15. Abgebildet sind die Markgräfin Mathilde von Tuszien, Heinrich IV. und der Abt von Cluny. Die Bildinschrift lautet: Der König fragt den Abt und fleht Mathilde an.

1 Erläutere die in M2 aufgelisteten Grundsätze.

2 Fasse die Informationen im Darstellungstext über den „Investiturstreit“ mt deinen Worten zusammen.

3 Stelle fest, was du M4 über die Sicht des Malers entnehmen kannst. Achte auf die einzelnen Personen (z. B. Größe, Haltung, Kleidung) und ihre Zuordnung zueinander.

4 Erarbeite aus M3, wie der Verfasser das Verhalten Heinrichs IV. beurteilt. Belege dein Ergebnis am Text.

5 **Eine Szene gestalten:** Das Bild M1 stammt aus der Evangelienhandschrift von der Reichenau, die König Heinrich IV. geschenkt werden sollte. Wegen des Investiturstreits wurde sie kurz vor ihrer Vollendung abgebrochen. Der Auftraggeber von M1, ein Kleriker, teilt dem Maler mit, dass er seinen Auftrag zurückzieht. Gestaltet das Gespräch der beiden in Gruppen nach und schreibt es auf. Spielt in der Klasse die Szenen vor und diskutiert sie.

Webcode: FG642342-245

Die Wikinger – nur Seeräuber?

Was trieb die Wikinger „in die Welt"?

Angeblich waren sie „Seeräuber", tranken Bier aus Totenschädeln, trugen Helme mit Hörnern, fuhren als Piraten in Drachenschiffen mit rotweiß gestreiften Segeln über die Weltmeere und hatten blonde oder rote Haare. Dieses Bild von den Wikingern hat sich in den vergangenen 200 bis 300 Jahren entwickelt – eine Vorstellung, die mit den historischen Quellen und Befunden in dieser Vereinfachung nicht übereinstimmt.

Wer waren die Wikinger? Der Begriff (altnordisch: vikingr) wird als Seeräuber übersetzt. „Vik" bedeutet auch: Bucht, Leute aus der Bucht, und „vig" steht für: Kampf, kampffreudige Männer. Im Allgemeinen wird die gesamte Bevölkerung Skandinaviens vom 8. bis 11. Jahrhundert als Wikinger bezeichnet, der Zeitraum als „Wikingerzeit".

Was trieb die Wikinger, auch Normannen (Nordmannen), in Osteuropa Waräger oder Rus genannt, von Skandinavien aus zu ihren kriegerischen Eroberungszügen nach Südwesten, Nordwesten und Osten? Die ältere Forschung sah die Ursachen in der Überbevölkerung Skandinaviens, in der Armut der Bevölkerung, in der Flucht freier Bauern vor der zentral gelenkten Monarchie in Norwegen und in Klimaveränderungen. Alle diese Erklärungen werden in der neueren Forschung nicht mehr für überzeugend gehalten. Sie hebt vielmehr allgemeinere Faktoren hervor, die die Wikingerzüge ermöglicht bzw. ausgelöst haben könnten:

- Kenntnisse und Techniken für den Bau seetüchtiger Segelschiffstypen,
- die enorme Praxis der Skandinavier in Seefahrt und Navigation seit der Bronzezeit,
- das Recht des erstgeborenen Sohnes, das gesamte Land zu erben, das zu Spannungen zwischen den Söhnen und zu Auswanderungen geführt haben könnte,
- die Fähigkeit, eine Art Fahrtgemeinschaft zu bilden, die von der Finanzierung bis zur Ausrüstung und Beuteverteilung eine funktionierende gesellschaftliche Ordnung aufweisen musste,
- die Gier nach Land, Reichtum und Ruhm, wie sie in zeitgenössischen Heldenliedern immer wieder geschildert und in Beutezügen gegen Klöster und Kirchen mit ihren wertvollen Kultobjekten sichtbar wird.

Obwohl die Skandinavier vor ihrer Bekehrung den Christen als Heiden gegenüberstanden, werden die kriegerischen Auseinandersetzungen nicht als Glaubenskrieg gesehen.

M1 **Die „Welt" der Wikinger 800 bis 1100**

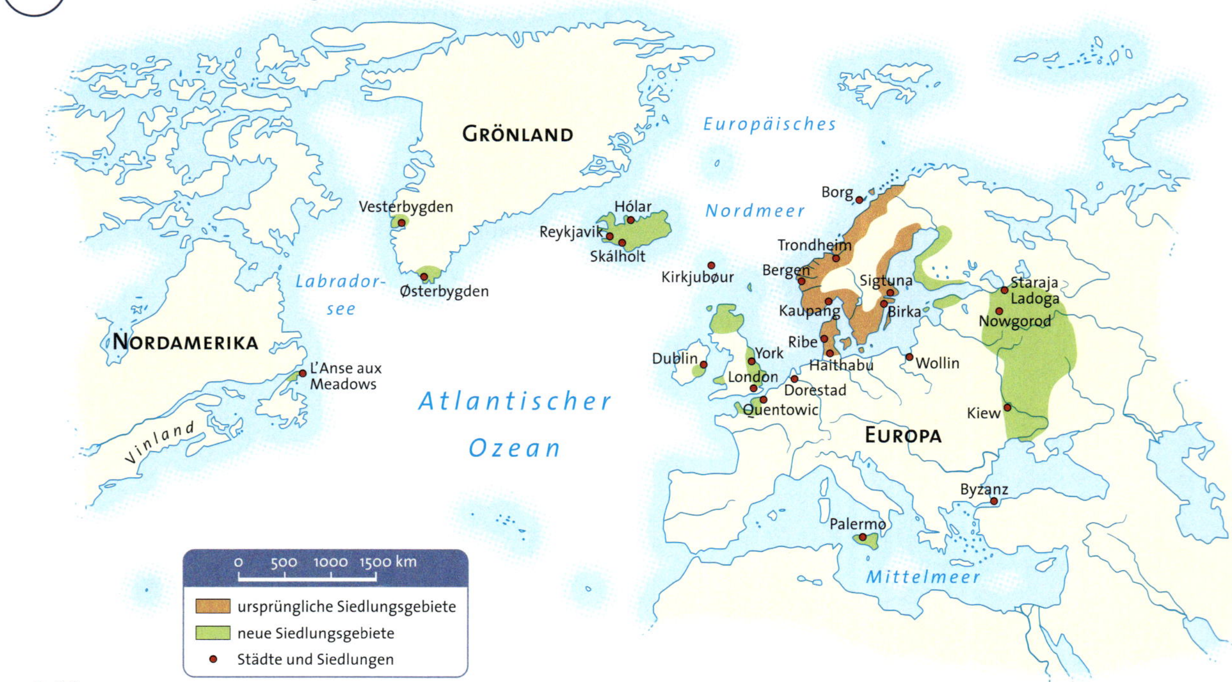

M2

Die Zerstörung Hamburgs im Jahre 845

Der Domherr und Chronist Adam von Bremen (verstorben zwischen 1081 und 1085) schrieb 1074 über die Normannen:

In diesen Tagen arbeitete unser hl. Vater Ansgar tatkräftig an der ihm anvertrauten Legation[1], mühte sich zu Hamburg um seine junge Pflanzung und förderte die Kirche durch Weisungen seines Mundes und das Werk seiner Hände ... Währenddessen schwärmten die Normannen auf ihren Raubzügen überall umher und zwangen die Friesen zu Tributzahlungen. Zur selben Zeit fuhren sie den Rhein aufwärts und lagerten vor Köln, die Elbe aufwärts und zündeten Hamburg an. Die herrliche Stadt ging in Raub und Brand völlig unter. Da wurde die Kirche vernichtet, da das Kloster, da die mit so großem Fleiß zusammengetragene Bibliothek. Der hl. Ansgar konnte, wie es heißt, mit den hl. Märtyrerreliquien kaum das nackte Leben retten ... Damals wurde auch Bischof Gauzbert von fanatischen Heiden aus Schweden vertrieben ... Sieben Jahre lang war Schweden seitdem ohne Priester. Der aus seinem Reiche vertriebene Anund stellte damals den Christen nach. Hergeir, der Vorsteher von Birka, hielt dort ganz allein das Christentum aufrecht. Er erwarb auch so hohe Gnade für seine Glaubenstreue, dass er durch die Kraft seiner Wundertaten und seine mahnende Unterweisung viele tausend Heiden rettete. Das steht in den „Taten des hl. Ansgar".

Zit. nach Geschichte in Quellen, Bd. 2, hg. v. Wolfgang Lautemann, 3. Aufl., München (bsv) 1978, S. 611 f., übers. v. W. Trillmich.

[1] vom Papst übertragenes Amt zur Verwaltung eines kirchlichen Bezirks

1 Tragt euer Wissen über die Wikinger zusammen.
2 Beschreibe die Verbreitung der Wikinger (M1).
3 Fasse mithilfe des Darstellungstextes die neuesten Erkenntnisse über die Wikingerzüge zusammen.
4 a) Analysiere M2. b) Prüfe, worin sich Wertungen des Autors gegenüber den Wikingern zeigen.
5 Erörtere mithilfe von M1 und M3 die Bedeutung von Schiffstechnik und Schifffahrt für die Wikinger.
6 a) Stelle fest, wie in M4 die Kindheit der Wikinger beschrieben wird. b) Vergleiche mit dem Film.
7 Beantworte die Fragen in den Überschriften auf S. 246.

Webcode: FG642342-247

M3

Das Osebergschiff (Ausgrabung im Jahr 1904) nach der Rekonstruktion, Foto, 1980

M4

„Einmal kleiner Wikinger sein"

Der Wissenschaftsjournalist Ulli Kulke schrieb 2009 in der Zeitung Die Welt:

Einst zogen sie raubend von Küste zu Küste. Heute ist das Bild der Nordmänner verniedlicht durch Filme wie „Wickie und die starken Männer" ... Doch das wahre Leben ihrer Kinder sah anders aus ... Neugeborene, die nach ihrer Geburt etwa den Eindruck von Krankheit oder Behinderung erweckten, wurden von der Sippe gleich aus dem Langhaus getragen und dem Tod überlassen ... „Gerade mal die Hälfte des Wikingernachwuchses erlebte den fünften Geburtstag", meint der Skandinavist Arnulf Krause ... Ab dem Alter von sieben Jahren galt man als vollwertige Arbeitskraft ... Rau, kurz und anstrengend war die Kindheit im Norden. Dabei bieten solche Erkenntnisse aus der Wikingerforschung durchaus Parallelen mit der Kindheit in Mitteleuropa – auch hier war der Schulbesuch in jenen Zeiten die große Ausnahme, auch hier war die Kindersterblichkeit groß ... Gern tauschten die Familien ihre Kinder schon im frühen Alter, gaben sie in die Obhut fremder Sippen ... Natürlich sollte sich in der Fremde der kindliche Horizont erweitern. Wikingerforscher Krause sieht hierbei eine Art „Vergeiselung" der Kinder: Klans, die Kinder ausgetauscht haben, bleiben friedlich untereinander.

Ulli Kulke, Einmal kleiner Wikinger sein, in: Die Welt vom 5. September 2009, S. 10.

Haithabu – ein Handelsplatz der Wikingerzeit

Ein Handelszentrum zwischen Nord- und Ostsee

Die frühmittelalterliche Siedlung Haithabu (dänisch Hedeby, heutiger deutscher Name Haddeby) war in der Wikingerzeit einer der bedeutendsten Siedlungsplätze Nordeuropas, die im 8. und 9. Jahrhundert rund um die Ostsee entstanden. Im Jahre 1897 identifizierte der dänische Archäologe Sophus Müller einen mächtigen Wall südlich von Schleswig mit dem auf Runensteinen genannten Ort „Haiðaby". Die deutsche Archäologin Johanna Mestorf konnte die Annahme im Jahre 1900 bestätigen und ließ erste Ausgrabungen durchführen, die bis in unsere Zeit fortgeführt werden.

Vorschlag für eine Gruppenarbeit

Bearbeitet die folgenden Themen mithilfe weiterer Informationen aus Lexika, Fachbüchern und dem Internet und stellt eure Ergebnisse in der Klasse vor.

1. Lage und Geschichte Haithabus
2. Leben in Haithabu
3. Haithabu als nordeuropäischer Handelsplatz
4. Hausformen nach Funden und Rekonstruktionen
5. Handwerke in Haithabu
6. Das Danewerk

M1

Rekonstruktion eines Hauses

M3

Haithabu, ein winkingerzeitlicher Siedlungsplatz, Luftaufnahme, 2000

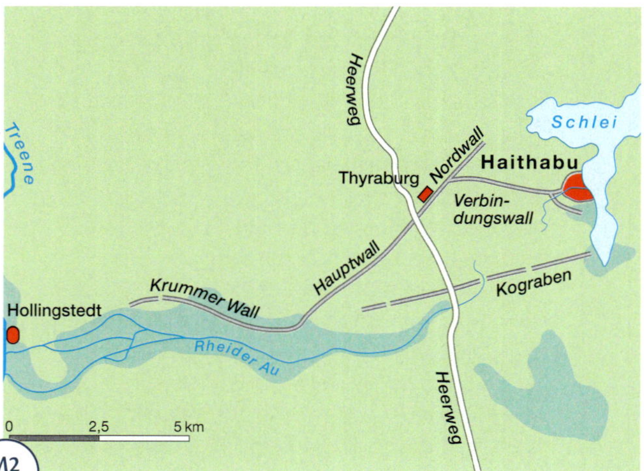

M2

Haithabu und das Danewerk. Die Dänen errichteten die Wallanlagen (Danewerk) zum Schutz gegen die Sachsen im Süden.

M4

Stadt und Hafen Haithabu

Herrschaft im mittelalterlichen Europa

M1 Heinrich IV. in Canossa – ein Ereignis wird aus unterschiedlicher Sicht erzählt

In den Jahrbüchern des Mönchs Lampert von Hersfeld (gestorben nach 1080) steht zu den Ereignissen von Canossa (Januar 1077):

1A [Endlich ließ sich der Papst] mit großer Mühe kaum so weit erbitten, dass er ihm gestattete, vor ihn zu kommen und, wenn er aufrichtige Reue über seine Vergehungen hege, die Schuld … durch Gehorsam gegen die Beschlüsse … zu sühnen. Jener kam, wie ihm befohlen worden, und da die Burg mit einer dreifachen Mauer umgeben war, wurde er in den Umkreis der zweiten Ringmauer aufgenommen, während sein ganzes Gefolge außerhalb zurückblieb, und hier stand er … ohne alle Zeichen königlicher Würde, keinerlei Prunk zur Schau tragend, barfuß, fastend vom Morgen bis zum Abend, in Erwartung des Ausspruches des römischen Papstes … Erst am vierten Tage wurde er ihm vor Augen gelassen und nach vielen Reden und Gegenreden zuletzt unter … Bedingungen vom Banne losgesprochen.

Die Jahrbücher des Lampert von Hersfeld, übers. v. L. F. Hesse, bearb. v. W. Wattenbach, 4. Aufl., Leipzig (Verlag der Dykischen Buchhandlung) 1912, S. 288 ff.

Ein anonymer Verfasser veröffentlichte vermutlich 1106/07 eine Lebensbeschreibung über Heinrich IV. („Vita Henrici"). Über die Ereignisse in Canossa schrieb er:

1B Als Heinrich erkannte, wie sehr er in Bedrängnis geraten war, fasste er in aller Heimlichkeit einen schlauen Plan; plötzlich und unerwartet reiste er dem Papst entgegen und erreichte mit einem Schlag zwei Dinge: Er empfing die Lösung vom Bann und unterband durch sein persönliches Dazwischentreten die für ihn bedenkliche Zusammenkunft des Papstes mit seinen Widersachern. Auf das ihm zur Last gelegte Verbrechen ging er kaum ein, weil er, wie er betonte, auf Anschuldigungen seiner Gegner, selbst wenn sie auf Wahrheit beruhten, nicht antworten müsse.

Vita Henrici IV. Imperatoris, übers. v. Irene Schmale-Ott, in: Quellen zur Geschichte Kaiser Heinrichs IV., hg. v. Franz-Josef Schmale, Berlin (Rütten & Loening) 1963, S. 421.

Überprüfe, was du kannst

Sachkompetenz

1 Kläre die folgenden Begriffe: König (S. 232), Kaiser (S. 232), Investitur (S. 244).

2 Beschreibe in Stichworten die Stellung des Königs, des Kaisers und des Papstes zueinander (S. 238–241).

3 Stelle dar, wie Karl der Große seine Herrschaft im Frankenreich ausübte und sicherte (S. 232–233).

4 Erläutere: Kindheit bei den Wikingern.

Methodenkompetenz

5 Analysiere M1A und M1B mithilfe der Methode „Schriftliche Quellen vergleichen" (S. 140–141).

Selbst- und Sozialkompetenz

6 Nimm Stellung: Der Begriff des „Deutschen Reiches" stammt aus der Zeit Karls des Großen.

7 Beurteile die folgende Aussage: Der Konflikt zwischen geistlicher und weltlicher Macht war nach dem Investiturstreit gelöst. Begründe deine Antwort.

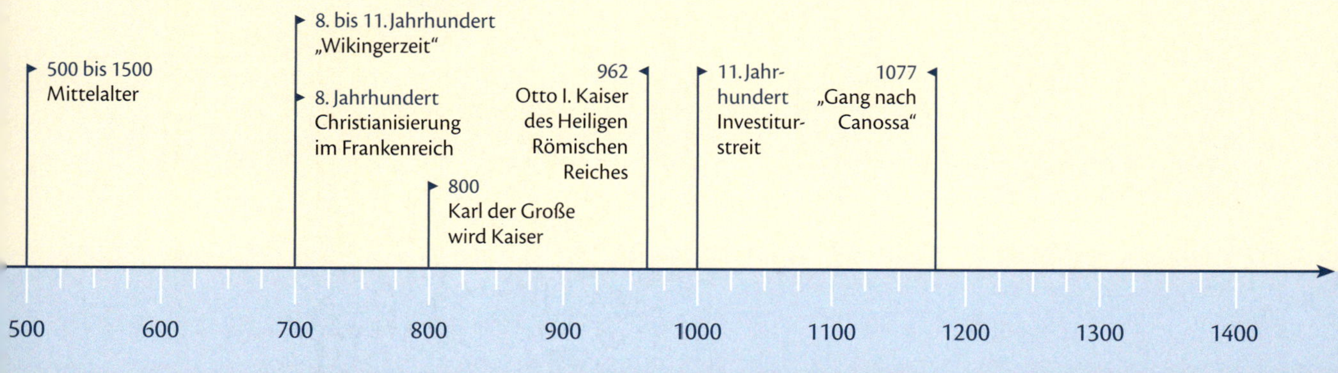

Umgang mit dem anderen

Wissen • Methoden anwenden • Beurteilen und Handeln

Am Ende dieses Unterkapitels kannst du

- das Aufeinandertreffen der arabisch-islamischen Eroberer und der Einheimischen der Iberischen Halbinsel, des heutigen Spanien und Portugal, beschreiben
- das Zusammenleben zwischen Christen, Juden und Muslimen darstellen
- die Motive, die den Kreuzzügen zugrunde lagen, erklären
- den Umgang zwischen Slawen und Deutschen beschreiben und bewerten
- **Methode** Perspektivwechsel – „Mit den Augen des anderen sehen"
- **Methode** Informationen präsentieren

Die Ausbreitung des Islams bis zum 8. Jahrhundert

- **8. Jh.:** Muslime erobern die Iberische Halbinsel
- **9./10. Jh.:** Juden siedeln in Europa
- **seit 11. Jh.:** Deutsche Ostsiedlung
- **11. bis ausgehendes 13. Jh.:** Kreuzzüge

Der Islam – eine neue Religion, eine neue Macht

Der Prophet Mohammed

Als Mohammed, der spätere Prophet des Islams (arab. islam = Hingabe an Gott, Ergebung in Gottes Willen), um 570 n. Chr. in der arabischen Handelsstadt Mekka geboren wurde, verehrten die Gläubigen dieser Stadt 300 Götter. Das allen Arabern gemeinsame Heiligtum war die Kaaba, zu der alljährlich viele Beduinen pilgerten.

Mohammed wuchs bei seinem Großvater und nach dessen Tod bei seinem Onkel Abu Talib auf. Der war ein angesehener Geschäftsmann und Mohammed folgte seinem Beispiel: Er wurde Fernhändler. Auf seinen Reisen durch den Orient begegnete Mohammed Juden und Christen. An deren Religion beeindruckte ihn besonders der Glaube an nur einen einzigen Gott (Monotheismus). Im Jahr 610 wurde Mohammed nach seinen Berichten von dem Erzengel Gabriel zum Propheten einer neuen Religion berufen. Als er mit seiner Glaubenslehre an die Öffentlichkeit trat, fand er zunächst nur wenige Anhänger. Er zog sich vielmehr die Feindschaft einflussreicher Kaufmannsfamilien zu, denn er kritisierte, dass die meisten Menschen nur auf ihren eigenen Vorteil bedacht seien. 622 n. Chr. musste er schließlich nach Medina flüchten. Diese Auswanderung (arab. hidschra) wurde später das Anfangsdatum der islamischen Zeitrechnung. In Medina sammelte Mohammed Anhänger und zog als religiöser, politischer und militärischer Führer 630 n. Chr. in Mekka ein. Bis zu seinem Tod 632 n. Chr. hatte Mohammed ganz Arabien für den Islam gewonnen.

Das islamische Reich

Die schnelle kriegerische Ausbreitung des Islams setzte sich nach dem Tod Mohammeds fort. Die Kalifen, die Nachfolger des Propheten, führten die Kämpfer im Namen Allahs, ihres Gottes, als dessen Prophet Mohammed gilt. Viele Muslime sahen in der Ausdehnung der islamischen Herrschaft den Beweis dafür, dass der Islam den älteren Religionen Judentum und Christentum überlegen sei.

Der Islam war von Anfang an nicht nur eine Glaubensrichtung, ihn prägten auch politische Ideen. Mohammed vertrat die Auffassung, dass Religion und Staat, also geistliche und weltliche Macht, nicht getrennt sein sollten. So wurden die militärischen Erfolge beim Aufbau des islamischen Reichs im 8. Jahrhundert als Siege des sogenannten „Dschihad" gefeiert. „Dschihad" bedeutet allgemein „Anstrengung für den Glauben", wird aber auch als „heiliger Krieg" gegen Andersgläubige verstanden. In den neuen Herrschaftsgebieten verlangten die Araber von Nicht-Muslimen eine besondere Steuer, stellten sie dafür unter ihren Schutz und erlaubten ihnen die Ausübung ihrer eigenen Religion.

Anders als das Christentum, das die Einheit von Religion und Staat nicht fordert, akzeptieren stranggläubige Vertreter des Islams bis heute keine Trennung der Macht zwischen Religion und Staat. Dagegen ist die Trennung von Staat und Kirche in westlichen Demokratien in der Verfassung festgelegt.

1 Beantworte mithilfe des Darstellungstextes und der Karte S. 250 folgende Fragen: a) Wie entstand der Islam?
b) Wie und in welchen Räumen wurde er verbreitet?
c) Was wird unter „Dschihad" verstanden?
d) Wie wird im Islam das Verhältnis von Religion und Politik gesehen?

2 Informiere dich über die fünf Grundpflichten des Islams.

3 Bewerte, welche Bedeutung eine Pilgerfahrt nach Mekka für das Zusammengehörigkeitsgefühl der Muslime haben könnte (M1).

M1

Innenhof der Großen Moschee mit der Kaaba in Mekka, das bedeutendste Heiligtum des Islams, Foto, 1995. Jeder Muslim sollte einmal im seinem Leben eine Pilgerfahrt nach Mekka unternehmen (eine Grundpflicht des Islams).

Muslime, Juden und Christen – das Beispiel Spanien

Arabische Herrschaft in Spanien

Im Jahre 711 setzte ein arabisches Kommando von Afrika auf die Iberische Halbinsel über und schlug die Truppen des Westgotenkönigs Roderich. In den folgenden Jahren eroberte eine arabische Armee fast die gesamte Halbinsel und den Südwesten Frankreichs. Die Ausdehnung der arabischen Herrschaft kam 732 zum Stillstand, als fränkische Heere unter Karl Martell die Sarazenen – so wurden die Araber von christlichen Europäern genannt – bei Poitiers schlugen.

Stammesrivalitäten und Sippenfehden bestimmten die ersten Jahrzehnte der arabischen Herrschaft in al-Andalus, dem islamischen Süden der Iberischen Halbinsel. Unter dem Kalifen Abd ar-Rahman III. (912–961) erlebte al-Andalus eine Blütezeit. Davon zeugt die Residenzstadt Córdoba mit der Mezquita-Catedral noch heute. Die politische und militärische Schwäche der christlichen nordspanischen Fürstentümer verhinderte zunächst eine Rückeroberung (span. Reconquista) muslimischer Gebiete. Erst 1212 wurden die arabischen Heere bei Las Navas de Tolosa von den Fürstentümern Léon, Kastilien, Navarra und Aragón besiegt, 1236 folgte die Eroberung von Córdoba und 1248 von Sevilla. Nur das Nasridenreich von Granada konnte sich bis 1491 halten.

Kampf der Kulturen?

In al-Andalus lebten unter arabischer Herrschaft Muslime, Juden und Christen zusammen. Ihre kulturellen Traditionen, wissenschaftlichen Kenntnisse und die am Glauben orientierten Wertvorstellungen verschmolzen im Laufe der Zeit. Das führte dazu, dass Kultur und Wissenschaften in al-Andalus viel weiter entwickelt waren als im übrigen Europa. Den größten Anteil daran hatte die islamische Kultur, die der abendländischen in vielen Bereichen der Philosophie, Medizin, Astronomie und Mathematik voraus war. Sie führten ein ausgeklügeltes Bewässerungssystem ein, machten Bodenprodukte wie Zuckerrohr, Baumwolle, Pfirsichbaum und Dattelpalme in Andalusien heimisch und trieben intensiven Handel mit dem afrikanischen Kontinent.

Bereits unter der arabischen Herrschaft traten Teile der christlichen Bevölkerung zum Islam über. Wer Christ blieb, musste in eigens für Christen vorgesehenen Stadtvierteln leben. Als „Nichtgläubige" mussten sie – wie auch die Juden – eine Kopfsteuer zahlen. Unter dem Eindruck der Kreuzzüge verschärften sich die Gegensätze. Verfolgung und Vertreibung prägten zunehmend das Zusammenleben. Nach der Rückeroberung durch christliche Herrscher wurden Juden und Muslime zur Taufe oder zur Emigration gezwungen.

Lesetipp

Nabil Osman, Kleines Lexikon deutscher Wörter arabischer Herkunft, München (C. H. Beck) 2003.

M1

Blick in das Innere der Mezquita-Catedral in Córdoba, Foto, 1986. Córdoba war die Residenz der islamischen Machthaber von al-Andalus. Im hohen Mittelalter hatte die Stadt zeitweise 100 000 Einwohner. Die Mezquita (span. Moschee) wurde 786/87 erbaut und bis zum Ende des 10. Jh. erweitert. In der Mitte des Betsaals wurden nach der christlichen Rückeroberung 63 Säulen herausgebrochen, um darin die Kathedrale zu errichten.

M2

Arabisch-islamische Wissenschaften

Der Journalist Arnold Hottinger zum Ursprung des x-Symbols in der Mathematik (1995):

Die Araber haben Gleichungen ersten und zweiten Grades eifrig studiert und die Formeln, die sie aus der griechischen Mathematik hatten, ausgebaut und verfeinert. Sie benötigten solche Gleichungen für das persönliche, alltägliche Leben: für die komplexen [komplizierten] Erbteilungen, die in den arabischen Großfamilien mit mehreren Frauen und Kindern stets nach dem im Koran festgelegten Prinzip durchgeführt werden mussten ... Bei den Formeln ... verwendeten die Araber einen Buchstaben (= sch) für „Schay“ (= Sache) in der Funktion unseres heutigen x. Das Altspanische und das Lateinische der Epoche pflegten ihrerseits den Buchstaben „x“ für die Wiedergabe des arabischen „sch“-Lautes zu verwenden ... So kam es zu altspanischen Schreibungen wie ... Don Quixote ... für den heutigen Quijote ... Aus diesem Grunde war es auch logisch, dass die alten Spanier x für die arabische Abkürzung „Sch“ in mathematischen Formeln setzten, und dieses Symbol ist dann weltweit gültig geworden.

Arnold Hottinger, Die Mauren, München (Wilhelm Fink) 1995, S. 419.

M4

Geschichtsschreibung über al-Andalus

Der Historiker Gottfried Liedl schrieb 1993:

Auf ihrem Epitaph[1] aus dem 16. Jahrhundert werden die katholischen Könige als „prostratores“[2] und „extinctores“[3] der Mauren und Juden gerühmt. Eine ganze Chronistenzunft beteiligte sich am Geschäft dieses „Niederwerfens“ und „Ausrottens“ und produzierte eine Geschichte Spaniens, worin 800 Jahre Zugehörigkeit zum islamischen Kulturkreis einfach nicht stattgefunden haben sollten. So hatte schon im 15. Jahrhundert der Historiograf[4] Fernán Pérez de Guzmán – wenn man der Überlieferung Glauben schenken darf – die Geschichte der Araber Spaniens für ... nicht wert [gehalten], schriftlich bezeugt zu werden ... Dieser Wille zur Lücke ist bemerkenswert und findet sich nicht nur in der spanischen Geschichtsschreibung, sondern durchzieht die gesamte Historiografie des Abendlandes, wo die Jahrhunderte des Islams, wenn überhaupt, dann nur in seltsamen Verkleidungen Eingang in die Archive fanden.

Gottfried Liedl, Dokumente der Araber in Spanien, Bd. 2, Wien (Turia & Kant) 1993, S. 9 f.

[1] Grabinschrift [2] Vernichter [3] Auslöscher
[4] Geschichtsschreiber

M3

Arabische Wissenschaftler, türkische Buchmalerei, 16. Jh. Die Wissenschaftler benutzen verschiedene Messgeräte: beispielsweise Zirkel, Lineal, Globus, Sanduhr und diverse Winkelmesser. Die Astronomen rechts oben beschäftigen sich mit dem Astrolabium, einem scheibenförmigen Messgerät zur Bestimmung der geografischen Breite, das von den Arabern im 11. Jahrhundert in Europa eingeführt wurde und bis zur Erfindung des Fernrohrs in Gebrauch blieb.

1 Erstelle anhand des Darstellungstextes eine Zeittafel zu der Frage, wann und wie die Muslime die Iberische Halbinsel eroberten und wieder verloren.
2 Beschreibe mithilfe des Darstellungstextes (rechte Spalte) das Zusammenleben in al-Andalus.
3 Erstelle anhand von M1 bis M3 eine zweispaltige Tabelle: Kulturelle Leistungen der Araber/Nutzen.
4 a) Gib die Aussagen des Autors von M4 zur spanischen Geschichtsschreibung über al-Andalus mit eigenen Worten wieder.
b) Nimm Stellung zu dieser Art von Erinnerung.

Die Kreuzzüge

Krieg mit christlichen Motiven?

Im Herbst 1095 rief Papst Urban II. die „christliche Ritterschaft" zu einem Befreiungskrieg – dem 1. Kreuzzug (1096–1099) – gegen die muslimische Herrschaft über die Heiligen Stätten in Jerusalem auf. Aus mittelalterlicher christlicher Sicht waren Kriege dann gerechtfertigt, wenn ihnen als Motiv Liebe und Barmherzigkeit zugrunde lagen und die Angegriffenen damit zur „rechten Lehre" zurückgeführt wurden. Tatsächlich wurden viele von religiösen Sehnsüchten und Hoffnungen, darunter die Aussicht auf den Erlass aller Sünden, sowie sozialen und wirtschaftlichen Problemen in ihrer Heimat zum Zug nach Jerusalem motiviert. Die Menschen, die im Einsatz für den Glauben starben, bezeichnete die Kirche seit dem 9. Jahrhundert als „Märtyrer".

Vier Jahre nach dem Aufruf Urbans eroberten Kreuzritter Jerusalem und richteten ein Blutbad unter Muslimen an. Auch die anschließende Gründung von Kreuzfahrerstaaten im Nahen Osten forderte einen hohen Blutzoll unter der muslimischen Bevölkerung. Die Zeit der Kreuzritter währte allerdings nicht lange: Zwischen 1265 und 1291 wurden sie aus den Gebieten vertrieben.

Feindbilder und Erfahrungen

Während der Kreuzzüge dienten Feindbilder, sowohl auf christlicher als auch auf muslimischer Seite, dazu, Hass und Kampfbereitschaft zu schüren. So ist in zeitgenössischen muslimischen Quellen von „ungläubigen Franken" die Rede, denen man keine Achtung entgegenbrachte. Auf der anderen Seite sollen Christen für die Kreuzzugswerbung ein Bild des Messias (Jesus), der gerade von einem Araber erschlagen wurde, verwendet haben.

In den Kreuzfahrerstaaten kam es dennoch häufig zu Verträgen und friedlichen Kontakten, sogar engen Freundschaften zwischen Christen und Muslimen. Aber in den Quellen ist auch von unüberbrückbaren religiösen und kulturellen Gegensätzen die Rede.

Im Laufe der Kreuzzugsbewegung setzte sich in der Kirchenlehre die Auffassung durch, dass Muslime nicht allein wegen ihres Glaubens angegriffen werden dürften. Vielmehr ginge es um den Schutz der heiligen Stätten und den Einsatz für die Kirche.

M1

Der Aufruf zum Kreuzzug

Papst Urban II. (1088–1099) hielt 1095 in der französischen Stadt Clermont-Ferrand eine Rede. Ihr Inhalt wurde von dem Mönch Robert von Reims zwölf Jahre später aufgeschrieben:

Ihr Volk der Franken, ihr Volk nördlich der Alpen, ihr seid ... Gottes geliebtes und auserwähltes Volk ... Aus dem Land Jerusalem und der Stadt Konstantinopel kam schlimme Nachricht und drang schon oft an unser Ohr: Das Volk im Perserreich, ein fremdes Volk, ein ganz gottfernes Volk, eine Brut von ziellosem Gemüt und ohne Vertrauen auf Gott ... hat die Länder der dortigen Christen besetzt, durch Mord, Raub und Brand entvölkert und die Gefangenen teils in sein Land abgeführt, teils elend umgebracht ... Wem anders obliegt nun die Aufgabe, diese Schmach zu rächen, dieses Land zu befreien, als euch? Euch verlieh Gott mehr als den übrigen Völkern ausgezeichneten Waffenruhm, hohen Mut ... Bewegen und zu mannhaftem Entschluss aufstacheln mögen euch die Taten eurer Vorgänger, die Heldengröße Karls des Großen, seines Sohnes Ludwig und eurer anderen Könige ... Wenn euch zärtliche Liebe zu Kindern, Verwandten und Gattinnen festhält, dann bedenkt, was der Herr im Evangelium sagt: ... Jeder, der sein Haus, Vater, Mutter, Gemahlin, Kinder und Äcker um meines Namens willen verlässt, wird Hundertfältiges erhalten und ewiges Leben haben ... Kein Besitz, keine Haussorge soll euch fesseln. Denn dieses Land, in dem ihr wohnt, ist ... von Meeren und Gebirgszügen umschlossen und von euch beängstigend dicht bevölkert. Es ... liefert seinen Bauern kaum die bloße Nahrung. Daher kommt es, dass ihr euch gegenseitig beißt und bekämpft ... Aufhören soll unter euch der Hass ...! Tretet den Weg zum Heiligen Grab an, nehmt das Land dort dem gottlosen Volk, macht es euch untertan! ... Jerusalem ist der Mittelpunkt der Erde, das fruchtbarste aller Länder ... Der Erlöser der Menschheit hat es durch seine Ankunft verherrlicht, ... durch sein Grab ausgezeichnet. Diese Königsstadt ... erbittet und ersehnt Befreiung.

Zit. nach Arno Borst, Lebensformen im Mittelalter, Frankfurt a. M./Berlin (Ullstein) 1979, S. 318 ff.

M2 Die Erwartungen der Kreuzfahrer

Für die Jahrbücher von Würzburg wurde 1146 von einem unbekannten Verfasser folgender Eintrag notiert:

Es erhoben sich nämlich einige falsche Propheten, die mit nichtigen Worten die Christen verführten und mit hohlen Predigten das ganze Menschengeschlecht antrieben, wegen der Befreiung Jerusalems gegen die Sarazenen zu ziehen. Ihre Predigt hatte so große Wirkung, dass sich Bewohner aller Regionen ... freiwillig zum gemeinsamen Opfergang anboten ... Aber ihre Absichten waren verschieden. Einige Neugierige zogen los, weil sie neue Gegenden besuchen wollten. Andere zwang die Armut; weil es bei ihnen zu Hause knapp zuging, kämpften sie, um der Armut abzuhelfen ... Andere wurden von Schulden bedrückt oder wollten die ihren Herren geschuldeten Dienste verlassen oder hatten wegen Verfehlungen Strafen zu erwarten.

Würzburger Annalen zum Jahr 1147, MGH SS 16, S. 3, übers. d. Verf.

M3

Papst Urban II. predigt den Kreuzzug, kolorierter Holzschnitt, 1482. Auf dem lateinischen Spruchband steht: „Gott will es."

M4 Das Leben in den Kreuzfahrerstaaten

Der französische Geistliche Fulcher von Chartres schrieb 1110:

Wir, die wir Abendländer waren, sind Orientalen geworden. Wir haben schon unsere Geburtsorte vergessen ... Manche von uns besitzen in diesem Land Häuser und Diener, die ihnen gehören wie nach Erbrecht. Ein anderer hat eine Frau geheiratet, die durchaus nicht seine Landsmännin ist, eine Syrerin ..., die die Gnade der Taufe empfangen hat ... Sie sprechen verschiedene Sprachen und haben es doch alle schon fertiggebracht, sich zu verstehen.

Zit. nach Reinhard Barth, Taschenlexikon Kreuzzüge, München (Piper) 1999, S. 169.

Begriffe und Daten

Kreuzzüge

Im weiteren Sinne ist unter einem Kreuzzug ein von der Kirche im Mittelalter geförderter Kriegszug gegen „Heiden" (Ungläubige) und Ketzer (vom rechten Glauben Abgewichene) zu verstehen. Ziel war die Ausbreitung oder Wiederherstellung des katholischen Glaubens. Vom Ende des 11. bis zum Ende des 13. Jahrhunderts waren die Kreuzzüge kriegerische Unternehmungen, um das Heilige Land zu erobern. In der Kreuzzugsidee verband sich der Gedanke der Pilgerfahrt und des Kampfes gegen die „Heiden" mit dem Ziel, das Heilige Grab in Jerusalem zu befreien. Militärische Gewalt und der „Opfertod" wurden dabei als Akt der Buße gerechtfertigt.

1 a) Stelle die Argumente Urbans für den Kreuzzug zusammen (M1).
b) Nenne sprachliche Mittel, die Urban verwendete. Welchen Zweck verfolgte er damit?

2 a) Vergleiche die Aussagen in M1 mit M2.
b) Welche Meinung vertritt der unbekannte Verfasser?

3 Beschreibe M3. Welchen Eindruck vermittelt die Abbildung über den Aufruf und den Aufbruch?

4 a) Erarbeite aus dem linken Darstellungstext, wie Kreuzzüge gerechtfertigt worden sind.
b) Erläutere anhand des rechten Darstellungstextes und M4, ob die Feindbilder aus alltäglichen Erfahrungen herrührten.

Webcode: FG642342-255

Perspektivwechsel – „Mit den Augen des anderen sehen"

Die Perspektive wechseln – das Beispiel Kreuzzüge

Schriftliche oder bildliche Zeugnisse vermitteln Informationen über Personen oder Ereignisse aus einer bestimmten Perspektive. Sie können dabei zu unterschiedlichen Aussagen kommen. Die jeweilige Perspektive ist „einseitig", denn die Sichtweise des anderen wird dabei zunächst nicht beachtet. Um ein Ereignis oder das Handeln von Personen besser zu verstehen, ist es nötig, auch die Perspektive des anderen einzunehmen. Die folgenden Arbeitsschritte sollen dir helfen, „mit den Augen des anderen zu sehen".

Arbeitsschritte

1. Schritt: Die Perspektive feststellen

- Wie beschreibt und beurteilt der Verfasser das Ereignis (die Person)?
- Welche Perspektive nimmt der Verfasser ein?
- Wie ist meine spontane Stellungnahme dazu?
- Kann ich die Perspektive des Verfassers verstehen?

2. Schritt: Die Perspektive des anderen übernehmen

- Welche Unterschiede ergeben sich durch die Perspektive der anderen Seite?
- Fällt es mir schwer, die andere Perspektive zu übernehmen? Warum?

3. Schritt: Einsichten aus der Perspektivübernahme festhalten und umsetzen

- Was habe ich aus der Perspektivübernahme über das Ereignis oder die Person gelernt?
- Wie lässt sich der Perspektivwechsel in anderer Form üben (z. B. Rollenspiel, Streitgespräch)?

Partnerarbeit:

1 a) Erarbeitet mithilfe des 1. Arbeitsschrittes jeweils die Perspektive des muslimischen und des christlichen Verfassers (M1A, M1B).
b) Haltet eure Ergebnisse in einer Tabelle fest. Achtet auf die Sprache und die Wertungen beider Seiten.

2 Vergleicht beide Perspektiven und übernehmt im Wechsel die anderen Perspektiven (Arbeitsschritt 2).

3 Versucht im Klassengespräch Antworten zu Arbeitsschritt 3, Spiegelstrich 1, zu finden.

4 Entwerft ein Streitgespräch. Tragt es in der Klasse vor.

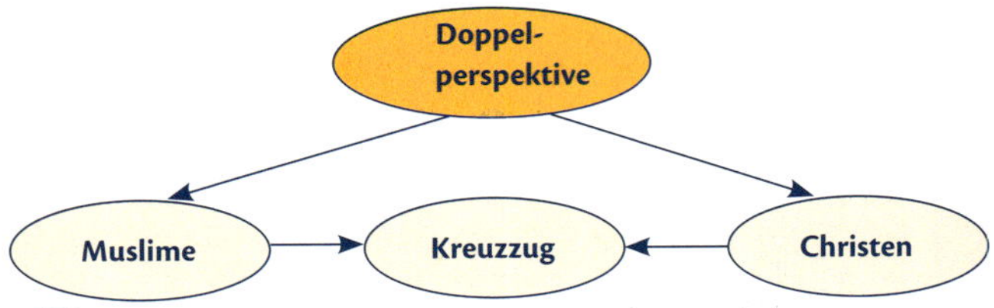

M1 **Perspektivwechsel: Doppelperspektive**

M2

Die Eroberung Jerusalems (zwei Berichte)

2A Wilhelm von Tyrus (gest. 1186) war Kind von Kreuzfahrern in Palästina und arbeitete als Erzieher am Hofe des Königs von Jerusalem. In seiner Geschichte der Kreuzzüge berichtete er:

Sofort durchzogen der Herzog und die Seinen … die Straßen und Plätze der Stadt; alle Feinde, die sie finden konnten, streckten sie mit der Schärfe des Schwertes nieder … Und es lagen überall so viele Erschlagene … umher, dass man keinen anderen Weg … mehr finden konnte als über Leichen … Es geschah sicherlich nach dem gerechten Urteil Gottes, dass die, welche das Heiligtum des Herrn mit ihren abergläubischen Bräuchen entweiht … hatten, es mit ihrem eigenen Blut reinigen … mussten … Als endlich auf diese Weise die Ordnung der Stadt hergestellt war, legten sie die Waffen nieder, wuschen sich die Hände, zogen reine Kleider an und gingen dann mit demütigen und zerknirschten Herzen an den ehrwürdigen Orten umher.

Zit. nach Geschichte in Quellen, Bd. 2, hg. und bearb. von Wolfgang Lautemann, 2. Aufl., München (bsv) 1978, S. 369 f.

2B Der arabische Chronist Ibn al-Athir (1160 bis 1235) berichtete in seiner Geschichte der Kreuzzüge:

In der Al-Aksa-Moschee … töteten die Franken mehr als 70 000 Muslime, unter ihnen viele Religionsgelehrte … und Asketen, die ihr Land verlassen hatten, um in frommer Zurückgezogenheit an diesem heiligen Ort zu leben. Aus dem Felsendom raubten die Franken mehr als vierzig Silberleuchter, … zwanzig goldene und andere unermessliche Beute. Die Flüchtlinge erreichten Bagdad … In der Kanzlei des Kalifen gaben sie einen Bericht, der die Augen mit Tränen füllte und die Herzen betrübte … Wegen des schweren Unglücks, das sie erduldet hatten, brachen sie sogar das Fasten.

Zit. nach Die Kreuzzüge aus arabischer Sicht, hg. und übers. von Francesco Gabrieli, Zürich/München (Artemis) 1973, S. 49 f., aus d. Italien. übers. von B. von Kaltenborn.

Slawen im Raum Schleswig-Holstein

Slawische Stämme wandern aus

In der Stadt Oldenburg zeigt das Oldenburger Wallmuseum die Geschichte der Slawen in Ostholstein. Die slawische Burganlage reicht in die Zeit der slawischen Besiedlung im 7. Jahrhundert zurück. Die in der Überlieferung als „große Landesburg der wagrischen Slawen" bezeichnete Anlage war neben der Burg Mecklenburg bei Wismar das Herrschaftszentrum slawischer Stämme. Die Slawen wanderten seit dem 7. Jahrhundert über die Elbe und Saale hinaus u. a. bis ins heutige Schleswig-Holstein. Vom Zusammenleben zwischen Germanen (Deutschen) und Slawen zeugen viele slawische Lehnwörter (Grenze = slaw. granica; Jauche = slaw. jucha; Quark = slaw. twarog) und slawische Personen- und Ortsnamen als Mischnamen.

Vorschlag für eine Gruppenarbeit

Bearbeitet die folgenden Themen mithilfe weiterer Informationen aus Lexika, Fachbüchern und dem Internet. Berichtet über eure Ergebnisse mithilfe der Methode „Informationen präsentieren" (S. 260).

1. Das Oldenburger Wallmuseum www.oldenburger-wallmuseum.de
2. Archäologische Funde über die Slawen
3. Die Slawentage des Oldenburger Wallmuseums
4. „Starigard" (Oldenburg): Hafen- und Handelsstadt in der Zeit der Slawen
5. Alltagsleben der Slawen
6. Slawen und Deutsche im Raum Schleswig-Holstein

M1

Slawische Wörter im Zehntregister

Aus einer Aufstellung der Ratzeburger Bischöfe über die Abgaben der Siedler von 1230:

gora – Berg gard – Burg jablo – Apfel karp – Karpfen kolo – Rad vojevoda – Heerführer	**Ortsnamen**[1] Slaukestorp Walegotesvelde Ciresrode Woltsehenthorp [1] Die Ortsnamen enthalten deutschsprachige Teile.

Webcode: FG642342-257

M2 **Rekonstruktion der slawischen Burg (9. Jh.)**

M3 **Handelsschiff, Rekonstruktion,** Foto, 2008

M4 **Slawentage im Oldenburger Wallmuseum,** Foto, 2008

Polen und Deutsche

Deutsche Siedler ziehen nach Osten

Als deutsche Fürsten im 11. Jahrhundert slawische Stämme, die seit dem 10. Jahrhundert zum polnischen Volk gehörten, zwischen Oder und Elbe unterworfen hatten, suchten sie für das neue Territorium des Reiches Siedler. Da in verschiedenen Gegenden des Reiches die Bevölkerung stark angewachsen und die Bauern gezwungen waren, schlechte Böden zu bewirtschaften, folgten viele ihrem Ruf. Zudem wurden Bauern, Handwerker, Kaufleute und jüdische Familien, die aus Westeuropa vertrieben worden waren, mit Sonderrechten angelockt. Siedlungsunternehmer organisierten den planmäßigen Aufbau von Dörfern und Städten „nach deutschem Recht". Dort lebten die Neuankömmlinge in enger Nachbarschaft mit den einheimischen Polen. Im Gegensatz zu den Neusiedlern blieben diese noch lange unfrei und waren mit hohen Abgaben und Diensten belastet.

Polen und Deutschland – ein schwieriges Verhältnis

Seit dem 12. Jahrhundert riefen auch die Herzöge des benachbarten Polen immer mehr Deutsche in ihr Land. Sie förderten die Gründung von Städten und Dörfern durch deutsche Kaufleute, indem sie günstige Privilegien verliehen. Das Verhältnis verschlechterte sich jedoch, als der Deutsche Orden* einen eigenen Staat gründete. Zwar trugen die Ordensritter zum Ausbau des Landes bei, ihre Eroberungspolitik führte aber zum militärischen Konflikt mit Polen und Litauen. Schließlich wurde der Orden 1410 bei dem Dorf Tannenberg von polnisch-litauischen Truppen besiegt. Diese Schlacht, die auf beiden Seiten mehr als 8000 Opfer forderte, hat das polnisch-deutsche Verhältnis nachhaltig belastet: Wenn die Polen vom Deutschen Orden sprechen, heben sie die blutige Unterdrückung hervor. „Kreuzritter" ist daher bis heute in Polen ein Schimpfwort. Auch später wurde Polen wiederholt das Opfer deutscher Eroberungspolitik, besonders in der Zeit des Nationalsozialismus (1933–1945).

M1 Die deutsche Ostsiedlung

M2

Die Ziele des Deutschen Ordens

Über die Eroberung des bereits christianisierten polnischen Herzogtums Pommerellen schrieb der Historiker Dieter Zimmerling 1988:

Der Einmarsch nach Danzig und Pommerellen markiert einen bedeutsamen Umschwung im Dasein des Deutschen Ritterordens. Es ist eine Wende zum Schlimmen ..., die ihn wegführt von seinen eigentlichen Aufgaben und Zielen, nämlich die Heiden zu unterwerfen und dafür zu sorgen, dass sie sich – wenn auch zwangsweise – zum Christentum bekennen.

Diese Ziele ... hat der Deutsche Orden in dem Augenblick verraten, als er das polnische Herzogtum Pommerellen annektiert[1]. Es ist der Verrat an Gesetzen, nach denen der Orden in Preußen angetreten ist und nach denen er ein Staatswesen begründet hat. Jetzt spätestens, in den Jahren 1308 und 1309, ... entlarvt er sich als ein Raubstaat – ein Raubstaat, der nicht davor zurückschreckt, christliche Völker zu unterjochen.

Dieter Zimmerling, Der Deutsche Ritterorden, Düsseldorf (Econ) 1988, S. 189 f.

[1] in Besitz nehmen

M3

Ein Krieg gegen Heiden

Der Historiker Hartmut Boockmann schrieb 1981 über den Krieg des Deutschen Ordens gegen die heidnischen Preußen:

Freilich hier ... kommt zur Schädigung der Lebensgrundlagen des Gegners die erklärte Absicht hinzu, die Männer zu töten – während man beim Krieg zwischen christlichen Gegnern dieses Ziel in der Regel nicht hatte: Der tote Gegner hätte ja kein Lösegeld gebracht. Zu dem normalen Typus des Krieges im Mittelalter kommen hier die Elemente des Heidenkrieges hinzu. Denn dass hier die Männer getötet werden sollen, erklärt sich daraus, dass sie Heiden sind und als Feinde des christlichen Glaubens angesehen werden. Nach dem Verständnis derer, die diese Kriege rechtfertigten und die Tötung der Gegner forderten, wurde dabei ein Lebenskampf zwischen Christentum und Heidentum ausgetragen. Es ging um Überleben oder Untergang der christlichen Religion.

Hartmut Boockmann, Der Deutsche Orden, München (C. H. Beck) 1981, S. 107.

M4

Ein Ordensritter überwacht Bauarbeiten, Gemälde, 16. Jh.

Begriffe und Daten

Deutsche Ostsiedlung

Deutsche Siedler folgten dem Ruf deutscher und polnischer Fürsten und gründeten seit dem 11. Jahrhundert Dörfer und Städte zwischen Elbe und Oder sowie auf polnischem Herrschaftsgebiet. Die gewaltsame Gründung eines deutschen Ordensstaates belastete die zumeist friedlichen Beziehungen zwischen Deutschen und Polen.

1 Erarbeite aus dem Darstellungstext und M1 Gründe und Verlauf der Ostsiedlung. Ziehe M4 heran.

2 Prüfe, wie der Verfasser von M2 die Motive des Deutschen Ordens bewertet.

3 a) Erläutere den Begriff „Heidenkrieg" (M3).
b) Zeige, welche Auffassung vom Krieg zu erkennen ist.

4 Bewerte anhand der Informationen auf dieser Doppelseite das Verhältnis zwischen Polen und Deutschen.

5 **Recherche/Partnerarbeit:** Im heutigen Polen lebt eine deutsche Minderheit. Erkundet, warum das so ist. Nutzt Internet, Lexika und Fachbücher.

Webcode: FG642342-259

Informationen präsentieren

Sehen und besser verstehen

Bei Referaten fällt das Verstehen leichter, wenn die Vortragenden ihre Aussagen mit Bildern, Tabellen oder Grafiken visuell unterstützen. Dafür können z. B. die Tafel, ein Overheadprojektor, Plakate oder auch ein Beamer eingesetzt werden. Ein Vortrag, bei dem Medien zur Veranschaulichung („Visualisierung") verwendet werden, wird auch Präsentation genannt.

Arbeitsschritte

1. Schritt: Thema, Ziel und Form klären
- Kläre Thema und Ziel des Vortrags/Referats.
- Beachte, für wen (welche Gruppe) präsentiert werden soll.
- Beachte die Zeitvorgabe für den Vortrag.

2. Schritt: Vortrag vorbereiten
- Sammle Material zum Thema (Bücher, Internet).
- Ordne die Informationen so, dass sie leicht nachzuvollziehen sind.
- Bilde Themenblöcke mit Behauptungen oder Fragen als Überschriften.
- Gliedere nach: Einleitung, Hauptteil und Schluss.

3. Schritt: Aussagen visualisieren
- Notiere die wichtigsten Aussagen deines Vortrags.
- Überlege, welches Medium sich zur Visualisierung eignet.
- Gestalte die Visualisierung so, dass der Inhalt schnell erfasst wird.

4. Schritt: Präsentation vorbereiten
- Entscheide, an welchen Stellen du visualisieren möchtest.
- Übe die Präsentation, bevor du an die Öffentlichkeit trittst.
- Sorge dafür, dass alle Materialien bereitstehen.

5. Schritt: Präsentation
- Prüfe, ob alle Medien und Materialien richtig geordnet sind.
- Trage deinen Vortrag möglichst ruhig vor und halte Blickkontakt mit den Zuhörern.
- Gib deinem Publikum nach dem Vortrag Zeit für Fragen oder für eine Diskussion.

M1

Eine Schülerin präsentiert ihre Arbeitsergebnisse mithilfe eines Overheadprojektors, Foto, 2005

Arbeitsanleitung

Der Aufbau der Präsentation:

1. Einleitung
- soll Aufmerksamkeit wecken
- soll Themen/Probleme vorstellen, die zu klären sind
- soll zeigen, wie du vorgehen willst

2. Hauptteil
- muss schlüssig sein und sich auf das Thema des Vortrags beziehen
- muss auf überzeugenden Aussagen und Beispielen aus den Quellen beruhen

3. Schlussteil
- fasst die wesentlichen Ergebnisse zusammen
- beinhaltet Fragen, die offengeblieben sind

1 **Partnerarbeit:** Erarbeitet mithilfe der Arbeitsschritte eine Präsentation. Geht von den Informationen im Schulbuch aus und ergänzt sie (Lexikon, Internet, Fachbücher). Vorschläge für Themen:
– Aufruf zum Kreuzzug – und die Folgen?
– Warum scheiterte „al-Andalus"?
– Ein Kreuzzug der Kinder?
– Wie Slawen (Polen) und Deutsche miteinander umgingen.

Umgang mit dem anderen

Überprüfe, was du kannst

Sachkompetenz

1 „Begegnungen und Konflikte“:
Erläutere diese Formulierung am Beispiel
a) der arabischen Herrschaft in Spanien (S. 252–253),
b) der Kreuzzüge (S. 254–255) und
c) der deutschen Ostsiedlung (S. 258–259).

2 Nenne Motive für die Kreuzzüge im Mittelalter.

Selbst- und Sozialkompetenz

3 **Gruppenarbeit:** „Mit den Augen des anderen sehen“:
a) Gestaltet – ausgehend von M1 – szenische Gespräche mit Perspektivwechsel. Jedes Gruppenmitglied nimmt reihum die Position einer der vier Figuren ein. Thematisch könnte es um al-Andalus oder um die Kreuzzüge gehen. Skizziert vorher eure Überlegungen.
b) Erörtert in der Klasse, wie kulturelle Begegnungen möglichst ohne Konflikte stattfinden könnten.

4 Beurteile die folgende Aussage: Bei den Kreuzzügen handelte es sich nicht in erster Linie um einen militärischen Feldzug, sondern um eine bewaffnete Pilgerfahrt.

5 **Recherche:** In der Gegenwart, vor allem seit dem islamistischen Terroranschlag gegen die USA vom 11. September 2001, sind in öffentlichen Medien wiederholt die Begriffe „Kreuzzug“ und „Heiliger Krieg“ zu lesen bzw. zu hören.
a) Erkundet, was heute damit gemeint sein könnte. Lest auf den Seiten 251 und 254–255 nach.
b) Diskutiert in der Klasse, ob sich historische Begriffe wie „Kreuzzüge“ einfach in unsere Zeit übertragen lassen.

M1

Illustration auf einer Handschrift des Epos „Willehalm“ von Wolfram von Eschenbach, um 1270. Dargestellt sind ein Kreuzfahrer, ein Muslim, ein Jude und der Dichter Wolfram.

8. Jahrhundert
Muslime erobern die Iberische Halbinsel

9. bis 12. Jahrhundert
Zusammenleben von Muslimen, Christen und Juden in al-Andalus

1095
Papst Urban II. ruft zum Kreuzzug auf

1099
Eroberung Jerusalems durch die Kreuzfahrer

seit 11. Jahrhundert
Deutsche Ostsiedlung

11. bis ausgehendes 13. Jahrhundert
Kreuzzüge

1410
Schlacht bei Tannenberg

700 | 800 | 900 | 1100 | 1300 | 1400

Lebens- und Herrschaftsformen im Mittelalter

Mittelalterliche Lebenswelten

Im Mittelalter lebten fast alle Menschen auf dem Land. Die Landwirtschaft war die bestimmende Wirtschaftsweise. Zwischen 1000 und 1250 wurde die nahezu geschlossene Wald- und Sumpflandschaft Mitteleuropas in mehreren Rodungsphasen zurückgedrängt. Immer stärker bestimmten Dörfer das Siedlungsbild, in denen das Zusammenleben rechtlich geregelt war. Die meisten Bauern lebten als Grundholde bzw. Hörige in der Grundherrschaft. Sie mussten ihrem Grundherrn Abgaben und Dienste leisten.

Gegenüber der bäuerlichen Bevölkerung bildete der Adel eine kleine gesellschaftliche Gruppe. Im Laufe des Mittelalters wurden aus adligen Familien Herrschaftsgruppen, die z. B. als Fürsten Einfluss auf die Reichspolitik nahmen. Der König bzw. Kaiser entstammte dem Adel.

Die mittelalterliche Gesellschaft bestand nach der Auffassung der Kirche aus drei Ständen: dem Klerus, dem Adel und den Bauern („Dreiständelehre").

In der Welt des Klosters lebten Mönche und Nonnen in christlicher Gemeinschaft nach vorgegebenen Ordensregeln, die erstmals im 6. Jahrhundert von Benedikt von Nursia festgelegt wurden. Klöster hatten verschiedene Funktionen: Sie waren religiöse Zentren, „Kulturinseln" und Wirtschaftsbetriebe, aber auch – z. B. als Grundherren – Herrschaftseinrichtungen. Um eine gottgefällige Lebensweise zu gewährleisten, gab es immer wieder Reformbewegungen.

Eine neue Lebenswelt im Mittelalter war die Stadt. Könige, Herzöge und Bischöfe gründeten verstärkt seit dem 11. Jahrhundert neue Städte, vor allem aus wirtschaftlichen Gründen. Wenn eine Siedlung das Markt-, Münz- und Zollrecht erhielt, konnte sie sich zu einem Produktions- und Handelszentrum entwickeln. Das Stadtleben bot meist bessere Erwerbsmöglichkeiten und größere persönliche Freiheiten als das Landleben, unter anderem weil die Stadtbevölkerung nicht an einen Grundherrn gebunden war. Es gab große soziale und wirtschaftliche Ungleichheiten. Handel und Handwerk bestimmten das wirtschaftliche Leben. Die Herrschaft der Patrizier wurde seit dem 14. Jahrhundert durch die sogenannten Zunftkämpfe eingeschränkt.

Herrschaft im mittelalterlichen Europa

Dem Frankenkönig Chlodwig I. (482–511) aus der Familie der Merowinger gelang die Gründung eines dauerhaften Reiches im Westen Europas. Durch den Übertritt Chlodwigs zum Christentum um 497/498 entwickelte sich zwischen den fränkischen Königen und der Kirche ein enges Verhältnis. Als einer der bedeutendsten Herrscher des Mittelalters gilt Karl der Große (768–814). Er erneuerte das römische Kaisertum (Krönung Weihnachten 800) und verstand sich als Schutzherr der Kirche.

Nach teilweise kriegerischen Auseinandersetzungen zwischen den Nachfolgern Karls wurde im Vertrag von Verdun (843) die Teilung des Reiches besiegelt.

Der Weg vom Frankenreich zum „Reich der Deutschen" ist eng mit der Frage verbunden, wie die Reichsmacht gegenüber den Herzogtümern gesichert werden konnte. Im 10./11. Jahrhundert festigten Otto I. (936–973), der Sohn Heinrichs, und seine Nachfolger die königliche Macht im Reich mithilfe der Reichskirche. Mit seiner Krönung zum Kaiser erneuerte Otto I. das karolingische Kaisertum. Das Verhältnis zwischen Papst und Kaiser blieb nicht ohne Konflikte, wie es der Investiturstreit im 11. Jahrhundert zeigt.

Der Umgang mit dem anderen

In al-Andalus, wo Muslime, Christen und Juden über mehrere Jahrhunderte hinweg unter arabischer Herrschaft zusammenlebten, führte der Zusammenfluss verschiedener Kulturtraditionen dazu, dass Bildung, Kultur und Wissenschaft ein höheres Niveau erreichten als in anderen Gebieten Europas.

In den Kreuzzügen seit dem 11. Jahrhundert sollten Konstantinopel und das Heilige Land mit Jerusalem gegen muslimische Völker verteidigt werden. Gegenseitige Feindbilder schürten Hass und Kampfbereitschaft. Ebenso gab es aber auch Kontakte und Verträge, die ein friedliches Nebeneinander sicherten.

Während sich im frühen Mittelalter Juden und Christen gegenseitig respektierten, grenzte die christliche Kirche die Menschen jüdischen Glaubens immer stärker aus der mittelalterlichen Gesellschaft aus.

Das Zusammenleben zwischen Deutschen und Slawen (Polen) wurde durch die Gründung eines deutschen Ordensstaates stark belastet.

Lebensformen im Mittelalter

Das Dorf
- Dörfer und Höfe als Siedlungsformen
- „Haushaltsfamilie“ (Hausgemeinschaft)
- Bauer als „Hausherr“
- Arbeitsteilung zwischen Männern, Frauen und Kindern
- Weistümer als Rechtsordnung für das Dorfleben

Die Burg
- Burg als Wohnsitz, Schutzbau und Herrschaftssitz des Adels
- Adelsfamilien als herrschende Schicht
- Vorrechte durch Abstammung und Grundbesitz
- Verwaltungs- und Schutzaufgaben für den König

Die Stadt
- Stadtentstehung als Marktgründung
- persönliche Freiheiten
- Unterscheidung zwischen „Bürger“ und Einwohner
- Wirtschaft: Handwerk und Handel
- Herrschaft: Patrizier, später mit Zünften

Das Kloster
- Leben nach christlichen Ordensregeln in Frauen- und Männerklöstern
- „Ora et labora“ – als Grundregel
- Klöster als religiöser, kultureller, wirtschaftlicher Ort
- Klöster als Grundherrschaft

Die mittelalterliche Gesellschaft – eine „Ständegesellschaft“

Herrschaftsformen im Mittelalter

Grundherrschaft
- Rechtsbeziehung zwischen Grundherr (Adliger) und Bauer (Grundhold, Höriger)
- Abgaben und Dienste des Bauern; Schutz als Gegenleistung
- persönliches Abhängigkeitsverhältnis

Lehnswesen
- Rechtsbeziehung unter Adligen zwischen Lehnsherrn und Lehnsmann (Vasall)
- Treue- und Schutzverhältnis
- Lehen: Land, Amt oder Recht
- Übergabe als symbolische Handlung

Königs- und Fürstenherrschaft
- Königtum entstand aus dem Heerkönigtum (Frankenreich)
- „Reisekönigtum“
- Bindung an den Königshof durch Ämter
- Reichsfürsten: hohe Adlige, die nur den König als Lehnsherrn hatten

Kaisertum
- Aufnahme der römischen Kaiseridee
- Krönungsrecht beim Papst in Rom
- Dualismus (Gegensatz) zwischen Kaiser und Papst

Dualismus zwischen geistlicher und weltlicher Macht

Im Lexikon werden Fremdwörter, historische Begriffe und Ereignisse erläutert, die in den Darstellungstexten dieses Buches vorkommen und mit einem * versehen sind. Die Begriffe, die auf den Themenseiten in Kästen erklärt sind, haben einen Verweis auf die entsprechende Seite.

A

Ädile, hatten in der römischen Republik die Aufsicht über Ordnung und Sauberkeit auf Straßen und Märkten und richteten Spiele, wie z. B. Gladiatorenkämpfe und Wagenrennen, aus.
Altsteinzeit, siehe S. 45
Altsteinzeitliche Lebensweise, siehe S. 48
Annuität, Bezeichnung für feste Traditionen römischer Ämter. Von alters her galt bei den Römern, dass ein Magistrat sein Amt immer nur für ein Jahr ausüben durfte.
Antike, siehe S. 102
Archäologie, siehe S. 38

B

Benediktinerregel, siehe S. 203
Berufsheer, ein Heer ist die Streitmacht eines Staates. Die Mitglieder eines Berufsheeres üben ihre Tätigkeit hauptberuflich aus.
Bischöfe, ursprünglich die Vorsteher der christlichen Gemeinden. Seit dem 4. Jahrhundert verwaltete der Bischof als oberster Priester ein bestimmtes Gebiet (= Diözese). Im frühen Mittelalter wurden die Bischöfe von den Geistlichen gewählt, im Mittelalter ernannte sie der Papst. Mehrere Bischöfe unterstanden einem Erzbischof.
Bundesgenossen, waren mit Rom durch einen Vertrag (Bündnis) verbunden. Darin versprachen sich die Bündnispartner gegenseitige Waffenhilfe bei Angriffen und Frieden für ewige Zeit. Die Bundesgenossen Roms gaben ihre militärische und außenpolitische Selbstständigkeit auf, waren in der inneren Verwaltung aber selbstständig. Viele Gemeinden schlossen gegen äußere Bedrohung freiwillig mit Rom Bündnisse und erkannten dessen Vormachtstellung an.
Burg, siehe S. 193
Bürger, waren in der Antike alle Personen, die am politischen Leben aktiv teilnahmen und das → Bürgerrecht besaßen.
Bürgerrecht, war in Griechenland erblich; es konnte aber auch an auswärtige Personen verliehen werden. Außer diesen Vollbürgern (in Sparta z. B. den → Spartiaten) gab es in den griechischen Staaten minderberechtigte Personen, z. B. Frauen oder Metöken, die keine Ämter bekleiden durften. Pflichten der Bürger waren der Schutz des Staates gegen äußere und innere Feinde und die Teilnahme an Kult und Religion. Römischer Bürger konnte man durch Geburt werden, d. h. wenn beide Eltern römische Bürger waren, durch Verleihung des Bürgerrechts oder Freilassung. Zunächst waren nur die Bewohner Roms römische Bürger, später wurde das Bürgerrecht auch anderen Bewohnern des → Reiches verliehen. Römische Bürger trugen die Toga, waren zu Wehrdienst und Steuern verpflichtet, hatten Stimmrecht in der Volksversammlung, konnten gewählt werden und gegen Strafen Berufung einlegen. Nur römische Bürger konnten nach römischem Recht anerkannte Geschäftsverträge und gültige Ehen schließen. Im Mittelalter hatten Bürger der Stadt das Recht, Grundbesitz frei zu verkaufen und zu vererben. Auch konnten sie ihren Wohnsitz frei wechseln. Alle Bürger wurden in Rechtsstreitigkeiten nach dem Stadtrecht behandelt. Dies galt für Männer und Frauen. Nur die männlichen Vollbürger waren berechtigt, den Rat der Stadt zu wählen und Ämter zu besetzen. Juden waren in der Regel vom Bürgerrecht ausgeschlossen, meist auch Gesellen, Mägde und Tagelöhner. Heute umfasst das Bürgerrecht die Rechte als Staatsbürger, zum Beispiel das Wahlrecht und den Schutz im Ausland durch den eigenen Staat.

D

Demagogen, Bezeichnung für die Redner in der Athener Volksversammlung. Bereits in der Antike wurde das Wort Demagoge in der Bedeutung „Volksverführer" benutzt.
Demokratie, siehe S. 114
Deutsche Ostsiedlung, siehe S. 259
Deutscher Orden, 1190 in Jerusalem als Krankenpflegerorden gegründet, wurde er 1198 in einen Ritterorden umgewandelt. 1225 rief Herzog Konrad von Masowien die Deutschherren gegen die heidnischen Preußen zu Hilfe. Bis 1402 eroberten sie das Land der Pruzzen über Danzig bis Estland und gründeten den Deutschen Ordensstaat. Später folgten in Kriegen gegen die Litauen und Polen Niederlagen wie in der Schlacht bei Tannenberg 1410. 1525 schloss sich der letzte Hochmeister des Ordens der Reformation an und verwandelte den Ordensstaat in das weltliche Herzogtum Preußen.
Diktator, in der römischen Republik konnte für besondere Krisensituationen auf Vorschlag des Senats einer der beiden Konsuln einen Diktator als außerordentlichen Beamten ernennen. Dieser bekam große Vollmachten. Seine Amtszeit (die Diktatur) war auf höchstens sechs Monate beschränkt. Die übrigen Magistrate (Beamten) blieben während dieser Zeit im Amt, waren jedoch dem Diktator untergeordnet. Die Diktatoren der späten Republik, z. B. Sulla und Caesar, haben nichts mehr mit dem ursprünglichen Amt zu tun, denn Amtsdauer und Machtfülle waren nicht mehr beschränkt, sie waren Alleinherrscher.
Dreifelderwirtschaft, bei dieser landwirtschaftlichen Nutzung des Bodens wird das Ackerland eines Dorfes dreigeteilt. Auf einem wird Wintergetreide und auf einem anderen Sommergetreide angebaut; der dritte Teil bleibt ungenutzt (Brache). Auf jedem Feld wechseln diese Anbauformen im festen Rhythmus; es kann sich also in jedem dritten Jahr erholen. In der Frühen Neuzeit verzichtete man immer mehr auf die Brache und baute alle drei Jahre Futterpflanzen (Klee) oder Hackfrüchte (Kartoffeln, Rüben) an (Fruchtwechselwirtschaft).

E

Epos, in einem Epos werden sagenhafte oder geschichtliche Ereignisse in dichterisch überhöhter Sprache, z. B. in Versen, dargestellt. Ältere Epen schildern häufig das Leben in adligen Gesellschaftsschichten, verbunden mit Götter- und Heldensagen. Die ältesten europäischen Epen sind die „Ilias" und die „Odyssee" (Ende des 8. Jh. v. Chr.), die dem griechischen Dichter Homer zugeschrieben werden.

Evangeliar, ein Buch mit dem vollständigen Text der vier Evangelien der Bibel. Besonders aus dem frühen Mittelalter ist eine Reihe prachtvoll geschmückter Evangeliare erhalten.
Export, die Lieferung von im Inland hergestellten Waren in andere Länder.

F

Familie, im Mittelalter hatte das Wort Familie eine andere Bedeutung als heute: Es bezeichnete die Gemeinschaft aller Menschen eines Fronhofes (vom Grundherrn bis zum unfreien Bauern); eine „familia" konnte also über 100 Menschen umfassen. In der Stadt sprach man vom „ganzen Haus" und meinte damit alle in einem Haushalt zusammenlebenden Menschen, z. B. den Handwerksmeister, seine Frau, seine Kinder, sein Gesinde, seine Gesellen und seine Lehrlinge. Die Familie bezeichnete also eine Gemeinschaft, die durch Leben und Arbeiten entstanden war. Für Familie in unserem heutigen Sinn gab es im Mittelalter keinen Begriff, sondern Umschreibungen (z. B. „Weib und Kind"). Der Adel und die reichen Bürger legten auf die Abstammung von einem bedeutenden Ahnherrn sowie auf die weiteren verwandtschaftlichen Beziehungen Wert, da sie für das Ansehen, die Geschäftsverbindungen und die Wahl des Heiratspartners entscheidend waren.
Fehde, bezeichnete im Mittelalter eine Feindschaft oder einen Privatkrieg zwischen Parteien (z. B. Städte oder Familien) zur Durchsetzung vermeintlichen Rechts, wenn keine Gerichtsbarkeit angerufen werden konnte.

G

Gentechnik, ist ein Teilgebiet der Biotechnologie. Die Gentechnik ermöglicht es, bei der Neu-Kombination von Erbmaterial die Artengrenzen zu umgehen: Während bei herkömmlichen Methoden der Züchtung nur verwandte Arten miteinander gekreuzt werden können, ist es mit gentechnischen Methoden möglich, Gene vom Menschen auf Tiere, von Bakterien auf Pflanzen usw. zu übertragen. Als „gentechnisch verändert" werden Organismen bezeichnet, wenn ihre Erbsubstanz in einer Weise verändert wurde, die in der Natur nicht vorkommt. Ein Ziel der Gentechnik ist z. B., Nutzpflanzen wie Mais, Reis, Weizen und Tomaten genetisch so umzubauen, dass sie frei von Schädlingsbefall bleiben und möglichst lange haltbar sind. Derlei Eingriffe in die Natur sind mit großen Risiken verbunden, da die Folgen nicht absehbar sind.
Gerichtsbarkeit, bedeutete das Recht, Gerichte zu halten. Sie war im Mittelalter häufig auf verschiedene Herren aufgeteilt. Die hohe Gerichtsbarkeit (Blutgerichtsbarkeit), die Totschlag, Brandstiftung, Raub und Notzucht umfasste, wurde vom König, vom Herzog und Grafen ausgeübt. Sie ging im Laufe des Mittelalters an die Landesherren und Reichsstädte über. Die niedere Gerichtsbarkeit (bei leichteren Vergehen) besaßen auch andere Herren (→ Grundherrschaft). Manche Genossenschaften und → Stände hatten eine eigenständige Gerichtsbarkeit, so z. B. → Zünfte, Universitäten und der → Klerus. Letzterer unterstand nicht weltlichen, sondern kirchlichen Gerichten, die auch für Laien, z. B. in Ehesachen, wichtig waren.

Graf(schaft), Graf hieß im frühen Mittelalter der königliche Amtsträger, der in seinem Bereich (Grafschaft) die hohe → Gerichtsbarkeit ausübte, zur Heeresfolge aufrief und den Frieden im Inneren sicherte. Das Amt wurde im 9. Jh. erblich und vom örtlichen Adel übernommen, der selbst neue Grafschaften gründete. Einige Grafen bauten ihre Herrschaftsbereiche seit dem 12. Jh. zu eigenständigen Gebieten aus und wurden damit zu Landesherren. Vom 14. Jh. an wurde die Grafenwürde als bloßer Titel ohne Rechte vom Kaiser verliehen.
Grundherrschaft, siehe S. 179
Gründung Roms, siehe S. 126

H

heerschildfähig, Personen, die in der Lage waren, für ihren Herrn ein Heeresaufgebot zu stellen, waren heerschildfähig und damit in der Lage, ein Lehen zu vergeben (aktive Lehnsfähigkeit) oder zu erhalten (passive Lehnsfähigkeit).
Hellenismus, siehe S. 122
Heloten, während der Eroberung Lakoniens durch die Dorier wurde die dort lebende Bevölkerung unterworfen und versklavt. Diese Heloten unterschieden sich von Sklaven in anderen antiken Staaten dadurch, dass sie dem spartanischen Staat gehörten, in Familien weiterleben und auch ihren alten Bräuchen und ihrer Religion nachgehen konnten. Sie bearbeiteten das Land für die spartanische Oberschicht, die → Spartiaten.
Herzogtum, ursprünglich waren Herzöge Anführer ihres Stammes. Als im 9. Jh. die Herrschaft der fränkischen Könige schwächer wurde, entwickelten sich in den Gebieten der einzelnen Stämme (Bayern, Schwaben, Sachsen, Franken, Lothringen) Adelsfamilien zu mächtigen Anführern. Macht und Stellung dieser Stammesherzöge waren der des Königs vergleichbar: Sie waren oberste Richter (→ Gerichtsbarkeit), erließen Gesetze, riefen zur Heeresfolge auf und sicherten den Frieden ihres Stammes. Bis in die Zeit Kaiser Friedrichs I. (1152–1190) bildeten die Stammesherzogtümer eine wichtige Grundlage des Deutschen Reiches, dann wandelten sie sich durch Auflösung und Teilung zu Gebietsherzogtümern, zu denen zahlreiche Neugründungen hinzukamen. Die Herzöge herrschten jetzt über ein bestimmtes Gebiet unabhängig von der Stammeszugehörigkeit der Bewohner; vom 13. Jh. an wurden sie zu Landesherren.
Hierarchie (griech. „heilige Herrschaft"), eine Rangfolge oder in Stufen aufgebaute Ordnung, in der Befehle von oben nach unten gegeben und von der niedrigeren Stufe ausgeführt werden müssen.
Hieroglyphen, siehe S. 90
Hildegard von Bingen, siehe S. 211
Hochkulturen, siehe S. 79
Hof, ist der Haushalt und Regierungssitz eines Herrschers. Im frühen und hohen Mittelalter bildeten die Adligen, die den König auf seinen Reisen begleiteten, seinen Hof. Es entwickelten sich feste Hofämter (z. B. Mundschenk) heraus; besonders wichtig war der Kanzler, der für das „Büro" des Königs verantwortlich war. Seit dem Spätmittelalter wurde der Hof einerseits immer mehr zum Zentrum einer ausgedehnten, von Beamten getragenen Verwaltung; andererseits wurde das Hofleben zum

gesellschaftlichen Mittelpunkt für die adlige Oberschicht. Feste wurden häufig und prunkvoll gefeiert. Manche Höfe wurden zu Zentren der Kultur, an denen bedeutende Musiker und Dichter wirkten.
Hopliten, Bezeichnung für schwer bewaffnete griechische Soldaten. Ihre Ausrüstung bestand aus einem Messinghelm, einem Panzer aus Leder mit Metallplatten, der bis zur Hüfte reichte, und Beinschienen. Zur Verteidigung trugen sie einen großen runden Schild und als Waffe einen übermannslangen Speer.

I

Imperium, siehe S. 145
Import, Einfuhr von im Ausland hergestellten Waren.
Insignien, Herrschaftszeichen (z. B. die Amtskette des Bürgermeisters). Der deutsche König besaß als Insignien die Krone, das Zepter, den Reichsapfel und das Schwert. Der Papst trägt die Tiara (weiße Haube mit drei Kronreifen), der Bischof ist an der Mitra (spitze weiße Haube) und dem Krummstab zu erkennen.
Investitur, siehe S. 244

K

Kaiser, siehe S. 232
Kalender, siehe S. 11
Kaufkraft, die Menge an Geld, die eine Person in einer bestimmten Zeit zum Ausgeben zur Verfügung hat. Die Menge an Gütern, die man für dieses Geld kaufen kann, wird als Kaufkraft bezeichnet. Die Kaufkraft ist abhängig von der Höhe der Güterpreise: Werden die Güter teurer, kann man sich für sein Geld weniger leisten, werden sie billiger, reicht das Geld für eine größere Gütermenge aus.
Kirchenbann, begeht ein Mensch ein schweres Verbrechen oder weicht er von der rechten Lehre ab, so kann die Kirche als schärfste Strafe über ihn den Kirchenbann (= Exkommunikation) verhängen, so wie die weltliche Gewalt die Reichsacht aussprechen kann. Damit wird er von den Sakramenten (z. B. Abendmahl) und aus der christlichen Gemeinschaft ausgeschlossen, d. h. kein Christ darf mit ihm sprechen, Geschäfte betreiben usw. Der Kirchenbann kann nach auferlegter Buße wieder aufgehoben werden. Vom Spätmittelalter an verlor er an Wirkung.
Kleriker, allgemein der Geistliche, in der katholischen Kirche der Amtsträger.
Klerus, zu ihm gehören alle Personen, die durch eine kirchliche Weihe in den Dienst der Kirche getreten sind (= Geistliche). Die Geistlichen besaßen als eigener → Stand bis ins 19. Jh. den Nichtklerikern (→ Laien) gegenüber Vorrechte. Sie unterstanden eigenen Richtern (→ Gerichtsbarkeit), zahlten meist keine Steuern und erhielten den Kirchenzehnt. An der Spitze des katholischen Klerus stehen der Papst mit weltweiter Amtsgewalt und die Bischöfe als Vorsteher eines begrenzten Amtsbezirks (= Diözese). Die Diözese ist aufgeteilt in einzelne Pfarrbezirke unter je einem Priester. Die hohen wie die niederen Kleriker nennt man Weltgeistliche, weil sie – im Gegensatz zu den zurückgezogen im Kloster lebenden Mönchen und Nonnen – in der Welt der Laien leben.
Klientel, nichtadlige Römer und ihre Angehörigen waren häufig Abhängige (= Klienten) eines adligen Patrons. Der Patron half in Notlagen (Überfällen, Feuer). Solche Hilfsleistungen übernimmt bei uns heute der Staat. Die Klienten unterstützten den Patron bei Versammlungen und Wahlen. Sie gehörten zur „familia“. Die Beziehungen zwischen Patron und Klient wurden vererbt. Ihre Ursprünge sind unklar: Vielleicht waren es landlose Siedler.
Kollegialität, jedes Amt musste mit mindestens zwei Personen besetzt und Entscheidungen gemeinsam getroffen werden: Wenn zum Beispiel einer der beiden Zensoren einen neuen Senator bestellen wollte, konnte er das nicht ohne die Zustimmung des anderen tun.
König, siehe S. 232
Kreuzzug, siehe S. 255
Kulturen, menschliche Gruppen (Völker) unterscheiden sich in ihren Lebensformen. Es gibt bei ihnen z. B. ganz unterschiedliche Geräte, Werkzeuge, Waffen, Häuser und Siedlungen, Kleidung, Schmuckstücke, Kunstwerke, Musik und Tänze, Ernährungsweisen, Religionen und Ordnungen des Zusammenlebens. Sie haben damit unterschiedliche Kulturen. Bei schriftlosen Kulturen erkennen wir nur die Eigenarten der Lebensbereiche, die Spuren im Boden hinterlassen konnten. Bei schriftlicher Überlieferung wissen wir auch etwas darüber, was die Menschen gedacht und geglaubt haben.

L

Laien, ein Angehöriger der katholischen Kirche, der kein geistlicher Amtsträger (→ Kleriker) ist.
Landfrieden, im Heiligen Römischen → Reich ein vom Kaiser oder König erlassenes allgemeines Friedensgebot zur Verhinderung der → Fehden, das örtlich begrenzt sein konnte. Die Verletzung des Landfriedens wurde bestraft.
Landesherr, ist ein Herr über ein fest umrissenes Gebiet (= Territorium) des Reiches. Seit dem 11. Jh. entstand im Deutschen Reich durch Zusammenfassung der verschiedenen Herrschaftsrechte die Herrschaft über ein Gebiet. Während sich vor dem Aufkommen der Landesherren Herrschaft in erster Linie auf Personen, unabhängig von deren Wohnsitz, richtete (→ Lehnswesen), sind nun die Bewohner eines Territoriums der Gewalt des Landesherrn unterworfen. Jeder Landesherr (z. B. ein → Graf) musste sich beim Ausbau seiner Herrschaft gegen benachbarte Herren durchsetzen, die dasselbe Ziel verfolgten. Vom 13. Jh. an gelang es großen Herren, sich wichtige Befugnisse vom König übertragen zu lassen oder an sich zu reißen.
Lehen, ein vom Herrn an den Lehnsmann (Vasall) lebenslang geliehenes Gut, für das der Vasall dem Herrn Dienste zu leisten hatte.
Lehnswesen, siehe S. 189
Leibeigene, waren persönlich abhängig von ihrem Herrn (Leibherrn). Die Leibeigenen konnten ohne Zustimmung des Herrn nicht heiraten; sie mussten an ihn eine jährliche Kopfsteuer (vielfach 1 Huhn) entrichten. Nach dem Tod hatten die Erben

eine beträchtliche Vermögensabgabe zu leisten: das beste Stück Vieh oder das beste Kleidungsstück oder sogar die Hälfte der beweglichen Habe. In Deutschland begann die Abschaffung der Leibeigenschaft im 18. Jh.

M

Markt, siehe S. 217
Marktwirtschaft, Wirtschaftsordnung mit freiem Wettbewerb, d. h. ohne staatliche Eingriffe, mit freier Wahl der Verbrauchsgüter, freier Preisbildung entsprechend Angebot und Nachfrage, mit ungehindertem Gewinnstreben. In der sozialen Marktwirtschaft wird der freie Wettbewerb durch den Staat überwacht, der den wirtschaftlichen Rahmen mitbestimmt und wirtschaftliche Störungen durch marktgerechte Mittel zu beheben sucht, indem er z. B. durch Kredite oder Krediteinschränkungen, Steuerbegünstigungen, Subventionen, Maßnahmen der Sozialpolitik (Umverteilung des Volkseinkommens) den Geldumlauf zu beschleunigen oder zu bremsen versucht.
Metallzeit, siehe S. 66
Metöken (= griech. „Mitbewohner"), lebten als Freie in Athen, ohne attische Bürger zu sein. Sie durften kein Land in Attika besitzen und waren vor allem in Handwerk und Handel tätig. Ähnliche Gruppen gab es in vielen antiken Städten.
Mindmap, siehe S. 46
Ministerialen (= Dienstmannen), waren ursprüngl. Unfreie. Seit dem 10. Jh. wurden sie von ihren Herren mit Verwaltungs- und Kriegsdiensten beauftragt. Sie waren für Könige, Fürsten, Bischöfe oder Äbte unentbehrlich. Seit dem 12. Jh. verbanden sie sich mit dem Adel zum Ritterstand. Im Spätmittelalter verloren sie die Unfreiheit und gehörten zum niederen Adel.
Missionar/Missionierung, allgemein die Verbreitung einer Religion, in der christlichen Religion zumeist durch Mitglieder von Mönchsorden, wie z. B. den Missionar Bonifatius.
Monarch, ein durch Vorrechte der Geburt wie z. B. Abstammung aus dem Adel ausgezeichnete Person, die an der Spitze eines Staates steht (→ König, → Kaiser).
Mönchtum, siehe S. 203
Monotheismus, siehe S. 81
Mythologie, die Gesamtheit der → Mythen eines Volkes.
Mythos (Pl. Mythen), eine Erzählung, in der wahre und erfundene Ereignisse verknüpft sind.

N

Neolithische Revolution, siehe S. 57

O

Oikos (= griech. Haus), umfasste in Griechenland nicht nur das Haus als Gebäude, sondern die ganze Hausgemeinschaft: die Familie, Gäste und Sklaven, das dazugehörige Land und das Vieh. Alles dies stand unter der Gewalt des Herrn des Oikos („Kyrios"). Von dem Wort Oikos ist auch der Begriff Ökonomie = Hauswirtschaft abgeleitet. In Rom entsprach dem Oikos die familia, die ebenfalls alle Personen und Güter umfasste, die unter der Gewalt des pater familias standen.
Opferherr, wachte über die häuslichen Kulte innerhalb der römischen „familia".
Optimaten (lat.), in der ausgehenden römischen Republik (1. Jh. v. Chr.) Bezeichnung für die Anhänger der Partei des Adels und der herrschenden Familien (Senatspartei), die im Gegensatz zu den Popularen stand.
Orakel, eine göttliche Offenbarung, die auf Fragen zur Zukunft Antworten geben soll.
Orden(sregel), ein Orden ist eine Gemeinschaft von Männern (Mönchen) oder Frauen (Nonnen), die sich in einem Gelübde feierlich verpflichten, ihr Leben in den Dienst Gottes zu stellen. Sie ziehen sich aus der Welt zurück und leben nach festen Regeln in einem Kloster. Seit der Spätantike entstanden überall in Europa Klöster. Viele übernahmen die von Benedikt von Nursia im 6. Jh. aufgestellte Ordensregel. Sie verpflichtete zu regelmäßigem Gebet und Gottesdienst und zum Gehorsam gegenüber dem Abt bzw. der Äbtissin. Noch enger war der Zusammenhalt bei den Bettelorden oder dem Jesuitenorden (16. Jh.). Neben den Mönchsorden gab es Ritterorden. Es gab eine Vielzahl ordensähnlicher Lebensformen, z. B. die Beginen, Frauengemeinschaften, die ihren Lebensunterhalt durch Krankenpflege und Handarbeit sicherten.
Ostblock, nach dem Zweiten Weltkrieg in der westlichen Welt üblich gewordene Bezeichnung für die Gesamtheit der kommunistisch regierten Staaten.
Otto I., siehe S. 236

P

Patrizier, siehe S. 213
Perikles, siehe S. 114
Periöken (= griech. „Umwohnende"), d. h. die Bewohner der Städte, die auf spartanischem Staatsgebiet „um Sparta herum" lagen. Deren Einwohner waren nicht → Sklaven, aber auch nicht spartanische Bürger. Sie waren meist Handwerker und stellten die Dinge her, welche die Spartaner brauchten. Den spartanischen Bürgern war jegliche Arbeit verboten.
Pharao, siehe S. 85
Planwirtschaft, im Gegensatz zur freien oder sozialen Marktwirtschaft eine gelenkte Staatswirtschaft, die alle Bereiche der Wirtschaft durch genaue Planung festlegt.
Plebejer/Proletarier (lat. plebs = niederes Volk), die gesamte Bevölkerung, die nicht zu den Patriziern gehörte. Als Proletarier galten Bürger der untersten Klasse, die keinen Besitz hatten und keine Steuern zahlten.
Polis Athen, siehe S. 114
Polytheismus, siehe S. 81
Popularen, als Popularen wurde, in Abgrenzung von den Optimaten, die sogenannte Partei des Volkes in der römischen Republik bezeichnet.
Prinzipat, siehe S. 139
Privileg (lat. = Sonderrecht), eine Rechtsvereinbarung, die nur für eine bestimmte Gruppe von Personen gültig ist. Im Mittelalter wurden Privilegien von einem weltlichen oder geistlichen Herrn verliehen und meistens in einer Urkunde festgehalten.

Q

Quelle, siehe S. 21

R

Reich, war im Mittelalter das Herrschaftsgebiet eines Königs. Von anderen Reichen unterschied sich das Deutsche Reich dadurch, dass es den Anspruch erhob, als Kaiserreich den europäischen Königreichen übergeordnet zu sein. Die Kaiser, die auch in besonderer Weise zum Schutz der Kirche verpflichtet waren, sahen sich als Nachfolger der römischen Kaiser, weswegen ihr Reich „Heiliges Römisches Reich" genannt wurde. Es ging weit über die heutigen Grenzen Deutschlands hinaus und umfasste z. B. auch Burgund und Oberitalien.
Republik (lat. res publica = öffentliche Sache), eine Staatsform, in der kein König herrscht. Die Macht wird vom Volk oder von Teilen des Volkes ausgeübt, z. B. von Patriziern.
Ritter, siehe S. 193

S

Sklaven, siehe S. 117
Spartiaten, Bezeichnung für die wenigen tausend Bürger Spartas, deren Leben nur dem Krieg und dem Staat gewidmet war. Für den Unterhalt der Familien der Spartiaten mussten die → Heloten sorgen.
Staat, ist ein Gebiet mit festgelegter Grenze, in dem die Ausübung von Gewalt ausschließlich der Regierung und Verwaltung übertragen ist und in dem der Träger der Souveränität Recht setzen kann. Im Mittelalter gab es noch keinen Staat in diesem Sinne, da noch keine klaren Grenzlinien vorhanden waren und bestimmte Bevölkerungsgruppen das Recht hatten, Unrecht selbst zu rächen (Fehde). Der moderne Staat entstand in Deutschland am Ende des Mittelalters mit der Stärkung der → Landesherren und mit der Aufhebung des Fehderechts.
Städtische Selbstverwaltung, siehe S. 220
Stadtrecht, siehe S. 210
Stände, gesellschaftliche Gruppen, die durch unterschiedliche Rechte klar voneinander getrennt sind, heißen Stände, so auch die Patrizier und die Plebejer in Rom.
Ständegesellschaft, siehe S. 206
Städtegründungen, siehe S. 210
Statthalter, Vertreter eines politisch Höhergestellten, zum Beispiel Vorsteher einer römischen Provinz als Vertreter eines Konsuls, Prätors oder Kaisers.

T

Territorien → Landesherr
Theten, bei Homer sind Theten diejenigen, die keinen eigenen → Oikos haben und deshalb um Lohn für andere arbeiten müssen. Seit Solon bilden die Theten in Athen die unterste Vermögensklasse. Sie haben zwar Zugang zur Volksversammlung und zum Volksgericht, dürfen aber nicht als → Hopliten dienen und können keine höheren Ämter bekleiden. Nach der Gründung des Delisch-Attischen Seebundes (478/77 v. Chr.) gewannen die Theten als Ruderer auf der Flotte politisches Gewicht und waren mitentscheidend für die Entstehung der attischen Demokratie.
Tribute, als „tributum" kann fast jede Abgabe bezeichnet werden, die an den römischen Staat geleistet werden musste. Bis 167 v. Chr. bezahlten römische Bürger Tribute (= Steuern), später nicht mehr. Dafür leisteten dann die Provinzen Tribute, die entweder aus festen Abgaben oder aus einem Anteil am Ernteertrag bestanden.
Tyrannis, der Begriff bezeichnet ursprünglich eine Herrschaftsform der Griechen, die dadurch gekennzeichnet war, dass ein Adliger die alleinige Machtausübung in einer Polis erlangt hatte. Heute versteht man darunter eine uneingeschränkte Gewaltherrschaft von einzelnen Machthabern ohne eine gesetzliche Grundlage.

V

Verfassung, bestimmt die grundlegende Ordnung eines Staates, die Aufgaben und Rechte seiner Organe sowie die Rechte und Pflichten der Bürger. Seit dem 18. Jh. forderte man, dass die Regeln schriftlich niedergelegt würden. Auch bevor es eine Verfassung in diesem modernen Sinn gab, waren die Rechte und Zuständigkeiten von Herrschern und → Ständen durch Abstammung und Privilegien festgelegt. Die Herrscher konnten durch Erteilung neuer Rechte die Verfassung ändern. Eine Verfassung änderte sich auch durch Verträge zwischen Herrscher und Ständen, zum Beispiel durch die Magna Charta. Eine wichtige Verfassungsurkunde des Deutschen Reiches war die Goldene Bulle, welche die Königswahl regelte.
Völkerwanderung, Bezeichnung für eine Völkerbewegung, die ihre Ursache in Landmangel, Klimaverschlechterung oder Vertreibung durch andere Völker hat. Mit dem Begriff wird üblicherweise die germanische Völkerwanderung bezeichnet, die 375 mit dem Einfall der Hunnen in Europa ihren Höhepunkt hatte und um 500 endete. Aus der Verschmelzung der antiken römischen Kultur mit der Lebensweise der germanischen Völker und dem Christentum entstand die mittelalterliche Welt und mit ihr das Frankenreich.
Volksgericht, in Athen führte der Politiker Solon 594 v. Chr. das Volksgericht ein. Jeder attische Bürger über 30 Jahre konnte Richter werden. In der attischen → Demokratie wurden 6000 Richter ausgelost. Für ihre Tätigkeit bekamen sie Tagegelder („Diäten"). Vor ihrer Richtertätigkeit mussten sie einen Eid leisten, in dem sie sich zur Wahrung der Gesetze verpflichteten.

W

Weistum, schriftlich niedergelegte Aussage über das geltende Gewohnheitsrecht im Dorf.

Z

Zoll, eine Steuer, die im Zusammenhang mit einer Ware steht. Sie muss entrichtet werden, wenn bestimmte Waren über eine Zollgrenze – meistens eine Landesgrenze – gebracht werden.

Zunft, siehe S. 217

Beschreiben und Berichten eines Vorgangs

- Die Sprache ist knapp und sachlich.
- Es werden nur Tatsachen wiedergegeben.
- Die einzelnen Schritte werden in ihrer Reihenfolge genau wiedergegeben.
- Beim Berichten gibt man Antworten auf die W-Fragen: Wer? Was? Wo? Wann? Wie? Warum? Welche Folgen?
- Es wird meistens in der Vergangenheitsform beschrieben bzw. berichtet.
- Persönliche Berichte können auch Eindrücke und Reaktionen enthalten.

Sprachliche Hilfen

Vergangenheitsform (Präteritum):
z. B.
- Er trug ein Gewand aus Samt und saß auf einem Thron.

Bindewörter (Konjunktionen):
Sie leiten einen Nebensatz ein, der
- einen Grund formuliert: weil; da
- eine Absicht formuliert: damit; auf dass
- eine Folge formuliert: sodass; so … dass
- eine Art und Weise formuliert: indem; wie; (anders) als; ohne dass; als ob; je …, desto
- eine zeitliche Abfolge formuliert: als; während; nachdem; bevor; ehe; seitdem; sobald; wenn; bis

Eindrücke und Reaktionen schildern:
- Unser Eindruck war …
- Meiner Ansicht / Meinung nach …
- Es schien, als ob …
- Wir waren überrascht / verwundert / beeindruckt / enttäuscht …

Wiedergeben einer wörtlichen in nichtwörtliche Rede

Eine wörtliche (direkte) Rede kann in der nichtwörtlichen (indirekten) Rede wiedergegeben werden als:
- indirekte Rede in der Möglichkeitsform: „Der Kaiser sagte, dass er die Steuern anheben werde, weil die Ausgaben höher seien als geplant."
- geraffte Redewiedergabe (der Inhalt wird in eigenen Worten zusammengefasst): „Der Kaiser wollte die Steuern anheben."
- Umschreibung: „Nach Aussage des Kaisers werden die Steuern angehoben."
- dass-Satz in der Möglichkeits- oder Wirklichkeitsform: „Der Kaiser teilte mit, dass er die Steuern anheben werde/wird."

Sprachliche Hilfen

Wirklichkeitsform (Indikativ):
- Befehlen: Er schrie, dass er den Angriff befehlen werde.
- Raten: Er sagte, dass du ihm dazu rätst.

Möglichkeitsform (Konjunktiv):
- Befehlen: Er schrie, dass er den Angriff befehle.
- Raten: Er sagte, dass du ihm dazu rietest.

Stellung nehmen und Erörtern

- Klären, zu welchem Problem Stellung genommen werden soll bzw. was erörtert werden soll.
- Begründungen sammeln, die die Stellungnahme stützen.
- Beim Erörtern Für- und Gegenargumente, evtl. auch Sowohl-als-auch-Argumente sammeln.
- Begründungen so ordnen, dass die stärkste am Ende steht.
- Die eigene Meinung als Behauptung in einem Satz formulieren.
- Eine Erörterung kann aus drei Schritten bestehen: Einleitung (Behauptung/These nennen, die erörtert werden soll), Hauptteil (Begründungen/Argumente anführen und ggf. erläutern), Schlussteil (das Ergebnis formulieren).

Sprachliche Hilfen

Beweisführung (Argumentation):
Sie besteht aus zwei Teilen:
- Behauptung (These): „Das alte Ägypten besaß eine Hochkultur" und
- Begründung (Argument): „…, weil Merkmale wie z. B. Regierung, Religion und Schrift vorhanden waren."

Bindewörter (Konjunktionen):
Sie leiten einen Nebensatz ein, der
- eine Bedingung formuliert: wenn; falls; sofern; unter der Bedingung, dass
- einen Grund formuliert: weil; da
- eine Absicht formuliert: damit; auf dass
- eine Folge formuliert: sodass; so …, dass; als dass
- eine Art und Weise formuliert: indem; wie; (anders) als; ohne dass; als ob
- ein Zugeständnis formuliert: obwohl; obgleich; obschon; wenngleich
- einen Gegensatz formuliert: außer dass; wohingegen; während
- eine zeitliche Abfolge formuliert: als; während; nachdem; bevor; seitdem

Lösungshilfen zu den Kompetenz-Checkseiten

Kapitel 1: Von Menschen, der Zeit und der Geschichte

Leben in der Zeit und in geschichtlichen Räumen (S. 31)

1 1b, 2g, 3d, 4c, 5i, 6f, 7a, 8h, 9e

2

	Antike	Mittelalter	Neuzeit
Schleswig-Holstein	Fund aus der Antike (4)	Kloster Cismar (1)	Kiel nach Kriegsende (7)
Deutschland	Porta Nigra in Trier (9)	Kölner Dom (3)	Olympiastadion München (6)
Europa	Kolosseum in Rom (5)	Prager Burg (8)	Europaparlament in Straßburg (2)

3 mündliche Quelle – Volkslied; Zeitmessung – Atomuhr; Festpunkt der Zeitmessung – Christi Geburt; Friesen – Volksstamm; Schleswig-Holstein – Bundesland; Polen – EU-Staat; Währung – Euro; Steinkreise – Stonehenge.

4 Ein Ergebnis könnte die Meinung sein, dass sich die Menschen durchaus unterschiedlichen Gruppen zugehörig fühlen können, also verschiedene Identitäten „besitzen". Dabei sind mehr oder weniger starke Zugehörigkeitsgefühle, z. B. sich eher als Deutscher oder als Europäer zu fühlen, denkbar.

Kapitel 2: Frühe Kulturen – Leben in der Steinzeit

1. Leben in der Altsteinzeit (S. 53)

1 Verwendung als Werkzeuge: z. B. zum Schneiden, Trennen, Ritzen, Sägen, Aufschlagen, Bohren von Löchern, als Pfeil- oder Speerspitze.

2 Zuordnung zum Urmenschen – Homo erectus – (Alter etwa 1,5 Millionen Jahre); entscheidend: Nutzen des Feuers (Funde von Ascheresten).

3 mündliche Quelle – Sage; Zeitmessung – Sonnenuhr; Homo sapiens – Jetztzeitmensch; Australopithecus – Vormensch; Homo erectus – Feuernutzung; Eiszeit – Ahrensburger Kultur

4 a) Bisher nicht nachweisbare Aussage.

b) Unzutreffende Aussage (siehe S. 50–52): Felszeichnungen (Felsbilder), Figuren, Bestattungskulte usw. zeugen von geistigen, rituellen, künstlerischen und sprachlichen Denk- und Handlungsleistungen.

c) Mithilfe der Archäologie gelingt es, in die Vergangenheit „zu schauen". Eine Ausgrabung kann als „Öffnen eines Fensters" betrachtet werden, durch das neue Erkenntnisse gewonnen werden können, z. B. Funde bearbeiteter Steine oder von Skelettresten.

5 Erschließen des Sachbuch(Lehrbuch-)textes S. 38 mithilfe der Arbeitsschritte S. 46–47.; Schlüsselbegriffe bzw. zentrale Textstellen: Arbeitsbedingungen bei Grabungen, Entwicklung des Menschen in der Geschichte, „Junge vom Turkanasee", Urmensch, Feuer, Faustkeil und seine Funktionen; aus Funden Schlüsse ziehen.

2. Leben in der Jungsteinzeit (S. 71)

1 zeitliche Einordnung und Merkmale (siehe angegebene Fundstellen);

2 Homo erectus, Mammut, Wildbeuter, Faustkeil, Felsmalerei, Rentier, 400 000 v. Chr.

3 Altsteinzeit: Die Menschen lebten „mit" der Natur, griffen nicht in die Landschaftsgestaltung ein, nutzten die tierischen und pflanzlichen „Angebote" ihres natürlichen Lebensraumes; Jungsteinzeit: Die Menschen nutzten die Natur für ihre Zwecke: Feldbau, Pflanzen- und Tierzucht, Veränderung der natürlichen Oberfläche, z. B. durch Brandrodung, Bau von Siedlungen, beginnende Nutzung von Bodenschätzen und Herstellen von Metallen.

4 Die These ist zu ungenau: Es gab sowohl Arbeitsentlastungen (bessere Arbeitsplanung möglich, mehr Sicherheit in der Versorgung mit Nahrung, geringere Kindersterblichkeit) als auch neue Belastungen sowohl für Frauen als auch für Männer (Hausbau, Werkzeugherstellung, harte, schwere körperliche Arbeit vor allem für Frauen); siehe S. 59, M2.

5 Bearbeitung der Aufgabe in Gruppen anhand des Kapitels.

6 a) Bau einer Lokomotive, Nutzen technischer Zeichnungen; Quellenart: Gemälde

b) Zuordnung zur Metallzeit kann ausgeschlossen werden; Einordnung in die Anfänge des Eisenbahnbaus

Kapitel 3: Ägypten – eine frühe Hochkultur

Lebenswelt altes Ägypten (S. 95)

1 Merkmale einer Hochkultur nach den Abbildungen (von links nach rechts): Verwaltung; Religion; Arbeitsteilung; Technik/Architektur; Staat/Staatsoberhaupt; Schrift. Nicht dazugehörig: Faustkeil.

2 a) Einstellung auf die „Regeln" des Nils: Beobachtung der Wasserstände; Bau von Regulierungssystemen zur Nutzung des Wassers für Bewässerung, Ackerbau, Schifffahrt; Vorratswirtschaft.

b) Gesellschaftliche Gliederung aus der Wirtschaftsweise heraus entstanden: Arbeitsteilung und Spezialisierung; hierarchische Ordnung (siehe S. 86).

3 Bildanalyse mithilfe der Arbeitsschritte S. 82; zu den Einzelheiten siehe Bildunterschrift zu M2 und Darstellungstext; Zusammenhänge der Einzelheiten: Ablauf der Prüfungen des Totengerichts, um in das Reich der Toten aufgenommen zu werden.

4 gottähnliche Stellung des Pharaos – Vorstellung vom Weiterleben nach dem Tod – Pyramide als Grabmal des Pharaos – enge Bindung des Einzelnen an den Pharao – Erhaltung des Körpers durch Mumifizierung, um die Rückkehr der Seele in den Körper zu ermöglichen. Enger Zusammenhang der drei Begriffe; Ableitung von der zentralen Stellung des Pharaos.

Kapitel 4: Antike Wurzeln Europas

1. Lebenswelt griechische Polis (S. 123)

1 Vergleiche zur Kontrolle die Seitenhinweise.

2 Athen: demokratische Entwicklung mit Beteiligung der männlichen Bürger an der Politik, mehr Freiheit für den Einzelnen, bedeutende kulturelle Leistungen (Theater, Philosophie); Sparta: monarchischer Staat mit starker Betonung des Militärischen, ähnlich auch in der Erziehung.

3 Herrschaft: Ägypten: Königsherrschaft/Pharao, Flächenstaat, Staatsaufgaben zentral organisiert. Polis/Athen: demokratische Herrschaftsform, Stadtstaat, Staatsangelegenheiten in Volksversammlungen (jedoch keine politische Gleichheit der Bürger) abgestimmt. Gesellschaft: Ägypten: hierarchischer Aufbau, gesellschaftliche Arbeitsteilung nach den Aufgaben der Wirtschaft am Nil (Flusskultur). Polis/Athen: keine Gesellschaft der Gleichen, aber geringere Hierarchie als in Ägypten, Rollenunterschiede zwischen Jungen und Mädchen.
Wirtschaft: Ägypten: staatlich gelenkte Abgaben- und Vorratswirtschaft, Spezialisierung der Tätigkeiten, Kooperation, Steuersystem zur Finanzierung der Staatsausgaben. Polis/Athen: bedeutender expansiver (sich ausdehnender) Import- und Exporthandel, Seeverkehr, Gründung von Kolonien.
Religion: Ägypten: Pharao als „Gottkönig", enge Bindung des Einzelnen an den Pharao; Glaube an ein Weiterleben nach dem Tod; Polytheismus. Polis/Athen: Glaube an Hierarchie von Göttern (Zeus als „Hausherr" der Göttergemeinschaft), Unsterblichkeit der Götter, Auftreten in menschlicher Gestalt zur Einflussnahme auf das Handeln der Menschen.

4 Volksversammlung (nur männliche Teilnehmer) in Athen: Alle Berechtigten entscheiden direkt, Redner (Demagoge) und Volk als wichtigste Teile der Versammlung. Deutscher Bundestag: Abgeordnete (gewählte Vertreter) des Volkes (der wahlberechtigten Frauen und Männer) sitzen im Halbkreis, getrennt nach Fraktionen (Parteien), davor die Sitzplätze der Bundesregierung und der Vertreter der Länderregierungen, Zuschauer und Presse oberhalb des Sitzungssaals, Redner und Abgeordnete als wichtigste Teile.

5 Vergleichsmöglichkeiten: Wahlrecht: z. B. freie Männer über 18 Jahre in Athen, keine Frauen, keine Sklaven; Entscheidungen werden in direkter Abstimmung durch das „Volk" getroffen; wahlberechtigte Männer und Frauen ab 18 Jahre für den Bundestag, Abgeordnete in freier, geheimer usw. Wahl gewählt, die dann als Vertreter des Volkes entscheiden. Aufteilung der Staatsgewalt: Athen: Pnyx, Areopag, Rat der Fünfhundert, Volksgericht; Bundesrepublik: drei Gewalten: Gesetzgebung, vollziehende Gewalt, Rechtsprechung.

6 Die These ist ungenau: Athen: nur männliche, freie Bürger bilden das „Volk", alle anderen Gruppen sind ausgeschlossen; Demokratie in Deutschland: der Wählerkreis ist größer als in Athen: alle wahlberechtigten Männer und Frauen; zum „ganzen Volk" gehören jedoch auch Jugendliche und Kinder.

2. Rom – vom Stadtstaat zur Weltmacht (S.137)

1 „famlia" als zentrale Einheit der Gesellschaft; „pater familias" als Herrscher über die Mitglieder der familia. Große gesellschaftliche (und politische) Gruppen: Patrizier und Plebejer; Frauen, Sklavinnen und Sklaven mit minderen Rechten. Wandel in der Zeit der Krise der Republik: führende Familien aus den Gruppen der Patrizier und Plebejer bildeten die Nobilität; Ritter: aufgestiegene wohlhabende Bauern mit Versorgungs- und Verwaltungsaufgaben; plebs: soziale Unterschicht.

2 Expansion (Ausdehnung, Gebietserweiterung) vorwiegend durch Kriege, zunächst in Italien, dann im Mittelmeerraum; Erweiterung vom Landheer zur Seemacht; Punische Kriege gegen Karthago; Errichtung römischer Provinzen in den eroberten Gebieten.

3 Verarmung der bäuerlichen Schicht durch die Kriegslasten, Anwachsen der Anzahl der Besitzlosen; Bereicherung der Militärs durch Kriegsbeute; Reformversuche (Beschränkung des Großgrundbesitzes, Landverteilung an besitzlose Bauern; Spaltung der Gesellschaft – Optimaten, Popularen –); Heeresreform mit Landvergabe nach dem Heeresdienst; Bürgerkrieg, indem die Optimaten als Gegner der Reformen die Oberhand gewannen.

4 Analyse der Textquelle mithilfe der Methode „Schriftliche Quellen untersuchen": Der Redner unterstützt das Anliegen der Frauen (Vergleich zur Stellung der Sklaven), versucht Verständnis zu wecken, verteidigt die Verringerung der Gewalt (Herrschaft) über die Frauen.

5 Gegenüber der griechischen Polis wird die „indirektere" Herrschaft in der römischen Republik deutlich, vor allem bedingt durch die Größe des Herrschaftsgebietes: Es bilden sich parteiähnliche Gruppierungen, die um die Macht kämpfen. In beiden Staaten/Gesellschaften gibt es klare Hierarchien der Beteiligung bzw. Nichtbeteiligung an der Macht.

6 Rollenspiel.

7 Bewertung der These kann erfolgen aus der Sicht der Gegenwart (Krieg nur als Selbstverteidigung oder Maßnahme der Vereinten Nationen), aber auch aus der Perspektive der Römer (z. B. als Strafe nach Vertragsverletzung, Beistand für Bundesgenossen). Denkbar auch eine rein moralisch-ethische Sicht: „Ich bin gegen jeden Krieg."

8 Erkundungsaufgabe. Beachten: Begriff „Weltmacht", Bedeutung in bestimmten Epochen, „Weltmacht" – politisch oder wirtschaftlich zu verstehen? Unterscheidung: gegenwärtige und künftige Weltmächte?

3. Lebenswelt Imperium Romanum (S. 163)

1 Städtisches Leben mit Einrichtungen, die uns modern vorkommen; Aufteilung der Stadtfläche nach bestimmten Funktionen, z. B. Wohnen, Arbeiten und Wirtschaften (Gewerbe, Handwerker), Religionsausübung (Tempel), Schutz durch Mauern und Tore; Anlehnung an Rom als Hauptstadt des Reiches.

2 Siehe Angabe der Textstellen.

3 Die These nennt nur eine Ursache. Zum Untergang führten jedoch mehrere Gründe (siehe S. 160; Rückgriff auf Arbeitsauftrag 4, S. 160).

4 Recherche-Aufgabe.

5 Entwerfen einer schematischen Skizze; Problematisieren der These 5 b).

Kapitel 5: Lebens- und Herrschaftsformen im Mittelalter

1. Bäuerliches Leben (S. 185)

1 Vergleiche zur Kontrolle die Seitenhinweise.

2 Kein technischer Stillstand im MA; Beispiele: Pflugentwicklung, Kummet, Dreschflegel, Sense; Entwicklung zur Dreifelderwirtschaft; mehr Erträge durch die Neuerungen (siehe M1) – Folge: Bevölkerungswachstum, Ausdehnung der Anbaufläche (Konflikte Bauern – Adel); Krisen (z. B. durch ansteckende Krankheiten oder Missernten) wirkten sich unmittelbar auf das Leben und den Lebensstandard aus.

3 Recherche-Aufgabe.

4 Die These ist nicht zutreffend: Aus dem Zusammenleben der Bauern im Dorf entwickelten sich Regeln für das Zusammenleben. In Weistümern wurden die Rechtsbestimmungen festgelegt, z. B. über die Nutzung der Allmende und die privaten Grundstücke, die Beachtung der Grenzen usw. All das wurde in der Dorfgemeinschaft geregelt.
5 Die Anzahl der bäuerlichen Betriebe ist im Laufe der Zeit stark zurückgegangen. Gestiegen ist die Anzahl der Menschen, die ein Landwirt heute mit seiner Produktion ernähren kann. Geblieben ist die Abhängigkeit von Klima und Wetter vor allem bei der Getreideproduktion. Die Tierhaltung erfolgt häufig nicht mehr im Freien. Bauern übernehmen auch Aufgaben wie Landschaftspflege. Probleme: Umweltbelastungen durch Dünger usw., Massentierhaltung und Seuchengefahr, Einsatz der Gentechnik.
6 Recherche-Aufgabe.

2. Die Lebenswelt des Adels (S. 199)
1 Vergleiche zur Kontrolle die Seitenhinweise.
2 Eheschließung als Angelegenheit des Familienverbandes; Prinzip der Standesgleichheit; Ehefrau unterstand rechtlich dem Ehemann, Beispiele für Wandel im 14./15. Jh.: „Liebe des Herzens und der Pflicht"; „Minnedienst" als idealisierte Form der Frauenverehrung, jedoch unterschiedliche Maßstäbe in den persönlichen Freiheiten.
3 Erschließen der Abbildung mithilfe der Arbeitsschritte. Deutlich wird die Dreiteilung der mittelalterlichen Gesellschaft (Adel/Ritter, Geistliche, Bauern), hier am Beispiel Frankreich.
4 Waffentechnik war nicht alleiniger Grund für den Niedergang; hinzukamen: Zug in die Stadt; wirtschaftlicher Abstieg durch städtische und bäuerliche Konkurrenz.
5 Streitgespräch gestalten; siehe auch die Informationen zur Grundherrschaft (S. 178–179).

3. Lebenswelt Kloster (S. 207)
1 Vergleiche zur Kontrolle die Seitenhinweise.
2 Suche nach dem Weg zu Gott; Einsiedler, Lebensgemeinschaften; Verbreitung des Glaubens durch Orden; Mönche und Nonnen sahen sich als „Vorreiter" zu einem gottgefälligen Leben; Bau von Klöstern.
3 Maria Laach (Entstehung im 11./12. Jh.) – irische Klosteranlage (7. Jh.); Unterschiede in den Lebensbedingungen, im Lebensstandard, der architektonischen Entwicklung, der Funktionen der Anlagen.
4 a) Siehe Kasten S. 206.
b) Kritik aus heutiger Sicht z. B. Zuordnung der gesellschaftlichen Stellung nach der Geburt (Herkunft), rechtliche Ungleichheit, unterschiedliche politische Rechte; frühe Kritik an der ständischen Gesellschaft siehe M2, S. 206.
5 Analyse der Textquelle mithilfe der Arbeitsschritte S. 115. Aufeinanderprallen weltlicher und religiöser Lebensformen.
6 Ausgehend z. B. von M4: religiöse, kulturelle, herrschaftliche und wirtschaftliche Aspekte darstellen. Das Kloster war ein bedeutender Teil der mittelalterlichen Welt.
7 Erörterung: Kloster heute als „Ort der Besinnung, des zeitweisen Rückzugs", religiöser Bildung; keine zentrale Lebensform mehr; aber: Wiederentdecken von „Lebensregeln", medizinischen Erkenntnissen (pflanzlichen Heilmitteln usw.).

4. Leben in der mittelalterlichen Stadt (S. 229)
1 Vergleiche zur Kontrolle die Seitenhinweise.
2 Köln: Ursprung römische Siedlung; Erweiterung in verschiedenen Phasen dargestellt; zentrale Orte: Märkte, Münze, Kirchen, Klöster, Bedeutung der Stadttore. Lübeck (M4, S. 210): Entstehung aus Burganlage (slawischen Ursprungs), Domviertel und Kaufmannssiedlung; Erweiterungen bis ins 14. Jh. Im Vergleich zu Köln jüngere Entstehung, kein römischer Einfluss.
3 Merkmale der mittelalterlichen Lebenswelten (Tabelle in Partnerarbeit).
4 Die Aussage ist im Kern zutreffend mit der Einschränkung, dass es vor dem Mittelalter in anderen Regionen bzw. Erdteilen auch schon stadtähnliche Siedlungen bzw. Städte gab, die Hauptphase der Städtegründungen in Europa jedoch im 11. bis 14. Jh. lag. Reste römischer Anlagen als Siedlungsplätze und Neugründungen als Handels- und Wirtschaftszentren.
5 Recherche-Aufgabe.

5. Herrschaft im mittelalterlichen Europa (S. 249)
1 Vergleiche zur Kontrolle die Seitenhinweise.
2 König: Anführer eines Stammes, gewählt durch „das Volk" bzw. führende Adlige (die „Großen"), teilweise auch durch Erbrecht eingesetzt (Geblütsrecht), Ursprung im Heerkönigtum; König konnte Kaiser werden: höchster weltlicher Herrschertitel (Europa) in der Tradition der römischen Kaiseridee, Krönung (des Königs) durch den Papst (Bischof von Rom und geistliches Oberhaupt der (katholischen) Kirche im Mittelalter; Rivalität zwischen Papst und Kaiser (geistliche gegen weltliche Gewalt).
3 Herrschaft als „Reisekönig"; Königshof mit Gefolgsleuten; verschiedene Hausämter/Hofämter; Verwaltung durch Grafen in Verwaltungsbezirken; bei Reisen des Königs: Aufenthalt in königlichen Gütern oder Klöstern.
4 Unzutreffende Aussage; Begriff „Reich der Deutschen" kommt mit dem Sachsen König Heinrich I. (ab 919) auf.
5 Ungenaue These: Nach 1077: Fürsten gegen den Papst, Wahl eines Gegenkönigs; Heinrich IV. ließ Gegenpapst wählen, Absetzung Gregors VII.; 1122 Wormser Konkordat: Regelung der Rechte und Aufgaben der Bischöfe. Zuteilung der Rechte durch König und Papst.
6 Textquellen-Analyse mithilfe der Arbeitsschritte S. 140–141.

6. Umgang mit dem anderen (S. 261)
1 a) Kulturbegegnung in al-Andalus, Verschmelzung von Traditionen, Wissenschaft und Werten über einen längeren Zeitraum; Verschärfung der Gegensätze in der Zeit der Kreuzzüge.
b) Friedliche und kriegerische Begegnung zwischen Christen und Muslimen; Rechtfertigung der Auseinandersetzungen mit religiösen Argumenten; islamische Gegenbewegung mit Vertreibung der Kreuzritter.
c) Ostsiedlung als von deutschen Fürsten in Gang gesetzte Bewegung deutscher Siedler im osteuropäischen slawischen Raum und als von polnischen Herzögen geförderte Gründung von Städten und Dörfern durch Deutsche. Kriegerisches Verhalten der Ordensritter (Ordensstaat) mit militärischen Konflikten. Belastungen der deutsch-polnischen Beziehungen in den folgenden Jahrhunderten. Bei a) bis c) gab es sowohl kriegerische als auch friedliche Phasen.
2 Motive für die Kreuzzüge vor allem Befreiung Jerusalems von muslimischer Herrschaft und Schutz der Christen, Pilgeridee und Bekehrung „Ungläubiger", aber private und wirtschaftliche Gründe.
3 Gestaltungsaufgabe in Gruppenarbeit.
4 Die Aussage betont zu einseitig den Aspekt der „bewaffneten Pilgerfahrt". Abweichung von diesem anfänglichen Ziel durch die Gründung eines Kreuzfahrerstaates mit militärischer Gewalt und Vernichtung des Gegners.
5 Recherche-Aufgabe. Die einfache Übertragung geschichtlicher Ereignisse und Begriffe problematisieren (keine einfache Wiederholung der Geschichte).

Die mit einem * versehenen Begriffe werden im Lexikon näher erklärt.

A

B

C

D

E

F

G

H

I

J

K

Q

R

S

T

U

V

W

Z

akg-images: 14, 21, 31/1, 31/9, 50, 70 M. l., 80/M1, 99 u. (Hilbich), 106, 111/M4, 112/M2, 154, 161/M1, 167 o. r., 179, 186, 189, 190, 191, 192/M3 (Erich Lessing), 195, 199 (The British Library), 200 l., 206, 218, 236, 239, 241, 245, 247 (Werner Forman), 255, 263 u. (1.), u. (2.); Alte Pinakothek München, Foto: Artothek: 216, 263 o. (3.); Anthony Verlag: 101; Archaeological Receipts Fund, Athen: 110; Archäologische Staatssammlung/Foto: Manfred Eberlin: 139/M2; Archäologisches Landesmuseum Mecklenburg-Vorpommern (Inv.-Nr. III, 199): 169/M4; Archiv der Hansestadt Lübeck: 225/M4; Archiv des Schleswig-Holsteinischen Freilichtmuseums: 177/M4, 177/M6; ©Archivio Iconografico, S.A.: 136; Ars Wolfegg. Kunst und Kultur Schloss Wolfegg: 197; Artothek: 13/M1 (©Städel Museum), 20/M1; The Ashmolean Museum, Oxford: 118/M3, 165 o.; Badisches General-Landesarchiv Karlsruhe: 174; Foto: Nils Bahnsen, Hamburg: 18/19/M5; Bayerisches Nationalmuseum, München: 222, 223/2; Bayerische Staatsbibliothek, München: 240, 261, 263 u. (3.); Bayerische Staatsgemäldesammlungen – Alte Pinakothek – Artothek: 167 u. r. (Foto: Joachim Blauel); Biblioteca Apostolica Vaticana: 204; Bibliothèque Municipale, Dijon: 200 r.; Bilderberg/Thomas Ernsting: 40/M1(1-4); Boston Museum of Fine Arts, Francis Barthelt Donation, Inv. Nr. 03.802: 116; Boyens-Medien: 183/M3 (Schulte-Wülwer), 183/M6; bpk: 15/M2, 16 u. (1., 2., 3.), 37, 74/75, 79, 83/M2, 87, 91, 95 o. r., 97 (2.), 109/M2, 114, 117, 126, 144, 146, 159, 173, 181/M2, 238, 243, 263 u. (4.); aus: Otto Brandt/Karl Wölfle (Hg.), Schleswig-Holsteins Geschichte und Leben in Karten und Bildern, Altona (Köbner & Co.) 1928, S. 70 a.: 25; Bridgeman Berlin: 212, 213/M4, 221; Brno, Archeologický ústav AV CR. (Inv.-Nr. 594-563/67): 169/M1; Burda Verlag, Offenburg: 39; © by Deutsche Luftbild: 192/M2; Christoph & Friends. Das Fotoarchiv: 38 (M. Matzel); Cliché Bibliothèque nationale de France, Paris: 223/3, 259; aus: Colors Magazine, Todd Eberle (Fotos), 4/1993, United Colors of Benetton: 41/M3; Commonwealth Institute, London: 52/M1; CORBIS: Titelbild (©Roger Wood), 12/M3 (©Jonathan Blair), 31/6 (Neil Beer), 207 (©Tom Bean); Corel Library: 40/M1 u., 52/M2; © Deutsches Archäologisches Institut, Athen: 102; Deutsches Archäologisches Institut, Rom: 147/M3, 151/M2 (Foto: Faraglia); DGB-Archiv im Archiv der sozialen Demokratie (Sign. 6/PLKA 04169): 15/M4; DHM, Berlin: 16 u. (4.); Deutsches Technik-Museum, Berlin: 71; aus: Die Zeit 15/1996: 92; Dithmarscher Landesmuseum, Meldorf: 13/M2; Donabauer, Möckenlohe: 42; Europa-Farbbildarchiv Waltraud Klammet: 201; ©FAKSIMILE VERLAG LUZERN. Wiedergabe aus der vollständigen und originalgetreuen Faksimile-Edition „LES TRES RICHES DU DUC DE BERRY" mit freundlicher Genehmigung des Faksimile Verlages Luzern: 187; FOCUS/John Reader/Science Photo Library: 34/35; Förderverein Schöninger Speere – Erbe der Menschheit e. V.: 70 o. l.; Olaf Franke, Berlin: 33 o.; Germanisches Nationalmuseum, Nürnberg (Monatsbild August von Hans Wertinger, Inv.-Nr. Gm 128): 168; Gesamtdeutsches Institut, Bonn: 17 u. (4.); Getty-Images: 8/9; Robert Harding, Picture Library: 253; Elke Häußler, Neuenstein: 260; Hauptamt für Hochbauwesen der Stadt Nürnberg: 223/1; Hirmer Verlag, München: 111/M2, 120; Oswald Huber: 33 u.; Institut für Realienkunde, Krems: 166/167; Institut für Ur- und Frühgeschichte: 43/M3; Foto: H. Jensen. Copyright: Universität Tübingen: 51/M3; Jürgens Ost- und Europa-Photo: 9 (2.), 29/M5; Volker Junker: 17 u. (2.); Foto: Christine Keitz, Berlin: 18/M2, 148/M2; Jo Kotula: 32; Kunsthistorisches Museum, Wien: 235; Kupferstichkabinett staatliche Museen zu Berlin – Preußischer Kulturbesitz, Foto: Jörg P. Anders: 244; Länderpress, Düsseldorf: 75 u. r.; Landesarchiv Schleswig-Holstein/Urk.-Abt. 394 Nr. 8: 26; Landesmuseum für Vorgeschichte, Dresden: 66/M1, 70 u. r.; Landesmuseum Mainz: 62; Landesregierung Schleswig-Holstein: 9 (4.); Les Editions Albert René, Paris: 149/M3; Lotos-Film, Kaufbeuren: 157/M5; Lucca, Biblioteca Statale: 205, 263 o. (4.); Madgar Nemzeti Múseum, Budapest: 169/M2; Maximilian Museum Augsburg: 208; Max-Planck-Institut, Göttingen: 19/M6; mauritius images/imagebroker/Ingo Kuzia/Intro: 17/M4; mauritius-images:149/M4; Metropolitan Museum of Arts, New York: 107/M5, 118/M1; Miskolc, Herman Ottó Múzeum: 169/M3; Museen für Kunst und Kulturgeschichte der Hansestadt Lübeck: 225/M5, 227; Musei Capitalini, Rom: 143; Museo Nationale di Villa Giulia: 127; Museum für Archäologie und Ökologie Dithmarschen, Fotograf: Volker Arnold: 68, 69/M2, 69/M3; Niedersächsisches Landesamt für Denkmalpflege (NLD) – Archäologisches Archiv – Diathek/Gemarkung Wildeshausen, F st Nr. 602: 60/M1; Oechtering, Lisa, Geesthacht: 45/M3; Österreichische Nationalbibliothek, Wien: 19/M3, 171/M3, 180, 213/M2; aus: P. M. Perspektive, Die Welt der Ritter: 196, 263 o. (2.); Pallaske: 252; panoramio: 60/M2 (by Raúlgh); Photo Archive Jürgen Liepe: 85, 88, 95 u. r.,97 (1., 4.); Photo RMN – Hervé Lewandowski: 90; Photo Scala, Florenz: 108, 133/M2, 147/M4; Photothèque Hachette, Paris: 242; picture-alliance/akg-images: 23, 78 (Werner Forman); picture-alliance/dpa: 9 (1.) (Winter), 17 u. (5.), 98/99 (Winter); picture-alliance/dpa/© dpa: 123; picture-alliance/dpa/© dpa-Bildarchiv: 31/5, 61/M5, 251; picture-alliance/dpa/© dpa-Fotoreport: 12/M4, 184/M3; picture-alliance/dpa/© dpa-Sportreport: 29/M4; picture-alliance/dpa/© dpa-Report: 16/M1, 16 u. (5.); picture-alliance/OKAPIA KG: 11/M2 (© A. & H.-F. Richter), 17 u. (1., Dorit Bremermann); picture-alliance/Sven Simon/Anke Feig: 29/M3; picture-alliance/ZB: 16/M2 (Bernd Settnik); picture-alliance/© ZB-Fotoreport: 31/3, 8, 61/M4; Rheinisches Landesmuseum, Trier: 147/M5 (Foto: H. Thöring), 152, 165 u.; Römisch-Germanisches Museum, Köln: 129; Foto: Caroline Schmidt, Berlin: 17/M5; Michael Seifert, Hannover: 223 o.; A. G. Shedid, München: 80/81/M2, 83/M4, 95 o. l., 95 o. M., 97 (6.); Signs. Journal of Women in Culture and Society, University of Chicago, 1982: 172; Staatliche Münzsammlung München: 122, 135, 157/M3, 165 M.; Stadtarchiv Kiel: 27/M3, 31/7; Alle Rechte bei Severin Stille, Frankfurt a. M.: 20/M2; © stockmaritime.com/Jens Thoel: 9 (3.); H. Storck, Stuttgart: 75 o. r., 89; Südtiroler Archäologiemuseum – www.iceman.it: 63/M2, 63/M3; SZ-Photo: 15/M1, 15/M3 r.; The British Library, London: 217, 223/4; The British Museum, London: 43/M4, 194; The Piermont Morgan Library, New York: 170; Theodor-Möller-Archiv, Landesamt für Denkmalpflege Schleswig-Holstein, Kiel: 177/M5; Thüringer Landesamt für Archäologische Denkmalpflege, Weimar: 18/M1; ullsteinbild: 27/M2 (Schöning), 161/M2, 198, 209; Ulmer Museum, Foto: Thomas Stephan: 51/M5; Urgeschichtliches Museum Blaubeuren: 45/M2; Vatikanisches Museum, Rom: 139/M1; Verlag C. H. Beck, München: 41/M2; Verlag Larousse-Bordas, Paris: 51/M2; Verlagsarchiv: 52/M3; ©WADA-GAMMA: 228; Wallmuseum Oldenburg in Holstein: 257/M2, 257/M3, 257/M4; Westermann Bildarchiv, Braunschweig: 15/M3 l.; Wikinger Museum Haithabu: 248/M1, 248/M3; Ernst Wrba: 31/2; Württembergisches Landesmuseum, Stuttgart: 35 r., 70 u. l., 95 u. M.

Nicht in allen Fällen war es uns möglich, die Rechteinhaber der Abbildungen ausfindig zu machen. Für eventuell entstandene Fehler oder Auslassungen bitten wir um Verständnis. Berechtigte Ansprüche werden selbstverständlich im Rahmen der üblichen Vereinbarungen abgegolten.

OPERATOREN	ERLÄUTERUNGEN	BEISPIELE
vergleichen	Aussagen, Sachverhalte und Probleme erkennen und im einfachen Vergleich Übereinstimmungen und Unterschiede feststellen	– Vergleiche den Gründungsmythos Roms mit den historischen Befunden über die Entstehung der Stadt (Mythos ist wissenschaftlich nicht nachweisbar; Bedeutung des Mythos liegt im späteren Zusammengehörigkeitsgefühl und im höheren Ansehen durch den behaupteten Bezug zu den Göttern).
beurteilen	ein Sachurteil zu geschichtlichen Sachverhalten formulieren – ohne persönliches Werturteil	– Beurteile die folgende Aussage: Augustus hat die Republik wiederhergestellt. (Sachverhalt klären: Rückgabe der Vollmacht zurück an Volk und Senat, äußerliche Wiederherstellung der Republik; errichtete aber neue Form der Vorherrschaft: Prinzipat, monarchieähnliche Herrschaft; Aussage ist zu widerlegen.)
bewerten, Stellung nehmen	wie „beurteilen" (s. o.), zusätzlich wird aber ein persönliches Werturteil formuliert	– Bewerte die Darstellung der römischen Baukunst (Wasserleitung) in einer Comic-Zeichnung (übertrieben, witzig; fraglich, ob Menschen dagegen waren; aber auch wahrer Kern: Ablehnung, Widerspruch gegen Neues; eigene Bewertung der Abb.).
diskutieren	zu einer These oder einem Problem Argumente entwickeln und zu einer begründeten Bewertung gelangen	– Diskutiert in einer Gesprächsrunde, welche Bedeutung der Perspektivwechsel im Umgang mit dem anderen hat. (Perspektivwechsel setzt voraus, dass ich mich in die Meinung, den Standpunkt, die Position des anderen hineinversetze. Dabei gewinne ich Verständnis für die Sichtweise des anderen, ohne gleich dessen Standpunkt zu übernehmen. Historische Beispiele: sich Hineinversetzen in die Lage eines mittelalterlichen Bauern, eines adligen Burgherrn und eines städtischen Kaufmanns; Perspektivübernahme eines Muslims, eines Juden und eines Christen in der Zeit der Kreuzzüge).
prüfen, überprüfen	Aussagen wie Vermutungen, Behauptungen, Urteile daraufhin überprüfen, ob sie zutreffend oder einsichtig sind	– Überprüfe die folgende Aussage: Die ersten Menschen entwickelten sich zeitgleich in verschiedenen Erdteilen. (Aufgrund der bisherigen Funde die Behauptung überprüfen: älteste Funde stammen aus Afrika (Out-of-Africa-Hypothese): These von der Auswanderung aus Afrika, Gegenthese: multiregionales Modell; überwiegende Meinung der Forschung: Africa-These ...; These also in dieser Aussage nicht haltbar)
erörtern	zu einer These oder einem Problem Für-und-gegen- bzw. Sowohl-als-auch-Argumente finden und eine eigene Stellungnahme formulieren	– Erörtere, ob Karl den Ehrentitel „der Große" verdient hat. (Argumente dafür: z. B. dauerhaftes Reich geschaffen; wirtschaftliche, kulturelle Leistungen; Unterstützung des Christentums; dagegen: Unterwerfung schwächerer Stämme mit brutalen Machtmitteln. Eigenes Urteil ist auch vom eigenen Standpunkt abhängig, z. B. Einstellung gegen kriegerische Eroberungen oder Betonung der Leistung für Bildung und Kultur ...)

Vor- und Frühgeschichte (2 Mio. bis 3000 v. Chr.)

150 000 v. Chr.	Jetztzeitmensch in Afrika
40 000 v. Chr.	Jetztzeitmensch in Europa
9000 v. Chr.	Neolithische Revolution: Beginn der Sesshaftigkeit

Antike (um 3000 v. Chr. bis 500 n. Chr.)

seit 3000 v. Chr.	Hochkultur in Ägypten
753 v. Chr.	sagenhafte Gründung Roms
510 v. Chr.	Rom wird Republik
5. Jh. v. Chr.	Blütezeit der Demokratie in Athen
336 bis 323 v. Chr.	Regierungszeit Alexanders des Großen
27 v. Chr. bis 14 n. Chr.	Alleinherrschaft des Augustus, Beginn der römischen Kaiserzeit
391	Christentum wird römische Staatsreligion

Mittelalter (um 500 bis 1500)

7. Jh.	Ausbreitung des Islam
800	Frankenreich: Karl der Große wird Kaiser
962	Heiliges Römisches Reich: Otto I. wird Kaiser
seit 12. Jh.	Städtegründungen in Europa
1075 bis 1122	Investiturstreit zwischen Papst und Kaiser
1095 bis 1291	Kreuzzüge
1455	Gutenberg erfindet den Buchdruck

Frühe Neuzeit (um 1500 bis um 1800)

um 1300 bis 1600	Renaissance und Humanismus
1492	Kolumbus entdeckt Amerika
1517	95 Thesen Luthers: Beginn der Reformation
1618 bis 1648	Dreißigjähriger Krieg
17. und 18. Jh.	Absolutismus und Aufklärung
1688/89	England: Glorious Revolution und Bill of Rights

Neueste Zeit (um 1800 bis zur Gegenwart)

1776	Amerikanische Revolution
1789	Französische Revolution
1806	Ende des Heiligen Römischen Reiches
1814/15	Wiener Kongress
1835	erste Eisenbahn in deutschen Ländern
seit 1840	Industrielle Revolution in deutschen Ländern
1848/49	Revolutionen in Europa
1871 bis 1918	Deutsches Kaiserreich
1880 bis 1918	Imperialismus
1914 bis 1918	Erster Weltkrieg
1917	Russische Revolution
1919 bis 1933	Weimarer Republik
1933 bis 1945	Nationalsozialismus
1939 bis 1945	Zweiter Weltkrieg
1945	Gründung der Vereinten Nationen (UNO)
1947 bis 1991	Kalter Krieg
1949	Gründung der Bundesrepublik und der DDR
1958	Europäische Wirtschaftsgemeinschaft (EWG)
um 1990	Globalisierung, digitale Revolution
1990	Deutsche Einheit
2001	Terroranschläge in New York und Washington

S.205

Hildegard von Bingen mit ihrem Sekretär, dem Mönch Volmar, bei der Niederschrift ihrer Visionen,
Buchmalerei, um 1220

Das Leben in den Kreuzfahrerstaaten

Der französische Geistliche Fulcher von Chartres schrieb 1110:

Wir, die wir Abendländer waren, sind Orientalen geworden. Wir haben schon unsere Geburtsorte vergessen ... Manche von uns besitzen in diesem Land Häuser und Diener, die ihnen gehören wie nach Erbrecht. Ein anderer hat eine Frau geheiratet, die durchaus nicht seine Landsmännin ist, eine Syrerin ..., die die Gnade der Taufe empfangen hat ... Sie sprechen verschiedene Sprachen und haben es doch alle schon fertiggebracht, sich zu verstehen.

Zit. nach Reinhard Barth, Taschenlexikon Kreuzzüge, München (Piper) 1999, S. 169.

S.255

Ein Patrizier mit seiner Familie,
Gemälde von Jean Bourdichon (um 1457–1521)

Frauen in der Stadtgesellschaft

Die Frauen waren die „andere Hälfte“ der Stadtgesellschaft. Ihnen boten sich viele Möglichkeiten beruflicher Tätigkeit: als Kauffrauen, Webermeisterinnen, Seidenspinnerinnen, Weinhändlerinnen, Wäscherinnen oder Mägde. Die Rollenverteilung im privaten Bereich wurde mit Aussagen der Bibel begründet. Danach sollte der Ehemann „regieren“ und die Ehefrau gehorchen. Wie im Adel blieb auch in der Stadtgesellschaft eine Liebesheirat meist ein Wunschtraum. Wie sollte sich auch ein Mädchen, das mit sieben Jahren verlobt und mit zwölf verheiratet wurde, gegen die Wahl der Familie durchsetzen? Manche Mädchen flohen aus dem elterlichen Zuhause und suchten anderswo Unterschlupf, oft in einem Kloster.

S. 212